이 도서의 국립중앙도서관 출판예정도서목록(CIP)은 서지정보유통지원시스템 홈페이지(http://seoji.nl.go.kr)
와 국가자료공동목록시스템(http://www.nl.go.kr/kolisnet)에서 이용하실 수 있습니다.
CIP제어번호: CIP2016022594

종교개혁,
길 위에서 길을 묻다

열 흘 간 의 다 크 투 어 리 즘

종교개혁,
길 위에서 길을 묻다

Reformation, ask for the way on the road

| 장수한 지음 |

열
흘
간
의

다
크

투
어
리
즘

Dark tourism in 10 days

책을 펴내며

16세기에 일어난 종교개혁은 기본적으로 신앙 개혁 운동이다. 그러나 기독교 사회였던 유럽에서 종교개혁은 그 시대의 이해관계가 서로 부딪치는 전선이었다. 사람들의 삶이 교회와 전적으로 연결되어 있었기 때문에, 신앙의 문제에는 당대의 정치, 경제, 사회, 문화 등 모든 부문에서 일어난 갈등이 집약되어 있었다. 그래서 그 개혁의 길은 멀고 험했다.

종교개혁은 이중의 의미에서 어두운 과정이었다. 우선 종교개혁가들은 가톨릭의 탄압에 직면해야 했다. 대학의 교수였던 존 위클리프John Wycliffe(1320~1384)와 얀 후스Jan Hus(1370?~1415)가 화형을 당했고, 마르틴 루터Martin Luther(1483~1546)와 울리히 츠빙글리Ulrich Zwingli(1484~1531), 장 칼뱅Jean Calvin(1509~1564) 등 개혁가들은 개혁의 길에서 숱한 위기에 처했으며 생명의 위협에 시달렸다. 그들이 당면한 시대는 돌이켜보면 대단히 어두운 시대였다. 그 시대에 마르틴 루터는 "오직 믿음만으로"라는 슬로건 하나로 시대정신을 표현했고, 당대 교회와 성직자가 누리던 일체의 권위를 부정하고 기독교 세계로 가는 새로운 문을 열었다. 장 칼뱅은 신의 전지전능함과 '예정'을 내세워 동시대를 뒤덮고 있던 모든 주술呪術을 타파해버림으로써 합리적인 사회로 가는 변혁의 길을 시작했다. 그러나 루터는 곧바로 영방 제후들의 권력과 타협하면서 국가권력을 강화하는 역할을 맡았고, 칼뱅은 자신의 개혁에 방해가 되는 이들을 척결하기 위해 신학을 활용했다.

개혁가들은 여러 가지 점에서 오류를 저질렀고, 자신들이 받은 탄압을 다른 개혁 세력들에게 혹은 이견을 말하는 사람들에게 그대로 돌려주었다. 루터와 칼뱅과 같은 주류 종교개혁에 맞선 대안의 개혁 세력 역시 '세상으로부터의 분리'와 '천년왕국'이라는 미래를 선택함으로써 인간과 사회 현실을 실질적으로 변화시키는 데 한계를 드러내며 좌초했다. 기독교 인문주의에 자극을 받은 종교개혁은 그 인문주의적 지향을 잃어버리고 개혁의 길 위에서 길을 잃고 헤매는 양상을 드러냈다. 이렇기에 종교개혁은 그 긍정적인 역할에도 불구하고, 동시에 어두운 그림자를 드리웠다고 말할 수 있다.

열흘 정도의 시간을 들여 종교개혁의 역사적 현장을 찾아가 그 진실과 한국 교회의 길을 묻는 이 책의 여정은, 그러므로 어두운 역사에서 지혜를 구하는 다크 투어리즘dark tourism이다. 다행히 우리는 '역사의 지혜'를 얻을 수 있을 만큼 종교개혁으로부터 멀리 떨어진 시대에 살고 있다. 2017년이면 종교개혁 500주년을 기념하는 해가 된다. 저자는 틈이 나는 대로 종교개혁의 자취를 찾아 약 스무 곳을 방문했다. 그중에는 유명 관광지도 있지만, 잘 알려지지 않은 곳도 여럿이었다. 유명하든 그렇지 않든 그곳들은 종교개혁의 다양한 국면을 이해하는 데 모두 소중한 곳이다. 이 책에 영국을 포함하지 않은 것은 영국의 종교개혁이 중요하지 않아서가 아니라 여행 계획을 짜기에 현실적으로 무리라고 생각했고, 유럽 대륙의 개혁을 따라가다 보면 종교개혁의 명암을 충분히 이해할 수 있다고 보았기 때문이다.

이 책은 필자가 종교개혁의 역사를 이해해가는 과정을 기록한 것이다.

단순히 볼거리를 소개하는 대신 종교개혁의 공간과 그곳의 역사를 결합함으로써, 한국 교회의 길을 묻는 사람들과 이야기를 나누고 싶은 열망이 이 책을 탄생시켰다.

끝으로 이 책의 출판을 맡아준 김종수 대표님과 윤순현 차장을 비롯해 한울엠플러스(주)의 관계자분들께 감사의 뜻을 전한다. 특히 편집부의 최진희 씨는 필자의 거친 초고를 정성스레 다듬어 더 정확하고 이해하기 쉬운 문장으로 만들었고 읽기에 편한 편집을 완성했다. 최혜진 디자이너는 책의 성격을 잘 드러내는 표지로 책의 격을 높여주었다. 깊이 감사드린다.

2016년 9월
장수한

열흘간의 다크 투어리즘

노르웨이

스웨덴

스톡홀름

덴마크

네덜란드

독일

폴란드

뮌스터

비텐베르크

도르드레흐트

바트 프랑켄하우젠

아이제나흐   그리마

라이프치히

뮐하우젠   나움부르크

벨기에

프랑크푸르트

프라하

체코

보름스

뉘른베르크

스트라스부르   에슬링겐

아우크스부르크

슬로바키

프랑스

콘스탄츠

바젤

오스트리아

취리히

헝가리

스위스

제네바

이탈리아   슬로베니아

차례

책을 펴내며 ● 4

열흘간의 다크 투어리즘 1

보름스   '시대정신'을 심문하다 ● 13

아이제나흐   독일어 성서의 산실 ● 41

뮐하우젠과 바트 프랑켄하우젠   자유를 향한 열망 ● 53

나움부르크   〈슬픔의 예수〉로 문화 개혁의 길을 열다 ● 79

라이프치히   토론과 계몽 그리고 음악의 도시 ● 91

그리마의 님브셴 수녀원   중세 여성들의 슬픈 흔적 ● 101

루터의 도시 비텐베르크   이름만 남은 대학 ● 123

열흘간의 다크 투어리즘 2

프라하　　　　　　　　　지도자 없는 혁명의 도시 • 135

뉘른베르크　　　　　　　프로테스탄트로 전향한 최초의 제국도시 • 159

아우크스부르크의 푸거라이　거상이 남긴 최초의 사회주택 • 177

〈곁길 산책〉 수도원 가도　나치의 도망을 도운 성직자들 • 197

취리히　　　　　　　　　개혁교회 전통의 시원이 되다 • 213

바젤　　　　　　　　　　에라스뮈스와 유럽 인문주의자들의 고향 • 241

열흘간의 다크 투어리즘 3

제네바　　　　　　　　　칼뱅의 이주민 교회가 주도한 종교개혁 • 257

스트라스부르　　　　　　도망자들의 개혁 도시 • 281

에슬링겐　　　　　　　　마녀사냥의 아픈 기억을 역사로 남긴 도시 • 295

〈곁길 산책〉 프랑크푸르트　재등장한 반유대주의 • 311

뮌스터　　　　　　　　　새장 안에 갇힌 왕 • 319

네덜란드의 도르트 교회회의　종교와 정치의 혼합 • 335

스웨덴　　　　　　　　　피로 물든 유럽 최초의 루터주의 왕국 • 357

주 • 367

슐레스비히
홀슈타인 주

메클렌부르크
포어포메른 주

니더작센 주

독일

작센
안할트 주

브란덴부르크 주

노르트라인
베스트팔렌 주

바트 프랑켄하우젠

비텐베르크

라이프치히

그리마

아이제나흐

나움부르크

뮐하우젠 튀링겐 주

작센 주

헤센 주

라인란트
팔츠 주

보름스

자를란트
주

바덴
뷔르템베르크 주

바이에른 주

열흘간의
다크 투어리즘

1

●

보름스 Wroms | '시대정신'을 심문하다

아이제나흐 Eisenach | 독일어 성서의 산실

뮐하우젠과 바트 프랑켄하우젠 Mühlhausen, Bad Frankenhausen | 자유를 향한 열망

나움부르크 Naumburg | 〈슬픔의 예수〉로 문화 개혁의 길을 열다

라이프치히 Leipzig | 토론과 계몽 그리고 음악의 도시

그리마의 님브셴 수녀원 Kloster Nimbschen Grimma | 중세 여성들의 슬픈 흔적

루터의 도시 비텐베르크 Wittenberg | 이름만 남은 대학

보름스

'시대정신'을
심문하다

1521년 4월 2일 화요일[1]

마르틴 루터는 짐을 꾸려 보름스를 향해 출발했다. 어쩌면 교황의 파문이 집행될지도 모르는, 그렇게 되면 다시 돌아와 강단에 서지 못할 수도 있는 비장한 여행이었다. 그러나 중대한 고비를 맞고 있는 이 젊은 교수의 염려와는 달리 주위 사람들은 오히려 한번은 겪어야 할 일을 치른다는 분위기였다. 비텐베르크Wittenberg 시는 루터를 위해 금세공 장인이 소유한 마차를 빌려 주었다. 덮개가 갖춰져 있어 비와 추위를 피할 수 있는 훌륭한 마차였다. 당시 비텐베르크는 주민이 약 2000명에 불과한 작은 도시였다. 이 작은 도시에서 제국 전체, 아니 유럽 전체를 흔들어버린 인물이 등장했다는 사실에 사람들은 고무되어 있었다.

비텐베르크 대학은 루터에게 여비로 20굴덴gulden을 제공했다. 당시 학교 교사의 두 달 치 월급이 1굴덴이었으니, 용기를 북돋우기에 충분한 지원금이었다.[2] 대학의 동료 교수가 그의 여행에 동행하기로 했다. 비텐베르크 대학은 1502년에 문을 연 신생 대학으로 가까운 곳에 있는 에르푸르트Erfurt 대학이 당대 독일 최고의 명성을 누리고 있던 것에 비교하면 그다지 눈에 띄지 않는 대학이었다. 하지만 그 대학의 젊은 교수가 신성로마제국 제국의회에 불려가다니 예사로운 일은 아니었다.

1521년 4월 6일 토요일

루터가 라이프치히Leipzig와 나움부르크Naumburg, 바이마르Weimar를 거쳐 에르푸르트에 도착하자 에르푸르트 대학의 학장이 40명의 기사들을 거느리고 도시 밖으로 나와 그를 맞았다. 같은 날 에르푸르트에서 법률가이자

신학자인 유스투스 요나스Justus Jonas가 루터에게 법률적인 도움을 주기 위해 합류했다. 그들은 고타Gotha, 아이제나흐Eisenach, 프랑크푸르트Frankfurt를 지나 계속 길을 재촉했다. 가는 곳마다 사람들이 그들에게 환호를 보냈다. 그러나 루터의 마음은 편치 않았다. 심한 복통과 소화불량이 그를 괴롭혔고, 밤에는 거의 잠을 이루지 못한 채 뜬눈으로 지새웠다.

1521년 4월 16일 화요일

  루터 일행이 마침내 보름스에 도착했다.

  보름스는 이미 9세기에 동프랑크 왕국의 의회가 열린 곳이고, 1074년에 관세의 자유Zollfreiheit를 얻었다. 12세기에는 독립적인 시의회가 시민들의 권익을 대표하는 법을 제정해 실천했다. 이때부터 주교와 시의회 사이에 시의 실질적인 지배를 둘러싼 다툼이 16세기까지 계속되었다. 다른 많은 도시에서 그랬던 것처럼 보름스에서도 종교개혁 사상이 시의 분위기를 일찍부터 지배하고 있었다. 보름스는 1519년 실질적으로 제국도시가 되었다. 제국도시는 신성로마제국 황제가 직접 통제권을 행사하는 도시로, 황제가 먼 곳에 머물면서 통치했기 때문에 통제가 느슨했을 뿐 아니라 지역 영주의 통제에서 벗어나 있어 그야말로 '자유도시'였다. 황제는 보름스에서 제국의회를 개최해 루터의 개혁을 조기에 차단함으로써 보름스와 다른 제국도시들이 개혁 진영으로 넘어가는 것을 막고자 했다.

  루터 일행이 보름스에 도착하자 시청에서는 10시에 나팔을 불어 그들의 도착을 알렸고, 약 2000명의 사람들이 그들을 반겼다. 보름스의 당시 인구가 약 6000명에 지나지 않았으므로, 이 도시의 주민 대다수가 루터를 둘러싼 일에 커다란 관심을 보인 셈이다.

루터가 보름스 제국의회로 나와 심문에 응하라는 통지를 받은 것은 1521년 3월 29일 금요일이었다. 같은 해 1월 3일 이탈리아의 거대 상인 가계인 메디치가 출신의 로마교황 레오 10세Leo X(1513~1521년 재위)가 루터의 파문장Decet Romanum Pontificem에 도장을 찍어버린 터였다. 이 파문으로 루터와 그의 가르침, 그의 추종자들 모두 이단으로 규정되었고, 이로써 기독교 세계는 다시 분열을 경험해야만 했다. 1054년 비잔틴 정교회가 로마교회에서 떨어져 나가 양분된 이래 로마 가톨릭으로 존재하던 서방 교회가 이 파문으로 다시 가톨릭 교회와 프로테스탄트 교회로 분열하게 되었다. 사후에 파문을 철회한 예가 거의 없는 로마 가톨릭의 전통에 따라 루터의 파문은 450년이라는 긴 세월이 흐르기까지 철회되지 않은 채 남아 있었다. 가톨릭은 1971년이 되어서야 '보름스 메모'를 발표해 루터와 그의 가르침에 대한 파문을 공식적으로 거두어들였다. 이는 1965년 가톨릭 교회가 소집한 제2차 바티칸 공의회에서 동방 교회와 서방 교회(로마 가톨릭) 사이의 분열을 가져온 콘스탄티노플 총대주교에 대한 파문을 철회한 뒤 나온 가톨릭-개신교 일치 운동의 일환이었다.

1521년 보름스 제국의회에 도착했을 당시 루터는 이단자였고 범죄자였다. 그런데도 사람들은 가톨릭의 조치에 아랑곳하지 않았고, 시대의 목소리를 대변하고 있는 이 젊은 교수에게 지지를 보냈다. 루터가 보름스의 숙소에 들자 그날 밤 헤센Hessen의 영주 필리프와 브라운슈바이크Braunschweig의 대공 빌헬름이 방문했고, 여러 학자들과 시의원들이 찾아와 이 반역자와 개인적인 만남을 가졌다. 그들은 왜 루터를 찾아왔을까? 그들은 루터라는 한 젊은 교수를 찾아온 것이 아니라 그 '시대정신'을 눈으로 확인하고 싶었을 것이다.

독일의 정치 지형은 자못 복잡했다. 이미 중앙집권적인 지배 질서를 확립해가고 있던 프랑스나 스페인 혹은 잉글랜드와 달리 당대 독일의 영주들은 지역중심주의를 전혀 벗어나지 못하고 있었을 뿐 아니라 자기 지역의 이해를 관철하기 위해 지역중심주의를 오히려 강화하고 있었다. 한편 그들은 상호 의존하면서도 경쟁 관계에 있던 신성로마제국 황제와 로마 가톨릭 교황 사이에서 현실적인 이해관계에 따라 지지자를 바꾸기도 했다.

상업의 중심지이자 수공업 조합이 꽃을 피운 도시들은 사회생활에 커다란 영향을 미치고 있었다. 몇몇 도시는 중요성을 상실했고, 반대로 새로운 역할에 힘입어 번영하는 도시들도 적지 않았다. 그러나 어느 도시든 도시를 둘러싼 성벽 안에서는 팽팽한 긴장감이 감돌았다. 전통적인 귀족 세력과 상인 혹은 장인 길드 사이에 도시의 지배권을 놓고 경쟁이 벌어지고 있었다. 권력 다툼은 세속적 지배는 물론이고 종교적 지배를 둘러싸고 일어나기도 했는데, 어느 한쪽의 권력을 약화하거나 아예 제거해버리는 것이 싸움의 목표였다.

화폐경제가 전 사회로 파고들면서 자연경제 혹은 농업에 기반을 두고 있던 토지 귀족들이 점차 뒤로 밀려나는 상황이 어느 곳에서나 전개되고 있었다. 따라서 토지 귀족들과 영주들은 농부들에게 더 많은 지대와 부과금을 부담시킴으로써 경제적 입지를 유지하려고 노력했다. 그러자 농민 계층이 중심이 된 봉기가 이미 수십 년 전부터 잦아졌고, 여차하면 농민전쟁으로 번질 위험성이 점차 높아지고 있었다.

마침 이탈리아에서 불어온 르네상스 운동은 알프스를 넘으면서 인문주의로 바뀌고 있었다. 교회의 지배라는 굴레를 벗어나 인간의 해방을 선동하고 사회적 삶에서 자유라는 새로운 싹을 틔우려는 경향이 지식인들을 중심으로 뚜렷이 감지되고 있었다. 중세 말과 근대 초에 독일어 사용권에서는 이미 교황과 교황청에 대한 불만이 높았다. 그런 불만을 담은 「독일 민족의 항소Gravamina der deutschen Nation, lat. Gravamina nationis germanicae」를 1456년 공식 문서로 처음 로마교황청에 올린 이래 항소가 거듭 제출되었다. 그러나 현실적으로 달라진 것은 아무것도 없었다. 루터는 독일인들이 갖고 있던 오랜 불만의 대변인이었다. 그의 저작들은 신앙에 관한 문제 제기였지만, 동시에 그것은 독일인들의 현실적 불만을 반영한 것이기도 했다.

독일인들 거의 모두가 변화를 바라고 있었다. 제후들과 토지 귀족들은 그들 나름대로 로마교황청 대신 자신들이 권력을 전유하기를 기대했고, 몰락 직전의 기사들은 자신들이 독일의 가치를 지키는 보루가 되기를 희망했으며, 지식인들은 인간의 해방과 자유를 위해 기꺼이 시대 변화에 동참하고자 했고, 도시민들은 도시의 번영과 자신들이 속한 사회 계층의 상승을 위해 분투할 자세를 갖추고 있었으며, 농민들은 더는 밀려날 곳이 없다는 절박감에 쫓겨 봉기를 준비하고 있었다.

그러나 독일의 성직자들은 아무런 도움을 주지 못했다. 독일 민족의 불만을 대변해주지도 않았고, 민중의 아픔을 위로해주지도 못했다. 영혼의 위안이 되기는커녕 십일조를 더 많이 거두어 자신들의 성직록聖職祿을 챙기기에 바빴다. 전통적으로 곡물에 부과되어온 십일조 외에 가축이 생산한 것에도 '작은 십일조'라는 이름을 붙여 갈취하고 있었다. 성직자들이 집전하는 각종 성사는 신앙심을 높이기보다 평신도들을 지배하는 수단으로 변질되어 있었다. 교회의 성사에서 제외되는 것은 공동체에서 배제된다는 의미이기 때문에 사람들은 어쩔 수 없이 교회의 성사에 참여하기는 했지만, 각종 성사가 성직자들의 지배 수단에 지나지 않는다는 것을 익히 알고 있었다. 게다가 고위 성직자들은 토지 귀족인 제후의 신분을 겸하고 있어 봉건 지배의 상징이었다. 오늘날 우리가 생각하는 성직자 이미지와는 상당히 동떨어진 모습이었다. 따라서 성직자들에 대한 반감이 사회 전체에 팽배했다.

이런 시대에 루터는 '시대정신Zeitgeist'의 상징이자 변화의 열망을 상징하는 인물이었다. 누구나 루터를 만나보고 싶어 했다.

1521년 4월 17일 수요일

드디어 심문이 시작되었다.

이른 아침 심부름꾼에게서 오후 4시경에 심문에 참석하라는 통고를 받은 루터는 수염을 말끔히 밀어내고 단정한 성직자 차림으로 심문 장소에 들어섰다. 그는 주위를 둘러보았다. 평생 한 번도 만나본 적이 없는 제국의 권력자들과 종교 지도자들이 그를 지켜보고 있었다. 그동안 루터가 저술한 스무 권가량의 책과 여러 장의 팸플릿이 증거물로 책상 위에 놓여 있었다. 신성로마제국의 황제 카를 5세Karl V(1519~1556)는 그 많은 책을 한 사람이 썼다는 게 믿기지 않는 눈치였다. 제후들과 붉은 모자를 쓴 추기경들 역시 소문으로만 듣던 이 사람을 반신반의하는 눈으로 지켜보고 있었다.

루터가 천천히 앞으로 나섰다. 루터는 후일 안톤 폰 베르너Anton von Werner (1843~1915)가 〈보름스 의회에 선 루터〉(1877)에 그린 것처럼 사람들의 주목을 받으면서 심문에 응했을 것이다. 그러나 민족주의 경향의 화가들이 그린 것처럼 루터가 자신감에 넘쳐 당당한 태도를 보였을지는 의문이다. 사실 베르너는 궁정 설교가 아돌프 슈퇴커Adolf Stöcker(1835~1909)가 이끄는 반유대주의를 인간성에 반하는 역겨운 것으로 평가했지만, 정치적으로는 민족 자유주의자였다. 그는 이제 막 독일 통일을 이끌어낸 비스마르크Bismarck로 대표되는 프로테스탄트 민족주의 입장에서 루터를 다소 돋보이게 그리고 싶었을 것이고, 그래서 그를 그림의 중심에 배치했다. 다른 화가들 역시 독일 민족의 영웅을 돋보이게 하고 싶은 열망에서는 별반 다르지 않았다. 아

〈보름스 의회에 선 루터〉 안톤 폰 베르너, 1877년작

마도 보름스 회의로 오는 도중에 에르푸르트에서 지지자들에 둘러싸여 자신의 입장을 설명할 때처럼 확신에 찬 모습은 아니었을 것으로 짐작된다.

심문관은 트리어Trier 대주교의 대리인 요한 폰 데어 에켄Johann von der Ecken이었다. 에켄은 평정심을 잃지 않으려는 듯 가라앉힌 목소리로 질문을 시작했다. 처음에는 독일어로 그리고 다시 라틴어로 말했다.

"그대가 이 책상 위에 놓인 책과 팸플릿을 모두 썼는가?"

"그렇습니다."

루터가 살펴보니 그 책들은 낯익은 것들이었다.

"그렇다면 이 책과 팸플릿의 내용들을 철회할 생각은 없는가?"

그가 쓴 책과 팸플릿은 어떤 내용이 담겨 있기에 이렇듯 철회를 요구받은 것일까?

루터가 「95개 논제」를 써 로마 가톨릭이 판매하는 면벌부免罰符(보통 면죄부라고 알려져 있지만 처벌을 면제하는 부적이란 의미이므로 면죄부가 아니라 면벌부다)를 정면으로 문제 삼은 것은 1517년 10월 말이었다. 루터는 면벌부 판매에 대한 비판을 중심으로 당대 가톨릭 교회가 성서에서 멀어지지 않았는지 질문했다. 그리고 그 「95개 논제」를 마인츠Meinz의 대주교이자 브란덴부르크의 제후이며, 그의 상관이기도 한 알브레히트Albrecht(1514~1545)에게 보냈다. 그러나 대주교가 아무 반응도 보이지 않자, 루터는 동료 사제들에게 그것을 보냈다. 루터는 「95개 논제」의 서문에 "진리와 학문에 대한 사랑과 열정으로 「95개 논제」가 비텐베르크 대학 신학부에서 논의되기를 바란다"[3]라고 썼다. 원래 라틴어로 쓴 그 원본은 누군가에 의해 곧바로 독일어로 번역되었고, 루터의 동의도 얻지 않은 채 출판되었다. 그리고 불과 2주 만에 제국 전역과 유럽 여러 지역으로 퍼져나갔고 그것을 둘러싼 논쟁이 도처에서 벌어졌다. 그것을 간략히 요약해 벽보 형태로 인쇄한 팸플릿도 6주가 지나지 않아 출판되었다.

루터는 에르푸르트 대학에서 기초 과정을 마친 후 1505년 석사 학위를 받고 법학을 공부하기 시작했다. 농부였다가 광부가 된 루터의 아버지는 법학 공부가 아들에게 더 나은 장래를 보장해주리라고 기대했다. 루터는 순순히 아버지의 뜻을 따랐다. 그해에 부모님 집에 들렀다가 돌아오던 루터는 벼락을 만났다. 이때 그는 죽음의 공포에 사로잡혀 광부들의 수호자에게 빌었다.

'거룩하신 아나여, 나를 도우소서. 나는 수도사가 되겠습니다.'

물론 이것이 그가 수도원에 들어간 전적인 이유는 아니다. 그는 많은 중세 사람들이 그랬듯이, 죽음 자체보다 죽은 후에 서게 될 신의 법정에 대해 두려움을 안고 있었는지도 모른다. 교회에는 지옥도가 그려져 있었고, 사람들은 늘 그 그림들을 보며 생활했다.

루터는 수도사가 된 후에도 믿음에 대한 확신이 없었고 영혼의 평화를 누리지 못했다. 늘 자신의 '죄'의 문제로 고심했다. 1507년 성직자가 된 후에도 루터는 신이 의롭다고 인정하지 않을지도 모른다는 생각을 떨쳐 버리지 못했다. 그의 '죄'의 사함에 관한 관심은 남달리 집요했고, 이 문제를 해결하고자 끊임없이 많은 노력을 기울였다. 수도원에서 신학 공부에 전념하던 루터는 1508년 그가 속한 아우구스티누스Augustinus 수도 종단을 떠나 비텐베르크 대학에서 윤리철학을 가르쳤다.

1510년 로마를 방문할 기회가 생긴 루터는 거룩한 곳에서 영혼의 평화를 얻을 수 있을 것으로 기대했다. 그러나 그의 기대는 실망으로 끝났다. 이른바 빌라도Pilate의 계단을 무릎으로 기어 오르내리면서 신에게서 더는 죄인이 아니라 의로운 사람으로 인정받았다는 확신을 얻고자 했지만, 그것은 아무런 도움이 되지 않는다. '자신의 모든 능력을 다 발휘해' 신의 은총을 받으려 분투하던 그에게 도움을 준 사람은 그의 선배이자 정신적 지도 자였던 요한 폰 슈타우피츠Johann von Staupitz(1465년경~1524)였다. 슈타우피츠는 중요한 것은 신이 우리를 사랑하게 만드는 것이 아니라 우리가 신을 사랑 하는 것이며, 그리스도의 상처는 그분이 우리를 사랑한다는 충분한 증거라 고 일깨워주었다.

루터가 이른바 '탑의 체험'이라고 부르는 깨달음에 이른 것이 언제인지 는 불확실하다. 루터는 아마도 1514년 가을이나 1518년 초에 의인義認 (Rechtfertigung)의 의미를 깨달았고, 이로써 자신이 씨름하던 곤혹스러운 문제 를 스스로 해결했던 것 같다. 즉 신의 '의'는 복음이 선포한 대로 인간을 용 서하고 다시 자녀로 받아들이는 선물로서 그것은 은총이자 오직 믿음으로 받아들이는 것일 뿐 인간이 만들어내거나 '획득'하는 것이 아니다. 선행에 의해서가 아니라 '오로지' 믿음을 통해 은총으로 주어질 따름이라는 사실 을 루터는 자신의 체험을 통해 깨달은 것이다.

당시 교회의 역할은 크게 두 가지로 요약할 수 있다. 그 하나는 죄인의 용서다. 신앙을 고백할 때 신에게 죄의 사함을 받게 하고 이를 통해 죄인이 영원한 저주에서 벗어나게 하는 것이 교회의 주요 역할이었다. 다른 하나 는 죄를 진 사람이 받아야 할 한시적이고 잠정적인 처벌을 고해성사를 통 해 면하게 하는 것이다. 금식이나 십자군 참여 혹은 성지순례는 연옥의 고 통을 면제하는 수단이었다.

기독교 세계에는 일찍이 연옥이라는 사후 처벌 장소가 만들어져 있었 다. 십자군 운동의 시대인 12세기에 저승이라는 사후 세계에 대한 종교적 확신이 팽창하면서 '연옥煉獄(Purgatoire)'이 창조되어 사람들을 지배하기 시작 했다. 그런데 이 연옥 교리는 실은 중세 유럽의 사회구조와 밀접한 관련을 맺으며 발전했다.

유럽 봉건사회는 세 개의 위계로 구성되어 있는 신분제 사회였다. 아마도 삼신분제의 정당성을 처음 주장한 것은 잉글랜드의 앨프레드Alfred 대왕일 것이다. 그는 9세기 중엽에 이미 기도하는 자, 싸우는 자, 일하는 자라는 말을 사용했고, 잉글랜드에서는 이러한 삼분법이 결코 사라진 적이 없었다. 이 말을 프랑스에서 정치적인 구호로 만든 사람이 랑Laon의 주교 아달베론Adalbéron(1035년 사망)과 그의 사촌인 캉브레Cambrai의 주교 제라르Gerard였다. 아달베론은 프랑스 왕 로베르Robert를 지지하면서 올바른 세계 질서를 다음과 같이 규정했다.

삼위일체이신 신의 왕국은 삼등분되어 있다.

기도하는 자, 싸우는 자 그리고 노동하는 자.

이 셋은 신의 왕국 안에 통일되어 있으며, 어떤 분열도 용납하지 않는다.[4]

봉건제의 세 위계는 기독교의 천국과 지옥이라는 이원 모델 대신 새로운 모델을 창조할 필요성을 절실하게 만들었다. 이원 모델의 완화는 '연옥'이라는 중간 지대를 만들어냄으로써 가능했다. 연옥은 원래 '불멸성과 부활에 대한 신앙을 내포'하는 것으로, 그 속에 담겨 있는 '죽은 자들의 심판'이라는 생각은 정의를 실현할 고도의 장치였으며, 형벌 체계의 정당화를 달성할 목적으로 기획된 것이었다. 말하자면 개인적 책임과 자유의 경계를 정확히 설정하는 역할이 연옥에 있었으며, 무오無汚와 용서받지 못할 범죄 사이의 공간으로 사면 가능한 죄들을 정화하는 공간으로 설정되었다.[5]

연옥이 희망의 공간이든 공포의 공간이든 간에 그 존재는 자연스럽게 사람들을 순례의 길로 나서도록 추동했다. 그때까지는 십자군에게만 내려지던 죄의 완전한 사면이 로마 순례자들에게도 허락되었다. 특별한 경우에는 헌금이 연옥의 벌을 사해주는 수단이 되었다. 예를 들면 건강상의 이유로 십자군이나 성지순례를 할 수 없을 때 현금이 신앙을 대신하는 수단으로 사용되기 시작했다. 중세 교회는 게르만족의 민속 법에서 그 관행을 채택했다. 그 법에 따르면 법을 어긴 사람은 피해를 입은 사람이나 그 가족에게 현금을 지불해 배상하도록 했다. 예를 들면 살인을 한 자에게는 피해자 가족에게 속죄금을 내도록 하여 서로 복수를 피하게 했다.

중세 교회는 면벌의 조건을 자세히 규정한 일종의 면벌 카탈로그를 개발해두고 있었다. 이렇게 면벌을 현금으로 대체하자, 성직자들은 훌륭한 소득원이라며 환영했다. 이 관행이 정착되자 교회와 수도원, 병원 등을 위한 면벌부 발행으로 이어졌고, 나아가 도로·다리·수로 등을 건설하는 데까지 확대되어 면벌부는 일종의 특별세의 지위를 차지하게 되었다. 사실 루터를 지원한 작센Sachsen의 선제후(선제후란 신성로마제국의 황제 선출권을 가진 4명의 제후) 현자 프리드리히Friedrich der Weise(1463~1525) 역시 비텐베르크Wittenberg의 슈티프스 교회Stifskirche에서 1년에 두 번 면벌부를 발행했다. 그는 판매 대금 중 자신에게 할당된 몫을 이용해 자신의 성교회Schloßkirch를 재건했으며, 심지어 1502년에 세운 비텐베르크 대학의 운영비로 충당할 정도였다.

시간이 흐르면서 죄에 대한 용서와 처벌에 대한 대체가 하나로 혼합되었다. 사실 초기의 면벌부는 교회의 질서와 신앙 문제에 한해 발행된 것이었고 또 현금을 받고 판매한 것도 아니었기 때문에 루터 역시 이를 논쟁거리로 삼지 않았다. 루터가 문제 삼은 것은 죄인의 용서와 면벌부 발급이 혼합되었다는 점이다. 그것도 평범한 보통 사람들에게 경제적 부담을 가중시키고 있다는 점에 대해 비판했다. 루터가 보기에 면벌부는 인간의 의에 전혀 가치가 없고, 면벌부를 용서의 부적으로 선전하는 것은 죄악이며, 그 결과 교황을 비롯한 일부 가톨릭 성직자들이 소득을 취하는 것은 더더욱 있을 수 없는 복음의 왜곡이었다.

당시에는 면벌부 판매뿐만 아니라 성聖유물 숭배 또한 유행하고 있었다. 루터의 영주인 프리드리히와 대주교 알브레히트 또한 열성적인 유물 수집 가였다. 영주가 수집한 성유물은 1508년에 이미 5005개 품목에 달했다. 그중에는 예수 그리스도의 기저귀, 열세 개의 갈비뼈 조각, 수염 가닥, 십자가에 못 박힐 때 씌운 왕관의 가시와 못, 최후의 만찬에서 나눈 빵 부스러기, 성모마리아의 머리카락 네 가닥, 성 히에로니무스Hieronymus의 치아 하나, 성 크리소스토모스Chrysostomos, 베른하르트Bernhard, 아우구스티누스의 유골 일부 등이 들어 있었다. 이미 오래전부터 성유물이 거래되고 있었으니 그것들이 진품일 가능성은 그리 높지 않았지만 1518년에는 그러한 유품이 1만 7443점에 달했고, 1520년에는 1만 9013점으로 무려 190만 2202년 270일의 벌을 면제해줄 만큼 늘어났다. 그 유품들이 자신이 세운 교회의 거룩성을 갈음하고 웅변해주리라 기대한 탓이었다. 프리드리히는 수집품을 비텐베르크와 할레Halle에서 전시했다.

성유물을 위한 자금 역시 따지고 보면 평범한 사람들(평민)이 지불한 것이었지만, 더욱 직접적으로 평민들에게 부담을 준 것은 면벌부 판매였다. 면벌부 판매 설교가로 널리 이름이 알려진 요한 테첼Johann Tetzel이 면벌부 판매를 위해, 마침 루터가 근무하는 작센 지역으로 들어왔다. 대주교 알브레히트는 대주교가 되기 위해 교황청에 거금을 뇌물로 바쳤는데, 그 돈은 푸거가Fugger family에게 빌린 것이었다. 돈을 빌려준 대가로 푸거가는 면벌부 판매 대금의 절반을 가져가기로 함으로써, 면벌부 판매가 푸거가의 돈벌이 수단이 되었다. 사람들은 판매 지역에 도착하기 전에 부의 정도에 따라 미리 정해진 값을 지불하고 면벌부를 구매할 수밖에 없었다. 요한 테첼은 "헌금함에 동전이 쨍그렁 하고 떨어지는 순간 영혼이 천국으로 올라간다"라고 설교했다. 선행을 하거나 면벌부를 구매함으로써 하나님의 구원이라는 은총을 받는 것이 아니라 오로지 믿기만 하면 신의 은총으로 구원에 이른 다는 루터의 주장은 종래까지 가톨릭 교회가 강조해온 십일조를 비롯한 헌금, 성만찬과 같은 성례전의 엄수, 성지순례나 성자숭배와 같은 관행, 독신 등 모든 가톨릭 교회의 관습을 일거에 무용지물로 만드는 변혁의 언어였다. 이 점에서 루터의 깨달음은 혁명적인 변화를 예고했다. 루터는 자신의 고민을 혼자 안고 있지 않았고, 글로 표현했다. 자신의 깨달음을 알리는 가장 손쉽고 효과적인 방법이 바로 글을 쓰는 것이었다. 이 점에서 그는 '행동하는 지식인'이었다. 그렇다고 루터가 처음부터 가톨릭 교회의 대대적인 개혁을 시도한 것은 아니다.

상상력이 지나치게 풍부한 저자들은 루터가 망치를 들고 비텐베르크 성교회 정문으로 걸어가 「95개 논제」를 박아 걸었고, 그 망치 소리가 유럽 전체를 흔들었다고 쓰기도 한다. 그러나 이 서사는 사실이 아니라는 것이 학자들의 견해다. 어쨌든 루터의 논제들은 뜨거운 논쟁을 불러왔고, 마침내 유럽인들의 종교 생활과 종교 지형을 바꾸어놓은 것이 사실이다.

그런데 왜 루터의 문제 제기가 종교개혁이라는 역사적 사건으로 확대되었을까?

루터가 가톨릭을 비판하기 이전에 옥스퍼드 대학의 위클리프와 프라하 대학의 후스 역시 종교개혁을 외쳤지만, 그들은 오히려 죽음을 면치 못했다. 위클리프는 사후에, 후스는 생전에 화형에 처해졌다.

종교개혁은 왜 16세기에 일어났으며, 왜 독일에서 일어났을까?

우선 루터는 '시대정신'의 대변자였다. 당시 유럽의 '학식 있는 사람들의 공화국res publica litteraria', 즉 지식인 사회에서는 르네상스 문화의 영향 아래 새로운 방향 설정과 개혁 노력에 부심하고 있었다. 면벌부 판매로 상징되는 로마교회의 조치들은 이미 시대에 뒤떨어진 '낡은 정신'이었다. 루터의 논제는 바로 그 시대가 기다리던 양심의 소리였고, 지식인의 용감한 대응이었다.

　1517년 「95개 논제」를 발표한 후 루터는 유럽 전역에서 뜨거운 관심의 대상으로 부상했다. 그가 글을 쓰기만 하면 다른 책들도 그야말로 날개 돋친 듯이 팔려나갔다. 1518년에서 1535년 사이에 판매된 독일어 책 가운데 3분의 1 이상이 루터의 저서였다.[6] 루터의 설교집 『면벌부와 신의 은총Eyn Sermon von den Ablas und Gnade』은 1518년과 1520년 사이에 스무 차례 이상 재인쇄에 들어갔고, 1519년에 발간된 『예수의 성스러운 고난에 관하여Von der Betrachtung Heiligen Leidens Christi』라는 설교집은 알려진 판본만 20여 개에 이를 정도였다.[7]

　루터는 1520년 8월 그의 생각을 종합해 가톨릭에 대한 비판을 더욱 분명히 하면서 독일 제후들에게 개혁에 동참해줄 것을 강력히 호소하기 위해 『기독교가 처한 상황의 개선을 위해 독일민족의 그리스도인 귀족에게 호소함An den christlichen Adel deutscher Nation von des christlichen Standes Besserung』을 출간했다. 이 책에 대한 반응은 그야말로 뜨거웠다. 8월 25일부터 이미 재인쇄에 들어갔고, 불과 3주 만에 4000부가 뿌려졌으며,[8] 열여섯 차례나 재출간될 정도였다.[9] '독일 민족'이라는 말을 넣어 1492년 신성로마제국이 '독일 민족의 신성로마제국'이라는 이름으로 불리게 된 이래 강화된 독일인들의 민족의식을 추동하겠다는 의도를 숨기지 않았으며, 독일 귀족에게 구체적인 행동 지침을 제시하고자 했다. 이 책에서 루터는 로마교황청이 세 개의 장벽을 쌓아 스스로를 보호하고 있다고 비판했다. 그 첫 번째 장벽은 가톨릭이 신자들을 정신 계층과 세속 계층으로 나눈 것이다. 이에 대해 루터는 모든 그리스도인은 세례와 복음, 신앙에 의해 동일한 영적 신분이 되었다고 주장함으로써 만인이 자기 자신의 사제라는 인식의 문을 열었다. 가톨릭의 이 첫 번째 장벽이 무너지면 두 번째 장벽, 즉 교황수위권敎皇首位權 (Primatus Romani Pontificis) 역시 그 토대를 상실하고 만다. 오로지 교황만이 신자들에게 신앙과 도덕을 가르치고 교회의 규율을 정할 수 있다는 가톨릭 교회의 주장과 달리, 모든 그리스도인은 자기 자신의 사제로서 성령의 능력으로 스스로 성서를 이해하고 해석할 수 있기 때문이다. 나아가 가톨릭의 세 번째 장벽, 즉 교황만이 공의회를 소집할 수 있다는 주장 역시 도전을 면하기 어렵다. 세례받은 모든 그리스도인, 특히 세속 정치가들이 교회의 개혁을 완전히 수행하기 위해 자유롭게 공의회를 소집할 권한을 갖기 때문이다. 이러한 이유로 그리스도인의 세속적 힘은 교황이든 주교든 혹은 성직자든, 이들의 교사敎唆나 방해를 받지 않고 그 직무를 담당할 수 있게 된다.[10] 루터의 주장은 한마디로 요약해 이른바 만인사제주의萬人司祭主義로, 즉 세례받은 모든 그리스도인은 전적으로 자유롭고 평등한 자기 자신의 사제라는 것이다. 루터는 이 책에서 '자유'와 '해방'을 직접 언급하지는 않았지만, 책의 내용을 통해 개인과 독일 민족의 자유와 해방은 로마 가톨릭의 지배를 벗어나는 것으로부터 출발한다는 사실을 분명히 했다.

이 책을 쓴 지 겨우 한 달이 지난 후 루터는 이번에는 라틴어로 『교회의 바빌로니아 억류De captivitate Babylonica ecclesiae』라는 글을 발표했다. 가톨릭 교회는 어린이에게 베푸는 세례성사, 성유聖油를 바름으로써 세례의 은총을 굳건히 하는 견진성사, 빵과 포도주를 나누는 성체성사, 영혼의 회복을 위해 지은 죄를 고백하는 고해성사, 질병을 앓고 있거나 신체적 결함으로 고통받는 환자들과 죽음에 임박한 사람들에게 베푸는 병자성사, 성직자로 임명하는 신품성사, 남녀가 가정을 이룰 때 베푸는 혼인성사 등 칠성사를 비롯해 성사에 준하는 많은 예전을 개발했다. 루터는 이러한 성사가 이스라엘 사람들을 바빌로니아에 억류해 두었듯이 교회를 억류하고 있다고 보았다. 실제로 성직자들이 평신도를 지배하는 수단으로 성사의 집전을 악용하는 사례가 많았다. 예컨대 고해성사를 생각해보자.

한 주일 내내 한 번도 남을 욕하거나 유혹에 흔들리지 않고 살아가는 사람이 몇이나 되겠는가? 그런데 이런 모든 것을 일일이 다 고해한다면, 나의 비밀을 속속들이 알고 있는 성직자 앞에 무언가 부족한 인간이 된 내가 그의 도덕적 지배에 굴복하지 않겠느냐는 말이다. 그리고 성체성사에서 성직자가 축성한 포도주와 빵이 그리스도의 피와 몸으로 바뀐다면(중세 가톨릭 교회는 그렇게 가르쳤다), 그것을 축성한 성직자는 평신도들과 전혀 다른 신적 존재로 격상되기 마련이다. 그러니 그들에게 정신적으로 지배를 받는 것은 당연했다.

성직자들의 지배는 여기서 그치지 않았다. 정신적 지배는 곧 사회적 지배로 이어졌고, 이에 따라 중세 사회에서 성직자는 신분 사회의 최상위 자리를 차지할 수 있었다. 그래서 루터는 성례를 세례와 성만찬으로 줄여야 한다고 주장했다. 이렇게 되면 성직자의 영향력이 그만큼 줄어들기 때문이다. 종교개혁이 평민들에게는 반反성직자 운동이었다는 점을 고려하면 이 주장이 일으킨 파괴력을 충분히 짐작할 수 있다.

루터는 1520년 말에 의인 교리를 다룬 책을 출판했다. 그는 『그리스도인의 자유Von der Freiheit eines Christenmenschen』에서 이 문제를 신학적으로 자세히 밝혔다. 루터는 '다시 한 번' 신자는 다른 무엇이 아니라 "오로지 믿음을 통해서 Sola Fide" 하나님으로부터 죄가 없다, 즉 의롭다고 인정받을 수 있다는 것을 강조했다. 예수 그리스도의 가르침을 실천하는 것뿐 아니라 연옥의 고통도 면제해준다고 가톨릭이 선전하는 면벌부의 구매를 포함해 가톨릭의 '선행'은 죄로부터의 자유와 구원에 전혀 소용이 없다는 점을 지적하면서, 그는 하느님이 은총으로 의인한 신자들에게 그리스도와 함께하는 치열한 자기 고행을 강력히 요청하며 다음과 같이 말했다.

> 고통과 죽음과 지옥에 처해서도 그들의 머리가 되는 그리스도를 좇아가기를 갈망하도록 그리스도인들에게 권유해야 한다.

이 점에서 루터의 신학은 '십자가 신학theologia crucis'이라 부를 만하다. 루터는 이미 1518년 4월 25~26일 하이델베르크Heidelberg에서 열린 신학 토론에서 당대의 신학을 '영광의 신학theologia gloriae'으로 규정했다. '영광의 신학'에서는 신은 멀리 떨어져 존재하는 추상적인 세계원리Weltprinzip일 따름이고, 인간 스스로 의지적 노력을 통해 구원에 이를 수 있다고 가르치는 신학이었다. 이에 비해 루터의 '십자가 신학'은 신이 그리스도로 이 땅에 온 그곳에서 실제로 발견될 신을 찾아 발견해내는 신학으로, 오로지 십자가에 못 박힌 그리스도 안에서만 참된 신학과 하나님에 대한 인식이 존재한다고 보았고, 그리스도로 이 땅에 내려와 십자가에 달린 그를 통해서만 인간은 자신의 죄를 깨달을 수 있으며, 자신이 구원의 문제를 스스로 해결할 수 없는 무능한 존재임을 확인할 수 있다고 이해했다.[11] 따라서 그의 십자가 신학은 인간이 만든 면벌부와 같은 도구가 구원에 전혀 도움이 되지 않는다는 것을 강조하는 신학이었고, 다른 한편으로는 그리스도를 믿는 사람은 오로지 그리스도를 따라 살기 위해 혼신의 노력을 기울여야 한다고 주장하는 신학이기도 했다.

당대인들이 루터의 신학을 충분히 이해하지 못했다 하더라도 면벌부가 구원에 전혀 도움이 되지 않는다는 루터의 주장은 당대인들에게 커다란 의미를 갖는 것이었다. 루터와 동시대를 살아간 사람들은 교회의 벽면이나 천장에 그려진 지옥의 고통이나 연옥의 불길을 두려움에 찬 눈으로 날마다 마주해야 했다. 구원은 동시대인들에게는 생사가 달린, 그것도 영원한 평안과 고통의 문제가 걸려 있는 매우 중요한 일이었다. 그들은 자신들을 그 두려움에서 탈출시켜줄 인물을 학수고대하고 있었다. 기껏 면벌부를 사는 것만으로 그 불안을 떨쳐버릴 수는 없었다. 무언가 다른 것이 필요했다. 오직 믿음으로 의인을 얻는다는 테제는 대단히 실질적인 대안이었다. 다만 로마 가톨릭은 당시 그 화력이 얼마나 대단한지를 알지 못했다. 겨우 1999년에야 이 의인 교리에 관한 가톨릭-개신교 공동 선언이 발표되어 그동안의 불화를 씻고 교회일치운동의 첫발을 내디뎠다.

이와 동시에 루터는 그리스도인의 자유는 내적이며 영적인 자유라고 주장했다. 그래서 하나님에 의해 주어지는 이러한 '독립'은 교회의 외적인 권위나 외적인 신성화에 반대하는 것이고, 그리스도인을 진리에 연결시키는 힘은 적어도 권위에 대한 복종이 아닌 개인의 내면적 신앙에 기초하도록 만들었다.[12]

중세에 대한 연구를 보면 독일의 돈이 다른 나라보다 더 많이 로마로 흘러 들어가지는 않았다는 것을 알 수 있다. 면벌부 판매로 훨씬 더 무거운 짐을 진 것은 스페인과 프랑스 신자들이었던 것으로 보인다. 그러나 분명한 것은 종교개혁 직전의 독일 지역은 여러 이유로 가톨릭에 훨씬 더 비판적이었다. 독일 지역의 사람들이 구원 문제에 더 관심을 보였고, 성직자들에 대한 반감도 훨씬 더 높았다. 독일의 성직자들은 현실을 직시하지 못한 채 위계질서의 틀에 묶여 변화를 수용하려는 노력을 게을리하고 있었다.

당시 성직자와 평신도 사이에는 엄격한 구별이 있었다. 사회적 차별을 별개로 하더라도 교회의 예전에서조차 엄연한 차별이 존재했다. 성만찬 예식은 빵과 포도주를 나누는 것이지만, 평신도들은 구운 빵을 받았을 뿐이다. 게다가 찬송을 부를 수 없었다. 종교개혁 이후 회중이 찬송을 부르는 교회는 그 교회가 루터주의로 넘어갔다는 것을 의미했다. 지역공동체들은 스스로 신앙의 형태를 결정할 권리를 요구했다. 그것은 요샛말로 바꾸면 민주주의에 대한 요청이었다.

이미 독일어 사용 지역의 문해력은 적어도 5퍼센트, 많으면 10퍼센트에 이르고 있어 루터의 테제와 주장을 따라가는 데 문자 해독 능력은 전혀 방해가 되지 않았다. 루터는 단순하고 힘 있는 독일어를 구사하는 대중적인 저술가였고, 많은 글을 쏟아내는 작가이기도 했다. 그는 저서 외에도 수많은 팸플릿을 출판했다. 약 48쪽을 넘지 않는 분량의 팸플릿들은 값이 별로 비싸지 않아 대중이 쉽게 구매해 읽을 수 있었다.

인쇄 기술이 크게 향상되어 쏟아지는 서적과 팸플릿을 인쇄하는 데 기술적인 문제도 해소되어 있었다. 루터를 비롯한 종교개혁가들의 글이 쏟아지면서 인쇄업이 새로운 일감을 갖게 되었고, 종교개혁에 이르러 마침내 인쇄업은 각광받는 사업으로 발돋움하고 있었다. 당대 신성로마제국의 서적 인쇄 중심지인 라이프치히, 에르푸르트, 뉘른베르크, 아우크스부르크Augsburg, 스트라스부르Strasbourg, 바젤Basel에서만 책과 팸플릿이 인쇄된 것이 아니라 브레슬라우Breslau, 뮌헨München, 마인츠 등 작은 인쇄소에서도 바쁘게 서책을 만들고 있었다. 이곳의 인쇄업자들 모두 이익을 내는 사업자들이었다. 특히 루터는 베스트셀러 작가였고 '마르틴 루터M. L.' 혹은 '아우구스티누스파 수도사 마르틴 루터M.L.A'는 유럽 근대 사회에서 최초의 브랜드가 되었다.

이렇듯 루터가 저작한 책과 팸플릿이 보름스 제국의회 심문대 책상 위에 수북이 쌓여 있었다.

이제 루터가 심문관에게 대답할 차례였다. 그는 먼저 독일어로 말한 다음 라틴어로 그 말을 반복했다. 루터는 책상에 놓인 책들이 자신이 쓴 책이라고 인정한 다음 그것을 철회하겠느냐는 물음에는 대답 대신 생각할 시간을 하루 더 달라고 요청했다. 청중은 실망했다. 루터가 단호한 어조로 자신의 신학을 웅변하리라고 기대했던 사람들에게는 실로 맥 빠지는 답변이었다.

1521년 4월 18일 목요일

다시 심문이 이어졌다.

루터는 그 자리에 참석한 모든 사람이 들을 수 있는 또렷한 목소리로 말했다.

"나의 양심이 하나님의 말씀에 사로잡혀 있는 한 나는 아무것도 철회할 수도 없고, 그렇게 할 생각도 없습니다. 양심에 반하는 일을 하는 것은 안전하지도 않을 뿐 아니라 오히려 구원을 위태롭게 하기 때문입니다. 하나님이여 나를 도우소서, 아멘."

청중 사이에 당혹감이 빠르게 퍼져나갔다. 그 자리에서 루터가 "주여 제가 여기 서 있습니다"라고 말했다는 소문도 전해졌다. 루터가 그 말을 했다는 증거는 없지만, 그가 교회의 개혁을 위해 용감하게 가톨릭에 맞섰다는 것은 진실이다.

루터는 용감했다. 가톨릭 교회로부터 이미 파문장을 받은 성직자가 용서를 구하는 대신 자기주장을 뚜렷이 내세우는 것은 생각처럼 쉬운 일이 아니었다. 비록 많은 평신도들이 그를 지지했고 많은 영주가 그를 보호할 의지를 내보였지만, 국제적인 조직을 갖춘 가톨릭 교회에 맞선다는 것은 목숨을 걸지 않고는 결코 감행할 수 없는 일이었다.

통역을 통해 심문을 듣고 있던 황제가 서둘러 심문을 종결한다고 선언했다. 황제의 머리는 복잡했다. 종교개혁이 일어난 유럽의 동북부 지역에서는 감지하기조차 어려운 중차대한 일이 황제의 머리를 어지럽히고 있었다. 그것은 이슬람의 침략에서 유럽 남동부 변경 지역을 지켜내는 일이었다. 16세기 유럽은 오스만 제국의 술탄을 엄청나게 두려워했다. 이슬람이 장악한 성지 회복을 위해 11세기부터 시작한 유럽 십자군이 어리석게도 동료 그리스도인들이 사는 콘스탄티노플을 공격한 지 약 250년이 지난 1453년에 무슬림이 동방교회의 중추인 콘스탄티노플을 점령했고, 1510년대 후반부터는 오스만 튀르크의 술레이만Suleiman이 소아시아를 넘어 그들의 영토를 꾸준히 확대하고 있었다. 1526년에는 헝가리 왕국의 수도 부다Buda가 점령되었고, 빈Wien도 그들의 공격을 가까스로 막아냈다. 그러나 서방의 기독교 세계는 오만에 빠져 헤어나지 못했다. 아마도 1492년 이베리아 반도에서 무슬림과 유대인을 완전히 몰아낸 기독교의 승리가 이런 자긍심을 유지하는 데 도움을 주었던 것 같다.

이러한 분위기 속에 루터는 오스만 튀르크의 침략을 죄 많은 기독교 세계를 심판하고자 하는 하나님의 진노라고 해석했다. 그러나 역설적으로 오스만 튀르크의 위협이 루터의 개혁을 구해냈다. 만약 카를 5세가 오스만 튀르크의 침략으로 위험에 놓여 있는 유럽 남동부를 지키는 일에 그토록 몰두하지 않았다면, 1520년대나 1530년대에 전개된 루터의 개혁을 효과적으로 분쇄할 의지와 자원을 충분히 갖출 수 있었기 때문이다.[13]

황제가 심문을 종결한다고 선언하자 루터는 심문장을 나섰다. 문 앞에서 기다리던 수많은 사람들이 루터를 둘러싸고 환호성을 올렸다. 숙소로 돌아온 루터는 마치 승리자라도 된 듯이 손을 치켜들고 "내가 해냈어, 내가 해낸 거야"라고 소리쳤다.

다음 날 황제는 최종 결정을 미루고 제후들과 의견을 나누었다. 4월 20일 성문 곳곳에 "분트슈Bundschuh(신발 연맹)! 분트슈! 분트슈!"라고 적힌 방이 나붙었다. 몇 해 전부터 농민들이 토지 귀족의 억압에 맞서 긴 창에 신발을 매달아 봉기의 신호로 삼고 있었다. 이미 독일 전역에서 400명의 기사들과 8000명에 이르는 사람들이 루터를 위해 전투태세를 갖추고 있었다. 스페인의 국왕이기도 한 황제는 동남부에서 발호하는 이슬람 세력을 물리쳐야 한다는 생각에 더는 싸울 의지가 없었다.

1521년 5월 4일 토요일 ○───────────────────────────

루터가 갑자기 어디론가 사라졌다.

1521년 5월 6일 월요일 ○───────────────────────────

카를 5세는 루터를 이단으로 선포하기 위해 영주들을 다시 불러 최종적으로 그들의 의견을 듣고자 했다. 그의 손에는 후에 이른바 「보름스 칙령」으로 알려진 법령의 초안이 들려 있었다. 영주 중에 남은 사람은 겨우 6명에 지나지 않았다. 다른 사람들은 대리인을 남겨둔 채 이미 자기 영지로 돌아가 버린 것이다. 남아 있는 사람들은 여전히 가톨릭을 지지하는 사람들이어서 황제는 자신의 의사를 관철시킬 수 있다고 확신했다. 6명의 영주들 가운데 네 사람이 차례로 그 초안에 서명했다. 그러나 루터의 영주인 현자 프리드리히는 서명하지 않았다. 제국의회는 해산한 것이나 다름없는 상태였고, 따라서 「보름스 칙령」은 많은 제후들의 동의를 확실히 얻지는 못했다. 이로 말미암아 후에 열린 제국의회에서는 이 칙령의 실천을 놓고 여러 차례 논쟁이 이어지기도 했다.

1521년 5월 12일 일요일

교황의 대리인이 로마에 그 사실을 보고했다.

1521년 5월 26일 일요일

황제가 최종적으로 「보름스 칙령」에 서명했고, 공포했다. 이 칙령을 통해 루터에게 숙소든 음식이든 어떠한 편의도 제공하지 말 것을 당부하고, 그와 그를 추종하는 자들을 잡아 황제에게 보내라고 명령했다. 아울러 루터의 책을 금지한다는 것과 그의 글을 인쇄해 전파하는 데 동조한 사람 역시 처벌하겠다는 의지도 분명히 했다.

1521년 5월 31일 금요일

황제 카를 5세가 보름스를 떠났다.

루터는 과거로 돌아가기보다 오늘에서 내일로 근본적인 변화를 끌어낼 수 있는 쪽으로 움직였다. 성직자만이 아니라 모든 동시대인들이 함께 살아갈 토대를 마련하는 데 이바지했다고 해도 지나치지 않다. 적어도 보름스 제국의회까지 그는 양심에 따라 행동하는 지식인의 본보기였다.

루터가 자신의 「95개 논제」를 방어하는 데 성공하면서 종교개혁의 실험대였던 보름스에서도 종교개혁이 오히려 탄력을 받아 빠르게 진행되기 시작했다. 1524년에 처음으로 독일 개신교 미사서가 보름스에서 인쇄되었고, 1526년에는 윌리엄 틴들William Tyndale이 번역한 최초 영어판『신약성서』역시 이곳에서 출판되었다. 농민전쟁 시기에 시의회는 주교의 지배를 끝장내려고 시도했으나 실패했다. 그러나 시의회가 주도하는 정책은 개신교에 우호적인 방향으로 흘러갔다.

보름스에서 볼거리

보름스는 현재 프랑크푸르트 중앙역(Hauptbahnhof)에서 지역 열차(Regional Bahn)로 약 1시간 20분이면 도착한다.

루터가 심문을 받던 곳 Obermarkt 10, Worms

"마르틴 루터 이곳에서 황제와 제국 앞에 서다Hier Stand vor Kaiser und Reich Martin Luther"라는 표지판이 있다. 제국의회가 열린 옛터에는 표석만이 세워져 있다.

개혁가들의 동상 Reformatorendenkmal: Lutherplatz, Worms

제네바 국제 종교개혁 동상과 함께 세계에서 규모가 가장 큰 종교개혁 기념 군상이다. 이 군상은 특히 종교개혁에 관한 독일인들의 해석이 담겨 있다는 점에서 눈길을 끈다. 군상의 중심은 단연 루터다. 그러나 루터의 좌우에 작센의 선제후 프리드리히와 헤센의 필리프가 칼을 들고 그를 옹위하고 있고, 로마에 대한 독일의 항의를 대표하는 인물 프란츠 폰 지킨겐Franz von Sickingen과 울리히 후텐Ulrich von Hutten이 부조되어 있어 '독일인'으로서 루터의 정치적 입지를 잘 보여준다.

루터의 뒤쪽으로 멜란히톤Philipp Melanchton과 요하네스 로이흘린Johannes Reuchlin의 상이 서 있고, 루터상 아래 좌우로 페터 발도Peter Waldo, 존 위클리프, 얀 후스, 지롤라모 사보나롤라Girolamo Savonarola 등 '이전 개혁가들Prereformer'의 좌상이 있다.

한편 1529년의 슈파이어Spyer 의회에서 있었던 프로테스탄트들이 항의(Protestant라는 말은 '항의하는 자들'이라는 의미다), 1555년 아우크스부르크에서 맺은 가톨릭과 프로테스탄트 사이의 종교화의, 30년 전쟁(1618~1648) 당시 1631년 마그데부르크Magdeburg에서 일어난 처참한 살육과 약탈(슬픔에 젖은 마그데부르크)을 은유하는 각각의 상이 눈길을 끈다.

개혁가들의 동상

❶ 선제후 프리드리히, ❷ 존 위클리프, ❸ 헤센의 필리프, ❹ 지롤라모 사보나롤라
❺ 요하네스 로이흘린, ❻ 페터 발도, ❼ 마르틴 루터와 프란츠 폰 지킨겐 및 울리히 후텐 부조
❽ 얀 후스, ❾ 필리프 멜란히톤

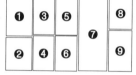

아이제나흐

독일어 성서의
산실

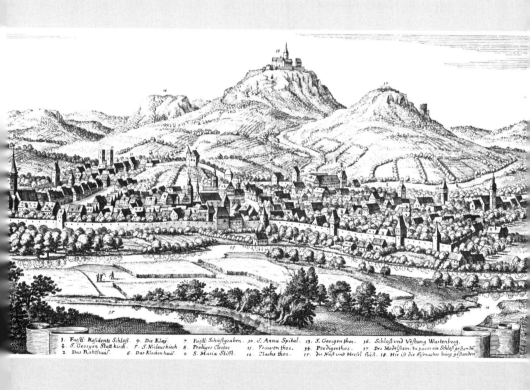

1. Fußtl: Residents Schloß.   4. Die Klay.   7. Fußtl: Schießgraben.   10. S. Anna Spital.   13. S. Georgen thor.   16. Schloß vnd Veſtung Wartenberg.
2. S. Georgen Statt kirch.   5. S. Niclaus kirch.   8. Prediger Closter.   11. Frawen thor.   14. Predigerthor.   17. Der Modelstein. Da zuvor ein Schloß geſtandē.
3. Das Rahthauſ.   6. Das Klocken hauſ.   9. S. Maria Stifft.   12. Clachs thor.   15. Die Nuß vnd Heſſel fluß.   18. Hir iſt die Eiſenaches burg geſtanden

보름스에서 비텐베르크로 가다 보면 종교개혁 유적지를 곳곳에서 만날수 있다. 그중 처음 만나는 곳이 아이제나흐다. 종교개혁 당시에는 주민이 4000명 정도에 불과한 작은 도시였지만, 그곳에는 라틴어 학교가 있었다. 루터는 이곳에서 3년 동안 공부했다. 당시 라틴어는 학자와 성직자의 길을 가려면 필수적인 언어여서, 그는 매를 맞으며 라틴어를 공부해야 했다. 매질을 당한 기억이 루터에게도 뚜렷이 남아 있었지만, 모든 학생이 그렇게 교육을 받던 시절이라 그 기억이 루터에게 특별한 상처를 남기지는 않은 듯하다. 루터 부모님의 교육 방침 역시 아주 엄격했지만, 아이제나흐가 루터의 어머니 마르가레테 린데만Margarete Lindemann의 고향이라는 점이 아마도 그것을 다소 누그러뜨렸던 것 같다.

아이제나흐는 또한 1817년 종교개혁 300주년을 맞아 기념 축제가 열린 곳이다. 이 축제는 루터가 성서를 독일어로 번역한 아이제나흐의 바르트부르크Wartburg 성에서 열려 바르트부르크 축제라고 불리는데, 당시 독일의 최대 학생 조직인 부르셴샤프텐Burschenschaften이 주도했다. 부르셴샤프텐은 나폴레옹에 반대하는 해방 전쟁 이후 1815년 예나Jena 대학 학생들이 중심이 되어 만든 학생운동 단체로, 남부 독일의 개신교도들에게 큰 인기를 얻었다. 이들은 독일 해방 전쟁에서 공을 세운 한 군단의 깃발에 쓰인 검정색, 적색, 금색을 자신들의 색으로 정했는데, 곧이어 이 색을 독일 자유주의자들이 받아들였고 '1848년 혁명'을 거치면서 독일 국기를 구성하는 색이 되었다.

이 단체는 민족적이지만, 다소 진보적인 색채로 출발했다. 바르트부르크 축제에 참석한 약 1300여 명의 학생들은 당시 『나폴레옹 법전』을 비롯한 '비독일적' 저서들과 프로이센 경찰 법령 같은 '보수적'인 책들을 불태웠다. 진보적인 학생들이 책을 불태웠다는 것은 그들이 과격해질 전조였다.

1818년에 부르셴샤프텐은 14개 대학의 학생 단체로 발전했다. 그러나 1848년 혁명을 거친 후 당국의 탄압은 사라졌지만 그들은 내분에 휩싸였다. 1850년 전국 부르셴샤프트Allgemeine Burschenschaft, 1864년 아이제나흐 부르셴 연맹Burschenbund, 1870년 아이제나흐 총회Eisenacher Konvention, 1874년 아이제나흐 대표자 대회Eisenacher Deputierten-Convent 등으로 변화하면서 정치적으로 보수화했다.

아이제나흐는 또한 요한 제바스티안 바흐Johann Sebastian Bach(1685~1750)가 태어난 곳으로 바흐는 이곳에서 루터가 다닌 라틴어 학교를 다녔고, 위대한 음악을 인류에게 선사할 음악적 재능을 키웠다. 하마터면 독일 보수주의의 상징이 되고 말았을 이 도시는 바흐의 탄생과 그가 누렸던 음악적 환경(바흐의 집안은 이미 음악 명문가였다)으로 새로운 이미지로 거듭날 수 있었다. 이는 이 도시가 얻은 커다란 행운이었다.

그런데 이 도시에 제2차 세계대전 이후 또 하나의 행운이 찾아들었다. 다른 무엇보다 루터와 종교개혁을 상징하는 이 아이제나흐에서 독일 개신교가 하나의 단체로 탄생하는 역사를 만들어냈다. 전후 여러 차례 아이제나흐에 모인 개신교 지도자들은 1947년 개신교연합의 조직과 역할, 운영규칙을 담은 기본법에 합의했고, 이를 계기로 1948년 독일 유일의 개신교 단체가 탄생할 수 있었다.

아이제나흐에서도 특히 바르트부르크 성은 의미 있는 역사 공간이었다. 다른 무엇보다 루터가 『신약성서』를 독일 사람들이 일상어로 사용하는 독일어로 번역한 곳이 이곳이기 때문이다. 오직 성직자들만 읽을 수 있었던 성서가 평범한 사람들의 손에 쥐어지는 범상치 않은 역사적 변화가 준비된 곳이 바로 바르트부르크 성이다.

1521년 5월 4일 보름스에서 갑자기 사라진 루터는 비텐베르크로 돌아

융커 외르거로 지낸 루터의 초상화 대루카스 크라나흐, 1521년작

오는 길에 기사 몇 명에게 납치를 당한다. 제국의회에서 황제가 선포할 칙령에 대비해 선제후 프리드리히가 루터의 안전을 도모하기 위해 미리 계획한 것으로, 선제후의 아주 가까운 주변인들 외에는 아무도 모르는 일이었다. 루터는 선제후의 여름 별장인 바르트부르크 성에서 융커 외르크 Junker Jörg라는 이름으로 지냈다. '융커'란 젊은 주인이라는 의미가 담긴 중세 고지독일어로, 기사 문장을 받지 않은 귀족 신분을 가리키는 말이었으나 후에는 귀족의 아들을 흔히 그렇게 불렀다.

루터는 뜻하지 않게 귀족 신분으로 살게 되었다. 그는 변장을 위해 머리카락과 수염을 길게 길렀다. 대大루카스 크라나흐Lucas Cranach the Elder(1472~1553)는 이 모습을 목판화로 후세에 길이 남겼다. 크라나흐는 비텐베르크에서 루터의 생각을 그림으로 표현해 세상에 알리는 데 크게 기여한 인물이다. 평범한 사람들은 루터의 글보다 크라나흐의 그림을 통해 종교개혁을 더 잘 이해하게 될 정도였다. 수염을 길게 기르고 기사 복장을 한 크라나흐의 인물화는 바르트부르크 성의 루터를 그린 것이지만, 동시에 당시 몰락의 길을 걷고 있던 기사 계급에게도 희망의 메시지를 보낸 판화로 평가받는다.

루터가 기른 긴 수염은 당시에는 남성성의 상징이었다. 귀족들이 모두 수염을 길렀던 것은 남성적 지배를 보여주는 표지 중 하나였다. 이 점은 종교개혁에 동조해 결혼한 성직자들에게서도 마찬가지로 나타난다. 그들 역시 가부장적 남성상을 드러내는 방편으로 턱수염을 길렀다. 루터 또한 바르트부르크 성에서 지낼 때 길렀던 수염을 후일 말끔히 깎았다가, 결혼 후에 다시 턱수염을 길렀다.

루터는 바르트부르크 성에서 그의 이름과 영향력을 후세에 길이 남긴 『신약성서』 번역에 착수했다. 루터의 성서 번역과 종교개혁은 독일의 민족의식과 독일어의 발전에 중요한 분수령이 되었다. 그때까지 '독일

theodiscus'은 분명한 지역 명칭이 아니었다. 842년 서프랑크 왕국에서 분리된 동프랑크 왕국만을 가리키지도 않았다. 독일은 프랑크 왕국 시대의 다섯 부족에서 발전한 것이 아니라 오토Otto 대제 시대에 이미 엘베Elbe 강과 잘레Saale 강을 넘었고, 남부와 서부의 라틴계를 합병했으며, 10세기 이후 슬라브인을 비롯한 많은 종족이 독일에 흡수되었다.

독일이라는 말이 처음으로 사용된 것은 영국에 있던 교황의 특사가 쓴 보고서에서였다. 잘츠부르크Salzburg의 수도원 연대기 또한 이미 920년에 '독일인들의 왕국'을 언급하고 있고, 10세기 말에는 '독일인의 땅'이라는 말이 출현했다. 962년에는 오토 대제가 신성로마제국의 황제로 등극했다. 하지만 그 후 신성로마제국 황제라는 존재는 오히려 독일의 독자성을 방해하고 있었다. 1497년 로마의 역사가 타키투스Cornelius Tacitus가 쓴 『게르마니아Germania』가 처음으로 독일에서 출판되었다. 그러나 그 게르마니아와 독일은 일치하지 않는 두 개의 단어일 뿐이었다. 그런데도 1500년경 알프스 북부의 인문주의자들은 '게르마니아'에서 '조국'을 발견했고, '도덕적으로 고매하고 매우 정직하며, 순결하고 애국심이 강하고 겸손하며, 용감하고 따뜻한 이들'을 자신들의 조상으로 삼아 의식적으로 '독일인'임을 자처했다.[1] 독일 인문주의와 민족주의는 이렇듯 역사적 사실이 아닌 것에 토대를 두고 연합했다. 후에 나치가 자민족의 지적·문화적 열세를 '게르마니아'의 도덕성과 용맹함으로 극복하려고 했던 것은 그야말로 왜곡이었지만, 그 왜곡의 역사는 이미 오래전부터 시작된 것이 확실하다.

종교개혁 직전까지도 아직 '독일적'이라는 말의 의미는 희미했다. 프랑스인, 잉글랜드인, 폴란드인, 체코인과 같은 민족명은 민족 이동 시기에 지도적인 역할을 한 부족의 이름을 딴 것이었으나, 독일인들은 처음부터 어떤 부족의 이름도 받아들이지 않았다. 1512년 막시밀리안 1세Maximilian I 시대에 신성로마제국에 '독일민족'이라는 수사가 붙어 '독일민족의 신성로마제국'이 되었다. 그렇지만 당시까지도 그 표현이 구체적으로 무엇을 의미하는지 불분명했다.

언어적으로도 '독일어Deutsch'는 한 부족의 언어가 아니었다. 독일어의 발음상 원형은 '민중어Theodisc'에서 왔다. 게르만 종족 중 라틴어 계통에 속하지 않는 사람들이 사용하는 말을 포괄적으로 '민중어'라고 불렀는데, 독일어는 이 민중어를 기반으로 발전했다. 중세사가 페르디난트 자이트Ferdinand Seibt는 특정 제도와 폐쇄된 공간을 뛰어넘는 독일의 이런 성격을 근거로, 독일은 '인적 연합'에 기초한 나라라고 표현했다.[2]

루터가 독일어로 신약성서를 번역하기 전인 1467년부터 1520년 사이에 독일에서는 이미 14종의 고지독일어Hochdeutsch(알프스에 가까운 남부 독일 주민들이 사용하는 독일어) 성서와 4종의 저지독일어Niederdeutsh 성서가 인쇄되어 나왔다. 그러나 이 성서들은 철저히 라틴어로 쓰인 『불가타Vulgata 성서』의 말씨에 의존해 '비독일적인 독일어'로 번역되어 있었다. 후에 루터의 전기 작가가 된 요하네스 마테지우스Johannes Matthesius는 청소년 시절에 그 성서 중 하나를 읽고 "도무지 무슨 말인지 알 수 없었다"라고 지적했다.

루터가 번역한 독일어 성서의 새로운 점은 성서를 읽는 사람이 그 내용을 이해할 수 있게 하려고 그가 무던히 노력했으며, 독일어의 내적 특성에 유의하면서 그것을 달성하려고 했다는 것이다. 루터는 자신의 '번역'에 관해 여러 차례 설명했으며, 히에로니무스 엠저Hieronymus Emser와 같은 가톨릭 비판자들을 의식해 1530년 「번역자의 편지」, 「시편에 관한 요약과 번역의 이유」 등의 글을 남겼다. 이 글들 속에 나타난 그의 관심은 '정확하게 그리고 모든 사람이 읽고 이해할 수 있게', '순수하고 분명한 독일어', '독일어의 정확한 구사 방법', '완벽한 독일어로 분명하게', '그런 말이 좋은 독일어인가', '독일 사람은 그 말을 어디에서 사용하는가' 등이었다.[3] 그의 목표는 어머니들이 부엌에서, 아이들이 길거리에서, 평민들이 시장에서 자신이 번역한 성서를 읽도록 하는 것이었다. 그렇다고 루터가 길거리의 말이나 혹은 군중의 언어를 똑같이 존중했다고 오해해서는 안 된다. 그는 어디에, 어떤 맥락에 가장 적합한 말이 무엇인지를 고려해 정확한 글자를 제자리에 사용하고자 했다. 그는 '독일어의 정확한 구사 방법'에 언제나 관심을 기울였다. 예컨대 불가타 역본에서 "은총이 충만한 거룩하신 마리아"라고 번역한 것을 "Liebe Maria(사랑하는 마리아)"로 번역했다.[4] '사랑하는'이라는 말보다 더 친근한 일상어이면서 더 풍부한 의미를 담은 단어가 어디 있겠는가? 루터는 이렇게 아주 간단명료한, 그러면서 독일인들에게 익숙한 단어를 선택해 성서의 진의를 전달하고자 했다.

그는 번역의 어려움을 거듭 토로했고 생을 마칠 때까지 성서 번역에 매달렸다. 그가 죽은 후에야 처음으로 출판된 최종 판본은 루터가 마지막까지 단어 하나로 고심하고 교정을 거듭했다는 사실을 보여준다. 『탁상담화 Tischreden』(1566)에는 1532년에 그가 한 말이 기록되어 있다.

나는 번역에 그토록 많은 노력을 기울였다.…… 나의 주님께서 번역하는 것을 의도하지 않았다면 아마도 책 한 권을 모두 번역하는 일은 가능하지 않았을 것이다.

그사이에 그는 생명의 위협을 느낄 만한 위험에 여러 차례 직면했고, 자신과 다른 경향의 개혁 운동과 맞서 싸워야 했다. 그가 겪어야 했던 현실적인 어려움을 고려하면 충분히 이해할 만한 심경의 토로였다.

'번역'이란 '해석'을 의미했다. 루터 역시 자신의 신앙 인식을 자신이 번역한 글 속에 포함시켰다. 예컨대 가톨릭이 '교회의 스승'으로 존경하는 히에로니무스Sophronius Eusebius Hieronymus(347~420)가 번역한 『불가타 성서』에는 없던 "오로지sola"라는 단어를 집어넣은 것이 대표적인 사례다. 루터는 「로마서」 1장 17절, 「야고보서」 1장 6절 등에서 믿음이라는 단어 앞에 이 '오로지'를 넣어 '오직 믿음' 혹은 '오로지 믿음'으로 번역했다. "오직 믿음으로"라는 그의 슬로건은 그의 성서 해석에 따른 것이었다. 물론 루터의 번역은 교리적 측면에서 자세히 따진다면 논쟁이 될 만한 부분들을 포함하고 있었다. 그럼에도 1533년 게오르크 비첼Georg Witzel이 "그의 섬세한 독일어는 독일인들의 귀에 그의 말이 맴돌게 해 충분히 독자들을 사로잡는다"라고 평가했을 만큼 성서의 가르침을 일상의 자리로 옮겨놓은 것만은 틀림없다.

루터의 성서 번역은 독일어 문학의 역사에서 오늘날까지 최상의 성과로 인정받고 있다. 루터의 독일어 성서는 언어학적 교양, 원초적인 종교 체험, 창조적인 시적 역량, 압도적인 어휘력 등의 융합으로 이루어질 수 있었다. 가끔 루터에게 붙이는 "독일 문학어의 아버지"라는 수사는 분명 지나친 과장이지만, 그는 독일어를 구사하는 다른 모든 저술가 이상으로 독일어 발전에 커다란 흔적을 남겼다. 「요한복음」에 나오는 '말씀'으로 세상을 창조했다는 서사가 아니더라도 기독교는 말의 종교 혹은 문자의 종교였고, 또 '말'로써 세상에 이바지해왔다는 사실을 기억하면 루터의 성서 번역이 지니는 가치는 기억해야 할 유산에 속한다.

루터는 바르트부르크 성에서 단 몇 주 만에 『신약성서』를 독일어로 번역하는 작업을 마쳤다. 불가타 역본이 아닌 그리스어로 된 성서를 원본으로 삼아 번역했고, 그것을 후에 동료 교수이자 그리스어를 가르치던 필리프 멜란히톤Philipp Melanchton(1497~1560)과 함께 다시 읽었다. 그렇게 해서 탄생한 독일어 『신약성서』는 1522년 9월 초에 3000부를 찍었다. 흔히 『9월

성서Septembertestament』로 알려진 이 성서의 초판은 몇 주 만에 모두 팔렸다. 이 성서는 1524년까지 비텐베르크에서만 열네 차례나 인쇄가 이루어졌으며 아우크스부르크, 라이프치히, 바젤, 스트라스부르 등 여러 지역에서 모두 66회나 인쇄에 들어갔다.[5] 성서의 가격도 이전에 나온 성서보다 저렴했다. 이전에 나온 호화 장정본 성서는 20굴덴을 호가했고 필사본 가격은 무려 500굴덴에 이르렀으나, 이 성서는 1.5굴덴이었다.[6]

루터는『구약성서』역시 부분별로 나누어 독일어로 번역했는데, 1522년부터 1546년에 이르는 시기에 출간된『구약성서』전체 혹은 부분 번역본이 모두 430여 개 판본에 달했다. 루터의 성서 완역본은 16세기에 찍은 초반만 해도 100만 부가 팔렸을 것으로 추정된다.[7] 그 성서 완역본의 가격은 하녀의 1년 치 월급에 해당했다.[8] 루터의 성서에 대한 당대인들의 관심은 이처럼 놀라운 수준이었다.

성서를 읽는 사람들의 수가 늘어났을 뿐 아니라 사회계층 역시 확대되고 있었다. 성직자들만의 전유물이던 성서가 도시 시민 계층과 일부 농민들의 손에도 쥐어졌다. 루터의『신약성서』는 당대의 모든 지성인들뿐만 아니라 글을 읽을 수 있는 모든 사람, 그리고 당대의 새로운 변화에 관심을 가진 사람이면 누구에게나 커다란 자극을 주었음이 틀림없다. 프로테스탄트 교회와 대척점에 서 있던 요한 코클레우스Johann Cochlaeus는 "모든 사람이 이 번역본을 읽고, 그 내용을 달달 외울 정도다"라며 개탄했다.[9]

긴장의 연속이던 지난 몇 년과 달리, 루터는 바르트부르크 성에서 지극히 평화로운 일상을 누렸다. 아마도 이곳이 아니었다면 그는 성서를 번역하고, 수많은 편지를 쓰고, 팸플릿을 집필하지는 못했을 것이다. 인간의 사고와 집필에 필수적인 '고독'이 그에게 많은 것을 허락해주었다. 물론 루터의 열정이 없었다면 그 고독은 무위로 끝나고 말았겠지만.

바르트부르크 성의 루터의 방으로 가보자.

세 평이 채 안 되는 작은 방에 집기라고는 그가 번역한 성서가 놓여 있는 책상과 의자, 벽난로가 전부다. 그런데 이 방에서 성서를 번역하는 동안, 루터는 정신적인 갈등을 겪었던 모양이다. 그에게 마귀가 나타났고 그는 마귀에게 잉크병을 던지며 싸웠다고 한다. 루터가 1545년에도 『로마교황청에 반대하여』라는 소책자에 마귀의 얼굴을 한 교황을 그려 넣었던 것을 보면 그가 마귀의 존재를 확신했던 것만은 분명하다. 물론 잉크병 투척은 성서 번역의 어려움을 전하는 전설이었고, 잉크 자국은 위조였다. 후대 사람들은 그것을 상징해 벽에 작은 마귀상을 걸어두고 있다. 진위가 어떠하든 간에 그가 이룩한 지적 작업의 위대함은 기억에 담아두자.

루터는 이 성에 온 후 가끔 성문의 망루를 오르내렸다. 불안을 떨쳐버리기 위해서였다. 루터는 자신을 보호하는 사람에게 단단히 일러두었다. 혹시 성직자가 나타나 자신에 대해 질문하는 위험한 상황이 오면 슬며시 끼어들어 정중히 대답을 거절해버리라고 말이다. 융커 외르크로 사는 루터는 책을 빌릴 수도 없었다. 귀족이 책을 읽는다는 것은 당시로서는 이상한 일이었다.

루터의 온기가 느껴지는 방에서, 고독에 싸여 올랐을 망루에서, 연약한 인간이지만 불안과 고독 속에서도 지적 작업을 게을리하지 않았고 그것을 통해 시대에 맞섰던 그를 되살려본다. 이곳에 가시지 않는 여운이 내린다.

아이제나흐의 볼거리

바르트부르크 성 Schloss Wartburg: Auf der Wartburg 1, Eisenach

루터의 방에서 그의 책상과 의자를 둘러보자. 극도의 불안이 없었던 것은 아니지만, 그 불안마저도 성서 번역의 열정을 압도하지 못했다.

뒤로 바르트부르트 성이 보인다. 루트비히 로보크와 G. 하이징거, 1850년작

루터의 집 Luthershaus: Lutherplatz 8, Eisenach

루터가 살던 집이고 이곳에서 3년 동안 학교를 다녔다.

게오르크 교회 Georg Kirche: Marktplatz, Eisenach

루터가 다닌 교회이자 제바스티안 바흐가 음악적 감성을 기른 곳이기도 하다.

뮐하우젠과
바트 프랑켄하우젠

자유를 향한 열망

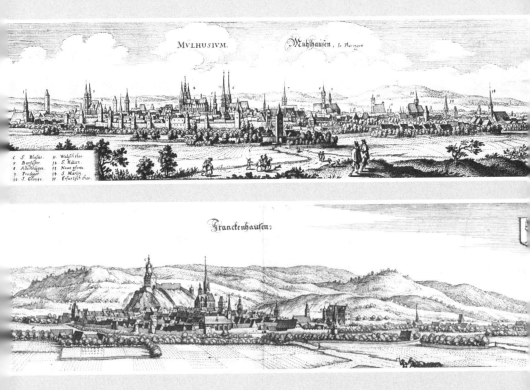

1525년 부활절 예배를 마친 다음 날부터 프랑켄하우젠Frankenhausen 주변에 흩어져 있던 모든 마을의 농민들이 프랑켄하우젠의 농민군 주둔지로 속속 몰려들었다. 남편을 따라 나선 아내와 아이들은 더는 어눌리지 않고 떳떳이 살 수 있으리라는 기대로 들떠 있었지만, 가슴 한구석에는 혹시 가장이 어떻게 될지도 모른다는 불안감이 도사리고 있었다.

그러나 농민군 진영에 도착해 북이 둥둥 울리는 소리를 듣자 그 불안과 두려움은 간데없이 사라지고 희망이 가슴을 가득 채웠다. 바람에 펄럭이는 깃발에 '자유Fryheit'라고 새긴 글씨가 뚜렷이 보여 사람들의 가슴은 요동치기 시작했다. 농민군들은 진영 위에 높이 솟아 있는 그 깃발을 보며 죽을 힘을 다해 싸우겠다고 결의를 다졌다. 이미 많은 농민이 잡혀가 맞아 죽었다는 소문이 나돌았고, 곧 귀족과 기사의 공격이 있을 것이라는 소문을 듣고 있었지만 두려움은 없었다. 여러 차례 수도원을 약탈하거나 귀족의 사유지를 덮쳐 식량을 빼앗는 데 성공한 것은 생각만 해도 뿌듯한 경험이었다. 그들은 이제 결코 돌이킬 수 없다는 것을 잘 알고 있었다. 모두들 서로를 격려하면서 최후의 결전을 준비했다. 프랑켄하우젠에 모인 농민군만 족히 6000명이 넘는 듯했다.

독일 농민전쟁은 네 단계를 거치면서 확산되었다.

제1 단계는 1524년 여름부터 성탄절까지 독일 남부에서 농민 봉기가 일어난 시기다. 이 단계의 봉기는 라인Rhein 강 주변의 시골 지역인 독일 슈바르츠발트Schwarzwald, 클레트가우Klettgau, 슈튈링겐Stühlingen, 투르가우Thurgau, 헤가우Hegau 등지에서 제한적으로 발생했다.

제2 단계는 1525년 부활절 축제를 맞아 부활절 주일에 갑자기 번지기 시작해 오버슈바벤Oberschwaben 지역 전체로 퍼져간 시기다. 1525년 4월까지 농민군에 참여한 농민과 도시 하층민은 약 30만 명에 달했을 뿐 아니라

이 시기에 농민운동이 무엇을 요구하고 이루고자 하는지를 분명히 밝혀 이른바 농민운동 프로그램을 발전시켰다. 슈바벤에서 만들어진 슈바벤 농민들의 '12개 요구 사항'은 그 후 독일 농민전쟁의 깃발이 되어 농민들이 봉기한 곳이면 어디에서나 이 요구 사항을 주창했다. 이 시기 농민전쟁은 전국적 조직을 갖추지는 않았지만, 어디에서나 '12개 요구 사항'으로 대변되는 사회 개혁을 뚜렷이 지향했다는 점에서 중요한 진전이 일어난 단계였고, 역사가들이 독일 농민전쟁을 '혁명'으로 부르는 근거를 제공했다.

슈바벤에서 만든 '12개 요구 사항'의 주요 내용은 이랬다.

제1조 우리 지역공동체의 성직자는 우리가 직접 자유롭게 선출할 수 있는 권리를 달라. 성직자가 부당한 행위를 저질렀을 경우 그를 해임할 수 있게 하라. 선출된 성직자는 교리를 덧붙이거나 자신이 명령하고 싶은 것을 말하지 말고 오직 거룩한 복음만을 충실히 전하라!

제2조 십일조를 낮추라! 농산물에 부과되는 십일조는 앞으로도 계속 내겠다. 그러나 계란 하나 마음대로 먹지 못하게 하는 이른바 '작은 십일조'를 내라는 것은 너무하다. 이 작은 십일조를 면제해달라!

제3조 성직자나 고위층은 우리를 종처럼 부리며 농노serf로 대하지 말라. 우리도 예수 그리스도께서 피를 흘려 구속救贖한 똑같은 사람들이다.

이어서 농민들은 마을에 있는 숲은 마을 사람 모두의 것이니 누구나 수렵을 하게 해주고, 마을을 돌아 흐르는 강에서 물고기 잡는 것을 허용해달라고 요구했다. 또한 지나친 부역을 줄여주고, 수확물의 대부분을 가져가는 소작료를 개선해줄 것을 요구했다.

이와 함께 농민들은 부당한 처벌 관행에 항의했다. 영주나 토지 귀족들이 농민들을 잡아다 두들겨 패거나 손톱을 뽑아버리는 등 마음 내키는 대로 무자비하게 처벌하는 대신 법과 규칙에 따라 재판을 거친 후에 그에 합당한 형벌을 내릴 것을 강력히 요구했다. 나아가 교회가 소유한 땅과 목초지를 마을 주민들이 공동으로 사용할 수 있게 해달라고 요청했고, 땅을 빌린 차지 농민이 사망하면 과부가 된 그의 아내나 고아가 된 그의 자식이 땅을 상속받기 위해 내는 차지상속세를 완전히 폐지하라고 강력히 요구했다.

마지막으로 "이 요구들은 성서가 우리 농민들에게 허락한 권리다! 우리의 요구는 하나님의 말씀에 합당한 것이다"라고 분명히 밝혔다.[1]

'12개 요구 사항'이 작성되자 두 달이라는 짧은 기간에 25개의 판본이 만들어졌고, 2만 5000권이나 인쇄되어 제국 내 여러 도시와 귀족, 성직자에게 전달되었다. 이 '12개 요구 사항'을 통해 농민들은 다른 지역 농민들과 연결될 수 있었고, 자신들의 요구를 정치적인 차원으로 끌어올렸다.

독일 농민전쟁 제3 단계는 부활절부터 5월 중순까지 농민들이 무력을 동원해 투쟁한 시기다. 그야말로 귀족 및 기사와 농민 사이에 전쟁이 벌어진 시기다. 농민들이 바인스베르크Weinsberg의 귀족들을 살해하면서 시작된 이 전쟁은 뷔르템베르크Würtemberg의 뵈블링겐Böblingen, 튀링겐Thüringen의 프랑켄하우젠, 알자스Elsaß의 차베른Zabern, 프랑켄Franken의 쾨니히스호펜Königshofen 등지에서 농민들이 무참히 살상되면서 막을 내렸다. 무력 전쟁이 일어나 '농민전쟁Bauernkrieg'이라는 이름이 붙게 된 단계였던 만큼 독일 농민전쟁이 정점에 이른 시기다.

제4 단계는 독일 농민전쟁이 전 제국으로, 더 나아가 오스트리아와 이탈리아 지역 등으로 확산된 시기다. 그러나 이 단계는 수확 전후에만 농민들이 봉기할 수 있는 자연조건의 한계로 곧 끝이 났다.

따라서 농민전쟁 제3 단계에서 일어난 프랑켄하우젠 전투는 독일 농민전쟁에 '전쟁'이라는 이름이 붙게 된 실질적인 근거이자 농민군이 승리를 쟁취하느냐 아니면 패배하고 마느냐를 결정하는 중요한 싸움이었다.

1525년 5월 12일 토마스 뮌처Thomas Müntzer(1488/89~1525)가 뮐하우젠에서 300여 명의 추종자들을 이끌고 농민군에 합류했다. 프랑켄하우젠이 포함된 튀링겐 지역 곳곳에서 이미 농민 봉기가 이어지고 있었다. 1525년 4월 25일 노이슈타트Neustadt에서는 주말장이 서는 날 시민과 농민이 하나가 돼 귀족들의 성과 집을 공격하려고 했고, 제국도시 뮐하우젠에서도 봉기가 있었다. 뮐하우젠은 성안에 사는 주민들만 약 7500명에 달하고 직할 마을 19개로 이루어진 중부 독일에서 꽤 큰 도시에 속했는데, 오래전부터 튀링겐 지역의 농민 봉기를 선동하는 기지로서 역할을 하고 있었다.

뮐하우젠을 거점으로 한 튀링겐 지역 농민운동의 지도자 중 한 사람은 바로 뮌처다. 농민전쟁 과정에 루터를 비롯해 성직자 대부분은 농민군을 지지하지 않았다. 그러나 루터를 '흉악범'으로 몰아붙인 뮌처는 농민의 편에 서서 용감하게 설교하고 발언했을 뿐 아니라 전투에 참가한 대표적인 성직자였다.

뮌처는 이미 오래전부터 루터의 신학에 의문을 품고 있었다. 그는 '오로지 믿음만이 우리를 의롭게 한다'는 루터의 신앙을 '죽은 문자의 신앙'이라고 비판했다. 뮌처는 당대 세상을 이렇게 보았다.

> 오 하나님, 농부들은 불쌍한 사람들입니다. 그들은 군주들의 목구멍을 채워주기 위해 씨를 뿌리고 추수를 하는 데 생을 바칩니다.…… 백성들은 올바른 믿음에 도달할 수 없고 …… 사제들은 올바른 믿음을 가르치려 하지 않습니다.…… 소경이 소경을 인도하고 있습니다. 따라서 모두 멸망의 구렁에 빠지고 있습니다.[2]

루터의 죽은 믿음에 반대해 그는 '살아 있는 성령의 신앙'을 추구했다. 뮌처는 1523년 5월부터 알슈테트Allstedt에서 독일어를 사용하는 미사를 도입하는 등 예배 의식의 개혁을 시도했고, 그해 말『날조된 신잉에 관하여 Von dem gedichteten Glauben』와『저항 또는 제안Protestation oder Erbietung』을 출판했다. 그는『날조된 신앙에 관하여』를 통해 고난을 각오하는 신앙만이 올바른 신앙이라고 강조했고,『저항 또는 제안』을 통해 비텐베르크 사람들을 비롯해 당대의 신학적 주장들을 비판했다. 그의 설교에 귀를 기울이는 사람들이 늘어났다. 1524년 연초에 그의 설교를 듣기 위해 알슈테트를 찾은 인근 지역 농부와 만스펠트Mansfeld 지역 광부가 약 2000여 명에 이를 정도였다. 그는 곧 자신이 가장 신뢰하는 사람들로 '동맹'을 결성해 자신의 신학을 실천에 옮기려고 한 실천가였다. 그러나 시의회와 그가 이끄는 신앙공동체의 개혁 노력은 가톨릭과 영주를 비롯한 귀족뿐 아니라 비텐베르크의 개혁 세력에게도 '위험한 일'로 배척되면서 뮌처는 결국 1524년 8월 초 알슈테트를 떠날 수밖에 없었다. 뮌처는 알슈테트에서 도망칠 때 이미 자신이 새로 쓴『거짓된 신앙의 폭로Ausgedrückte Entblößung des falschen Glaubens』라는 책을 들고 있었다. 그는 드디어 '종말론적인 마지막 전투'를 시작할 때가 되었음을 확신했다.

뮌처는 8월 중순 뮐하우젠에 등장했다. 뮐하우젠은 농업과 수공업이 주요 생산 기반이었고, 따라서 귀족 가문과 수공업 길드의 조합장들이 주도적인 정치 세력을 형성하고 있었다. 이 도시에 하인리히 파이퍼Heinrich Pfeiffer라는 수사가 등장해 설교의 자유를 비롯해 교회의 개혁을 요구했는데, 날이 갈수록 그의 추종자들이 증가했다. 시의 네 개 구역에서 2명씩 선발된 파이퍼의 지지자들은 시의회에 시 헌법의 수정, 시 행정과 재정 및 재판에 시민들이 참여할 수 있게 할 것과 성직록 개정을 요구했고, 다른 무엇보다

소작료의 경감을 주장했다. 소작료의 경감에 대해 시의회는 처음에는 묵살해버리려 했다. 그러나 시민들이 이에 항의해 소요를 일으키자 시의회는 어쩔 수 없이 이 '뮐하우젠 협정'을 부분적으로 받아들이게 되었다. 특히 개신교 설교자가 자유롭게 '복음'을 설교할 수 있게 된 것은 개혁 도시가 되는 출발점이었다.

뮐하우젠에 뮌처가 가세하자 루터는 즉각 시의회에 편지를 보내 "양의 옷을 입은 거짓 예언자와 늑대"를 조심하라고 경고했다. 그러나 시민들은 뮌처를 열렬히 환영했고 소작료를 둘러싼 논쟁을 비롯해 정치·경제 및 사법 등 현실적인 문제에서 가장 분명하고 명백한 논리로 시민들을 지지한 이 성직자를 따랐다. 그렇지만 시장을 모독한 사건이 빌미가 되어 뮌처는 파이퍼와 함께 시에서 일시 추방당했다.

뮌처는 개혁 도시인 뉘른베르크를 거쳐 헤가우와 클레트가우로 갔고, 이때 이 지역에서 봉기한 농민들의 목소리를 직접 듣게 되었다. 이곳은 15세기 내내 간헐적으로 일어났던 농민 신발단 운동Bundschuh-Bewegung이 새로운 국면을 맞고 있던 지역이었다. 종교개혁의 시대를 맞아 새로운 성격의 농민 봉기가 일어나고 있었다. 뮌처가 이때 이 지역 농민운동에 개입했는지는 분명하지 않지만, 크게 자극을 받은 것은 확실해 보인다.

그사이 뮐하우젠의 정치적 역학 관계는 귀족들이 장악하고 있던 옛 시의회에 불리하게 전개되었다. 무엇보다 농부들이 옛 시의회와 대립하기 시작했다. 뮐하우젠에서 새롭게 전개된 국면을 맞아 작센의 공작 게오르크 Herzog Georg von Sachsen는 개혁에 불리한 조치를 촉구했다. 하지만 정작 작센 지역 전체를 지배하는 프리드리히 선제후는 이 지역에서 종교개혁의 불씨가 사그라지는 것에 반대해 제국도시인 뮐하우젠에 영주들이 직접 영향력을 행사하는 것은 바람직하지 않다는 입장을 표명했다.

뮐하우젠은 곧 종교개혁에서 도시의 전반적 개혁으로 나아가고 있었다. 농민들과 평범한 시민들이 합세해 전투를 준비하기 시작했다. 신비주의자이자 행동주의자이며 다른 사람들을 압도히는 카리스마를 지닌 뮌처는 뮐하우젠 개혁에 앞장섰다. 한편 산발적인 폭동을 과소평가하던 영주들도 통일전선을 갖추기 시작했다. 주변 지역의 영주들은 뮐하우젠의 농민 봉기가 튀링겐의 다른 지역들이나 헤센과 작센 지역으로 번지는 것을 막기 위해 종교개혁을 지지하든 그렇지 않든 공동으로 대처하지 않을 수 없었다.

농민들도 뮐하우젠뿐만 아니라 주변 지역에서까지 봉기에 나서기 시작했다. 프랑켄하우젠으로 가장 많은 농민군이 집결했다. 지역 농민들에게 익숙한 지형인 데다 집결과 방어가 쉬운 곳이었다. 뮌처가 여기에 가세하기 전, 이미 수많은 주변 지역 농민들이 이곳으로 속속 몰려들고 있었다.

뮌처는 1525년 5월 12일 자신의 추종자들과 함께 프랑켄하우젠의 농민군 진영에 도착했다. 6000명 이상의 많은 농민과 시민이 집결했고, 드디어 결전의 날이 밝았다.

영주들의 군대는 농민군을 수적으로 압도했다. 영주들이 남긴 기록에 의한 것이기 때문에 아주 정확한 것은 아니지만, 헤센의 필리프는 2만 명의 기마병과 1만 5000명의 보병을 이끌고 왔고 브라운슈바이크의 하인리히 공작은 600명의 기마병과 4000명의 보병을 지휘했다. 작센의 게오르크 공작은 900명의 기마병과 엄청난 수의 보병을 동원했다. 이외에도 다른 많은 귀족이 군인을 보냈다.

농민군 역시 대포를 쏘며 온 몸으로 저항했지만, 전세는 순식간에 진압군 쪽으로 기울고 말았다. 진압군은 단 한 사람도 남기지 말고 다 죽여 없애라는 명령에 따라 닥치는 대로 농민과 시민을 살육했다. "미친 개 같은 농민 폭도단을 타도하고 무찌르라!"라는 종교개혁가 루터의 요청은 이 처참한 살육에 힘을 실어주고 있었다. 약 6000여 명의 농민군 가운데 목숨을 건진 사람은 많아야 1000여 명에 지나지 않았다. 연구자에 따라서는 약 8000명의 농민들 중 6000여 명이 죽었다고 추산하기도 하는 이 전투는 유례를 찾아보기 어려운 참극이었다. 피가 강물처럼 흘렀다. 이에 반해 진압군 사망자는 6명에 지나지 않았다는 보고도 있다.

뮌처는 전쟁터에서 살아남았지만, 1525년 5월 27일 뮐하우젠에서 처형당했다. 비록 종말론적인 경향을 강하게 드러내기는 했어도 그는 정의로운 사회질서를 실현하기 위해 모든 특권의 철폐와 수도원의 해체를 요구했고, 의지할 곳이 없는 사람들Obdachlose(지붕이 없는 사람들)에게 지붕을 만들어주고자 시도한 사람이다. 또한 재산의 공유와 모든 사람이 노동의 의무를 져야 한다는 점을 상기시켰다는 데서 그의 특수한 면모를 찾을 수 있다.[3] 루터는 뮌처의 처형이 '정당한 처벌'이라고 밝혔다.

농민군은 조직이 미비했고 전쟁 준비에 불충분했으며, 무엇보다 경제적으로 열세를 면치 못하는 등 여러 가지 원인이 겹쳐 성공을 거두지 못했다. 결과적으로 독일 농민전쟁은 1526년까지, 그 수를 적게 잡아도 약 7만 명에서 7만 5000명에 이르는 농민이 사망한 대참사였다. 어떤 역사가들은 전쟁 중에 약 10만 명이 죽었을 것으로 추산하는데, 이 숫자에 부상자는 포함되지 않았다. 많은 인명 피해를 냈기 때문에 농민전쟁이 끝난 뒤 가난과 고통에 허덕이는 가구가 부지기수로 많았다.

전쟁이 진행되는 동안 수많은 마을과 성, 수도원과 교회가 파괴되었다. 이 역시 안타까운 일이지만, 열심히 일만 하던 수많은 농민이 한꺼번에 목숨을 잃었다는 사실만큼 참혹한 일은 없었다. 독일 농민전쟁은 프랑스혁명이 발생하기 전에 일어난 유럽 최대의 민중 봉기로, 중요한 역사적 사건이었다.

〈꿈속의 얼굴〉 알프레히트 뒤러, 1525년작

　비록 실패로 끝났지만 '자유'를 향한 농민들의 열망까지 사라진 것은 아니었다. 독일 사람들에게 농민전쟁의 기억은 잊을 수 없는 역사로 남았다. 당대 최고의 화가로 종교개혁을 지지하던 알브레히트 뒤러는 이 소식을 듣고, 1525년 6월 7일과 8일 밤 꿈속에서 모골이 송연해지는 '무시무시한 얼굴'을 보았다. 그는 그것을 그림으로 남겼다. 원래 제목은 〈꿈속의 얼굴Traumgesicht〉이지만 〈무시무시한 얼굴gräßliches Gesicht〉로 더 잘 알려진 이 그림으로도 그 실상을 도무지 떠올릴 수 없는 것은 인간의 표현이 갖는 한계를 말해주는 것 아닐까?

　바로 그곳 프랑켄하우젠에 농민전쟁을 기념하는 '농민전쟁 파노라마Bauernkriegs-panorama' 박물관이 건설되었다. 그 박물관으로 가기 전에 잠시 왜 이런 전쟁이 일어났는지, 특히 개혁가 루터가 왜 농민들을 타도하고 무찌르라고 요청했는지 잠깐 살펴보기로 하자.

왜 종교개혁의 시대에 농민전쟁이 일어났을까?

1450년경부터 시작된 농촌 인구의 증가는 16세기에도 계속되었다. 인구의 증가는 한편으로는 농업 부문이 확대될 기초가 되었지만, 다른 한편으로는 그 결과가 누구에게 돌아가야 하는지를 놓고 사회적 긴장을 고조시킬 수 있는 상황을 만들어냈다. 중세 말에는 인구의 감소로 농경지가 줄어들었지만, 이제 다시 경작지가 확대되기 시작한 것이다. 사람들이 모두 떠나 버려진 마을에 다시 사람들이 들어와 살기 시작했고, 놀리던 땅이나 숲을 경작지로 개간하기 시작했다. 농업경제가 활황 국면을 맞으면서 어떤 지역에서는 부농들이 생겨났다. 농업으로 성공을 이룬 작센의 한 농부는 마을의 교회 건설비를 혼자 다 부담해, 교회에서 그의 동상을 세워주는 영예를 누렸다. 슈타이어마르크Steiermark에 살던 한 부농의 재산은 소읍에 사는 사람들의 재산을 합친 것보다 많았으며, 알자스의 농부들은 집 또는 땅을 사거나 작은 포도원을 구입할 수 있을 정도의 돈을 자녀의 결혼식이나 세례식에 사용했다고 한다.[4]

그러나 농업경제가 활황 국면이라고 해서 농부들의 소득이 전체적으로 높아진 것은 아니었다. 중세 내내 그래왔듯이, 경제 동향이 좋았음에도 평범한 농부들은 가난에서 벗어나지 못했다. 중세 후기보다 더 나빠지거나 겨우 생존에 필요한 최소한의 소득을 얻었다. 왜 그랬을까?

수확량이 들쭉날쭉했고 뿌린 씨앗에서 겨우 네 배 정도의 수확만 거둘 때도 있었지만, 이러한 이유보다는 수확한 농산물 대부분을 지주에게 바쳐야 했기 때문에 농부들의 가계는 오히려 더 어려워졌다.

독일의 농부 대부분은 영주와 토지 귀족에게 종속되어 있었다. 토지를 소유한 지주가 차지인(농부)에게서 임대료나 비군사적 부역을 수취할 권리를 갖는 이른바 그룬트헤어샤프트Grundherrschaft라는 지주 지배가 존속했다. 물론 일부 지역에서는 임대료와 정해진 부역을 제공하면 일정 토지를 평생 사용하도록 허가하는 임차권이 보장되기도 했다. 또 농민들의 공동체 의식이 단단한 지역에서는 봉건 소농들이 스스로 조직을 만들어 지주와 협상을 통해 지대를 동결함으로써 상속권을 확보하고 있었다. 특히 중부 독일에서는 토지의 상속이 거의 자동으로 이루어지는 자유 상속제가 보장되고 있었다.

그렇지만 그 외의 많은 지역에서는 중세의 인신예속제Leibeigenschaft가 오히려 강화되거나 확산되었다. 이 제도는 농부의 인신이 '인신영주'에게 종속되어 있어 지주가 농부의 결혼, 거주 이전, 상속 등을 제한하며, 농부들의 재산에 대해 농부 사후에도 지주가 지속적으로 처분권을 행사하도록 보장했다. 땅을 빌려 부치는 농민이 사망하면, 그의 아내나 자녀가 그 땅을 상속받기 위해 차지상속세를 지불해야만 했다. 이 상속세는 지역에 따라 토지 가격의 5퍼센트 내지 10퍼센트 혹은 그보다 더 높은 경우도 있었다.[5]

더구나 독일의 동북부 지역인 엘베 강 동쪽에서는 더 나쁜 방향으로 바뀌고 있었다. 이곳에서도 농업이 발전해 농산물을 외부로 내다 파는 시장경제가 등장했는데, 이 틈에 일부 기사령 소유주와 대지주는 땅을 임대하는 대신 직접 대농장 경영에 뛰어들어 토지를 늘리는 한편, 노동력 부족을 메우기 위해 노동력 착취를 극대화했다. 이런 농민 지배 방식을 구츠헤어샤프트Gutsherrschaft라고 한다. 이런 지역에서는 곡물가가 상승해 아주 작은 소유지나 정원 정도를 가지고 있거나 아예 토지가 없는 사람들의 고통이 날로 더해갔다.

일부 중간 규모의 토지 소유주들은 자신들의 세수원稅收源이자 군사력인 농민들을 보호하고자 했지만, 대토지 소유주인 영방 군주들은 더 많은 관

리들을 동원해 농민을 착취하려 들었다. 영방 군주를 비롯한 대토지 소유
주들은 마을 안에서 일어나는 부농과 빈농의 갈등조차 자신들의 이익을 관
철시키는 데 이용했고 합리화와 중앙집권화를 통해, 그리고 자기 영지 내
에 동일한 기준을 엄격히 적용함으로써 막 활기를 띠기 시작한 상품경제
시장에 발 빠르게 대응해나갔다. 이 과정에서 오히려 농민들에 대한 인신
구속이 부활하고, 공동 이용 권리가 제한되었으며, 세금 부담이 가중되었
다. 이렇다 보니 가난한 사람들과 부자들 사이의 대립이 심화되었고, 생활
필수품도 갖추지 못한 사람들도 많아졌으며, 마을 공동체의 자율성이 크게
축소되고 말았다. 마을 공동체의 사회적 통합은 위기 상황을 맞았다. 물론
이 제도에서도 임차료와 부역에 관한 규정을 두고 있었는데, 현물 지대와
부역의 의무 형태와 정도는 지역에 따라 달랐지만, 오버슈바벤, 프랑켄, 메
클렌부르크Mekclenburg에서는 수확량의 30~50퍼센트를 지대로 지불해야 했
다.[6] 이 지역들에서 농민전쟁이 격렬하게 일어났다.

농민전쟁의 원인을 두고 상당히 유복해진 농민들이 그들의 경제적 지위
에 어울리는 정치·사회적 지위를 요구했다는 견해도 있고, 또 농민들의 사
정이 마찬가지로 어려웠다 하더라도 강력한 마을 공동체가 존재하는 곳에
서만 농민들이 봉기에 나섰다는 견해도 있다.

농민들 중에는 경제 사정이 나빠졌거나 혹은 경제 사정이 좋아졌음에도
상대적 빈곤감에 빠져 있는 경우가 많았다. 그런 농민들과 일부 도시민들
이 시대정신을 공유하고 있었다. 아주 유복한 소수 도시민들과 성공적인
수공업 길드 장인들을 제외한 하층 도시민들은 농민들과 크게 다르지 않은
상황에 놓여 있었고, 그래서 농민운동은 확실히 도시와 멀지 않은 곳, 농촌
과 도시가 결합되어 있는 곳, 오직 그런 곳에서만 일어났다는 것을 그 구성
적 특징으로 들 수 있다.[7] 도시 거주 소시민들과 튀링겐 및 남티롤의 광부

들이 농민전쟁에 참가하기는 했지만, 농민전쟁의 주축은 말할 필요도 없이 농민들이었다.

그렇다면 농민들은 어디에서 운동에 나설 용기와 이념을 획득했을까?

결론부터 말하자면 그것은 종교개혁 정신이었다. 루터의 면벌부 판매에 대한 비판과 『기독교가 처한 상황의 개선을 위해 독일민족의 그리스도인 귀족에게 호소함』, 『교회의 바빌로니아 억류』, 『그리스도인의 자유』 등의 저작, 수많은 설교, 팸플릿은 농민들과 도시 소시민들에게 해방이자 자유의 선언으로 받아들여질 수밖에 없었다. 루터가 말한 그리스도인의 사랑과 자유는 인신 예속의 철폐나 마찬가지였고, 기본적으로 농민들이 지고 있던 과중한 부담과 십일조로부터의 해방을 의미했다. 루터의 설교와 가르침은 마을에서 신앙공동체를 자율적으로 운영하는 것을 포함한 여타의 목표 설정까지 정당화하고 있었다.

여기에다 루터가 평범한 사람들의 언어로 번역한 성서는 농민들에게 인간으로서의 존엄성과 권리를 인식하게 하는 계기가 되었을 것이다. 루터의 저서와 벽보는 독일 어디에서나 만날 수 있었다. 서적 행상들은 루터의 저서가 금지된 지역으로 이 책들을 전파하는 일을 맡았고, 따라서 시골 지역에서도 루터가 쓴 종교개혁 책자들을 쉽게 구해 읽을 수 있었다.[8]

농민들 중 약 5퍼센트 정도는 글을 읽을 수 있었다는 보고가 있으며,[9] 이와 별개로 성서와 책을 잘 읽어야만 당대의 시대정신을 이해할 수 있었던 것도 아니었다. 루터는 종교적으로 말했지만, 농민들은 그것을 현실적으로 이해했다. '12개 요구 사항'에 나타난 대로, '신의 정의'라는 종교적·법적 주장이 낡은 전통을 대체해버렸고, 이것이 해방적이고 혁명적인 운동을 폭발시킨 주요 원인 중 하나였다. 적어도 루터의 종교개혁은 그의 의도와 무관하게 농민들의 요구와 봉기를 불가피하게 만들거나 적어도 전국 차원의 운동으로 만드는 데 이바지했다.

그런데 농민운동에 대한 루터의 반응은 농민들의 기대와 사뭇 달랐다. 루터는 1525년 4월 중순경 '12개 요구 사항'에 대해 알았고, 곧바로 이 문제에 대응했다. 그는 즉각 「슈바벤 농민들의 12개 요구 사항과 관련해 평화를 권고함Ermahnung zum Frieden auf die zwölf Artikel der Bauernschaft in Schwaben」이라는 글을 썼다.

글의 첫머리에서 루터는 제후와 영주가 바로 이 봉기를 자초했다고 질책했다. 그러나 루터는 통치자들이 악하고 부당하다는 사실이 농민들의 반항을 정당화하지 않는다는 점을 분명히 했다. 그는 농민들이 기존의 법적 관계를 복음의 이름으로 해체시키려 한다고 판단했고, 이에 대해 특별히 단호하게 반대했다. "아브라함과 다른 가부장들이나 예언자들에게는 노예가 없었단 말인가? 바울을 읽어보라, 당시 모두 노예였던 하인들에 대해 그가 무엇이라고 가르쳤는지. 따라서 이 조항은 곧바로 복음에 대항하는 것이며 각자가 (이미 노예의 몸이 된) 자신의 육체를 도둑들과 같이 행동하는 데 사용하는 것이다."[10]

루터의 '자유'는 순전히 영적인 자유에 지나지 않았다. 그는 농민들이 하나님의 자유와 정의를 잘못 인용하고 있다고 지적하면서, 폭력과 소요를 자제하도록 요청했다. 그나마 농민전쟁에 대한 그의 신중함은 오래 지속되지 않았다. 농민전쟁이 튀링겐 지역으로 번지고 그 지역을 여행하면서 농민들의 폭동을 경험한 루터는 격렬한 어조로 농민들을 비난하기 시작했다. 그는 다시 「도둑질과 살상을 일삼는 농민 폭도들에 반대하여Wider die räuberischen mörderishen Rotten der Bauern」라는 글을 발표했다.

루터는 이 글에서 첫째, 농민들이 공권력에 대한 충성과 우호의 서약을 저버렸다고 비판했다. 둘째, 농민들이 스스로가 자기 것이 아닌 수도원이나 성을 공격해 약탈하고 신체와 영혼을 피폐하게 한 책임을 져야 한다고 말했다. 반란보다 심각한 피해를 가져오는 것은 없으며, 반란에 가담한 농민들은 '미친 개'와 다름이 없기 때문에 마땅히 처단해야 하고, 그렇지 않으면 오히려 물어뜯고 말 것이라는 폭언을 퍼부었다. 그러나 농민들의 약탈은 영주들에게 공격을 받은 뒤부터 행해졌고, 무장력이 빈약한 농민들과 달리 영주들은 막강한 무기와 군대를 동원해 농민을 처참히 살상하고 있었다. 그 과격성은 비교할 수 없을 정도였다. 그런데도 영주들이 농민들을 처참하게 학살한 사실은 루터의 자비로움을 전혀 자극하지 못했던 모양이다. 루터는 세 번째로 농민들이 성서를 인용해 자신들의 요구를 정당화함으로써 복음을 남용하고 하나님을 비방하는 엄청난 죄를 저질렀다고 날카롭게 꾸짖었다.[11]

루터는 한발 더 나아가 참으로 경건한 그리스도인이라면 죽임을 당하더라도 농민 폭도들에게 동조해서는 안 된다고 경고했으며, 영주들에게는 폭도로 드러난 농민들을 "찌르고 쳐부수고 목을 매달라!"라고 강력히 요청했다. 봉기한 농민들을 죽이는 일이 가련한 이웃을 악마에게서 건져내는 선한 일이라고 못을 박아버렸다.[12] 아마도 튀링겐의 바인스베르크Weinsberg에서 농민들의 습격으로 사람이 죽은 것이 하나의 계기로 작용했을 수 있다.

어떤 신중함이나 약간의 배려도 없이 무자비하게 죽어버리라는 루터의 강경한 요구는 그가 성직자라는 사실을 의심하게 할 정도였다. 그는 평화와 사회적 정의를 명분으로 내세웠는데, 그것은 농민들의 평화와 그들의 정의감에 완전히 배치될 뿐 아니라 동시대인들의 상식에도 어긋나는 것이었다. 그의 과격한 대응은 당시 가톨릭에 루터를 비난할 근거를 제공했을 뿐만 아니라 비텐베르크의 동료 신학자들조차 달갑게 여기지 않을 정도였다.

루터 자신도 그가 쓴 강경한 글에 부담을 느꼈던 듯하다. 1524년 7월 그는 「농부들에 반대한 엄격한 소책자에 대한 편지Sendbrief von dem harten Büchlein wider die Bauern」라는 글을 써서 자신이 그토록 비타협적 태도를 견지한 이유에 대해 신학적으로 정당화하는 한편, 이제 더는 폭동을 일으키지 않는 농부들에게는 관대히 대할 것을 영주들에게 호소하기도 했다. 그렇다고 루터가 자신의 견해를 바꾼 것은 결코 아니다.

비텐베르크에서 가까운 프랑켄하우젠에서 수많은 농민들이 영주들의 대포와 칼과 창에 죽어간 지 불과 몇 주 뒤, 그것도 제국의 전장 곳곳에서 여전히 농민들이 죽어가는 상황에 '시대'의 지도자 루터는 1525년 6월 13일 카타리나 폰 보라Katharina von Bora(1499~1552)와 결혼식을 올렸다. 비텐베르크의 동료 교수이자 가장 훌륭한 조력자 멜란히톤조차 '미숙한 행동'이라고 지적한[13] 이 결혼에 대해 루터는 하나님의 창조 사역에 대한 신뢰를 보여주려 한 것이라고 강변했다. 그러나 이 결혼식은 동시대인에 대한 비인간적 태도를 드러냈을 뿐만 아니라 사회의식의 부재를 여실히 보여주고 말았다.[14]

농민전쟁의 성공적 진압, 혹은 거꾸로 말하면 처절한 패배에 루터의 사회 교리가 얼마나 큰 영향을 미쳤는지 확인할 길은 없다. 그러나 농민전쟁에서 루터의 사회 교리의 내용이 무엇인지는 매우 분명해졌다.

루터에게 영적 영역과 세속적 영역은 모두 하나님의 뜻 아래 있는 각기 다른 '두 왕국'이었다. 1523년 3월 「세상 권력: 어느 정도까지 복종해야 하나?Von weltlicher Uberkeytt wie weytt man yhr gehorsam schuldig sey」라는 글에서 루터는 이렇게 말했다.

하나님은 두 개의 정부를 두었다. 그리스도 아래에서 성령에 의해 그리스도인과 경건한 백성을 만드는 정신적 정부와 비그리스도인들과 사악한 자들을 규제하여 그들

의 의지에 반해 외적으로 평화를 지키도록 하는 세속 정부가 그것이다.…… 그래
서 세속 권력이 영혼을 위한 법률을 제정하려고 한다면 그것은 하나님에 대한 침
해이며 영혼을 오도하고 파괴하는 것이다.[15]

루터의 신학에서 교회와 국가는 전혀 다른 '소명'을 받은 다른 왕국이었
다. 그러나 국가권력을 실질적으로 행사하는 군주에 대한 그의 인식은 이
러한 구분을 무색하게 한다. 루터는 이른바 '두 왕국론Zwei-Reiche-Lehre'에서
정치의 영역 역시 하나님이 주신 소명을 감당하는 거룩한 영역으로 보았
다. 정치란 결코 거룩한 것이거나 도덕이 아니라 현실 사회에서 사람들이
맺는 복잡한 이해관계를 다루고 조정하는 기술이어야 한다는, 현실과 전혀
동떨어진 주장이었다. 여기서 더 나아가 루터는 오히려 국가권력이 교회
개혁의 주체가 되어야 한다고 주장했다. 말하자면 국가권력이 교회 개혁
이라는 거룩한 일에 나서라고 촉구한 것이다. 1520년 그가 쓴 『기독교가
처한 상황의 개선을 위해 독일민족의 그리스도인 귀족에게 호소함』은 바
로 이 주장을 논리화하고 있었다. 영주들 역시 세례를 받았고 동일한 믿음
과 복음을 가진 사람들이므로 그들을 사제와 주교로 인정해야 한다고 주장
했다.[16] 그래서 루터는 세속 권력이 교회 개혁에 나서줄 것을 여러 차례 강
력히 호소했다.[17] 이 점에서 루터의 '두 왕국론'은 중세 교회의 '두 검 이론
Zwei-Schwerter-Lehre'을 거꾸로 뒤집은 것이라고 하겠다.[18]

루터는 세속 권력을 향해 무한한 신뢰를 보내는 한편, 신민臣民들이 세속
권력의 통치에 대해 가져야 할 태도에 대해서는 지극히 보수적인 입장을
취했다.

크리스천은 그가 국가를 필요로 하지 않더라도, 국가에 봉사해야 한다. 만약 그

가 그렇게 하지 않는다면 그는 그리스도인으로서 행동하는 것이 아니며, 또한 사랑에 반대하는 것이고, [국가의] 권위에 복종하지 않으려는 다른 사람들에게 나쁜 선례를 남기게 될 것이다.…… 그리스도는 '국가에 봉사하거나 그것에 복종해서는 안 된다'라고 말하지 않는다. 오히려 악에 저항하지 말라고 말한다.[19]

루터는 국가에 복종하고 봉사하는 것이 그리스도인의 의무이기 때문에 그 일에서 모범을 보이라고 요구하고 있다. 루터는 국가에의 복종 의무가 그리스도의 사랑의 법에서 나온다는 사실을 강조한다.[20] 신민이 국가의 통치에 저항하는 것은 하나님의 명령에 저항하는 것이요, 하나님의 명령에 저항하는 자는 심판을 받게 될 것이라고 그는 경고했다. 그는 "우리는 세속법과 무력이 하나님의 의지와 명령에 의해 세계에 존재하게 되었다는 것을 아무도 의심할 수 없도록 그것들을 굳게 세워야 한다"[21]라고 강조했다. 루터에게 국가는 신성한 신의 명령이었으며, 군주는 악한惡漢일지라도 신이 보낸 자였다.

루터의 신학에는 권력의 폭력에 저항할 수 있는 민중의 권리 같은 것은 아예 없었다. 그의 신학은 저항 신학의 씨앗조차 품고 있지 않았다. 루터는 만약 자유로운 양심이 국가의 명령과 상반된다면 국가에 순응하기보다 처벌받는 쪽이 낫다는 견해를 밝히기도 했다. 그의 '저항'은 아무리 폭을 넓히더라도 기껏해야 수동적 저항에 지나지 않았다. 사악한 통치자를 처벌할 권리는 신에게만 있었다.[22] 아, 이 지점에서 나는 갑자기 카를 바르트Karl Barth(1886~1968)를 떠올렸다. '모든 권력은 하나님으로부터 왔기 때문에 권력이 아니라 오로지 하나님의 뜻에만 복종해야 하며, 하나님의 뜻에서 벗어난 모든 권력에 저항하는 것이 마땅하다'는 바르트의 주장은 그 얼마나 통쾌한 전복인가?[23]

루터의 정치적 가르침은 정신적으로는 '더 높은 곳으로!'를 지향했으나, 사회적으로는 '제자리를 지키라!'고 한 중세 교회의 신분 질서를 정당화하는 사회 교리와 전혀 다를 바 없었다. 오히려 그에 의해 국가권력의 절대 우위가 보장된 셈이다. 이렇게 하여 루터는 교회 개혁에 국가권력을 끌어들인 것이다. 그는 국가권력을 위해 국가와 교회를 철저히 '혼합'했다.

루터가 그토록 강화한 권력의 단위 또한 문제였다. '독일 국민의 항소'로 표현된 독일의 민족주의적 경향은 루터의 개혁 운동을 로마로부터 독일 해방 운동으로 만들었고, 또한 루터의 개혁 운동이 독일 영방 제후들의 지원 없이는 불가능했다는 점이 작용하기는 했겠지만, 어쨌든 루터가 고려한 권력 단위는 '독일 민족의 신성로마제국'이 아니라 '독일의 각 영방Länder'이었다. 루터는 이렇게 주장했다.

영방의 법률과 영방의 관습이 일반적인 제국법보다 우선하는 것이 내게는 당연한 것으로 보이며, 제국의 법은 필요한 경우에만 사용되어야 한다. 신이 각 영방에 나름의 독특한 성격을 주었듯이 각 영방은 이들 제국법이 만들어지기 전에도 통치되어왔고 또 많은 영방은 지금도 영방 법에 의해 지배된다. 확대된 제국법은 신민들에게 부담이 될 뿐이며 그들을 돕기보다는 방해할 뿐이다.[24]

영방 제후들은 루터의 권력 이념을 통해 완전한 주권자로 격상되었다. 이러한 견해의 채택과 동부와 서부 독일 대부분 지역에서 얻어낸 루터주의의 승리는 '제국의 건설'이라는 이상理想의 완전한 쇠퇴를 의미했다.[25] 그에 의해 국가권력, 그것도 독일의 정치 상황에서 영방 제후의 절대주의가 강화된 셈이었다. 농민전쟁을 거치면서 농민들이 처절한 패배를 경험했던 것과 대조적으로 영주들은 권력을 더욱 강화할 수 있었다. 그 후로 독일에서 사회혁명이 일어나지 않았을 정도로 사회변혁 운동은 활력을 잃어버렸다. 영방 단위의 권력 구조가 19세기 중반까지 존속한 이유로 농민전쟁의 경험과 루터의 권력 사상을 든다 해도 지나친 비약이라고 할 수 없게 되어버렸다.

루터의 강경 진압 요청과 영주 권력의 절대화에도 불구하고 농민들이 요구한 개혁의 길이 완전히 봉쇄되지는 않았다. 티롤과 잘츠부르크, 그라우뷘덴Graubünden 등 고지 독일에서 농민들은 영방 의회Landtag인 신분회身分會에 대표를 낼 권리Landstände를 얻었으며, 봉기 지역 3분의 2에서 농민들에게 유익한 조치가 이루어지는 등 '12개 요구 사항'에서 요구한 것을 부분적으로 실현할 수 있었다. 1526년 슈파이어 의회에서도 농민들의 요구 중 일부가 관심을 끌었으며, 영주들의 부당한 처사를 성공적으로 막아내기도 했다.[26] 비록 농부들은 영주 및 토지 소유 세력과 협조할 수밖에 없었으나, 농민전쟁의 패배가 농부들을 완전히 황폐화하거나 사회 전반에 복고 분위기를 일으킨 것은 아니라고 역사가들은 평가한다.

그러나 루터의 농민운동에 대한 반대와 강경 진압 요청은 그의 사회 교리의 한계를 명백히 드러냈다. 그것은 종교개혁이 가질 수 있었던 사회적·정치적 폭발력을 상실시키는 계기로 작용했다. 농민전쟁 이후 루터의 종교개혁은 사회 개혁 운동이라는 면에서는 종말을 맞았다고 평가하는 역사가들이 많다.

'개혁 운동'의 시기가 끝나고, 고작 새로운 교권 체제와 도그마 형성에 집중하는 '프로테스탄티즘'의 시기가 시작되었다.[27] 지역공동체의 개혁은 뒷전이 되고 영주와 도시 공권력이 주도하는 루터주의 개혁의 시대로 넘어가고 있었다.

그렇다면 우리는 이 독일 농민전쟁의 성격을 어떻게 이해해야 할까? 동시대의 영주와 기사를 비롯한 지배층은 '농민전쟁'을 '소요', '봉기' 또는 '반역' 등으로 불렀다. 기존의 사회적 관계와 조건을 부정하는 보통 사람들의 자생적이고 폭력적인 행위를 반역이라고 한다면 농민전쟁은 반역이다. 그러나 반항이나 반역은 농민전쟁의 의미를 축소시키는 명칭일 뿐 아니라 기존 질서가 선하고 정당하다는 인식까지 깔려 있어, 농민들의 마을 공동체 실현을 위한 '혁신적' 노력을 역사에서 제외해버릴 위험이 있다.

프리드리히 엥겔스Friedrich Engels(1820~1895)가 『독일농민전쟁Der deutsche Bauernkrieg』[28]이라는 책을 쓴 후 마르크스주의 역사학자들은 농민전쟁을 '초기 시민혁명'으로 보는 시각을 유지해왔다. 그러나 그 후 실증적 역사 연구들에 의해, 시민 계층이 농민전쟁을 주도하지 않았다는 사실이 확인되었다. 그렇다 하더라도 농민전쟁이 '혁신적 변화'를 모색했다는 사실까지 부정할 근거는 어디에도 없다. 더구나 한나 아렌트Hannah Arendt의 말대로 "새로운 시작Neubeginn의 파토스pathos가 지배하고 자유의 이상이 결합할 때, 그것을 혁명이라고 말해도 좋다"[29]라고 한다면, 농민전쟁을 혁명이라 불러도 그리 틀린 말은 아닐 것이다. 물론 혁명의 실증적 연구와 혁명 이론에는 불분명한 부분이 여전히 남아 있지만, 대중적 기반, 변혁을 위해 동원한 폭력, 사회와 국가에 대한 미래 지향적 새 개념의 구축 등에 비춰보면 1525년의 봉기를 혁명으로 보는데 큰 무리가 따르지는 않을 것이다.

독일 농민전쟁사 연구가 페터 블리클레Peter Blickle는 1525년의 운동을 '평민혁명Die Revolution des Gemeinen Mannes'으로 부르자고 제안했다.[30] 블리클레는 우선 동시대인들이 '가난한 평민', '평민 봉기' 등의 용어를 사용했고, 평민이 운동의 주축이 되었다는 사실을 근거로 들었다. 농민전쟁을 혁명으로 본다면 그 혁명적 요소들은 종교개혁 신학에 의해 인도되었고, 평민들에 의해 혁명 신학으로 확장되었다고 할 수 있다.

동시대인들이 그랬듯이 독일인들의 역사 인식은 다행히 루터에 머물러 있지 않았다. 뮌처는 뮐하우젠 거리에 동상이 되어 여전히 살아 있고, 프랑켄하우젠에는 농민전쟁을 기념하는 박물관이 세워졌다.

프랑켄하우젠의 '농민전쟁 파노라마' 박물관은 아주 단순하다. 왜냐하면 '오로지' 그림 한 점이 전시되어 있을 뿐이다. 박물관 위로 올라가면 어두운 실내가 서서히 밝아온다. 눈치 빠른 관람객이라면 종교개혁의 시기를 맞아 희망이 싹트는 분위기를 주려는 전시 의도를 읽을 수 있을 것이다. 서서히 어둠이 걷히고 그림이 모습을 드러내면 우선 크기에 완전히 압도되고 만다. 14미터 높이의 그림이 총둘레 123미터에 이르는 둥근 원형 전시장을 가득 메우고 있다. 아마 세계에서 가장 큰 벽화일 것이다.

농민전쟁 파노라마는 라이프치히 대학의 미술 교수이자 화가인 베르너 튀브케Werner Tübke(1929~2004)의 작품이다. 프랑켄하우젠 전투에서 농민들이 죽어갔던 바로 그 자리에 세운 박물관에 전시된 이 그림은 1976년부터 1987년에 걸쳐 완성되었다. 새로 건축한 라이프치히 대학에 〈노동계급과 지성〉이라는 벽화를 그린 것으로도 유명한 튀브케 교수는 종교개혁 시대에 일어났던 역사적 사실보다는 그 이면에 숨겨진 진실을 드러내려 시도했다고 말했다. 그는 3000명에 달하는 인물을 등장시켜 그 시대의 모습을 총체적으로 재현하려고 노력했다. "혼란을 발견하는 것, 그것은 나에게는 결코 오늘날의 광경과 동떨어진 다른 세계에 있는 것처럼 보이지 않았다"라고 술회하기도 했다.

혁명의 본보기를 확립하려는 동독 정부의 청탁으로 시작된 것이지만, 튀브케 교수는 자신이 원하는 것을 창조하게 해달라는 조건을 달아 관철시켜 정부가 원하는 역사적인 교훈 따위는 무색하게 하는 창의적인 작품을 탄생시켰다. 이 그림에 대한 해석은 크게 두 가지로 갈린다. 그 하나는 튀브케 교수가 자신의 그림을 통해 동독의 실패를 비유적으로 표현하려 했다는 해석이다. 뮌처가 농민들을 위해 내세운 더 나은 미래를 위한 비전이 실패했듯이, 동독 지도부의 사회주의 국가라는 비전 역시 실패한 것이라는 뜻을 담았다는 해석도 있다. 그러나 튀브케 교수는 그림을 보여줄 뿐이고, 해석은 보는 사람들의 몫이다.

다른 한 해석은 동독이 아니라 모든 시대 모든 인간 사회가 경험하는 역사적 유사성을 표현하려 했다는 주장이다. 이 해석은 동시에 뮌처와 농민군만이 패배한 것이 아니라 동시대의 귀족, 교회, 부유한 시민들 역시 모두 패배자에 지나지 않는다는 생각을 그림에서 읽어낸다. 이 파노라마 박물관의 관장이기도 한 게르트 린트너Gerd Lindner는 튀브케 교수가 극히 주관적으로 역사화를 그렸다는 점에서, 모든 사회의 기본 문제를 들춰낸 그림으로 보고 있다.[31]

이 그림 앞에 서서 어떤 사람은 종교개혁 시대의 환상을 볼 것이고, 어떤 이는 참담한 현실을 직시하기도 할 것이다. 종교개혁에 찬성하든 반대하든 혹은 농민전쟁을 폭력으로 보든 아니면 민중의 처절한 요청으로 보든 간에, 이 그림 앞에 한번 서보는 것만으로도 역사를 이해하는 눈이 조금은 넓어지지 않을까?[32]

뮐하우젠에서 볼거리

마리아 교회 Marienkirche, 뮌처 박물관 Müntzermuseum

토마스 뮌처를 기념하는 장소와 기념물은 특히 구동독 지역에 대단히 많다. 그중에서
뮐하우젠의 마리아 교회는 뮌처가 목회자로 근무한 프로테스탄트 교회다. 1975년 독
일 농민전쟁 450주년을 맞아 농민전쟁박물관으로 개조되었다. 1708년 바흐는 이 교
회에서 시장과 시의원 축하 칸타타를 연주해 이 도시의 총아로 떠올랐다. 이런 교회가
시골에 있다는 것이 믿기지 않을 정도로 건물이 훌륭하다. 작은 시골 역인데도 역사
(驛舍) 건물의 좌우 대칭이 조화롭게 어울린다.

토마스 뮌처 동상 Thomas Müntzer Denkmal

뮐하우젠 여성의 문Frauentor 앞에서 뮌처 동상을 만날 수 있다.

바트 프랑켄하우젠에서 볼거리

파노라마 박물관 Panorama Museum Bad Frankenhausen: Am Schlachtberg 9

동독 공산당이 뮌처와 독일 농민전쟁을 기념하기 위해 프랑켄하우젠에 '농민전쟁 파
노라마' 박물관을 건립하기로 의결함으로써 1986년부터 건축이 시작되었다. 베르너
튀브케 교수는 이 박물관에 전시할 그림을 담당했다. 이 박물관이 언론과 세계인들에
게 공개된 것은 1989년 가을이다.

뮐하우젠 '여성의 문' 앞에 서 있는 토마스 뮌처 동상

위키피디아, ⓒ Michael Sander

나움부르크

〈슬픔의 예수〉로
문화 개혁의
길을 열다

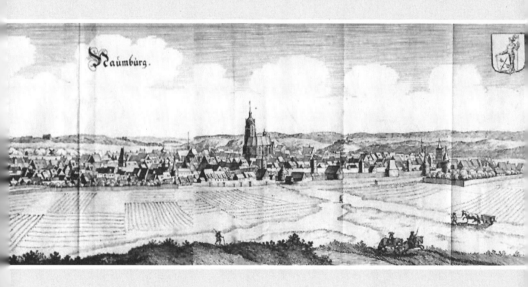

메트로폴리탄 미술관 관장인 필리프 드 몬테벨로Philippe de Montebello에게 한 인터뷰어가 물었다.

"당신을 미술계로 인도해준 특정한 순간이나 계기가 있습니까?"

그의 대답은 뜻밖이었다.

"그것은 첫사랑으로, 사실 책 속에 있는 여인이었습니다."

어느 날 몬테벨로의 아버지는 앙드레 말로Andre Georges Malraux의 『침묵의 소리Les Voix du silence』를 선물로 사다 주셨고, 그 책 도판에 나온 우타 부인을 보고 첫눈에 반했다고 한다.

"나는 그녀를 여자로서 사랑했습니다.…… 나는 지금도 그녀가 세상에서 가장 아름다운 여인 중 하나라고 생각합니다."[1]

몬테벨로가 아니더라도 우타 부인을 사랑한 사람은 아마도 많을 것이다. 13세기에 완성된 한 여인의 조각이 이토록 사람들의 마음을 사로잡다니 놀라운 일이 아닌가! 나 역시 일찍이 1990년대 초에 나움부르크를 방문해 그 대성당 성가대 칸막이 고미다락에 입상으로 새겨져 있는 에케하르트와 그의 아내 우타를 넋을 잃고 한참 동안 바라보았던 기억이 있다. 단아한 지성미와 자애로움, 그리고 우아한 미소를 띠고 있는 '세상에서 가장 아름다운 여인'을 만나는 것은 그때나 지금이나 가슴을 설레게 한다.

다시 우타 부인을 만나는 기쁨도 만끽하고 싶지만, 정작 만나고 싶은 사람은 따로 있었다. 때로는 아련한 기억 속에 희미하게 떠오르다가 때로는 생생하게 말을 걸어오는 듯한 '사람'이 있었다. 그 '사람'의 향기가 나를 이 작은 도시로 다시 이끌고 있었다. 그 사람은 바로 '슬픔의 예수'였다. 12세기 르네상스의 영향을 받아 십자가 위에서 고통과 아픔을 호소하는 지극히 인간적인 예수를 표현하고 있는 대성당 서문의 〈슬픔의 예수〉像은 중세 미술에 나타난 '영광의 예수'와 대조를 이룬다. 예수 그리스도의 이미지는 시대에 따라 여러 모습으로 형상화되곤 하는데, 십자가 위에서도 "다 이루었다"라고 말하면서 승리자의 득의만만함과 충만, 관용을 드러내는 '영광의 예수'와 달리 〈슬픔의 예수〉는 그저 고통과 아픔을 호소하는 너무나 인간적인 예수다. 나는 이 〈슬픔의 예수〉야말로 르네상스를 거치면서 유럽의 지성인들이 획득한 '시대정신'의 선구적 표현으로 이해한다. 당대인들은 예수 그리스도를 '인간'으로 새롭게 이해했고, 그것은 〈슬픔의 예수〉에서처럼 새로운 예술로 구체화되었다. 그리고 〈슬픔의 예수〉와 같은 체화를 통해 종교개혁으로 가는 미적 심성이 형성될 수 있었을 것이다.

나움부르크에서 그 〈슬픔의 예수〉를 만나보자.

나움부르크는 라이프치히 서남방 약 50킬로미터 지점에 위치한 현재 인구 약 3만이 채 되지 않는 작은 도시로, 잘레 강 어귀에 자리 잡고 있다. 나움부르크의 역사는 오토 대제Otto der Große(재위 936~973)로 거슬러 올라간다. 오토는 처음 5년 동안 몇몇 대공의 반란에 시달렸지만 곧 제국을 확장하는 데 앞장서는 한편, 카롤링거 왕조가 붕괴한 뒤로는 '보편적 교회를 위해 봉사하는 지배자'라는 명성을 얻었다. 그는 가문의 왕자들에게 영토를 하사한 데 이어 친동생인 쾰른Köln의 주교 브루노Bruno를 로트링겐Lothringen의 대공으로 임명함으로써, 주교를 제후로 만든 첫 번째 사례를 남겼다. 오토는 공작들의 영지를 이미 오래전부터 확고하게 기반을 다져온 교회에 넘기려고 했고, 다른 주교들과 제국 수도원의 원장들 역시 이를 반겼다. 이런 까닭에 독일의 주교들은 그 후 상당한 규모의 지배 영역을 소유하면서 세속적 직무를 담당했고, 권력을 행사했다.

오토는 처음에 마그데부르크Magdeburg에 수도원을 세웠다. 그리고 엘베 강과 오데르Oder 강 사이의 슬라브인들을 위해 차이츠Zeitz, 메르제부르크Merseburg, 나움부르크 등의 교구를 만들었다. 오토의 세력은 날로 번창해

나움부르크 돔의 〈슬픔의 예수〉

출처: Ingrid Schulze, *Der Westlettner des Naumburger Doms* (Fischer, 1995), p.16.

정치적 혼란에 빠져든 이탈리아의 교황이 951년 오토에게 지원을 요청할 정도였다. 이에 응한 그는 마침내 962년 교황의 대관식을 통해 신성로마제국 황제의 관을 썼다. 오토는 968년 마크데부르크를 대교구로 승격시켜 그가 만든 교구들을 이 대교구에 편입시켰다. 이 지역들은 당시 마인츠 대주교가 관장하고 있었기 때문에, 이는 마찰을 일으킬 수밖에 없는 조치였다. 그러나 그것이 오토의 의지를 꺾지는 못했다.

하지만 나움부르크가 오늘의 도시로 발전하게 된 계기는 1000년에 마이센의 후작 에케하르트Eckehard가 이곳으로 이주한 것이다. 에케하르트가 어떻게 도시를 부흥시켰는지는 자세히 전해지지 않지만, 그의 사후에 폰 헤르만Von Hermann과 에케하르트 2세는 가족의 무덤이 있었던 곳에 1021년경 헌정교회를 건축했다. 곧이어 차이츠의 주교가 교구의 본거지를 나움부르크로 옮기면서 두 교구는 통합되었고, 자연스럽게 주교가 이 도시를 넘겨받았다. 주교는 1028년부터 그 헌정 교회에 초기 로마네스크 양식의 돔을 건설했다. 그러니까 11세기에 이미 이곳에서 로마 시대의 건축양식을 부활시키려는 새로운 시도가 성공적으로 이루어진 셈이다.

흔히 우리는 르네상스라고 하면 13, 14세기 이후에 일어난 그리스-로마 문예의 재생(르네상스란 재생을 의미한다) 혹은 부흥 운동으로 알고 있다. 그러나 사실 유럽에서 고대 그리스와 로마 문화를 재생하려는 르네상스 운동은 지속적으로 일어났다. 8세기에도 있었고, 12세기에는 더욱 활기를 띠며 전개되었다. 그런데 이곳 나움부르크 돔은 바로 그런 운동이 태동하던 초기에 건축되었다는 점에서 그 경향을 견인하는 역할을 했다고 할 수 있다.

그사이 시는 1142년 도시로서 특권을 인정받았고, 교역의 중심지로 부상했다. 1249년 베틴의 디트리히 2세Dietrich II von Wettin(1245~1272)는 "신의 은총과 뜻에 따라 나움부르크 교회의 주교가 된 나는 모든 성직자들, 즉 사제와 사제보司祭補, 모든 신자에게 우리 구세주 예수 그리스도의 사랑으로 인사드립니다"로 시작하는 편지에서, 헌정으로 시작한 교회 건축을 완성할 자금을 헌금으로 내놓았다. 드디어 나움부르크에 온전한 성당을 건축하는 것이 가능해졌다. 물론 오늘날 남아 있는 성당은 14세기 초에야 완성되었지만, 이미 그 기본 구조는 완성된 상태였다. 성당을 다시 보완하고 중건하면서 후기 로마네스크 양식을 도입했고, 1250년경 성당 내부의 서쪽 벽면에 초기 고딕 양식으로 만든 성가대 칸막이 고미다락에 최초의 후원자인 에케하르트와 그의 아내 우타를 전신 크기의 부조로 새겨 기념했다(흔히 <에케하르트와 우타 부인>상이라 부른다).

이와 함께 대성당의 서쪽 출입문 위에 슬픔에 젖은 예수 그리스도와 제자들의 상을 조각했다. 성당의 출입문은 기독교에서 특별히 중요한 의미가 있다. 「요한복음」의 저자는 예수 그리스도가 이렇게 말했다고 기록하고 있다.

나는 그 문이다. 누구든지 나를 통하여 들어오면 구원을 얻고, 드나들면서 꼴을 얻으리라(「요한복음」 10 : 9).

예수라는 문을 통하지 않고는 구원에 들어갈 수 없다는 말이다. 그래서 교회 건축은 일찍이 성당의 문에 모든 정성을 쏟아 신앙심을 표현하려고 노력했다. 그 문이 곧 예수였고, 그 문에 표현된 예수 그리스도의 이미지는 곧 그 시대 신앙심을 표현한 것이었다. 건축가든 조각가든 자신의 작품에 스스로의 개성을 뚜렷이 반영하지만, 다른 한편으로는 그가 살아간 시대의 미적 감각과 정서를 표현하기 마련이다.

나움부르크 성당 서문西門에 서보자.

중앙부에 예수의 십자가가 새겨져 있고, 그 십자가의 교각은 문지방이되어 밑면과 연결된다. 그 십자가 위에 예수가 달려 있고 그 측면 기둥 위쪽으로 제자들이 각각 조각되어 있다. 예수는 두 팔을 벌리고 사람들을 환영하는 모습이다. 오직 그 문만으로 출입이 가능하다. 그런데 그 십자가 위에 달린 예수 그리스도는 중세에 흔히 볼 수 있던 '영광의 예수'가 아니다. 중세 교회는 세상의 모든 죄를 이기신 예수를 강조했다. 그래서 여러 회화 작품이나 조각에 나타난 예수상은 모든 것을 이룬 '영광의 예수'였다. 샤르트르Chartres, 아미앵Amiens, 랭스Reims 등 성당 문의 조각상이 모두 그렇다. 그러나 나움부르크 서문 위의 예수 그리스도는 슬픔에 젖어 있다.

예수의 상을 찬찬히 살펴보자.

그곳의 예수는 결코 모든 것을 이긴 '승리의 예수'나 '영광의 예수'가 아니다. 그렇다. 이 서문의 예수는 중세 사람들이 우러러보던 '고귀한 신Beau Dieu'이 아니라 아파하고 고통을 참아내면서 가장 추악한 범죄자에게 내리는 십자가형을 당한 패배의 슬픔을 이겨내려고 애쓰는 처절한 인간의 모습이다. 이 조각에 탁월한 전환이 실현되고 있는 것이다.[2]

문의 왼편 위에 조각된 마리아는 또 어떠한가. 그 여인은 울고 있다. 예수 그리스도의 고통과 아픔, 슬픔을 똑같이 느끼며 울고 있는 어머니다. 그리스도의 체화로 하늘나라를 상징하는 것이 아니라, 아들의 죽음을 바라보는 여인의 슬픔을 고스란히 드러내고 있다. 오른편 문 위에는 요한이 조각되어 있다. 요한은 예수 그리스도가 십자가에서 처형당할 당시 마지막까지 그와 고통을 함께한 제자다. 요한은 영적 고통으로 몸이 뒤틀리고 있다.[3]

나움부르크 성당 서문에서 우리는 신학적인 교훈을 강하게 내비치던 종래의 예수상과 품격을 달리하는 예수와 어머니 마리아, 제자 요한을 만난다. 그것도 13세기 중기에 말이다. 그리고 그 후부터 작센 지방의 다른 성당에 승리와 슬픔의 예수가 공존하기 시작한다. 예술가들 덕분에 나움부르크는 독일의 르네상스를 선도한 것이다. 예술가들은 종교개혁이 있기 전에 이미 앞서 살아가고 있었다. 이것이 바로 우리가 예술에 관심을 기울여야 할 이유 중 하나다.

나움부르크의 대성당이 보여주는 르네상스 시대의 예술 작품들은 8세기나 12세기에 일어난 이전의 르네상스와 또 다른 새로운 면모를 보이고 있다. 어느 시대에나 고전으로 돌아가려는 움직임을 보이기는 했으나, 이제 르네상스 운동은 로마와 그리스의 정신이 멀리 있는 이상이 아니라 권위 있는 실체가 되었다는 것이 그 중요한 변화였다. 그래서 고대와 르네상스 지식인들이 살던 시대를 동일시하는 한편, 그사이 기간을 '중세'로 부르기 시작했다. 게다가 주요 관심사가 바뀌었다. 기껏해야 고대의 저작에 관심을 기울이던 이전과 달리, 고전을 통해 인간의 실제성Wirklichkeit과 가치 Wert로 관심을 이동시켰다. 이것이야말로 우리가 '르네상스'를 운운하게 되는 근거다. 인간의 존엄성에 주목하기 시작한 것이다. 나움브르크 대성당의 〈슬픔의 예수〉와 〈에케하르트와 우타 부인〉은 바로 이 사실을 웅변적으로 보여준다. 그래서 더 특별하다.

나움부르크는 그 후 15세기에 한자 동맹Hanse에 가입했다. 13세기 말부터 북부 독일에서 30개 대도시와 100개 소도시 상인들이 한자 동맹을 결성한 이래로 도시들이 '시의회'를 구성해 상인들의 이익을 보호하면서, 처음에는 북부 독일의 항구 도시 뤼베크Lübeck, 함부르크Hamburg, 브레멘Bremen이 그 중심이었다. 그러나 그 후 한자 동맹이 소도시들에 문을 열자 나움부르크 역시 15세기에 한자 동맹에 가입했다. 이는 나움부르크가 상업도시로 번영했고, 도시의 분위기가 자유로웠다는 것을 의미한다.

나움부르크에서 기억에 담아야 할 또 하나의 사실은 그 작은 도시가 독일 교육 개혁의 견인차 역할을 꾸준히 담당했다는 것이다. 종교개혁의 중요한 기여 중 하나는 교육제도의 개혁이다. 루터는 자신의 개혁을 지속적으로 관철시키기 위해 새로운 교육이 필요하다고 보았다. 거기에는 사회적 약자와 여성에 대한 교육도 포함되어 있었다. 루터는 1524년 「기독교학교의 설립과 유지에 이바지할 독일 영방 모든 도시들의 의원들에게 호소함」이라는 글을 썼고, 처음으로 학교 규정을 제시했다.

이어 루터의 동료 교수이자 동지였던 멜란히톤이 루터의 교육 의지를 현실로 옮기는 데 앞장섰다. 멜란히톤은 1527년에 비텐베르크 주변 지역을 돌아보고 '작센의 시찰 강령'을 작성했는데, 여기에 다시 튀링겐 시찰 결과를 덧붙여 「시찰자들을 위한 지침Unterricht der Visitatoren」을 썼다. 선제후와 루터의 공식적인 승인을 거쳐 1528년 인쇄된 이 「시찰자들을 위한 지침」에는 개혁과 관련해 다양한 내용이 포함되어 있지만, 특히 신앙과 교육을 종합하는 데 초점을 맞추고 있다. 멜란히톤은 후에 수많은 교과서를 집필했고, 학교의 설립뿐 아니라 루터주의 대학을 조직하고 개혁하는 데 힘을 쏟았다. 멜란히톤 외에도 북부 독일에서는 포메른Pommern 출신의 요하네스 부겐하겐Johannes Bugenhagen(1485~1558)이, 남부 독일에서는 1559년의 '대뷔르템베르크 학교 규정' 창안자인 라인 강 유역 바일 출신의 요한 브렌츠Johann Brenz가 국민교육 제도의 발전과 교육의 개혁에 이바지했다. 이렇게 하여 종교개혁의 심장부는 영주 학교나 영방 학교의 전형을 제시했고, 전 독일의 본보기가 되었다.

이때 작센의 모리츠Moritz 대공은 영주의 칙령으로 그 지역 중 세 곳에, 즉 마이센Meißen, 나움부르크 인근 포르타Pforta, 그리마에 학교를 세웠다. 1543년 5월에 만든 학교 규정을 통해 "이로써 우리 영방에서 시대가 필요로 하는 교회의 봉사자와 학식을 갖춘 자가 부족하지 않도록 할 것"이라고 천명했다.[4] 이 학교들은 청소년 교육을 담당하는 훌륭한 교육기관이 되었다. 고트홀트 에프라임 레싱Gotthold Ephraim Lessing은 마이센Miessen의 성 안프라 학교 출신이며, 그리마에서는 사무엘Samuel과 에자이아스 푸펜도르프 Fufendorf 형제가 수업을 받았다. 특히 돋보이는 학교는 나움부르크의 포르타였다. 원래 1137년 시토 수도회의 수도원 학교로 설립되어 루터주의 개혁 신앙을 받아들였고, 오늘날에도 주립 학교로 명맥을 잇고 있다. 슐레겔 Elias Schlegel, 클롭슈토크Wilhelm von Klopstock, 피히테Gottlieb Fichte, 랑케Leopold von Ranke, 니체Friedrich Wilhelm Nietzsche, 베트만홀베크Bethmann-Hollweg 등이 이 학교 출신으로 독일의 문화와 사회 발전에 크게 이바지했다.

특히 니체는 이곳에서 초등학교와 김나지움을 다녀 유년기와 청소년기의 대부분을 보냈다. 그는 이곳 나움부르크의 천둥과 번개까지도 아름다움으로 받아들인 소년이었다. 허리에 손을 얹고 니체에게 질문하는 소녀와 책을 무릎에 놓고 소녀를 바라보는 니체상은 참으로 평화로워 보인다. 니체하우스에는 이런 글이 있다.

모든 사람은 자기 안에 생산적 유일성을 품고 있는데, 그것이 자기 존재의 핵심이다.

문화와 예술이 숨을 쉬는 곳이면 어디든 우리의 정신적 고향이라는 생각에, 작지만 아름다운 나움부르크의 거리를 다시 돌아본다.

나움부르크에서 볼거리

나움부르크 돔 Naumburg Dom: Domplatz 16

나움부르크는 할레에서 남쪽으로 39km, 예나에서 북쪽으로 30km 지점에 위치한다. 기차로 가서 돔까지는 걷는 것이 가장 편리하다.

이 돔은 2015년 유네스코의 세계문화유산으로 지정되었을 정도로 문화적 가치가 높다. 13세기에 초기 고딕 양식으로 세워진 건물도 아름답지만, 서문에서 마주하는 <슬픔의 예수>는 르네상스 시대의 인간적 예수로 우리에게 다가온다. 또한 실내에 있는 <에케하르트와 우타 부인> 상이 참으로 인상적이다. 비록 작은 도시이지만, 천천히 둘러보면 도시의 향기를 몸으로 맡게 된다.

나움부르크는 현재 포도주 산지로 유명하다.

나움부르크 김나지움 Naumburg Gymnasium: Thomas-Müntzer-Straße 22/23

종교개혁 이후 작센의 모리츠 대공이 시토회 소속 수도원 학교를 개편해 만든 학교 중하나다. 오늘날에도 주립 학교로 존속하고 있으며, 슐레겔, 클롭슈토크, 피히테, 랑케, 니체, 베트만홀베크 등 유명 인사를 배출했다.

니체의 집 Nietzsche Haus: Weingarten 18

니체는 1850년부터 1856년까지 나움부르크에서 살았는데, 그는 이때 초등학교를 마치고 나움부르크 김나지움에서 공부했다. 1994년부터 공개된 니체의 집은 그의 삶과 작품을 보여주며, 작은 도서관도 갖추고 있다. 2010년에 문을 연 니체 자료실은 니체의 제안을 둘러싼 비판적 견해를 연구하는 데 도움을 주고자 한 시설이다. 그의 동상은 홀츠마르크트Holzmarkt에 있다.

나움부르크 돔 고미다락에 새겨진
〈에케하르트와 우타 부인〉상의 우타 부인

위키피디아, ⓒ Linsengericht

라이프치히

토론과 계몽
그리고 음악의 도시

나움부르크에서 시골 정취에 푹 빠져본 후 라이프치히를 둘러보면 여간 즐겁지 않다. 도시의 활력이 여행객에게도 새로운 힘을 북돋아준다. 라이프치히는 여러 가지 점에서 그냥 지나치기에는 매우 아쉬운 도시다.

우선 라이프치히는 종교개혁 시대에 교황을 대신한 요한 에크Johann Eck와 루터 사이에 토론이 벌어진 곳으로 유명하다. 그 유명한 논쟁이 벌어졌던 플라이센부르크Pleißenburg 성은 1897년에 없어졌다. 그러나 그 자리에 새로운 시 청사가 들어섰고 그 시 청사에 역사의 흔적을 되살려놓았으니 한 번쯤 시 청사의 망루에 올라볼 일이다.

게다가 라이프치히에는 한 번쯤 감상하지 않으면 후회할 라이프치히 게반트하우스 오케스트라Gewandhausorchester Leipzig가 있다. 바로크음악의 거장이자 독일뿐 아니라 유럽 고전음악의 아버지 요한 제바스티안 바흐Johann Sebastian Bach(1685~1750)의 〈마태 수난곡〉을 이곳에서 듣는다면 그것은 아마 평생의 기억으로 남으리라 장담한다. 세 시간이 넘는 연주 시간을 미리 염두에 둘 필요가 있다.

그러고 나서 니콜라이 교회를 찾아본다면 여행의 의미는 더욱 풍부해질 것이다. 동독이 무너지고 독일의 재통일을 이루는 데 밑거름이 된 니콜라이 교회의 월요 평화기도회와 그 이전부터 청년들이 모여 동독 사회의 변혁을 토론하던 장소에 서보면 작은 노력이 얼마나 소중한 변화를 이끌어낼 수 있는지 실감할 수 있으리라.

1518년 가톨릭 교회의 인내심도 바닥이 났다. 봄에 이미 루터가 직접 논제를 포함한 신학적 견해를 밝혔지만, 가톨릭은 여름이 시작되는 시점에 정식으로 루터에 대해 이단 소송을 제기했다. 그해 가을 아우크스부르크에서 열린 제국의회를 앞두고 교황은 11월 5일 추기경 토마스 카예탄Thomas Cajetan(1469~1534)에게 마지막으로 화해를 할 수 있는 길을 열어보도록 부탁했다. 그러나 그 밀지는 너무 늦게 도착했고, 상황은 돌이킬 수 없는 상태로 진행되고 있었다. 이미 며칠 전 루터는 한 시민의 도움으로 밤사이에 시에서 도망치고 없었다. 루터는 아우크스부르크로 가면서 혹시 화형에 처해질지도 모른다는 불안에 떨었고 하루라도 빨리 그곳을 벗어나고 싶었다.

비텐베르크로 돌아온 루터는 교황과 공의회가 오류를 저지를 수 있고 가톨릭 교회의 권위는 부분적으로 성서와 일치하지 않으며, 교회의 고해성사는 성서에는 없는 것이라고 선언했다. 결국 가톨릭 교회는 잉골슈타트Ingolstadt 대학의 교수 에크를 내세워 라이프치히에서 토론회를 여는 것으로 대처했다. 라이프치히라면 비텐베르크에서 멀지도 않고 선제후의 영향 아래 있는 곳이라 루터도 이곳을 토론 장소로 마다할 이유가 별로 없었다.

비텐베르크를 대표하는 교수로 루터, 칼슈타트Karlstadt(원래의 이름은 Andreas Rudolf Bodenstein, 1486~1541), 멜란히톤이 동행했고, 200여 명의 학생들이 전투용 도끼를 들고 뒤를 따랐다. 루터는 학생들의 강력한 지지를 받았다는 점에서 행복한 스승이었다. 스승이 정의의 목소리를 내다가 피해를 입을 것을 염려해 학생들이 몸으로 직접 스승을 보호하겠다고 나섰으니 기특한 일이 아닌가.

양측의 견해 차이는 토론장을 뜨겁게 달구었고 한쪽이 발언을 할 때는 마치 강의실의 열기를 플라이센부르크의 토론장으로 고스란히 옮겨놓은 것 같았다. 토론은 1519년 6월 27일부터 7월 15일까지 이어졌다. 중간에 닷새 동안 휴회한 날을 제하더라도 무려 2주 동안이나 격렬한 토론이 이어졌다. 사안이 무겁기도 했고 공격을 방어해야 한 루터로서는 진땀을 흘렸겠지만, 오래전부터 토론 문화가 자리 잡고 있었다는 데 생각이 미치니 슬그머니 부러움이 머리를 스친다.

교황청을 왜 비하하냐는 질문에 루터는 교황청이 하나님의 뜻이 아니라 사람의 의지대로 움직이기 때문이라고 답했다. 그러자 에크는 루터를 보헤미아 반항아의 판박이라 하며 몰아붙였다. 그러나 루터는 후스가 교황청을 비판하다가 콘스탄츠 공의회에서 죽임을 당한 사실을 용감하게 옹호했고 후스가 쓴 글을 변호했다. 오직 믿음만으로 의롭다고 인정받는다는 루터의 의인 교리가 다시 도마에 올랐고, 고해 시간을 통해 인간의 모든 죄가 정화된다는 교회의 가르침을 두고도 의견이 명백히 갈렸다.

토론이 끝났을 때는 에크가 승리를 거머쥔 듯했다. 그러나 루터 역시 많은 소득을 얻었다. 루터의 해석이 더욱 인기를 끌었고 그를 추종하는 이들이 증가했다. 이 논쟁 후에 루터는 프라하에서 후스의 저작들을 선물로 받았고, 책을 차근히 읽으면서 라이프치히 논쟁 당시보다 후스의 논점에 더 공감하게 되었다. 반대자들이 더욱 결집했다는 것은 거꾸로 그의 지지자들이 늘어났다는 반증이기도 했다. 그것은 루터의 존재감과 위험이 동시에 커졌다는 것을 의미했다.

한편 이 논쟁의 배후에서 자신들의 의지를 소리 소문 없이 조용히 관철시킨 이들이 있었다. 그것은 상인 가계인 푸거가였다. 1519년 라이프치히 논쟁 당시에 에크는 푸거가와 강하게 연결되어 있었다. 푸거가는 1515년 6월 당대의 유명 교수인 에크를 볼로냐Bologna 여행에 대동했다. 그의 여행을 지원함으로써 이자 수취 금지 규정을 풀 수 있게 여론을 형성하고자 한 것이다. 에크는 볼로냐 논쟁에서 처음으로 낮은 이자의 경우에는 이자 수취 금지 규정을 풀어야 한다는 취지로 발언했다.[1] 이 토론회는 푸거가에 유리하게 끝났다. 그러나 푸거가는 이 한 번의 승리로 여론의 근본적인 변화를 끌어냈다는 확신을 얻지 못했다. 푸거가는 볼로냐 논쟁에서 월계관을 쓰고 자신의 이름을 세상에 알린 에크를 로마교황청에 소개했다. 한편 푸거가는 볼로냐와 빈에서 있은 논쟁에서도 이자 수취를 찬성하는 쪽과 반대하는 쪽 모두를 재정적으로 지원함으로써[2] 여론을 유리하게 형성하기 위해 골몰했다.

라이프치히 논쟁 당시에도 푸거가는 에크뿐 아니라 루터에게도 재정적 지원을 아끼지 않았다.[3] 푸거가의 목표는 면벌부 거래를 재개할 전기를 마련하는 것과 이자 수취 금지를 풀 계기를 마련하는 것이었다. 루터가 이런 은밀한 거래를 잘 알고 있었는지 혹은 전혀 눈치채지 못했는지는 불확실하다. 다만 그 대은행가에 대해 루터가 나중에 신랄하게 비판했던 사실로 미루어보면, 아마도 루터는 그 토론이 이자 수취에 유리하게 미리 조정되어 있었다고 의심한 것 같다.

라이프치히 논쟁의 뜨거운 열기를 식힐 겸 바흐의 음악을 감상해보자.

바흐는 1723년부터 20년이 넘게 이곳 라이프치히 성 토마스 교회를 비롯한 네 개 교회와 음악학교에서 칸토르Kantor(성가학교의 노래 교사와 음악감독)로 지냈고, 이곳에서 영면에 들었다. 당시 라이프치히는 교통과 교역 및 산업의 중심지인 동시에 서적의 유통과 출판이 활기차게 이루어지는 문화예술의 중심지로서 '독일의 정신적인 수도'였다. 라이프치히는 이 도시를 "작은 파리"라고 부른 괴테Johann Wolfgang Von Goethe를 비롯해 고트레싱과 고트세트Johann Christoph Gottsched의 도시이자, 베벨August Bebel과 리프크네히트Karl Liebknecht의 도시이기도 하다. 음악가만을 들더라도 이십 대에 바흐의 「마태수난곡Matthäus Passion」을 지휘해 바흐의 부활을 이끌어낸 멘델스존Felix Mendelssohn-Bartholdy과 리스트Franz Liszt, 슈만Robert Alexander Schumann, 바그너Richard Wagner가 활동한 도시였고, 근년에는 마주어Kurt Masur가 게반트하우스의 지휘봉을 잡아 명성을 이어간 도시가 아닌가.

〈마태 수난곡〉은 루터가 번역한 『신약성서』 중 「마태복음」 26장과

27장에 그려진 예수 그리스도의 수난을 바탕으로 한 서사에 곡을 붙인 악극이다. 악극 연주에만 3시간이 넘게 걸리는 대작인 데다 첫 연주 당시에는 악극의 1부와 2부 사이에 설교와 기도를 하는 것이 관례였으니 총연주 시간은 아마 네 시간을 훌쩍 넘어 5시간에 가까웠으리라 짐작된다. 그러나 그리스도의 체포와 십자가 처형은 물론이고, 예수가 예고한 대로 베드로가 닭이 울기 전에 스승을 부인하는 장면에서 부르는 아리아 등이 끊임없는 감동을 불러와 지루할 틈이 없었을 것이다.

나는 카를 리히터Karl Richter(1926~1981)의 지휘로 뮌헨 바흐 관현악단Münchener Bach-Orchester이 연주하고, 바리톤 디트리히 피셔디스카우Dietrich Fischer-Dieskau (1925~2012)가 노래한 1958년 녹음을 평소에 가끔 듣곤 한다. 그런데 이「마태 수난곡」은 너무도 많은 고전이 있어 선택이 어려울 지경이다. 처음에는 독창과 합창을 합쳐 24명, 오케스트라 30명의 단출한 연주였지만, 지금은 연주 인원만 200명에 이르는 연주 규모를 갖추게 되었다.

바흐의 〈무반주 첼로 모음곡Cello-Suiten〉도 이 도시에서라면 특별한 울림을 준다. 개인적으로 독일 통일의 기초를 다진 빌리 브란트Willy Brandt의 아내 루트 브란트Rut Brandt의 책『친구의 나라Freundes Land』를 우리말로 옮기면서 그녀의 친구인 소련의 첼리스트이자 지휘자 므스티슬라프 로스트로포비치Mstislav Rostropovich(1927~2007)를 좋아하게 되어 그의 〈무반주 첼로 모음곡〉을 즐겨 듣게 되었다. 이곳 라이프치히에는 음악의 여운을 즐길 카페도 있다. 바흐는 자신이 이끈 콜레기움 무지쿰Collegium Musicum(음악 모임)에 연습장을 내준 도미니쿠스 치머만Dominikus Zimmermann의 커피하우스라는 카페를 위해「커피 칸타타」를 작곡했다.「농부 칸타타」와 더불어 바흐의 세속 칸타타로 유명한 이 곡을 떠올리며 지금은 사라진 치머만의 '커피하우스' 대신 유럽에서 두 번째로 오래된 카페인 '아라비아 커피나무Zum Arabischen Coffe

Baum(주소: Kleine Fleischergasse 4)'에 들르는 것도 아마 여행의 피로를 씻어주는 청량제가 되지 않을까 한다.

커피 한 잔으로 여유를 되찾았다면 라이프치히의 명소가 된 니콜라이 교회[공식적인 명칭은 시와 목회자 교회 성 니콜라이(Stadt-und Pfarrkirche St. Nikolai)]로 가보자.

이 교회는 유서 깊은 토마스 교회Thomaskirche 다음으로 가장 큰 규모의 교회이기도 하지만, 다른 무엇보다 1989년 동독에서 일어난 '평화혁명'의 진앙이었다는 점에서 의의가 크다. '평화혁명'이란 동독의 반체제 인사들의 저항이 유혈 사태 없이 11월 9일 베를린 장벽을 붕괴시켰고, 이어 독일의 재통일을 끌어냈기 때문에 붙은 이름이다. 라이프치히의 니콜라이 교회는 그 중심에 서 있었다.

동독 체제에 도전하는 젊은 청년들의 움직임은 1970년대 말부터 시작되었다. 1978년 동독 국가가 김나지움 9학년과 10학년 학생들(한국으로 치면 중학교 3학년과 고등학교 1학년)에게 군사학을 필수 과목으로 정하자 교회가 중심이 되어 이에 반대해 평화운동을 벌이면서 평화운동 그룹이 탄생했다. 서독과의 경쟁에서 밀려난 동독 '현실 사회주의'가 그 철학과 달리 하나님이 창조한 자연을 기독교인들의 경외심에 상처를 낼 정도로 파괴하자 1978년경 교회 내에 환경운동 집단이 생겨났고, 빈곤이 세계적인 문제가 되면서 제3세계의 빈곤과 세계적 불평등에 크게 관심을 기울이는 집단도 등장했다.

이러한 청년 그룹들은 교회 내에서 토론하고 소통하면서 동독 교회의 새로운 세대로 성장했다. 그러나 동독 교회는 한때 사회문제를 해결하는 방안을 놓고 학생들과 갈등을 일으켰다. 교회 지도부는 국가와의 협상에 무게를 둔 반면, 학생들은 저항을 주장했다. 그러한 대립에도 동독 교회는 다행히 그들을 교회 밖으로 내치지는 않았고, 그런 연유로 동독 개신교는 동독에서 정부 비판 세력을 보호하는 역할을 하게 되었다. 1980년대 말에 이르자 오히려 교회가 이 비판 그룹들의 주장에 동의하는 방향으로 변화되었다. 1980년대 말 비판 그룹들의 회원 중 약 3분의 1이 교회 관계자였고, 그중 성직자의 비중이 약 46.1퍼센트에 달했다.[4] 교회는 시간이 흐를수록 동독의 민주화에 직접적인 관심을 표명했다. 물론 교회 자체가 정치화한 것은 아니지만, 교회는 비판 그룹을 포용하는 데서 더 나아가 동독 사회의 민주적 변화를 지원했다.

1988년부터 동독을 떠나려는 탈주 희망자들이 니콜라이 교회에서 열리는 월요 기도회에 대거 몰려들자 공산당은 평회 기도회를 중단하든가 아니면 다른 성격으로 바꿀 것을 종용했다. 그러나 목사 크리스티안 퓌러Christian Führer(1943~ 2014)와 주교 요하네스 헴펠Johannes Hempel은 이를 거부했고, 기도회 참석자들은 체포되거나 벌금형을 받아야 했다. 1989년 10월 라이프치히에서 시위에 가세한 그 많은 시민들은 기도회를 마치고 나온 사람들이었다. 동독의 변화를 '혁명'이라고 한다면, 일부에서 지칭하듯이 '개신교 혁명'이라고 해도 과장은 아닐 것이다. 그 혁명의 진앙 가운데 대표적인 공간을 들라고 하면, 나는 주저 없이 니콜라이 교회라고 답할 것이다. 그 현장에서 변혁의 기운을 한껏 들이마셔 보자.

라이프치히에서 볼거리

플라이센부르크 Pleißenburg: am Martin-Luther-Ring

작센의 도시 라이프치히의 한 지역이 던 플라이센부르크는 루터와 에크 사 이에 토론이 벌어진 곳이다. 13세기 에 세운 건물을 1549년 성으로 개조 했다. 그러나 1897년 성을 허물고, 1899년부터 1905년까지 새로운 시 청사를 건축했다. 이 시 청사에 역사 의 흔적을 되살려놓았으니, 그 망루 로 올라가 보자.

위키피디아, ⓒ Foto H.-P.Haack

게반트하우스 오케스트라 Gewandhausorchester: Beethoven-Mozartstraße 사이

라이프치히가 자랑하는 세계적인 오케스트라로, 185명의 직업 음악인들이 연주를 맡고 있다. 독일어권에서 가장 오래된 시민 콘체르트 오케스트라다. 1479년 라이프치히 시의회가 축제에 음악을 도입하면서 시작되었다. 바흐가 라이프치히에서 활동하던 1723년부터 1750년까지, 교회가 음악의 중심이었다. 그러나 1743년 16명의 라이프치히 상인들이 16명의 음악가들을 후원해 첫 연주회를 열면서 오케스트라로 발전했다. 이렇게 해서 직물조합 상인들의 집이라는 '게반트하우스'가 오케스트라의 이름에 붙게 되었다. 1840년 이래로 게반트하우스 오케스트라는 라이프치히의 교회 음악도 맡게 되었다.

특히 이곳은 유명 작품의 초연 장소로 명성을 떨쳤는데, 모차르트Wolfgang Amadeus

Mozart, 로버트 슈만과 클라라 슈만Clara Schumann, 베버Carl Maria von Weber, 파가니니Niccolò Paganini, 리스트, 베를리오즈Hector Berlioz, 쇼팽Frédéric Chopin, 게반트하우스 카펠마이스터 인 멘델스존, 바그너, 브람스Johannes Brahms이 이곳에서 초연되었다.

게반트하우스 오케스트라의 건물은 여러 차례 변화를 겪었다. 1884년에 베토벤 거리 와 모차르트 거리 사이로 이사하면서 그 일대가 음악 지구로 불리기도 했다. 1943년에 는 연합군에 의해 폭파되었지만, 전후에 복구되었다.

쿠르트 마주어는 지휘자와 명예 지휘자로 게반트하우스 오케스트라의 명성을 높였을 뿐 아니라 라이프치히의 '평화혁명'에도 참여했다.

니콜라이 교회 Nikolaikirche: Nikolaikirchhof 3

라이프치히에서 가장 크고 중요한 교회다. 특히 동독 정권에 비판적인 청년들의 집회 장소였고, 1989년 가을 평화혁명의 출발지였다. 이 교회의 월요 기도회가 월요 시위의 진앙이었고, 월요 시위에는 10만 명 이상의 사람들이 라이프치히 거리로 나가 민주주 의, 자유선거, 여행의 자유, 독일 통일을 외쳤다.

그 결과 동독 정권이 와해되고 독일이 통일된 '평화혁명'에 성공했다. 물론 라이프치 히 니콜라이 교회 한 곳에서만 기도회와 시위가 있었던 것은 아니지만, 니콜라이 교회 는 그 중심에 있었다.

여유가 있다면 바흐가 칸토르로 일한 토마스 교회Thomaskirche(주소: Thomaskirchhof 18) 역시 둘러보기 바란다.

그리마의 님브셴 수녀원

중세 여성들의
슬픈 흔적

라이프치히에서 그리마로 가는 지역 기차를 타면 한가로운 시골 풍경이 여행객에게 느긋함을 선사한다. 그리마에는 루터의 아내가 된 카타리나 폰 보라가 수녀로 지냈던 작은 수녀원이 있다. 나는 지금 그곳을 향해 가고 있다. 1993년에 처음 들렀을 때는 폐허가 된 채로 남아 있었는데, 2007년에야 겨우 조금 개수한 것으로 알려진 이 한적한 시골 마을의 외곽으로 나는 왜 가고 있는 것일까?

중세와 관련해 여전히 믿기지 않는 것이 있다. 중세 유럽에서 수도원이나 수녀원이 그토록 번성했다는 사실 말이다. 그래도 수도원이라면 성직자가 될 수 있고 나아가 종교 권력을 가질 수 있는 첫 번째 관문이려니 하고 이해할 수 있지만, 수녀원이 그토록 많았던 데 대해서는 여전히 의문이 풀리지 않았다. 이 시골에 설립된 수녀원에는 어떤 여성들이 수녀로 살았고 또 그들은 어떻게 살았을까?

물론 수녀원은 수도원 제도가 발전하면서 나타났다. 수도원의 기본 정신은 "나를 따라오려고 하는 사람은, 자기를 부인하고, 자기 십자가를 지고, 나를 따라오너라"(「마가복음」 8 : 34)라고 한 그리스도의 말씀이다. 성 베네딕투스St. Benedictus가 만든 수도 공동체가 성공을 거두자 유럽 곳곳에 수도원과 수녀원이 만들어져 '베네딕투스의 세기'가 열렸고, 곧 개혁적인 클뤼니 수도원L'Abbaye de Cluny이 그 뒤를 이어 인기를 얻었다. 중세 수도원의 내부 개혁은 수도원이 교회를 완벽히 지배하는 계기로 작용했다. 수도원은 유럽 전역으로 확산되었고, 중세 기독교의 중추 기관으로 부상했다.

수도원 및 수녀원의 발전과 함께 탄생한 제도가 성직자의 독신이었다. 성직자의 독신은 거꾸로 수도원이나 수녀원의 숫자를 늘리는 데 커다란 영향을 미쳤다는 점에서 특히 주목을 끌 만한 제도다. 공의회에서 처음으로 성직자의 독신을 권유한 것은 305~306년경으로 지금의 스페인 그라나다

Granada에서 열린 엘비라 공의회Synod of Elvira에서였다. 이때 만든 교범 33조는 결혼 여부와 관계없이 모든 성직자의 금욕을 규칙으로 정했다. 특히 주교와 교구 성직자에게 여인을 멀리할 것을 권고했다. 그러나 이때까지는 아직 강제 규정이 아니었기 때문에 실제로 독신제가 본격적으로 실시되지는 않았다. 성직자의 독신은 4세기 말 다마수스Damasus(366~384)에 이어 시리키우스Siricius(384~399) 교황 때 재론되어 로마교회 지도자들과 공의회에서 이 규정을 보편적인 것으로 받아들였다.[1] 그렇지만 5세기까지 성직자의 결혼 생활은 전혀 문제가 되지 않았다. 그러나 성직자의 세속적 힘이 강화되면서 교회 재산이 사유화되고, 그것이 세습으로 이어지자 성직자의 독신이 현실적인 문제로 떠올랐다. 이를 막기 위해 교황 레오 1세Leo I(440~461)는 독신의 범위를 서리 집사까지 확대했다. 하지만 이때까지도 혼인을 했다고 해서 고위 성직자가 될 수 없는 것은 아니었다. 성직자로 임명되기 전에 더는 부부 생활을 하지 않겠다는 서약을 하기만 하면 아무 문제없이 성직자가 될 수 있었다.

펠라기우스 1세Pelagius I(556~561)는 여기서 한발 더 나아가 성직을 받는 사람에게 자녀가 있을 경우 재산 목록을 제출할 것을 요구했다. 자녀에게 물려줄 유산에 교회 재산이 조금이라도 포함되는 것을 막기 위해서였다. 독신 제도야말로 성직자가 상속인을 두지 못하게 하는 확실한 제도였다. 대大교황 그레고리우스 1세Gregorius I(590~604) 또한 고위 성직을 받은 기혼자는 그들의 배우자를 버리지 말고 함께 살되 부부생활을 하지 않음으로써 모범을 보이도록 요구했고, 재산이나 지위를 상속하지 말라는 교서를 내렸다.

그러나 교회가 이 성직자 독신제 규정을 누구에게나 예외 없이 엄격히 적용한 것은 이로부터 수세기 뒤의 일로, 수도원 제도가 서방 교회 조직에서 지배적인 위치를 차지하면서부터다. 수도원 운동 초기에는 세습 문제가 개선되는 듯했으나, 이후 수도원이 기독교 세계에서 또 하나의 세력으로 자리를 잡게 되면서 지위와 부의 세습과 집중 현상이 다시 나타났다. 그러면서 개혁 운동이 일어났고, 교회는 성직자들의 세습을 더는 방치할 수 없다는 판단 아래 1139년 인노켄티우스 2세Innocentius II가 소집한 제2차 라테란 공의회Second Council of the Lateran에서 성직자의 독신을 아예 모든 성직자의 의무로 규정했다.

수도원 및 수녀원 운동이 널리 퍼진 후 여성의 모성보다 처녀성이 도덕적으로 확고한 우위를 차지하게 되었다. 12세기에는 "여성이 없었더라면 우리는 신에게 더 가까워졌을 것이다"라는 말이 통용되었다. 『신학대전』으로 중세 신학을 대표하는 토마스 아퀴나스Thomas Aquinas(1225?~1275)는 남성만이 '완전한 인간'이라고 생각했다. 수녀원에 들어가는 것만이 여성에게 열려 있는 완전한 인간이 되는 길이었다. 그러나 점차 여성에 대한 과소평가가 사라졌고, 특히 예술 작품에서 새로운 인식이 생겨났다. 성모마리아가 인격화되었으며, 13세기 말에는 예수의 시체를 안고 슬퍼하는 '피에타상'이 등장했다. 14세기 후반에는 슬퍼하는 성모상이 아기 예수를 안고 있는 성모상과 공존했다. 15세기에는 '마리아의 어머니 아나'가 마리아와 함께 사람들의 보호자가 되었다. 아나는 특히 광부들의 수호자였다.

1505년 7월 2일 부모님을 뵙기 위해 에르푸르트에서 만스펠트로 가던 루터는 슈토테른하임Stotternheim에서 천둥과 번개를 만나 땅에 쓰러졌다. 죽을지도 모른다는 불안감에 사로잡힌 루터는 '거룩하신 아나여, 나를 도우소서. 나는 수도사가 되겠습니다'라고 서원했다고 한다. 성 아나를 향해 기도했다는 이 이야기는 우리에게 두 가지 사실을 말해준다. 하나는 광부 아버지를 둔 루터가 자연스럽게 광부의 수호신 아나에게 기도를 드렸다는 사실이고, 다른 하나는 사람들과 극복할 수 없는 거리감을 만들어낸 동정녀

마리아에 대한 공경과 달리 민중 속에서 세속인으로 살았던 아나는 그러한 거리감을 극복하며 사람들에게 다가갔다는 사실이다. 이 두 번째 사실은 평범한 여성이 만인의 수호자로 추앙되었다는 점에서 여성의 이미지에 커다란 변화가 일어났음을 보여준다.

물론 중세라고 해서 여성이 그저 수동적으로 산 것은 아니다. 일찍이 여성을 추앙하거나 미화한 음유시인들이 묘사한 것처럼 여성은 때로는 스스로의 욕망을 좇아 살았고 성생활에서도 상당히 자유로웠던 것 같다. 그렇다고 중세에 남녀가 평등했다고 상상하는 것은 어불성설이다.

중세 말까지 신에게 귀의하는 여성의 수가 증가했고 그 결과 새로 세워진 수녀원 수도 자연히 늘어났다. 수녀가 된 여성들이 얼마나 많았으면 한때 결혼 상대자를 찾지 못한 남성이 부지기수였다고 전해진다. 그렇지만 누구도 그것을 염려하지 않았다. 그 상태가 그냥 정상이라고 생각했다. 실제로 수녀원에 가는 것이 여성에게 반드시 불행을 의미하지는 않았다. 중세 수도원이 고등교육, 신학 작업, 학문의 센터로 중요한 역할을 담당했듯이, 수녀원의 수녀들은 세속에서보다 더 높은 교육을 받고 자기표현을 할 수 있는 기회를 얻었다. 수녀원은 여성들이 종교적인 사안에 대해 자신의 의사를 표출할 수 있는 곳이었고, 그 안에서 그들은 스스로를 영적 집단의 구성원으로 여겼다. 수녀원은 여성에게 열려 있는 거의 유일한 '지적인 공간'이자 기회였다.

프로테스탄트 개혁가들이 수도원과 수녀원의 폐쇄를 시도했을 때 수녀원에 따라 그 구성원들의 반응이 서로 달랐던 것은 이 때문이다. 제네바의 성 클라라 수도원St. Paul's Monastery의 수녀였다가 나중에 수녀원장이 된 잔 드 주시Jeanne de Jussie는 1535년과 1547년 사이에 『칼뱅주의의 누룩』, 『제네바 이단의 시작』 같은 책을 써서 프로테스탄트들이 수녀원을 폭력적으로 습

격해 '가련한 수녀들'에게 '독'을 퍼부으려 했다고 비난했다.²

수도원은 물론이고 수녀원이 지적 공간이었던 것은 사실이지만, 수도사든 수녀든 한번 독신으로 살겠다고 서약한 이상 마음대로 철회할 수는 없었다. 아마 그랬다면 그 제도의 존속 자체가 위태로웠을 것이다. 그리고 모든 수녀가 자신의 의지로 수녀원을 택한 것은 더더욱 아니었다. 수도원이나 수녀원에서는 강제 노동이 있었고 고위 성직자들의 성노리개가 되는 일도 잦았다. 그런데 수녀들이 더 무서워한 것은 정절을 잃는 것이 아니라 죽을지도 모른다는 불안감이었다. 가난한 데다가 의지할 곳이 없어 삶의 두려움을 피해 수녀원에 들어온 여성들은 여전히 불안한 가운데 삶을 영위하고 있었다.

후에 루터의 아내가 된 카타리나는 가난한 귀족 가문 출신으로 어린 나이인 대여섯 살 무렵에 베네딕투스 수녀원으로 보내졌다. 물론 당시에는 흔한 일이었다. 그녀는 아홉 살이나 열 살 무렵에 다시 님브셴Nimbschen에 있는 시토회의 마리엔트론 수녀원으로 보내져, 흔히 '님브셴 수녀원'으로 불린 이곳에서 친척 아주머니들과 함께 지냈다. 당시에는 과부가 된 여자들이 수녀원에 들어가기도 했다. 좋은 수녀원은 상당한 지참금을 요구했지만, 님브셴과 같은 수녀원에서는 지참금이 거의 없는 초심자도 받아들였다. 카타리나는 집안도 가난했고 수녀원에 들어가던 그즈음에 어머니가 돌아가셨기 때문에 의지할 곳이 없었다. 그녀는 열여섯 살에 수녀로 서임을 받았다.

카타리나에게 수녀원은 보호처가 되기는 했지만, 그야말로 거의 유폐된 것이나 다름없는 생활을 해야 했다. 님브셴 수녀원의 폐허를 보노라면 오래전에 본 영화 한 편이 기억 속에 어른거린다. 독일에서 〈수녀Nonne〉라는 영화를 본 적이 있다. 수녀가 될 소녀와 그 부모(아니면 그녀의 친척이었을 것이다)

가 수녀원에 도착해 수녀원장에게 인도된다. 수녀원장은 이미 부모에게서 상당한 지원금을 받은 것 같았다. 소녀를 맡기고 마차에 올라 떠나는 어른들을 향해 소녀가 소리친다.

"데려가 주세요. 제발 데려가 주세요. 수녀원이 아니라 집에서 지내고 싶어요."

어른들은 그 소리를 귓등으로 흘리며 마차를 타고 떠난다. 소녀는 벽을 마구 두드리다가 아예 손으로 벽을 짓뜯으며 울부짖는다. 왜 나를 여기에 버리느냐고. 소녀의 손가락에서 흘러나온 붉은 피가 벽을 검붉게 물들였지만, 마차는 유유히 사라졌다. 그 대비가 내 기억 속에 긴 여운으로 남아 있다.

수녀원에는 신앙심에 따라 혹은 보호자가 없어 자의로 수녀원을 택한 사람들도 많았지만, 〈수녀〉에서처럼 반강제로 들어와 그저 견디면서 겨우 연명하는 사람들도 있었다. 종교개혁 직전에 이미 영국, 네덜란드, 이탈리아 북부 등에서 수녀원이 폐쇄되기 시작했다. 하지만 독일에서는 여전히 많은 여성들이 수녀원 담을 넘지 못한 채 살아가고 있었다.

대부분의 수도원은 도시의 성곽 안이나 바로 바깥에 안전하게 자리를 잡고 있었다. 수녀원은 면세를 비롯한 여러 가지 특권을 누리고 있었으므로 수녀들은 이에 대한 보답으로 친인척과 도시의 구원을 위해 매일 기도했다. 세상사에 전력을 기울여야 하는 사람들에게는 다른 사람이 자기 영혼의 구원을 위해 올리는 매일의 기도가 커다란 위안이 되었을 것이다. 이런 기도를 매개로 수녀와 시민은 끊임없이 대화하고 소통했다. 그러나 수녀원 내부에서는 계급 구별이 뚜렷했다. 부유한 가문 출신의 수녀들은 안락한 가구를 갖춘 독방에 살면서 혼자 밥을 먹고 자기 소유의 닭장과 채소밭을 돌보며 생활했지만, 많은 수녀들은 가난을 면치 못했다. 특히 시골에 있는 수녀원은 몹시 가난했고 그곳에 거주하는 수녀들 역시 가난하게 살 수밖에 없었다.

님브셴 수녀원은 작센의 작은 도시 그리마의 외곽에 있다. 그 위치나 규모로 미루어보건대 카타리나의 부모는 귀족에 속하기는 했지만, 그다지 부유한 사람들은 아니었던 것 같다. 그러니 카타리나와 그 동료 수녀들의 생활 역시 그다지 윤택하지 않았으리라 짐작할 수 있다. 님브셴에서 카타리나는 40여 명의 다른 귀족 가문 출신 수녀들과 함께 지내면서 수녀원의 규율뿐 아니라 성서 읽는 법을 배웠다.

루터는 수도원의 개방을 선언함으로써 기독교 세계에서 굳어진 오랜 관습 중 하나를 폐기했다. 물론 당대 대부분의 성직자들은 비밀리에 결혼을 해 아내와 자녀를 둔 경우가 허다했지만, 그렇다고 공식적인 것은 아니었다. 루터는 오래전에 성직자의 독신에 반대하는 글을 썼었는데, 그동안 가능성으로만 열어놓았던 일을 감행함으로써 이 분야에서 이론을 실천에 옮겼다. 루터의 종교개혁이 시작되면서 수도원과 수녀원을 떠나는 도망자들이 생겨났다. 특히 자의가 아니라 타의로 수녀원에 온 경우, 도망자가 될 확률이 더 높았다. 타의로 들어온 수녀들은 새로운 생활을 위해 기꺼이 수녀원을 떠났다. 하지만 당시의 사회 통념상 수녀는 여전히 그리스도에게 정절을 바친 거룩한 여성이었다. 그러니 수녀원을 떠나는 것은 독신의 폐기였고, 그것은 '정절'을 파는 행위였다. 실제로 사람들은 수녀원을 떠난 수녀들을 '매춘부'라고 불렀고 그렇게 대했다.

님브셴 수녀원의 수녀 몇 명이 루터에게 도움을 요청했다. 루터의 개혁운동이 확산되면서 여러 곳에서 수도원과 수녀원을 떠나는 사람들이 생겨났고 작센과 같은 영방에서는 그것이 전혀 죄가 되지 않았다. 그러나 다른 여러 곳이 그랬던 것처럼 님브셴이 속한 영방에서는 수도원을 탈출하다가 잡히면 사형을 면치 못했다. 카타리나와 그의 동료 수녀들은 위험을 무릅

쓰고 수녀원을 탈출하려고 한 용감한 수녀들이었다.

루터는 토르가우Torgau 시의 시의원이자 상인인 레온하르트 코페Leonhard Koppe에게 이 꺼림칙하고 위험이 따르는 일을 부탁했다.[3] 코페는 1523년 4월 4일 부활절 토요일에 자신을 도울 다른 두 사람과 함께 수녀원에 들어 갔다. 그가 수녀원에 생선을 납품하고 있어 여기까지는 큰 어려움이 없었던 듯하다. 그는 동료들의 도움을 받아 청어를 나르는 빈 통에 수녀들을 몰래 숨겼다. 생선 통 안에서는 역한 냄새가 코를 찔렀다. 그렇지만 수녀들에게 고약한 생선 냄새쯤은 문제가 아니었다. 수녀원은 들어갈 때도 까다로운 절차와 재산 증여가 있어야 가능했지만, 일단 들어가면 자유롭게 드나들 수 있는 곳이 아니었기 때문에 그야말로 목숨을 건 탈출이었다. 님브센이 위치한 그리마에서 비텐베르크까지는 100킬로미터가 넘는 거리였고 도로 사정도 좋지 않았지만, 다행히 그들은 별다른 사고 없이 탈출에 성공했다.

님브센을 빠져나온 12명의 수녀들은 비텐베르크에 도착했지만 머물 곳이 없었다. 또한 가족들이 반겨줄 것이라는 확신도 없었다. 그들이 선택할 수 있는 다른 대안은 되도록 빨리 신랑감을 찾아 결혼하는 것이었다. 결혼은 그들에게 남아 있는 최선의 선택지였다. 루터는 그들의 거처를 주선했고 곧 중매를 자처했다. 쇠네펠트Schönefeld의 마르가레테는 탈출을 도운 코페와 결혼했다. 당시 스물여섯 살이던 카타리나는 결혼이 쉽지 않았다. 한스 라이헨바흐Hans Reichenbach와 멜란히톤의 집에 잠시 머문 후 그녀는 루터의 설교와 종교개혁의 이념을 그림으로 널리 알리는 데 크게 기여한 화가 대루카스 크라나흐의 집에서 좀 더 오래 머물렀다. 그녀는 이곳에서 수녀원에서 자란 귀족 여성이 배우지 못한 여성으로서의 삶의 방식과 의무를 익힐 수 있었다.

크라나흐의 집에 머물던 카타리나는 남독일 출신의 히에로니무스라는 학생과 사랑에 빠졌다. 그러나 그 학생의 부모는 두 사람이 맺어지는 것을 방해했다. 아들이 가난할 뿐 아니라 혼기를 놓친 아가씨와 결혼하는 것을 원치 않았다. 두 사람은 서로 사랑했지만 결국 헤어져야만 했다. 중매를 통한 결혼도 이번에는 카타리나 쪽의 완강한 반대로 성사되지 못했다. 어느 날 라이프치히에서 가까운 암스도르프Amstorf 출신의 니콜라우스라는 사람과 대화를 나누던 중 그녀는 루터와 결혼하지 않는다면 독신으로 살겠다고 말했다. 연애에 실패하고 결혼에 희망이 없어 보이자 자조 섞인 푸념으로 그렇게 말했을 뿐이다. 그런데 뜻밖에도 루터가 그녀와 결혼하기로 결정한 것이다. 루터는 결혼이 하나님의 창조 사역에 대한 자신의 신뢰를 보여주는 것일 뿐 아니라 교황의 압박을 두려워하지 않고 단호히 물리치는 용기를 증명함으로써 교황과 마귀의 화를 돋울 수 있고, 고향에 계신 부모님이 기뻐하리라는 생각에 카타리나와의 결혼을 신속히 진행했다. 루터는 1525년 5월 고향으로 찾아가 부모에게 카타리나에 대해 이야기하고 축복을 구했다. 1525년 6월 13일 두 사람은 결혼했다. 그러나 누구도 사랑에 대해 말하지 않았다.[4]

비록 중세 말이라고는 하지만 신랑과 신부 사이에 어떠한 사랑의 징후도 발견할 수 없다는 것은 기이한 일이었다. 중세 사람들에게도 남녀 사이의 사랑은 원초적 감정으로서 전혀 위축되지 않고 살아 있었는데도 말이다. 우리가 '중세'라고 부르는 가장 중세적인 시대에도 남녀 사이의 사랑은 제도에 억압되지 않았다. 수많은 학생들이 흠모해 마지않던 탁월한 학자 피에르 아벨라르Pierre Abélard(1070~1142)는 젊은 시절 자신이 가르치던 제자 엘로이즈Héloise(1101~1164)와 사랑에 빠졌다. 이 일로 그는 거세되어 생식 기능을 잃었고, 엘로이즈 역시 수녀원에 보내졌다. 그러나 아벨라르와 엘로이즈의 사랑은 "나의 마음은 나와 함께 있는 것이 아니라 당신과 함께 있습니다"라는 편지에서 드러나듯이 다른 무엇과도 바꿀 수 없는 높은 가치를 지닌 것이었다.[5] 죽어서야 합장된 두 사람의 비극적 사랑 이야기는 당시에도 사람들의 마음을 움직이고 있었다.

지고지순하고 고결한 정신적 교류로서의 '사랑'은 십자군 전쟁(1096~1270)을 계기로 다소 변화를 겪었다. 자본주의 사회의 형성 과정을 연구한 베르너 좀바르트Werner Sombart는 『사랑, 사치 그리고 자본주의Liebe, Luxus und Kapitalismus』(1922)라는 책에서 십자군 전쟁이 유럽인들의 가치관과 윤리적인 태도에 변화를 가져왔다고 주장했다. 그는 특히 남녀 사이의 사랑이 기사와 숙녀 사이의 정신적 교류에서 육체의 문제로, 그리고 쾌락의 추구로 '세속화'했다고 분석했다. 이로써 동방에서 온 값비싼 선물이 여성의 마음을 사로잡는 중요한 수단이 되었고, 이것이 사치를 불러와 돈과 상품의 풍요를 가져왔고 자본주의 형성에 이바지했다는 것이다.[6] 십자군 전쟁과 사치가 자본주의 형성에 어느 정도 영향을 미쳤는지에 대해서는 의견이 갈릴 수 있다. 하지만 유럽의 경제적 터전을 확장하기 위한 전쟁이자 교회만이 동원할 수 있었던 중세에 보기 드문 사회운동이라 할 수 있는 십자군 전쟁이 삶의 태도와 가치관에 커다란 변화를 불러왔다는 사실만은 확실하다.

십자군 운동에 많은 여성이 참여했고 그래서 남녀 사이의 차별이 완화되었으며, 사회계층 사이의 차별도 크게 허물어졌다. 물론 십자군 운동에 참여한 사람들 사이에서만 그랬고, 또 오늘날 수준에서 보면 차별이 없어졌다고 말하기는 어렵지만 말이다. 중세 내내 아니 근대 초, 심지어 계몽주의 시기에도 성별에 따른 차등은 여전히 사라지지 않았다.

중세든 근대든 아니 현대든 '사랑'의 관념과 풍습이 사회에 의해 규정되는 것은 맞지만, 그렇다고 사랑이라는 감정 자체를 부정할 근거는 아니었다. 남녀 사이의 사랑은 어느 시대에나 인간을 고양시키고 열정을 갖게 하는 중요한 동력 중 하나다. 사랑의 감정이야말로 지성의 지표이자 인간성의 품격을 상징하는 감정 아니던가. 그러나 루터의 결혼에서는 전혀 그런 흔적을 찾아볼 수 없었다.

루터의 결혼식은 사랑도 축복도 없는 다소 기이한 결혼식이었다. 왜 그랬을까?

가장 절친한 동료였던 멜란히톤은 이 결혼식에 초대받지 못했다. 아니 참석하지 않았다는 편이 오히려 정확할지 모른다. 그때는 비텐베르크에서 가까운 바트 프랑켄하우젠에서 5000명이 넘는 농민들이 영주들의 칼과 창에 죽어 피의 강을 이룬 지 몇 주가 지나지 않았고, 여전히 독일 전역에서 농민군과 귀족 사이에 전투가 진행되고 있었다. 카타리나는 후에 훌륭한 내조자임을 스스로 입증하기는 했지만, 루터가 택한 결혼식 시기는 적절하지 않았다. 멜란히톤은 이 결혼을 "미숙한 행동"이라며 비판했다.[7] 루터의 의도와 달리 결과적으로 그의 결혼은 자신의 동시대인에 대한 비인간적 태도를 드러내 사회의식의 부재를 여실히 증명했다. 결혼 자체가 잘못되었다는 것은 아니지만, 사랑이 결혼에 중요한 결정 요소가 아니었다는 점에서 그리고 그 택일이 적절하지 못했다는 점에서 문제가 있었다.

영주인 프리드리히 선제후는 비텐베르크의 아우구스티누스 수도원을 폐쇄하고 그 건물을 루터에게 결혼 선물로 주었다. 결혼식을 마친 두 사람은 그 집으로 들어갔다. 루터의 가족들은 죽는 날까지 이 집에서 살았고, 이 '루터하우스'는 1883년 증개축을 거쳐 지금은 루터 기념박물관으로 사용되고 있다.

결혼 후 아내를 대하는 루터의 태도는 한결 좋아졌다. 그는 카타리나를 존중했고 가정생활, 특히 카타리나에게 만족한 듯하다. 그것은 카타리나

〈**카타리나 루터**〉 대루카스 크라나흐, 1526년작

의 노력이 이뤄낸 결과라고 할 수 있다. 가톨릭에서 전혀 미인이 아니었다고 말하듯이 카타리나는 실제로도 미인은 아니었지만, 아주 검소했고 경제적으로 집안 살림을 훌륭하게 꾸려나갔다. 루터의 집에는 보통 30~40명이 식사를 할 정도로 많은 사람들이 드나들었다. 금전적인 부담이 컸지만 루터는 저작권 관리조차 제대로 하지 못하는 비경제적인 사람이었다. 카타리나는 채소와 과일을 재배하는 과수원을 운영했고 돼지와 소, 닭 등 가축을 키웠으며, 가족과 손님을 위해 가축을 잡고 빵을 굽고 버터를 만들고 루터가 좋아하는 맥주를 빚었다.[8] 루터가 일상의 잡다한 일에 신경을 쓰지 않고 개혁에 집중할 수 있었던 것은 그녀 덕분이기도 했다. 그녀는 더할 나위 없을 만큼 안주인 역할을 잘해냈으므로, 루터는 유머와 존경을 담아 "나의 주님 케테"(카타리나의 애칭)라고 부를 정도였다. 자녀 양육, 남편 뒷바라지, 손님 접대가 그녀의 임무였고, 집은 그녀의 신학교이자 수도원이었다.

게다가 카타리나는 남편을 돋보이게 하는 데도 열심이었다. 1540년 카타리나는 루터의 집에 후기 고딕 양식의 문을 만들었는데, 사람들은 후에 이 문을 '카타리나의 문'이라고 불렀다. 이 문 오른쪽 구석에 '루터의 장미'로 유명해진 문양을 새겨 넣었는데, 루터는 "마치 십자가에 달리신 그리스도의 심장이 장미로 표현된 것 같다"라고 해석하며 좋아했다고 한다.[9]

루터 부부 사이에서 1526년부터 1533년까지 6명의 자녀가 태어났고, 그들의 가정생활은 프로테스탄트 목회자 가정의 모범이 되었다. 그들의 가정생활이 독일의 정신·문화·문학의 역사에서 어떤 의미를 갖는지 아이제나흐에 잘 전시되어 있다. 개혁가 루터는 아우구스티누스 수도원이던 그 집에서 죽을 때(1546)까지 살았으며, 카타리나는 그가 죽은 지 6년 후인 1552년 12월 20일에 사망해 토르가우의 성 마리엔 교구 교회에 묻혔다.

문득 '카타리나의 삶은 행복했을까?'라는 질문이 떠올랐다. 프로테스탄트 종교개혁자들이 수녀원을 폐쇄하고 여성 평신도 조직을 금지함으로써 아내와 어머니로서의 역할을 옹호하기는 했지만, 다른 한편으로는 여성만으로 이루어진 환경에서 여성들 스스로 영성을 표출할 수 있는 기회를 제거해버린 셈이기도 했다. 루터가 그의 아내를 '주님'으로 불렀다고 해도 카타리나는 아내로서 루터에게 전적으로 순종하는 가부장제 속 여성일 뿐이었다. 루터는 자신의 결혼 생활에 남성 중심적인 이분법적 인간관을 적용하면서 아내를 '정신'보다는 '물질'에 관련시켰다. '영적'인 일은 남성의 몫이었다. 그녀는 라틴어와 성서에 대해 잘 알고 있었고, 때로 『탁상담화』에서 자신의 목소리를 냈다. 그러나 그것이 전부였다. 그녀는 실제로 어떠한 공적 역할도 수행하지 못했다. 수녀로서 고등교육을 받은 그녀가 어떠한 신학적 저술도 남기지 않았다는 것은 아무래도 이해가 되지 않는 대목이다. 설사 루터가 죽기 전에는 남편의 그늘 아래 조용히 지내려는 의도에서 그랬다 하더라도, 그녀는 루터가 죽은 후에도 6년이나 더 살았다.

여성의 처녀성이 아니라 결혼을 가장 높고 바람직한 도덕적 가치로 만들었다는 점에서 종교개혁가들은 가톨릭의 여성상을 부분적으로 수정했다. 데시데리위스 에라스뮈스Desiderius Erasmus von Rotterdam(1466~1536)는 1518년에 「결혼의 찬양」이라는 글을 출간했다. 이 글을 쓴 동기는 가톨릭의 수도원주의와 독신 제도를 통렬히 비난하는 데 있었지만, 그는 이 글로써 일찍이 결혼을 찬양한 인문주의자가 되었다. "독신은 남자에게 어울리지 않는 삶의 불모의 방식이다. 주교들을 위해 독신을 남겨놓자.…… 삶의 가장 거룩한 방식은 순수하고 순결하게 지켜지는 결혼 생활이다"[10]라고 그는 주장했다.

에라스뮈스의 뒤를 이어 성직자가 결혼할 수 있다는 쪽으로 도약을 이룬 사람은 마르틴 부처Martin Bucer(1491~1551)다. 그는 루터보다 3년 일찍, 수녀였던 여성과 결혼했다. 그러나 그의 첫 번째 아내 엘리자베스는 전염병으로 죽었다. 두 번째 아내는 비브란디스 로젠블라트Wibrandis Rosenblatt였는데, 첫 번째 아내의 주선으로 만난 이 여인은 바젤의 인문주의자 루트비히 쾰러Ludwig Köhler, 바젤의 요하네스 외콜람파디우스Johannes Oecolampadius, 스트라스부르의 볼프강 카피토Wolfgang Capito와 결혼했으나 모두 사별했다. 그녀는 1542년 부처와 결혼해 함께 잉글랜드로 건너갔다.

부처는 결혼의 행복을 정당화하기 위해 이브를 창조한 하나님이 정당했다고 주장했다. 중세에 『마녀망치Malleus Maleficarum』를 저술해 마녀사냥의 길을 평탄하게 고르는 데 이바지한 여성 비하적인 두 저자는 이브가 구부러진 갈빗대에서 창조되었다고 주장하면서 창조가 불완전했다는 아주 불경스러운 주장을 서슴지 않았다. 이와 달리 부처는 인간의 외로움을 피하기 위해 하나님께서 여인을 창조했다고 강조함으로써, 하나님의 의도가 출산보다 결혼에 있었다는 점을 부각시켰다. 부처는 또한 첫 번째 결혼이 이브가 타락한 이후가 아니라 이전에 발생했다는 점을 상기시킴으로써 결혼의 도덕성을 '순수'한 수준으로 끌어올렸다.[11]

그러나 프로테스탄트 개혁가들이 구상한 가정은 여성이 수동적이고 순종적으로 행동하는 남성 지배적인 가부장적 가정이었다. 부처는 이브가 창조된 것은 남성의 유익을 위한 것이라는 전제를 모든 글에 깔아둠으로써, 가부장 제도를 확고히 지지했다. 그리스도가 교회의 머리이듯이 남성은 가정의 머리였고, 이것은 달리 변경할 수 없는 '진리'였다. 가정에서 기도를 인도하거나 목사의 설교를 풀이해주는 일은 남성들의 몫이었다.

결혼한 성직자들은 가부장적인 남성상을 드러내는 방편으로 턱수염을 길렀다. 루터는 바르트부르크 성에서 자신의 신분을 숨기기 위해 융커 외르거라는 가명을 사용했을 뿐만 아니라 위장을 위해 턱수염을 길렀는데, 비텐베르크로 돌아온 후 말끔히 밀었던 턱수염을 결혼한 후에 다시 길렀

다. 유럽 개신교의 결혼을 다룬 본보기가 될 만한 책을 저술한 취리히Zürich
의 불링거Heinrich Bullinger(1504~1575)가 턱수염을 기른 이후 1540년대까지 개
혁 성직자들 사이에 이 관습이 널리 퍼졌다. 가톨릭 성직자들은 이런 관행
에 대단히 불쾌한 반응을 보였다. 턱수염을 기른 루터가 보기에, 카타리나
가 아무리 헌신적으로 가정을 돌보았다 하더라도 그것은 그녀가 해야 할
일을 한 것뿐이었다. 루터 역시 여성들의 자리는 가정이라는 인식에서 전
혀 벗어나지 못했다. 그것도 가정의 책상이 아니라 부엌의 요리대가 그들
의 공간이었다. 남녀평등이나 해방이라는 말은 꺼낼 수조차 없는 금기였
다. 루터는 시대정신의 대변자였지만, 그러나 여성을 대변하지는 않았다.
가부장적인 틀을 허물고 아내를 동등한 인격이나 역량을 가진 사람으로 대
했느냐고 질문한다면 답은 전혀 '그렇지 않다'이다.

그러니 교회에서 여성의 역할을 기대하는 것은 그저 상상에 지나지 않았
다. 카타리나를 비롯해 카스파르 크루시거Caspar Cruciger와 결혼해 종교개혁
가들과 소통했던 엘리자베트 크루시거Elisabeth Cruciger, 로흘리츠에 새로운
신앙고백을 도입한 엘리자베트 폰 로흘리츠Elisabeth von Rochlitz, 카타리나 첼
Katharina Zell 등이 있었지만, 사회적으로 커다란 영향을 미치지는 못했다. 종
교개혁의 시대에도 남성과 여성의 관계에 커다란 변화는 일어나지 않았다.
그 변화는 계몽주의가 남성 지식인들을 압도한 후에도 더 많은 시간을 기
다려야만 했다.

그렇지만 우리가 기억해야 할 여성이 한 명도 없었던 것은 아니다. 가톨
릭이 지배하는 도시에서 남편의 반대를 무릅쓰고 용감하게 발언한 여성이
있었다. 바로 인골슈타트Ingolstadt의 아르굴라 폰 그룸바흐Argula von Grumbach
(1492년경~1568)라는 여성이다.

바이에른의 유일한 대학이던 인골슈타트 대학의 교수들은 대단히 유명

했고, 특히 에크 교수는 루터를 파문하는 데 개입할 만큼 종교개혁 반대의 선봉장이었다. 그런데 비텐베르크에서 멜란히톤에게 개혁 신학을 공부하고 석사 학위를 마친 제호퍼Arsacius Seehofer라는 열여덟 살의 젊은이가 1522년 인골슈타트로 돌아왔다. 그는 인골슈타트 대학 신학부에 일자리를 얻었다. 강사로 채용된 그는 용감하게도 첫 강의에서 비텐베르크의 스승이 가르친 논제들을 선포했다. 그는 곧바로 고발당했고, 수감자 신세가 되어 심문을 받았다. 대학은 그를 일벌백계의 본보기로 삼아 화형에 처하겠다고 위협했다. 루터의 저작들은 바이에른의 공작령에서는 금지되어 있었고, 처벌은 당연시되었다. 아무도 제호퍼를 구하기 위해 나서지 않았다.

화형대에 장작더미가 쌓이기 직전에 한 여성이 용감하게 나섰다. 여성의 사회적 발언이 금기시되던 시대에, 그것도 인골슈타트에서 종교개혁을 지지하고 제호퍼를 옹호하는 발언을 한다는 것은 결연한 마음가짐이 없으면 여간 어려운 일이 아니었다. 1523년 9월 아르굴라는 대학의 학장과 대학 지도위원회에 편지를 보냈다. 게다가 라틴어가 아닌 독일어로 말이다. 아르굴라는 편지 첫머리에 "나는 라틴어를 모릅니다. 그러나 독일어는 할 수 있습니다"라고 분명히 밝혔다. 아마도 당시 라틴어로 글을 쓰던 신학자들에게 이 문장은 모욕으로 들렸을 것이다. 이어 그녀는 "독일 말로 쓴 마르틴 루터의 저작들을 모두 읽었습니다"라고 적었다.

루터에게서 자극을 받은 아르굴라는 성서의 여러 곳을 인용하면서, 여성으로서 자신이 학문적 토론에 참여하는 것을 우선 정당화했다. 그리고는 비텐베르크의 새로운 사상에 대해 대학 교수들이 그 내용을 두고 토론하는 대신 '사탄'이라고 비난만 하는 작태를 준엄히 질타했다. 편지를 끝맺으면서 그녀는 제호퍼 사건을 "폭력이나 수감 혹은 화형으로 위협하지 말고 인골슈타트 대학에서, 그리고 독일어로 토론해보자"라고 요구했다.[12]

대학은 그녀의 편지에 대응할 가치조차 없다고 보고 익명의 저자를 동원해 길고 아름다운 문장으로 된 시를 지어 마치 어른이 어린아이를 타이르듯 그녀를 어르고 한편으로는 위협했다.

아르굴라의 편지는 폭풍을 몰고 왔다. 복사본 한 통이 공작 빌헬름 2세Wilhelm II에게 전달되었고, 인골슈타트의 한 인쇄소는 그 편지를 팸플릿판으로 발행해 시중에 내다 팔았다. 제목은 '그리스도적 귀부인처럼'이었다. 두 달 만에 그 편지는 15쇄나 간행되었고, 그 시대에 가장 많은 부수를 찍어 낸 저술 중 하나가 되었다. 아르굴라는 유명 인사가 되었다.

아르굴라는 어떻게 이런 행동에 나설 수 있었던 것일까?

그의 아버지 베른하르딘 폰 슈타우프Bernhardin von Stauff는 제국 남작Reichsfreiherr이라는 작위를 가진 귀족이었다. 그녀가 열 살이 되던 해에 아버지는 독일어로 된 성서를 구해 생일 선물로 주었다. 프랑켄 지역 귀족 가문에서는 소녀들 역시 교육을 시키는 것이 큰 미덕이었고, 그녀 또한 글 읽기를 좋아하는 총명한 소녀였다. 아르굴라는 부지런히 성서를 읽고 또 읽어 거의 외울 정도로 열심이었다. 『구약성서』를 읽으면서 그녀는 아시리아의 장군을 죽이고 유대를 구한 유디트Judith에게 깊은 감명을 받았던 듯하다. 아버지 덕분에 공부를 시작했지만, 당대에 여성이 더 높은 수준으로 올라가는 것은 수녀원에나 가야 가능했다.

아르굴라는 유복한 귀족 가문의 처녀가 걷게 되는 고전적인 인생을 택했다. 1510년 그녀는 아르굴라 프리드리히 폰 그룸바흐와 결혼했고, 인골슈타트 근처 렌팅Lenting에서 신혼살림을 시작했다. 후에 그녀의 남편 프리드리히가 디트푸르트Dietfurt의 관리가 되자 그곳으로 이사했다. 그녀에게는 프리드리히 선제후의 궁정에서 일하는 오빠가 있었고, 아마도 그녀는 오빠와 접촉하면서 루터의 개혁 사상을 받아들였을 것으로 보인다.

후에 발행한 그녀의 팸플릿을 보면 그녀가 루터의 만인사제주의에 크게 공감한 것을 알 수 있다. 세례를 받은 신자는 자신의 사제가 되어 신과의 사이에 중재자가 필요하지 않으며 스스로 성서를 읽고 이해하고 선포할 수 있다는 주장은 그녀에게 새로운 것이었다. 1523년 그녀가 제호퍼의 운명에 개입하게 된 것도 바로 이 만인사제주의의 영향을 받아 자신이 다른 사람을 돌보는 사제로서 역할을 해야 한다고 생각했기 때문이다.

그리고 아르굴라는 이미 몇몇 개혁가들과 개인적으로 교류하고 있었다. 게오르크 슈팔라틴Georg Spalatin, 안드레아스 오지안더Andreas Osiander와 편지를 주고받았다. 특히 뉘른베르크의 개혁주의 설교가 오지안더는 개혁적인 설교와 편지로 그녀에게 용기를 불어넣었다. 당시 성서에 집착하던 아르굴라는 바로 성서 때문에 커다란 고민에 사로잡혀 있었다. 「고린도전서」 14절 34장에 "여자들은 교회에서 잠자코 있어야 합니다"라고 적혀 있기 때문이다. 이 지점에서 그녀는 다시 성서에 기댔다. 예수를 따르던 여인 마리아 막달레나가 부활한 예수를 다른 누구보다 먼저 만났다는 데 주목해 제호퍼의 문제를 두고 남자들이 말없이 가만히 있기 때문에 그녀가 나설 수밖에 없다고 주장하면서, 이런 상황에 아무 말도 하지 않는 것은 죄를 짓는 것이라 했다. 성서 외에 그녀가 기댄 유일한 준거는 양심이었다. 인간의 양심으로도 제호프의 일을 그냥 넘길 수는 없다는 것이었다. 그녀의 용기 있는 행동은 제한적이지만 다소 효력을 발휘했다. 제호퍼는 화형대로 가는 대신 에탈 수도원Kloster Ettal에 수감되는 처벌을 받았다. 얼마 뒤 제호프는 수도원에서 도망치는 데 성공했다.

아르굴라가 이 문제로 대학과 다투는 사이 공작은 그녀의 남편을 해고해 버렸다. 가족들은 경제적 곤궁에 빠졌고 크나큰 고통을 감내해야 했다. 그녀는 유명 인사가 되었지만, 보수적인 바이에른에서 그러한 명성이 그녀와 가족에게 쏟아지는 사회적 냉대를 막아주지는 못했다. 1년이 지난 후 그녀는 침묵해야만 했고, 종교나 정치적 사건에 더는 개입하지 않았다. 아마도 남편 프리드리히가 그녀를 압박했을 것이다. 그녀의 남편은 아내의 저술 활동에 그다지 호의적이지 않았고, 신앙 면에서도 가톨릭적 사고를 벗어나지 못했다. 그녀의 전기를 쓴 페터 마테존Peter Matheson은 그녀가 그 사건에서 "살아남은 것이 기적"이라고 적었다.[13]

1530년 아르굴라는 루터를 코부르크Coburg에서 만났고 그와 대화를 나누기도 했다. 후에 루터는 자기 친구에게 보낸 편지에서 그녀를 "그리스도의 유일한 도구"라고 칭찬했다. 그러나 루터는 유감스럽게도 공개적으로 그녀를 돕지는 않았다.

차일리츠하임Zeilitzheim에 있는 루터주의 성 지기스문트St. Sigismund 교회의 무덤에서 결연했던 아르골라를 만날 수 있다.

그리마에서 볼거리

폐허가 된 님브셴 수녀원 Nimbschen Kloster

시토 수도회 소속 수녀원이었다. 그리마의 남쪽 물데Mulde에 있다. 종교개혁의 영향으로 1536년부터 1542년까지 문을 닫아 폐허만 남았었는데, 2007년에 약간 정비되었다. 그리마까지 기차로 가서 택시를 타는 것이 가장 편한 방법이다.

폐허가 된 님브셴 수녀원

루터의 도시 비텐베르크

이름만 남은 대학

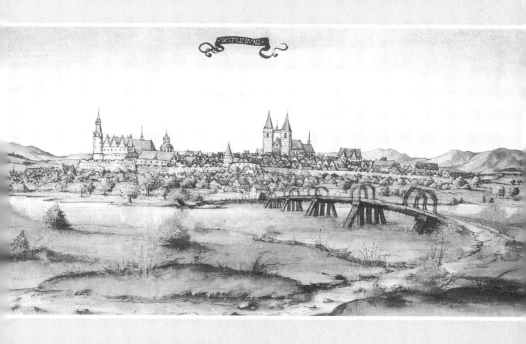

비텐베르크 기차역에 내리면 표지판에 적힌 "루터의 도시 비텐베르크 Luther Stadt Wittenberg"라는 문구가 한눈에 들어온다. '루터의 도시 비텐베르크'는 이 도시의 자랑스러운 명칭으로 쓰인다. 아이제나흐에도 이 명칭이 붙어 있어 지적재산권이 어디에 귀속되는지 모르겠지만, 아무래도 여행자들은 비텐베르크에서 훨씬 더 루터의 도시답다는 인상을 받는다.

작센안할트SachsenAnhalt 주에 속하는 비텐베르크는 1260년경 작센 공국의 중심지가 되면서 역사의 관심을 받기 시작했다. 15세기 말에 작센의 중심 도시가 되었고, 1502년 대학이 설립되고 얼마 지나지 않아 독일 종교개혁의 출발지로 부상했다. 15세기 이후 독일에서도 대학 설립이 유행처럼 번졌고, 프라하 대학을 본뜬 열일곱 개 대학이 설립되었다. 그중에서도 1379년에 세워진 에르푸르트 대학은 가장 많은 학생 수를 자랑하며 정상에 우뚝 서 있었다. 물론 이탈리아의 유수한 대학들에는 미치지 못했지만, 북동부 독일에서는 단연 우수한 대학이었다. 에르푸르트 대학을 필두로 대학들은 중부 독일 소도시의 지역 발전을 촉진하는 자극제가 되었다.

1502년 10월 18일 비텐베르크의 로이코레아Leucorea에 세운 비텐베르크 대학은 지역의 관리들을 양성하기 위해 설립 초기부터 법학, 신학, 의학을 교육했다. 루터를 이 대학으로 이끌어준 사람은 루터의 상담자이자 친구이기도 한 슈타우피츠였다. 그는 1520년까지 아우구스티누스파 수도원의 총감독을 지냈는데, 죄로부터의 자유와 구원 문제로 고뇌하는 루터를 비텐베르크 신학부에 자신의 후임 교수로 추천했다. 루터는 1512년 신학 박사 학위를 마친 후 다음 해부터 이 대학에서 「시편」, 「로마서」, 「갈라디아서」를 가르치면서 점차 개혁자로 성장해갔다.

종교개혁 당시 비텐베르크 대학의 학생 수는 꾸준히 증가하고 있었다. 1533년부터 1537년까지, 즉 루터가 교수로 있던 시절에 등록된 학생 수는

마르크트 광장의 멜란히톤 동상

1199명이었다. 1546년 황제와의 전쟁이 격렬해지자 교수들도 대학을 떠날 수밖에 없었고, 대학은 폐쇄되고 말았다. 그러나 우여곡절 끝에 1548년 다시 문을 열었고, 1548년부터 1552년 사이에 등록 학생이 다시 두 배 이상인 3041명으로 증가했다. 1568년부터 1572년 사이에도 등록 학생이 3540명에 이르렀다.[1] 이러한 성공에는 루터보다 그의 동료 교수인 멜란히톤이 더 많이 기여했다. 멜란히톤은 루터 생전에 이미 루터 이상으로 학생들의 존경을 한 몸에 받았다. 수많은 학생들이 비텐베르크 대학으로 몰려들었는데, 루터 때문만은 아니었다. 1520년 멜란히톤의 수강생은 500~600명으로 약 400명이던 루터의 수강생을 넘어섰다.[2] 수강생의 숫자가 영향력의 지표는 아니지만, 루터의 명성을 고려하면 멜란히톤을 향한 반응이 대단히 뜨거웠음을 알 수 있다. 1548년 비텐베르크 대학이 다시 문을 연 것도 멜란히톤과 그 동료들의 탄원을 받아들인 모리츠 대공이 대학을 계속 보존하겠다고 결정했기 때문이다. 그 후에도 비텐베르크 대학은 루터보다 더 루터적이고자 하는 루터주의가 자리 잡은 예나 대학과 달리, 멜란히톤의 정신에 토대를 두고 발전했다.[3]

그러나 비텐베르크 대학의 운명은 순탄하지 않았다. 나폴레옹 1세의 침략으로 1813년 다시 대학이 폐쇄되었고, 1817년 그 지역의 새로운 주인이 된 프로이센이 대학의 폐쇄를 결정하면서 할레 대학과 통합되었다. 할레 대학은 1694년에 세워진 유럽 최초의 근대적인 대학으로 사상과 교수의 자유를 중요한 가치로 존중해왔고, 오늘날에도 철학과 과학을 중시한다. 1933년 루터 탄생 450주년을 맞아 학교 이름 또한 '마르틴 루터 대학 할레-비텐베르크Martin-Luther-Universität Halle-Wittenberg'로 개명했다. 실제로 거의 모든 강의가 할레에서 이루어졌고, 대학 시설 역시 대부분 할레에 있어 비텐베르크 대학은 그저 이름만 겨우 유지할 뿐 사라진 것이나 마찬가지다. 작은 도시에서 학문을 꽃피운 독일의 몇몇 대학과 달리, 비텐베르크 대학은 살아남지 못했다.

비텐베르크 대학은 어쩌다가 쇠락의 길을 걷게 되었을까?

예컨대 하이델베르크 대학이 속한 팔츠Pfalz는 상대적으로 작은 영방이었고, 당시 하이델베르크는 최대 4000명에 지나지 않은 주민이 거주하는 작은 도시였다.[4] 물론 하이델베르크 대학은 독일 최초의 대학이라는 명예와 함께 팔츠의 영주 프리드리히 3세Friedrich III(1515~1576)의 적극적인 지원을 받았지만, 그보다 대학 구성원들이 대학의 자율성과 학문의 자유를 지켜낸 것이 명문 대학으로 발전한 주요 배경 중 하나라고 할 수 있다.

사실 대학의 정신은 '자유'에 있다. 젊은이들의 새로운 질문과 학문에 대한 자유로운 열정 없이 존속하는 대학은 없다. 그래서 대학의 정신은 어떤 경계도 설정하지 않는 자유로운 탐구 정신에 있다고 할 수 있다. 그러나 비텐베르크 대학의 분위기는 이러한 대학 본연의 기능을 처음부터 크게 위축시키고 있었다. 종교개혁 이후 가톨릭이든 프로테스탄트든 학교 교육을 중요하게 인식하기는 했다. 그러나 교회의 교육은 인문주의 교육을 지향하는 대신 신앙고백을 이끌어내는 데 교육이 필요하다고 생각했을 뿐이다. 1520년대 말과 1530년대 초에 입안된 프로테스탄트 학교 규정은 언어 학습을 강조했고, 교육을 사치가 아니라 시민의 의무로 간주했다는 점에서 인문주의의 이상을 채택했다고 볼 수 있다. 그러나 인문주의 교육과 종교 교육 사이에 두드러진 차이가 나타나기 시작했다. 인문주의 교육은 문법, 수사학, 역사, 문학, 도덕철학 등 전통적인 과목 외에 그리스 고전 원전, 라틴어 고전 원전 등 새로운 과목을 추가해 오늘날 우리가 인문학이라고 말하는 학문의 원형을 교육 과정에 포함하고 있다.[5] 교육 목표 또한, 교육을 통해 인간의 모든 가능성을 이끌어내어 인간의 우수함을 구현하는 데 있었다.[6] 그것은 인문주의에 뿌리를 둔 '자유로운 인간 교육'이었다.

이에 반해 프로테스탄트 학교 교과 과정의 초점은 부겐하겐이 지적한 대로 '교리와 언어'에 맞춰졌다. 그리스어와 라틴어 등 고전어를 가르치기는 했으나, 인문주의적 이상을 실현하기 위해서가 아니라 교리 형성을 위한 수단이었을 뿐이다. 따라서 교리의 구성과 그 전달에 도움이 되지 않는 백과사전적 지식이라는 인문주의의 목표는 눈에 띄게 축소되고 말았다.[7] 종교개혁 세력은 학교 교육에 힘을 기울이기는 했지만, 그 교육의 목표는 고작 인문주의의 종교화에 지나지 않았다.

루터를 비롯한 종교개혁가들의 교육 목표는 교리를 확립하고, 나아가 신과 국가에 봉사할 시민을 양성하는 것이었다. 양쪽 모두 윤리 교육을 강조했으나 인문주의자들은 이교도 저자들에게서도 자극을 받아 비분파적·개인적 경건을 촉진했으나, 프로테스탄트 학교 규정에 나타난 윤리 교육은 성서의 모범과 그 교리에 맞춘 해석에만 초점을 두었다.[8] 이것은 교육의 신앙고백화였다. 신앙고백화한 종교 교육에서는, 지식을 습득하는 과정에서 결정적인 역할을 할 질문과 회의 등은 설 자리를 잃었다.

1817년 할레 대학과 통합되면서 비텐베르크에 신학 교육이 재개되었다. 그러나 이때부터 비텐베르크 대학의 신학 세미나는 각성운동覺醒運動의 수련장에 지나지 않았다. 1817년 이후 단순한 신앙과 경건한 도덕성 그리고 성서적이고 초자연적인 신심으로의 전환이 급진적 형태로 등장해, 1820년대에 모든 프로테스탄트 지역들로 신속히 퍼졌고, 1830년대에는 눈에 띄게 강화되었다.

각성운동은 엘베 강 동부의 귀족들을 유력한 회원으로 얻음으로써 크게 약진했다. 사회·정치적 기존 질서Status quo가 의심받고 도전받지 않도록 철저히 방어하는 것을 '주님이 각성시킨 자들의 임무'로 본 각성운동은, 교회 내의 신학적 합리주의를 말하는 계몽주의 기독교에 대한 반대이자 '세속적'인 '문화신학'과 그 이후 곧 도래한 학문적 성서 비판에 반대하는 근본주의적 저항을 구체화한 운동이었다. 신학적 합리주의는 당연히 신앙의 주적主敵이자 투쟁의 대상이었다.

비텐베르크의 신학 세미나는 이 새로운 유형의 경건주의를 지지하는 세력의 중심지로 발전했다. 신학 교수 아우구스트 톨룩Friedrich August Gottreu Tholuck(1799~1877)을 비롯한 이런 경향의 교수들은 자신을 따르는 보수적 학생들을 대학 교수 자리에 앉히는 데 총력을 기울였다. 열정과 결속력을 모두 결여한 신학적 합리주의자들과 자유주의자들은 수세에 내몰렸고, 직업과 교직에서 쫓겨나는 신세를 면치 못했다. 각성운동 그룹의 교수와 학생은 비텐베르크 대학을 장악했고, 잠정적으로 대대적인 성공을 거두었다. 그러나 그와 반비례해 대학의 정신이 그만큼 위축되고 있다는 사실을 감지한 사람은 없었다.

무엇이 비텐베르크 대학을 주저앉게 했는가?

말할 필요도 없이 산업화와 도시화가 큰 원인을 제공했을 것이고, 프로이센에 통합되면서 이 대학의 중요성이 크게 감소한 것도 큰 원인 중 하나였다. 그리고 정치, 경제, 사회, 문화 등의 요인이 특정 시기를 맞아 결합하면서 대학을 더는 헤어나지 못할 수렁으로 빠뜨렸다는 것을 짐작할 수 있다. 그렇지만 독일의 작은 도시에도 훌륭한 대학이 건재하고 있다는 점에 비춰볼 때, 그런 상황만으로 비텐베르크 대학의 몰락을 충분히 설명했다고 보기 어렵다. 대학 자체에 문제가 있었다고 보는 것이 더 설득력 있다. 특별히 기억해야 할 것은, '각성된 신학자들'의 응집력이 새로운 시대에 새로운 질문을 던져야 할 대학 본연의 역할을 대신해 대학을 구할 수는 없었던 게 아닐까?

최근 위기를 맞고 있는 한국 신학 대학들은 이 시대에 어떤 대응을 선택할까? 대학의 홍보비를 늘리거나 강사들의 수를 대폭 줄이고 교수들이 더 많은 강의를 맡는 것으로 과연 이 위기를 극복할 수 있을까? 특히 두려운 것은 오늘의 한국 신학 대학들이 위기를 맞아 정체성 확립을 기치로 내걸면서 근본주의적 신학으로 경도되는 경향마저 보이고 있다는 사실이다. 대학 본연의 '자유' 정신을 압도하려는 이러한 움직임이 대안이 되지 못한다는 것은 비텐베르크 대학을 비롯해 여타 대학의 역사에서 충분히 확인된 사실 아닐까?

심지어 교수들 사이에, 교회에서 들은 것 외에는 신학과 역사에 관한 지식이 전혀 없는 학생들의 신앙 경향을 바로잡기 위해 노력하기는커녕 오히려 그것을 두둔하고 정당화함으로써 자신의 입지를 강화하려는 경향마저 나타나고 있다. 이런 분위기 속에 한국 신학 대학의 미래는 어디로 가겠는가? 교회의 위기를 걱정하기 전에 신학 대학의 위기에 눈을 돌려보아야 할 것 같다. 여기에 생각이 미칠 때마다 자못 우울해지는 것은 나만의 비관주의일까.

비텐베르크에서 볼거리

비텐베르크에 도착하면 "루터 도시 비텐베르크(Lutherstadt Wittenberg)"라는 큰 글씨를 먼저 만나게 된다. 그만큼 루터와 종교개혁의 흔적이 많으니, 차근히 살펴보는 것이 좋다. 그중에서 놓치기 아까운 몇 가지를 소개한다.

루터하우스 Lutherhaus: Collegienstraße 54, Lutherstadt Wittenberg

원래는 아우구스티누스파 수도원이었지만, 현자 프리드리히 선제후가 루터의 결혼을 기념해 선물로 준 집이다. 루터의 아내 카타리나가 만든 문을 비롯해, 루터 기념박물관이 된 집 안에는 루터가 사용하던 책상과 여러 유물이 전시돼 있다.
내부를 구경한 뒤 밖으로 나와 루터의 문과 카타리나의 동상도 감상해보자.

루터의 참나무

1520년 루터가 동료 교수들과 학생들 앞에서 교황 레오 10세의 파문장을 불태운 곳이다. 원래 14세기 중엽 페스트(흑사병)가 창궐해 대참사가 일어났을 때 사람들은 페스트균을 박멸하기 위해 이곳에서 사망자들의 물품을 태웠다. 루터는 바로 그곳에서 파문장을 불태운 것이다. 교황의 파문장과 페스트를 같은 것으로 각인시키려 한 듯하다. 이곳에는 1830년 아우크스부르크 신앙고백 300주년을 기념해 심은 참나무가 있다. 종교개혁 당시 사용하던 우물은 말라버렸다.

멜란히톤하우스 Melanchtonhaus

비텐베르크의 중심인물로 부상한 개혁가 멜란히톤의 집으로, 루터의 집에서 가까운 곳에 있으니 꼭 한 번 둘러보자.

비텐베르크 성교회 Schlosskirche: Schlossplatz. Lutherstadt Wittenberg

루터가 쓴 「95개 논제」를 문에 청동으로 새겨놓았으며, 루터의 무덤과 멜란히톤의 무덤이 교회 안에 있다. 벽면에는 이 교회를 세운 프리드리히 선제후와 그 동생이 조각되어 있다.

비텐베르크 시립 교회 Stadtkirche: Jüdenstraße 35

최초로 독일어 예배를 드린 곳이며 평신도들에게도 성만찬 때 빵과 함께 포도주를 나누어 주어 성직자와 평신도 사이의 벽을 조금 허물었던 곳이다. 이 교회에서 보아야 할 것은 대루카스 크라나흐(아버지 크라나흐)와 그의 아들이 그린 제단화다. 크라나흐는 그림을 통해 루터의 개혁 정신을 세상에 널리 알렸는데, 그는 루터의 새로움이 무엇인지를 사람들의 머리에 각인시키는 데 탁월한 화가이자 루터의 든든한 동지였다.

비텐베르크 대학 Universität Wittenberg: Collegienstraße 62

본래의 대학 건물은 남아 있지 않다. 1994년 500년 전에 대학이 있었던 자리에 로이코레아 재단Stiftung Leucorea이 설립되어 교수 및 연구를 위한 기능을 하고 있다. 국내를 비롯해 국제 학술회의 장소로 활용되고 있다.

슐레스비히
홀슈타인 주

메클렌부르크
포어포메른 주

니더작센 주

독일

브란덴부르크 주

작센
안할트 주

노르트라인
베스트팔렌 주

헤센 주

뒤링겐 주

작센 주

라인란트
팔츠 주

뉘른베르크

체코

프라하

자를란트
주

바덴
뷔르템베르크 주

바이에른 주

아우크스부르크

콘스탄츠

바젤

오스트리아

취리히

스위스

이탈리아

열흘간의
다크 투어리즘

2

●

프라하 Praha | 지도자 없는 혁명의 도시

뉘른베르크 Nürnberg | 프로테스탄트로 전향한 최초의 제국도시

아우크스부르크의 푸거라이 Fuggerei | 거상이 남긴 최초의 사회주택

곁길 산책 **수도원 가도** | 나치의 도망을 도운 성직자들

취리히 Zürich | 개혁교회 전통의 시원이 되다

바젤 Basel | 에라스뮈스와 유럽 인문주의자들의 고향

프라하

지도자 없는
혁명의 도시

얀 후스Jan Hus(1370?~1415)는 1415년 6월 콘스탄츠Konstanz 공의회의 소환에 응했다. 먼 길을 지나 이곳에 도착한 후스는 바다처럼 넓은 보덴 호Bodensee를 보기는 했지만, 그 아름다움에 마음껏 젖어보기도 전에 곧바로 감옥에 갇혔다.

1415년 7월 6일 이른 아침 마지막 심문과 처형을 결정할 회의가 시작되었다. 회의를 시작하기 전 추기경이 대미사를 집전했다. 아무 일도 없다는 듯이 조용히 미사가 끝나자 간수가 후스를 회의장으로 끌고 들어왔고, 후스는 제단 앞에 꿇어앉아 말없이 기도를 올렸다. 밀라노 근처 로디Lodi의 주교가 단상으로 올라갔다. 그는 「로마서」 6장 6절을 담담히 읽고 나서 "우리가 죄의 노예가 되지 않기 위해서는 죄인을 처벌해야 한다"라고 설교했다. 원래 이 말씀은 예수 그리스도께서 인류의 죄를 대신해 그의 몸을 바치셨다는 것이었지만, 그와 청중에게 성서의 진의는 그다지 중요하지 않았다. 그리고 성서는 누구에게도 사람을 죽일 권한을 부여한 일이 없었지만 그마저도 주교는 개의치 않았고, 오히려 이 말씀을 내세워 교회와 왕에게 이단과 악마를 죽여 없애라고 강력히 요청했다.

분노의 설교가 끝나자 공의회는 후스를 정죄하는 의식을 행했다. 앞으로 나선 주교가 후스의 죄목을 읽기 시작했다. 그는 먼저 후스가 쓴 『그리스도에게 호소함Appellation an Christus』이라는 책을 이단으로 정죄했다. 후스는 역시 후스였다. 죄목을 읽기 시작하자 그는 "그게 아니요!"라고 큰 소리로 외쳤다. 조용히 하라는 명령이 떨어졌다. 그러나 후스는 멈출 수 없었다. 손을 높이 들고 성당에 모인 모든 사람들이 들을 수 있을 만큼 큰 소리로 말했다.

"내가 이단 사상을 쓰고 가르쳤다는 증인을 불러주십시오! 그리고 토론하게 해주십시오!"

증인을 채택하는 대신 주교는 후스의 책을 인용했다.

주님이시여, 당신 자신이 당신의 아버지를 정의의 재판관으로 삼으셨음에도 공의회의 조치들과 규정들이 그 하나님의 뜻에 어긋난다면 이 공의회를 파멸시켜주십시오. 그렇게 해서 우리를 압박하는 저들에게 본보기를 보여주시기 바랍니다.[1]

이에 대해 후스는 그리스도는 궁극적인 권위이며 그리스도를 믿는 사람들이 따라야 할 진리의 원천은 오로지 성서뿐이라고 주장하면서, 자신의 주장은 공의회가 하나님의 정의를 실현하지 않기 때문이라고 반박했다. 지금 돌이켜보면, 그리고 그리스도인이라면 후스처럼 믿는 것이 상식이다. 그러나 당시 로마 가톨릭 교회는 지상의 최종적인 권위는 공의회라고 주장했고, 그렇게 가르쳤다. 공의회와 성직자들의 권위를 인정하지 않는 후스의 말은 곧 이단이었다. 만약 공의회가 그리스도의 말씀에 따라 운영되고 성직자들이 그 말씀에 따라 살았다면 후스가 그리스도와 성서의 권위를 새삼 강조할 필요는 없었다. 성서로 돌아가야 한다는 후스의 주장을 정죄했다는 것은 거꾸로 보면 성직자들과 그들이 만든 공의회가 성서에 어긋난 일을 한다는 것을 자인한 셈이다. 그러나 그들에게 반성은 없었다. 오로지 권력을 유지하는 것이 관심사일 뿐이었다.

후스는 교회의 권위적 구조와 성직자들의 도덕적 부패를 비판했을 뿐 아니라, 성직자와 평신도 사이를 엄격히 구분하는 성만찬도 반대했다. 당시 가톨릭 교회는 성만찬 때 포도주가 든 성배를 평신도에게 베푸는 것을 금했다. 가톨릭 교회는 그리스도의 피가 살 속에 있듯이 떡 속에 피가 들어 있다고 주장하면서 평신도들에게는 포도주(성배)를 주지 않았는데, 성직자와 평신도 사이에 신분적 차별이 엄연히 존재한다는 강한 메시지였다.

후스를 비롯한 프라하의 개혁 세력은 이른바 '한 가지 성찬'을 거부하고 포도주를 포함한 '이종성찬'을 베풂으로써, 공동체의 결속과 가톨릭에 대한 저항을 동시에 표현하고 있었다. 후스는 콘스탄츠로 떠나기에 앞서 평신도들에게 이종성찬을 베풀었고, 1414년 가을에 보낸 편지에서도 이 새로운 성찬이 성서적이고 옳다는 확신을 주기 위해 노력했다.

이탈리아인 주교는 죄목을 계속 읽어 내려갔고, 후스의 저작과 후스라는 사람 자체를 이단으로 규정했다. 후스는 이런 표현에 큰 소리로 저항했고, 마지막으로 그리스도에게 자신의 적대자들을 용서해달라는 기도를 드렸다. 십자가에 매달린 예수 그리스도의 말씀을 연상시키는 장면이었다. 마침내 후스에게 '이단'이라는 최종 판결이 내려졌다. 잉글랜드의 위클리프에 이어, 성직자 예복을 입고 신자들에게 성례전을 집전하던 사람이 또다시 이단이 되었다. 후스는 다시 한 번 항의했다.

후스의 처형은 어떻게 진행되었을까?

후스의 전기를 쓴 아른트 브루머Arnd Brummer는 신앙과 양심에 따라 살았던 한 인간의 최후를 눈에 잡힐 듯 생생하게 되살려놓았다.[2]

주교 7명이 후스에게 달려들었다. 그들은 속옷만 남긴 채 예복을 벗겼고 엄격한 성찬 규정에 따라 그에게 성배를 내밀었다가 빼앗았다. 성배를 빼앗아가면서 한 주교가 말했다.

"너는 예수를 팔아버리고 도망간 유다다. 너로부터 용서의 성배를 탈취하노라."

성직자의 위엄과 권위를 박탈하는 절차였다. 후스는 다시 한 번 항의했다. 그러나 허사였다. 후스는 하나님께서 구원의 성배를 자신에게서 빼앗아가지는 않으리라고 굳게 믿었다.

주교들은 마침내 후스의 속옷까지 모두 벗겨 알몸으로 만들었고, 벗긴 예복을 갈기갈기 찢었다. 그리고 후스의 머리카락을 자르기 시작했다. 주교들은 후스의 머리를 밀기 위해 가위와 칼 중 어느 것을 쓸 것인지를 놓고 합의에 이르지 못했던 모양이다. 후스는 "보십시오. 이 주교들은 그들의 불경죄에 결코 합의하지 못할 것입니다"라고 말함으로써 그들을 조롱했다.[3] 7명의 주교들은 후스의 머리를 모두 자른 후 "이로써 교회가 할 일은 다했다. 이제 그대를 세속 권력에 맡기겠다"라고 말했다. 곧이어 세 마리의 사탄과 대악마가 그려진 종이 모자를 가져와 후스의 머리 위에 씌우고 "우리는 너의 영혼을 악마에게 넘기노라"라고 선언했다. 후스는 손을 높이 들고 외쳤다.

"나는 저들을 은총이 충만하신 나의 주님에게 바치노라!"

이제 독일의 왕이자 곧 신성로마제국 황제가 될 지기스문트가 나설 차례였다. 공의회의 집행은 세속 권력이 맡아왔고, 그것이 교회와 세속 권력이 공존하는 토대가 되었기 때문이다. 그는 이단의 처리를 팔츠의 백작 루트비히Ludwig에게 위임했고, 백작은 콘스탄츠의 시장 울리히 폰 울름 Ulrich von Ulm에게 처리를 맡겼다. 울리히는 이단자를 끌고 나가 화형에 처하라고 명령했다.

이단을 표시하는 종이 모자를 쓴 후스를 집행관이 대성당 밖으로 끌고 나갔다. 대성당 앞마당에는 이미 후스의 책들이 장막더미 위에서 불타고 있었다. 후스는 그 모습을 보고 허허 웃었다. 기가 막힌 일이라 심장이 뚫린 것 같았지만, 그의 얼굴에서 두려움이나 불안은 찾아볼 수 없었다. 후스는 성벽 앞에 마련된 처형장 쪽으로 끌려갔다. 수많은 사람들이 그의 길을 따라갔다. 구경거리라도 났다는 듯이 생각 없이 그 뒤를 따르는 시민들도 있었고, 안타까움에 마음을 졸이면서 후스를 위해 기도하는 사람도 있었다. 또 후스와 함께 처형대에 달릴 흉악범들도 그와 같은 길을 걷고 있었다.

콘스탄츠에서 고트리벤Gottlieben으로 가는 길에서 왼쪽으로 200미터도 안 되는 브륄Brühl이라는 곳에 처형장이 마련되어 있었다. 후스가 쌓아올린 장막더미로 오르는 계단을 밟고 올라갔을 때 이미 불을 붙일 준비가 끝나 있었다. 후스는 무릎을 꿇고 하나님께 기도했다.

"하나님! 당신의 선하심과 인자하심으로 나의 죄를 용서해주옵소서."

장작더미 위로 마련한 처형대로 가라는 명령이 후스와 사람들의 귀를 날카롭게 때렸다. 후스는 다시 기도했다.

"나를 사랑하시는 예수 그리스도시여! 저는 당신의 복음을 위해 용감하게 그리고 참을성 있게 고난을 견디겠나이다, 아멘."

연대기 기자 울리히 리헨탈Ulrich Richental에 따르면 공의회와 주교를 대신해 성 스테판 교회의 울리히 쇼란트Ulrich Schorand가 고해신부로 나서 고해할 일이 있느냐고 물었다.

"고해는 필요하지 않습니다. 나는 마땅히 죽어야 할 죄인이 아닙니다."

후스는 한 번은 라틴어로 한 번은 독일어로 분명히 대답했다. 루트비히 백작이 속히 형을 집행하라고 소리 질렀다. 후스는 자신을 여기까지 데려온 간수 세 사람에게 인사를 건넸다.

"여러분은 나의 간수가 아니라 나의 형제입니다."

형 집행인이 후스를 잡아끌어 젖은 끈으로 화형대 기둥에 동여맸다. 그러고는 족쇄를 목에 걸어 턱까지 조였다. 마지막으로 할 말이 있느냐고 집행관이 물었다.

"내가 알기로는 나는 아무런 잘못도 저지르지 않았습니다. 나는 그저 복음이 전한 진리를 글로 쓰고 가르치고 설교했을 뿐입니다. 그러나 그

때문이라면 기꺼이 죽음을 맞이하겠습니다.”

후스의 친구인 페터 플란도니오비츠Peter Mladoniowitz는 그렇게 기록해 두었다.

마침내 화부가 장작더미에 짚을 던져 넣고 불을 붙였다. 세찬 바람에 불길이 확 번졌다. 사람들은 불길 속에서 후스가 “그리스도여, 나를 받아주소서”라고 기도하는 소리를 들었고, 이어 찬송가를 부르는 소리를 들었다. 끊일 듯 이어지고 이어질 듯 끊어지는 소리에 사람들은 고개를 숙였다. 곧 불길이 그의 얼굴을 덮쳤고 그를 묶은 화형대가 부지직 소리를 내면서 연기 속으로 쓰러지는 것을 망연히 바라보았다. 교회 지도자들을 제외한 사람들은 얼굴을 옆으로 돌렸다. 후스의 친구 플란도니오비츠는 입술을 떨었고 “그는 그 고통을 참아냈다”라고 적었다.[4]

지금 콘스탄츠의 항구 옆 호텔이 후스의 처형을 결정한 공의회 장소이고, 주택들 사이에 서 있는 큰 돌에 새겨진 “요하네스 후스, 1415년 7월 6일”이라는 글자만이 그곳에서 그가 처형되었다는 사실을 알려줄 뿐이다. 물론 그는 지금도 콘스탄츠에서 개혁의 상징으로 존경받고 있지만, 불의에 맞섰던 그의 위대한 정신을 기억하는 사람에게 후스의 흔적은 너무나 작고 초라하다. 우리는 성공한 개혁가에게는 지나치게 많은 관심을 기울이는 반면, 실패한 개혁가들은 방치한다는 느낌을 지울 수 없었다. 물론 프라하의 분위기는 사뭇 다르다. 하지만 콘스탄츠는 후스가 화형을 당한 장소 아닌가? 아무 잘못이 없는 사람을 ‘화형’에 처하고도 그곳을 기억의 뒤안길로 밀어버린다면, 그렇게 역사의 기억을 지우려 한다면 앞으로 힘을 가진 사람들이 또 무슨 일을 저지를지 누가 알겠는가! 안타깝게도 콘스탄츠에는 그를 기리는 사람이 많지 않았다.

이제 길이 멀더라도 후스의 활동 무대였던 보헤미아로, 그리고 그 중심지였던 프라하로 가야겠다. 그곳에서 마음을 가다듬고, 그를 추모하고 기억하는 일에 동참해보기로 하자.

후스는 남부 보헤미아 지방 후시네츠Husinec라는 작은 마을에서 태어났다. 그곳은 포도주와 비단, 보석을 거래하는 이른바 '황금길'에서 가까웠다. 그의 아버지는 때로 모피를 만들거나 수공업에 종사했으나, 생계수단은 주로 농업이었다. 아주 단조로우며 소박하게 살아가는 평범한 가정에서 태어난 후스는 당시 남부 보헤미아에서 경제가 활황을 띠고 있던 프라히티츠Prachtitz에서 체코어와 독일어를 배웠다. 당시 그곳 사람들은 아이들을 교육시키는 데 커다란 가치를 두고 있어 읽고 쓰고 계산하는 것을 가르쳤고, 또 독일어를 체코어와 함께 모국어처럼 사용하고 있었다.

후스는 훗날 "학생 시절에 하루빨리 나도 좋은 옷과 집을 가질 수 있고, 사람들이 존중하는 성직자가 되었으면 하고 바랐다"라고 썼다. 그러나 그는 성서를 읽고 난 후 그런 소망이 오히려 죄를 저지르는 일이라는 사실을 곧바로 깨우쳤다. 평범한 학생이던 후스는 학교생활을 하면서 때때로 장례식장에서 찬송가를 불러주고 용돈을 벌었다. 그는 다른 학생들과 마찬가지로 일을 하면서 공부했고, 생활비를 아껴 남은 돈을 저축하기도 했다.

후스는 1387년과 1390년 사이에 프라하로 입성했다. 몰다우Moldau 강가에 위치한 황금의 대도시 프라하에서 그는 자신이 상상하지 못했던 새로운 삶을 접한다. 당시 프라하는 페스트의 악몽에서 서서히 벗어나고 있었다. 당시 유럽 인구의 3분의 1인 약 2500만 명이 죽었고, 이탈리아의 피렌체Firenze에서 주민 80퍼센트를 사망에 이르게 하는 등 '대공포'이자 '대공황'을 가져온 페스트가 1347년부터 1353년까지 이 도시를 덮쳤지만, 후스가 프라하에 입성할 무렵에는 대참사에서 벗어나 새로운 활력을 되찾고 있었다.

13세기부터 시작된 민족 이동이 재개되어 많은 사람들이 일자리와 복지를 찾아 프라하로 몰려들고 있었다. 프라하의 인구는 적게 잡아 3만 명을 넘어섰고, 많이 잡으면 4만 명에 이르렀다. 후스는 이 도시가 중부 유럽에서 가장 인구가 많고 가장 세계적이며, 또 가장 빛나는 도시라는 것을 곧바로 알아차렸다.

이때는 벤첼Wenzel이 바츨라프 4세Václav IV(1361~1419)로 보헤미아의 왕위에 있던 시기다. 벤첼의 아버지는 카렐 4세Karel IV였다. 카렐은 1346년 보헤미아의 왕위(재위 1346~1378)에 올라 같은 해에 독일의 한 왕국을 차지했으며, 곧이어 신성로마제국의 황제(재위 1355~1378)가 된 인물이다. 벤첼은 아버지에게서 프랑스 룩셈부르크 가문의 혈통과 어머니에게서 체코 프르제미슬로베츠Přemyslovec 가문의 혈통을 이어받았고, 아버지의 뒤를 이어 보헤미아의 왕과 신성로마제국 황제가 되었다. 벤첼은 아내 소피아와 행복한 부부 관계를 유지하지 못했고, 아내 소피아가 고해성사에서 말한 비밀을 퍼뜨렸다는 이유로 소피아의 고해주교를 살해하기도 했다. 흔히 벤첼과 소피아 시대에 만들어진 것으로 알고 있는 '황금의 프라하'는 벤첼의 아버지 카렐 4세의 작품이다.

카렐 4세는 보헤미아의 왕위에 오르자마자 1348년 배움에 굶주린 학생들을 위해 프라하 대학을 설립했다. 카렐은 알프스 이북에서 파리 대학에 이어 두 번째로 문을 연 이 대학을 볼로냐와 파리 대학에 견줄 만한 대학, 아니 신성로마제국 나아가 유럽 전체에서 가장 훌륭한 대학으로 발전시키겠다는 야심을 품고 있었다. 당시 아비뇽에 있던 교황 클레멘스 4세Clemens IV(1342~1352)와 협력해 이 대학에서 받은 학위가 유럽 전역에서 통용되도록 하는 특권을 얻어냈는데, 교양 예술, 법학, 의학뿐 아니라 신학부 또한 그런 특권을 누릴 수 있도록 했다.

후스가 프라하 대학에 처음 등록한 것은 1387년과 1390년 사이였고, 프라하 대학이 개교한 지 약 40년이 되는 해였다. 대학 내에는 보헤미아인과 독일인 사이에 민족 갈등이 이미 조금씩 자라나고 있었다. 15세기 초 프라하 대학에는 최소 2000명 정도의 학생이 자유 학과, 즉 일반교양 학부와 신학부, 철학부, 의학부 등에서 공부했다. 법학과는 1392년 대학에서 분리해 1419년까지 그대로 존속했다. 프라하 대학에서는 약 50여 명의 교수와 200명에 이르는 '마기스터(석사)'가 학생을 가르치고 있었다. 후스도 교양 학부에서 공부를 마치고, 1396년 석사 학위를 받은 후 마기스터로 카렐 대학에서 학생들을 가르치기 시작했다. 후스는 1398년부터 다시 신학을 공부했고, 1400년에 사제 서품을 받았다.

당시 교회가 사회 전반에 지배권을 행사하고 있었기 때문에 프라하 대학의 총장 역시 대주교가 겸직하고 있었다. 이것은 누구도 총장의 권위에 반하는 일을 할 수 없다는 것을 의미했다. 모든 결정에 그의 서명과 도장이 박혀 있어야 했기 때문이다. 더구나 대주교는 교수들의 급료를 책임지고 있는 사람이었다. 그에게 속해 있는 수도 종단의 수입이 대학의 수입원이었다. 프라하는 물론이고 가까운 지역의 수공업과 농업 생산물에서 나온 소득이 교단 수입의 대부분을 차지했고, 그것을 대학 운영비로 사용했다.

프라하 대학의 교수와 학생의 민족적 구성을 살펴보면 체코 내에 거주하는 독일인을 포함해 체코인들, 바이에른인, 작센인, 폴란드인 등이었다. 프라하 대학에서 급료를 받는 교수는 약 12명이었는데, 그중에는 독일 출신 교수들이 가장 많았다. 순전히 보헤미아 민족이 생산한 재원을 활용해 보헤미아 출신이 아닌 교수들에게 성직록 명목으로 급료를 지불하는 일을 계속해야 하는지를 두고 논쟁이 이어지고 있었다. 자민족 출신들이 오히려 승진이나 급료에서 불이익을 받는다고 느끼고 있었기 때문이다. 민족적 차이 외에도 그들은 기독교의 개혁과 쇄신을 놓고 견해가 달랐다.

대학 내에서 후스와 그의 친구들은 앞 세대의 신학 박사들보다 학술 지식이나 지위 등에서 불안정한 상태였고 특권과 명성을 누리지도 못했으며 탁발 수도회와도 경쟁 관계에 놓여 있었다. 그러나 그들은 기존 질서를 비판할 준비가 되어 있었다. 마침 대주교는 보헤미아 출신이 더 이상은 불이익을 받아서는 안 된다고 생각했고, 프라하 교구와 수도 종단이 지원하는 재정으로 보헤미아 출신이 아닌 교수들에게 급료를 주는 것을 중단하는 조치를 내렸다. 종단에 속해 있지 않은 대학 교원들의 핵심 집단인 콜레기움 카롤리눔Collegium Carolinum(대학 교수단)은 이 조치에 반대해 '자유 경영'을 선언했다. 다시 말하면 대주교와 총장은 외부 인사이고 외부 인사는 누구든 대학의 일에 개입해서는 안 되며 "우리들, 즉 대학에서 함께 일하는 동료들이 누가 급료를 받는 교수가 될 것인지를 결정하겠다"라는 입장을 분명한 어조로 전달했다.

학장인 콘라트 폰 졸타우Konrad von Soltau는 교수단의 입장을 두둔했다. 이에 분노한 보헤미아인 학생들은 보헤미아인이 우선권을 가져야 한다고 주장하면서 무기를 들고 강의실을 점거했고 학장도 공격했다. 이렇게 되자 대주교가 나섰다. 그는 학장인 졸타우와 보헤미아 민족이 아닌 교수들에게 파문을 명했다. 이 사건으로 교수 12명 중 보헤미아 출신이 다섯 자리를 확보하게 되었고, 나머지 일곱 자리 중 여섯 자리는 비非보헤미아계 인사들에게 분배했으며, 한 자리는 중립적인 인사를 배정했다. 이 '중립적 인사'는 자신이 오스트리아와 보헤미아 남부 국경 지대 출신이고 스스로 진정한 보헤미아인이라고 고백했음에도 불구하고 민족주의적 경향이 강한 보헤미아 출신 학생들과 교수들로부터 배척당했다. 이때부터 슬라브어를 사용하는 주민들은 '보헤미아'라는 상위 개념의 사용을 피하기 시작했다. 다른 말을 하고 다른 방식으로 살아가는 자신들이 불이익을 당한다고 느낀 사람들은 스스로를 '체시Cesi'라고 불렀다. 이것이 그들을 체코 사람Tschechen, 그들의 언어를 체코어Tschechisch로 부르게 된 계기다.

물론 독일어를 사용하는 박사와 석사 및 학부 과정 학생이 압도적인 다수를 차지하고 있었다. 따라서 말할 필요도 없이 강의실이나 대학에서 발행하는 문서들에 독일어가 사용되고 있었다. 20세기까지 프라하 대학이 체코어로만 강의한 최초의 대학인지 아닌지를 두고 논란이 끊이지 않았는데, 만약 후스에게 그 질문을 던졌다면 '체코어는 물론이고 독일어 역시 사용했지요Sowohl-als-auch'라고 간단히 답했을 것이다. 신성로마제국 내에 있는 대학에서 독일어를 사용하는 것은 당연한 일이었다.[5]

그런데 프라하에서 일어난 경제적 활황과 문화적 상승은 중세부터 이어진 전통적인 명문 귀족들의 경제력과 권력을 오히려 강화하고 있었다. 게다가 상업의 활성화로 큰돈을 번 상인들도 토지 매입에 나서 새로 만든 자산에 기대 귀족들과 경쟁을 벌였다. 프라하의 일반 시민들은 이에 대해 공공연히 증오감을 드러냈다. 수공업자와 소상인은 그들의 노동으로 귀족과 대상인의 이익을 키워주기에 바빴다. 작은 집에 살면서 열심히 일했지만, 그들에게 돌아오는 것은 없었다. 명문 귀족과 대상인은 상품을 긁어모아 외국으로 내다파는 새로운 일에 열을 올리고 있었다. 뉘른베르크, 빈, 쾰른 등지에 그들의 친척이 살고 있어 이익을 극대화할 수 있었다. 프라하의 대부르주아들은 주로 독일 지역 출신이었고, 경제 거래는 물론이고 시청 건설이나 문화적인 요소에서조차 출신 지역이 영향을 끼쳤다. 이에 반해 수공업 조합의 조합원들은 슬라브 지역과 보헤미아 출신이 대부분이었다.

이런 상황에 이미 1344년 마인츠의 추기경으로부터 독립을 쟁취한 프라하 교구의 교회 인사들조차 눈에 불을 켜고 현금을 구하려 했다. 카를 5세가 교황청과 밀접한 관계를 맺고 있어 성직자들의 위세는 드세고 위협적이었다. 로마교황청의 현금 요청은 점차 높아져 갔다. 농촌에서 교회는 귀족 다음의 신분이었지만, 도시에서는 명문 귀족과 다르지 않았다. 보헤미아 토지의 30퍼센트 이상이 주교와 고위 성직자, 수도원의 소유였다.[6] 교회 부속 토지에서 일하는 농부들은 법적으로 지위를 보장받지 못했으며 인신이 예속된 부속물에 지나지 않았다. 세례, 혼례, 장례 등을 치를 때마다 높은 비용을 부담해야 했고, 가끔씩 찾아오는 탁발 수도단 소속 수도사들 역시 부담을 주고 있었다. 게다가 면벌부 판매로 교황청의 재정과 성직자의 주머니를 채워야 할 의무가 그들에게 지워져 있었다.

그렇다면 체코의 종교개혁을 이끈 정신은 어디서 유래한 것이었을까?

그것은 잉글랜드의 신학자 존 위클리프에게서 왔다. 룩셈부르크 왕조의 세력 확장 시도는 카를 5세가 죽은 후에도 계속되었다. 그가 죽은 지 4년 후인 1382년 말 열여섯 살이 된 카를의 딸이자 벤첼의 고모인 아네Anne가 잉글랜드의 열다섯 살짜리 왕 리처드 2세Richard II(재위 1377~ 1397)와 결혼했다. 두 왕국의 이 새로운 관계에 힘입어 보헤미아의 학자들이 잉글랜드로 여행하는 일도 잦아졌다. 그들은 자연스럽게 이 섬나라의 독자적인 발전 과정에 커다란 영향을 미친 옥스퍼드 대학을 방문할 기회를 얻었다. 프라하 대학보다 약 100년이 빠른 12세기에 건립된 옥스퍼드 대학에서 그들은 위클리프의 흔적을 쉽게 접할 수 있었다.

위클리프 신학의 기본 노선은 교회와 교황을 세속적 권력으로 규정함으로써 거부하게 만들었다. 유럽 어디에서나 교회는 특권적 지위를 누리고 있었는데, 특히 교황청은 성직 매매를 통해 얻은 재화로 유럽 전체에 폭력을 휘두르고 있다고 그는 보았다. 위클리프는 교황청의 반기독교적인 행태를 제거해줄 것을 교회에 요청했다. "신은 모든 것이다", "신의 자유란 그가 필요한 것을 하도록 하는 데 있다"라고 그는 주장했다. 그런데도 당대 교회는 신의 의지에 반해 주교와 교황의 주머니를 채우는 데 이용되고 있었다. 성화와 성자의 유물, 성인 숭배와 독신은 아무 의미가 없다고 본 위클리프는, '소유의 교회'는 예수 그리스도와 원源기독교에 위배되기 때문에 "이단에 지나지 않는다"라고 선언했다.

위클리프는 이를 신학적으로 논증하는 일에서 모범을 보였다. 인간은 누구에게나 설교할 수 있는 권리가 있는데, 그것은 교황이나 주교의 권위가 아니라 신의 말씀이 그 권위를 부여하기 때문이라고 했다. 또한 한 인간이 죄를 뉘우치면 성직자를 찾아가 고해를 하는 대신 신에게 스스로 기도할 수 있다고 그는 주장했다. 그는 성만찬 예전을 통해 빵과 포도주가 그리스도의 몸과 피로 변한다는 주장에 정면으로 맞섰다. 위클리프는 또한 누구나 성서를 읽을 수 있도록 하기 위해 라틴어로 된 『불가타 성서』를 대체할 영어 성서의 번역을 독려했다. 그 결과 두 가지 종류의 영어 성서가 세상에 빛을 보았다. 후에 잉글랜드 사람들이 이른바 롤러드파Lollards를 형성해 성서 읽기에 열성을 보인 것은 그 덕분이었다.

위클리프의 주장은 당시로서는 과격했지만, 다행히 그는 화형을 당하지 않고 시골로 내려가 조용히 미사를 드리는 가운데 죽음을 맞을 수 있었다. 두 가지 상황이 그의 처형을 막아주었기 때문이다. 그의 주장과 성과는 옥스퍼드 대학에서뿐만 아니라 잉글랜드 공의회에서도 '이단'으로 규정되었고, 그는 지위를 잃고 시골로 쫓겨나야 했다. 그러나 그가 옳다고 믿는 잉글랜드 사람들이 많아, 그를 처형할 경우 봉기가 일어날 위험이 대단히 높았다. 게다가 1378년 이래 일어난 교황권을 둘러싼 가톨릭 교회의 분열이 위클리프 문제에 집중할 수 없는 상황을 만들고 있었다. 이런 상황에 힘입어 그는 화를 면할 수 있었다. 그러나 그의 시신은 결국 무덤에서 끄집어내어져 화형을 당하고 말았다. 이는 권력의 악랄함이 지하에까지 미친 사례 중 하나가 되었다.

1390년대에 프라하에서 유일하게 후스만이 위클리프를 존경한 것은 아니다. 보헤미아 민족 출신의 젊은 신학생들 사이에 위클리프 지지자들이 점차 증가하고 있었다. 그 지지자들 가운데 오랫동안 지도자 역할을 한 사람은 주민의 대부분이 독일어를 사용하는 보헤미아 남부 메렌Mähren의 츠나임Znaim 출신인 슈타니슬라우스Stanislaus였다. 슈타니슬라우스는 약 2년 동안 교양학부에서 가르쳤는데, 그의 제자 중 후스와 후스의 친구들은 그와 밀접한 관계를 유지했다. 후스 외에 또 다른 젊은 학생으로 위클리프 지지자가 된 사람은 프라하의 히에로니무스Hieronymus로 알려진 제삼의 주요 인물 슈테판 팔레치Stephan Paletsch였다. 이들은 후일 대학 내에서 보수적인 주도 세력을 제거하고자 개혁파로 활동했다. 한편 보수주의자들은 대부분 독일인들이었고 유명론唯名論자들이었다. 유명론은 '보편'은 '실재'한다는 실재론實在論자들의 주장과 달리 "보편은 개체에서 추상해 얻은 공통의 이름에 지나지 않는다"라고 여겼다. 간단히 말하면 교황을 정점으로 하는 교회의 지배 질서는 실체가 없다는 주장이나 다름없었다. 잉글랜드 오컴의 윌리엄William of Ockham이 그랬듯이 유명론자들은 교황의 권위를 지지하는 보수주의자들과 다른 길을 모색하고 있었다. 하지만 프라하의 유명론자들이 독일인이었다는 사실이 상황을 복잡하게 만들었고, 신학에 앞서 정치적 판단이 훨씬 중요한 요소로 작용하게 만들었다. 어쨌든 프라하 대학에서 혁명의 주동자들이 길러졌고, 대학에서 혁명의 대변자들이 등장했다.

후스는 1400년에 카렐 대학에서 보헤미아 민족을 대표하는 대변인으로 임명되었다. 이로써 그는 자신이 선택한 주제를 사적으로 강의할 수 있는 권리를 얻었다. 그는 1402년 3월 14일에 학장이 되었을 뿐 아니라, 프라하의 대표적인 설교 중심 교회인 베들레헴 교회의 설교자가 되었다. 이때 그는 체코어로 설교했고, 체코어로 찬송을 부르는 획기적인 예배를 이끌었다. 프라하의 젊은 대주교 즈비네크Zbyněk Zajíc(1376~1411)는 후스를 신망했고, 그를 교구 설교가로 임명했다. 그러나 로마의 알렉산더 5세Alexander V (1409~1410) 교황이 1410년 3월 후스의 처벌을 요구하자, 즈비네크는 그에게 충성하기 위해 개혁 운동의 반대자로 돌아섰다. 즈비네크는 위클리프의 저서 200권을 불태우고, 후스와 그의 지지자들에게 파문이라는 처벌을 내렸다. 후임 교황이 된 요하네스 23세Johannes XXIII(1410~1415) 역시 프라하의 파문이 정당하다고 선언했다. 그러자 후스의 지지자들이 소요를 일으켰고, 이어 파문에 반대하는 민중봉기가 일어났다. 국왕 바츨라프는 이런 상황에도 계속 후스를 보호하기로 했고, 후스는 설교자로서의 역할을 계속할 수 있었다.

후스의 강의를 중단시킨 이 일이 오히려 대학 개혁의 새로운 전기를 마련했다. 게르만 민족이 다수를 차지하는 상황을 개선하려는 시도가 프라하 대학 내부에서 일어났고, 그 결과 대학 내 체코 민족 출신에게 일인당 세 표의 투표권을 행사할 수 있게 한 「쿠트나호라 칙령Kutnohorský dektet」이 1409년 공포되었다. 그 조치에 힘입어 후스가 대학 총장으로 선임되는 반전이 일어났다. 그러나 이런 상황은 오래 지속되지 못했다. 바츨라프 국왕 역시 후스를 보호하는 대신 가톨릭과의 관계를 더 중요시하기 시작했다. 후스가 교황의 면벌부 판매를 비판했을 뿐 아니라 바츨라프 왕까지 비판했던 것이다. 왜냐하면 바츨라프 왕이 십자군에 참가한 사람들의 모든 죄를 사면한다는 교황의 조치에 대해 호의적으로 설교할 것을 성직자들에게 요청했기 때문이었다. 국왕에 대한 후스의 비판은 왕의 분노를 불러왔다. 1412년 면벌부 판매를 공개적으로 비판하던 청년 3명이 처형되었고, 후스에 대한 압박도 점점 거세졌다. 후스는 어쩔 수 없이 프라하를 떠나 시골로 내려갔고 그곳에서 집필에 전념하는 한편, 때로는 순회 설교자로 보헤미아 전역을 두루 다니며 설교를 계속했다.

후스는 1413년 그의 대표작이라고 할 수 있는 『교회론De ecclesia』을 출판했다. 이 책은 독창적이라기보다 위클리프의 교회론을 심화·확대한 저작이었지만, 이 책에서 후스는 다른 신학자들과 달리 공의회의 결론과 판결을 무시했고 교황의 잘못에 대해서도 단호히 저항할 것을 체코 사람들에게 요청했다. 교회의 관습적 정의를 거부했다는 점에서 커다란 반향을 얻은 이 책은 현재까지 읽히는 것으로 보아 명저임이 틀림없다. 그가 세상을 떠난 뒤 그의 설교와 연설 등을 모아 편집한 이른바 『보헤미아의 말씀Böhmische Postille』 역시 체코 사람들로부터 뜨거운 사랑을 받았다. 그러나 후스는 고립된 상태에서 외롭게 투쟁해야만 했고 무언가 돌파구를 찾으려 하고 있었다. 그래서 콘스탄츠 공의회에 출석하라는 지기스문트의 제의를 받아들였다.

1415년 7월 후스는 죽었지만, 다시 부활했다. 그가 죽은 지 채 두 달이 지나지 않아 보헤미아와 모라비아Moravia 귀족 수백 명이 후스의 화형에 항의했다. 프라하에서는 체코 민족주의와 종교개혁의 열망이 결합하고 있었다. 많은 성직자들도 이 대열에 참여했다. 개혁에 동참한 성직자들은 이종성찬을 베풂으로써, 결속과 저항을 동시에 표현하고 있었다. 1416년 2월경 프라하에서는 이종성찬이 새로운 예전으로 자리를 잡기 시작했다.

콘스탄츠 공의회는 평신도에게 성배를 주는 이 예식에 대해 '파문'을 앞세워 위협했다. 이에 맞서 '성배 성직자'를 중심으로 독자적인 교구가 형성되었고, 암암리에 이러한 교구를 찾아다니는 순례가 곧바로 공개적인 집단 순례로 바뀌면서 1419년 7월 프라하에서 혁명이 발생했다. 고위 귀족부터 농민에 이르는 모든 계층이 이 혁명을 지지했고, 많은 사람들이 혁명에 적극적으로 가담했다. 후스의 후임으로 베들레헴 교회 설교자와 카렐 대학 총장이 된 스트르지브르의 야코우베크M. Jakoubek ze Stříbra, 후스파의 초대 감독이 된 펠흐르지모프의 미쿨라시M. Mikuláš z Pelhřimova, 영향력 있는 민중 설교가 페트르 헬치Petr Chelčý, 신학자이자 후스파 초대 대감독이 된 얀 로키차나M. Jan Rokycana 등이 교회 개혁의 지도자들이었다. 이들은 교회에서 평신도에게도 동등한 지위와 책임을 부여하려고 노력했고, 체코 사회 전체를 하나님 나라 개념에 따라 재구성하는 데 열정적인 노력을 기울였다.[7]

1420년 7월 14일 카롤리눔(카렐 대학 본부)에서 이른바 '프라하 4개 조항'으로 부르는 신앙고백이 채택되었다. 이 신앙고백의 내용은 첫째, 그리스도가 우리에게 명령하는 것처럼 하나님의 말씀이 체코어로 사제들의 방해 없이 자유롭게 선포되어야 한다. 둘째, 그리스도의 제정과 명령에 따라 빵과 포도주가 신실한 그리스도인들에게 자유롭게 주어져야 한다. 셋째, 사제들과 수도자의 세속적 통치권은 적법한 것이 아니므로 박탈해야 한다. 넷째, 모든 사람의 공적인 죄를 지은 모든 이를 동일하게 처벌해야 하고, 보헤미아 민족의식을 회복해야 한다는 것이었다.[8] 사태가 점점 심각해지자 교황 마르티누스 5세Martinus V(1417~1431)와 신성로마제국 황제 지기스문트는 후스를 추종하는 무리를 없애버리려고 전쟁을 일으켰다. 그들에게 보헤미아 혁명은 이단의 발호였다. 그 후 15년 동안이나 전쟁이 계속되었다.

당시 보헤미아는 크게 두 민족으로 구성되어 있었다. 체코인이 다수였고 영토 확장 시대에 식민지 개척자의 후손인 독일인들은 소수였지만, 그 소수의 독일인들이 보헤미아 사회를 지배했다. 후스파는 바로 체코 '국민파'였다. 수도 프라하에 거점을 둔 국민파는 체코의 부유한 신흥 시민 계층과 옛 귀족들이 주를 이루었고, 그들이 농민들을 지도했다. 독일인들은 도망쳤다.

한편 체코 전 지역에 흩어져 있는 이른바 '국제파'도 있었는데, 이들은 그리스도의 재림과 그가 통치하는 천년왕국의 실현을 고대했다. 메렌 지방에는 재침례파 공동체가 형성되어 그들의 '도시'를 건설했고, 성서에 나오는 산의 이름을 본떠 타보르Tábor파라고 불렀다. 이 타보르파 사이에서는 민중적인 사고가 지배적이었다.

하지만 프라하에서는 일부 귀족들과 고위 성직자를 제외하면 지위 고하를 막론하고 성직자 대부분과 시민 각층 등이 이른바 '후스파'를 구성하고 있었다. 프라하 대학 교수들은 무력 저항을 용인했을 뿐만 아니라 시간이 지나자 그 저항을 성스러운 임무로 천명했다. 민족의식으로 단결한 이들은 교황이 보낸 다섯 번의 십자군과 지기스문트가 이끈 두 번의 토벌 원정을 잘 막아냈다. 국민파는 30명으로 구성된 내각을 갖춘 신분 공화국 형태를 조직하는 데 마침내 성공했다. 바젤에서 열린 공의회도 전쟁이 더 이상 아무런 결과를 내지 못하리라는 판단 아래 협상을 시작했다. 드디어 1436년 공의회가 크게 양보한 협상안에 양측이 합의했다. 이는 유럽에서 최초로 가톨릭(보편교회)이 아닌 민족교회가 승인받은 역사적 사건이었다.

그러나 후스파는 후에 군주국 형태로 회귀했다. 시민과 농민이 권리를 주장하는 일은 더 이상 가능하지 않았다. 국민교회라도 평범한 사람들이 주도적인 역할을 하기에는 여러 제약이 뒤따랐다.

그 후 다시 한 번 프라하가 주목을 받게 된 것은 1618년 사건에 이르러서였다. 1618년 5월 23일 프라하의 개신교 귀족들이 보수적인 가톨릭 인사 2명을 창밖으로 던져버리는 사건이 발생했다. 합스부르크가의 황제가 임명한 프라하의 통치자와 그의 관리였다. 이런 행위는 합스부르크가와 연계된 가톨릭에 맞서는 체코 국민의 저항이었다. 결국 이 사건은 중부 유럽을 30년 전쟁(1618~1648)으로 몰아넣는 도화선이 되었다. 물론 30년 전쟁의 직접적인 원인은 가톨릭과 프로테스탄트, 프로테스탄트 내부의 개혁교회와 루터 교회 사이의 경쟁 등이었지만, 이제 막 각성하기 시작한 각국의 민족의식이 그 배경으로 작용했다. 반격도 만만치 않았다. 1620년 프라하 근처의 흰 산(백산) 전투에서 보헤미아군은 가톨릭 연합군에 패배하고 말았다. 이로써 보헤미아에서 시작된 30년 전쟁의 전투장은 독일로 옮겨갔다. 그리고 후스를 추모하는 열기도 식어버렸다.

다시 후스가 부활한 것은 19세기 초에 이르러서였다. 이 무렵 이 지역에서 체코 민족주의가 되살아나고 있었다. 독일의 독재주의에 맞서 슬라브족의 민족적 긍지와 문화를 지키려는 투쟁이 이어지는 가운데 후스를 그 투쟁의 원동력으로 삼으려는 노력이 나타났다. 그 후 1918년 오스트리아-헝가리 제국이 무너지면서 생긴 체코슬로바키아 공화국은 자연스럽게 후스의 유산을 물려받고자 했고, 자치적인 후스파 교회를 승인하고 지지했다.

한편 프라하는 종교개혁 시대에 유대인이 둥지를 튼 몇 안 되는 지역 중 하나였다. 유대인들은 기독교인들의 오랜 편견을 견디고 살아남은 경험을 축적해왔고, 자신들이 가장 살 만한 곳을 찾아내는 능력을 쌓은 사람들이었다. 프라하는 중부 유럽에서 유대인이 찾아낸 비교적 안전한 삶의 터전이었다. 1512년 알프스 북쪽에서 유대교 관련 서적이 처음으로 출간된 도시답게, 프라하는 유대 학문의 구심점으로 남았다.

보헤미아의 영주들은 오스만 튀르크의 위협에 대응하기 위해 속죄양을 찾아 나섰고, 보헤미아에서 모든 유대인을 제거하려고 했다. 그런 분위기에도 아랑곳없이 프라하는 이베리아 반도와 동유럽, 오스만 튀르크 등에서 온 유대인들을 관용으로 대하고 받아들였다. 다양한 유럽 지역 출신의 유대인들은 한데 만나 문화의 용광로를 이루었고, 이것이 프라하의 지적 분위기를 풍요롭게 했다.

콘스탄츠에서 볼거리

후스 박물관 Hussenstrasse 64

구도심에 있다.

후스의 돌 Husstein

후스가 화형에 처해진 장소로 박물
관에서 걸어서 15분 거리에 있다.

후스의 돌

위키피디아, ⓒ Roland.h.bueb

공의회 장소 Hafenstrasse 2

콘스탄츠 공의회 장소로 현재는 호텔로 사용 중이다.

벌거숭이 황제와 교황을 손에 든 임페리아 Imperia**상**

보덴 호 선착장에 있는 이 여성은 당시 공의회가 열리면 모여들던 창녀를 상징하는 듯
트여 있는 치마 사이로 다리를 드러내고 있다. 두 손에는 교황과 황제의 모형을 들고
있는데, 약 3분마다 한 바퀴씩 돌고 있다.

임페리아상 전경
위키피디아, ⓒ User:Fb78

프라하⁹에서 볼거리

카렐 대학 본관 Karolinum: Ovocný trh 560.

카렐 대학 본관은 스타보브스케 극장 왼편에 있다. 후스가 콘스탄츠에서 화형당한 후 1417년 대학은 후스가 진리를 위해 싸운 순교자였음을 선포하고 이종성찬의 정당성을 승인함으로써, 체코 종교개혁의 정신적 지주 역할을 했다. 대학 행사가 있을 때는 2층 강당에서 오르간으로 후스의 찬송가를 연주한다.

베들레헴 채플 Betlemská Kaple: Betlémské náměstí 255/4

후스가 이 교회 설교자가 되었을 때, 교구 교회로서 의무나 권리가 없었으므로 오로지 설교에 충실할 수 있었다. 1412년 9월 '성무금지령'이 내려지기 전까지 그는 이 교회에서 설교를 계속했다. 후스의 후계자로 이 교회 설교를 맡은 야코우베크 역시 이종성찬을 베푸는 등 프라하의 개혁을 지도했다.

후스 기념 동상 Pomník Mistra Jana Husa: Staroměstské náměstí

구시가의 장터였던 원형 광장에 있다. 이곳에서 1621년 6월 21일 봉기에 가담한 이들 중 27명이 처형되었다. 1915년 후스 화형 500주년을 기념해 세운 후스의 동상 왼편에는 성배 문양이 새겨진 커다란 방패를 들고 있는 후스의 전사들이 있고, 오른편에는 가톨릭의 대응 종교개혁 시대에 쫓겨난 추방자들이 웅크리고 있다. 그 사이에 서 있는 후스는 잿더미 속에서 부활한 듯한 인상을 준다. 동상 앞면에는 콘스탄츠 감옥에서 보낸 편지의 한 구절이 새겨져 있다.

"서로 사랑하십시오. 그리고 모든 이에게 진리가 깃들도록 하십시오."

위키피디아, ⓒ Radosław Drożdżewski

후스 기념 동상

유대인 유적지 Josefov: Hlavní město Praha

유대인들이 프라하를 정착지로 택한 것은 1096년부터였다. 13세기에 이미 게토를 이루었고, 16, 17세기에는 유대인 거점 지역으로 활기를 띠기도 했다. 박해를 피해 잠시 프라하를 떠난 유대인들은 19세기 들어서면서 시민권을 얻었고, 프라하의 어디에서나 살 수 있게 되었다.

이 덕분에 20세기 초 카프카Franz Kafka, 아인슈타인Albert Einstein, 브로트Max Brod, 베르크만 Samuel Hugo Bergman, 판타Max Fanta와 같은 유대계 지성인들이 유럽 문화를 윤택하게 했다. 유대인 박물관Židovské muzeum과 유대인 묘지Jüdischer Friedhof를 둘러보면 그들의 고단한 삶을 조금이나마 느낄 수 있을 것이다.

뉘른베르크

프로테스탄트로 전향한
최초의 제국도시

뉘른베르크를 방문하기 전에 오페라 한 편을 감상해보자.

1868년 뮌헨에서 초연한 리하르트 바그너Richard Wagner(1813~1883)의 〈뉘른베르크의 마이스터징거Meistersinger von Nürnberg〉다.

바그너의 작품 대부분이 신화에 토대를 둔 것과 달리 이 작품은 역사적 사실에 토대를 두고 있다. 이 작품의 배경이 된 뉘른베르크는 실제로 16세기 종교개혁 시대에 시민 문화를 찬란히 꽃피운 도시였고, 오페라의 주인공 한스 작스Hans Sachs(1494~1576)는 뉘른베르크에서 막 개화한 시민 문화를 유럽 전역으로 확산시킨 역사 속 인물이다.

한스 작스는 원래 제화공이었으나 훗날 위대한 시인이자 작곡가, 성악가로서도 이름을 떨쳤다. 그는 시의 운율에 곡을 붙인 4000곡의 리트Lied(독일 전통 가곡) 외에 1800개의 교훈시, 200편의 드라마와 환상적인 이야기 및 희곡을 쓴 작가다. 그는 또한 상인 길드와 수공업 길드에 속한 조합원들로 구성된 성악단의 뛰어난 가수를 지칭하는 마이스터징거로 새로운 창법을 개발한 사람이다. 루터가 가사를 쓴 것으로 알려진 「내 주는 강한 성이요」라는 찬송이 그의 곡을 인용한 데서 알 수 있듯이, 그는 16세기 시민 문화 전반에 지대한 영향을 미쳤다. 이러한 활동을 통해 그는 뉘른베르크에서뿐 아니라 남부 독일 전역에서 사랑과 존경을 받았다. 뉘른베르크의 한스 작스 김나지움을 비롯해 오버하우젠Oberhausen, 바이에른의 빈터바흐Winterbach와 쾰른, 오스트리아의 슈바츠Schwaz, 베를린의 한스 작스 오버슐레Hans-Sachs-Oberschule 등이 그의 이름을 명예롭게 붙이고 있는 것만 보아도 그의 역사적 기여가 어느 정도인지 짐작할 수 있다.

그는 또한 종교개혁 시대에 뉘른베르크에 루터의 개혁을 정착시키는 데 크게 이바지했다. 16세기 독일 최고의 화가였던 뒤러를 비롯해 라차루스 슈펭글러Lazarus Spengler(1479~1534), 빌리발트 피르크하이머Willibald Pirckheimer

(1470~1530) 등과 함께 개혁 그룹에 속해 있었고, 뉘른베르크의 종교개혁 지도자 중 한 사람이었다. 그의 명성에 힘입어 루터의 개혁 정신은 뉘른베르크를 넘어 여러 지역으로 확산될 수 있었다.

19세기 유럽 음악의 혁신에 이바지한 바그너가 독일인 가운데 탁월했던 작스에게 주목한 것은 어쩌면 당연한 일이다. 바그너는 1697년 『뉘른베르크 연대기』에서 마이스터징거에 관한 규정Tabulatur을 발견했다. 뉘른베르크에서는 이미 14세기에 마이스터징거에 대한 규정을 문서로 남겼는데, 그 규정집에는 시민 계층 가운데 중세 궁정에서 연가를 부르던 성악가의 뒤를 이어 음악 활동을 할 성악가들에게 적용할 규정들과 당대 수공업 장인들의 삶이 자세히 기록되어 있었다. 바그너는 그의 오페라에 마차용 밧줄을 만드는 마이스터징거의 이름, 규정, 전통 등만을 채택하고, 마이스터의 행동이나 작업에 대해서는 대부분 그의 상상력을 동원했다.

그렇다면 바그너는 왜 뉘른베르크를 오페라의 무대로 삼았을까?

뉘른베르크는 황제가 직접 관할하는 제국도시였다. 이곳에서는 황제의 말이 곧 법이었으나, 당시 황제는 스페인 왕을 겸하고 있어 황제의 통제력은 느슨하기 그지없었다. 그런데도 황제의 존재가 지역 영주의 지배력을 무력화해 도시의 자율권을 보장해주는 장치로 작용하고 있었다. 당시 적게 잡아도 4만 명의 사람들이 거주하던 뉘른베르크는 쾰른과 아우크스부르크에 이어 독일에서 가장 큰 도시에 속했다. 지금도 남아 있는 거대한 성벽이 교회, 시장, 우물, 골목 등을 둘러싸고 있었고, 성 주변에 큰 구역 여섯 개와 많은 작은 마을들을 거느리고 있었다. 이 도시국가는 함부르크의 두 배에 달할 정도로 규모가 큰 상업공화국이었다. 상인들은 면직물, 비단, 향신료를 거래했고, 금과 맞먹는 가격에 거래되는 사프란saffron을 매년 자그마치 1500킬로그램이나 수입했다. 가장 판매량이 많은 수입품은 금속이었다. 뉘른베르크의 장인들은 금속을 두드려 식기를 만들었고, 문장을 새겨 넣은 무기와 최상품의 연장을 제작해냈다. 더구나 이 도시는 독일의 중심에 자리를 잡고 있었다. 12개의 상업로가 이곳에서 교차하고 있었고, 북쪽으로는 한자 도시들, 남쪽으로는 베네치아Venezia와 교역을 했을 뿐 아니라 이 상업항을 지나 동방과 교류했다. 짐을 가득 실은 마차들이 성문을 지나 시장에 들어서 짐을 내리면, 뉘른베르크 시의 관리들은 그 수를 세고 세금을 부과하기에 바빴다.

뉘른베르크의 많은 상인들은 상업을 위해 이탈리아를 여행하면서 르네상스 시대의 인문주의와 예술적 성취를 접하고 돌아왔다. 이들은 자신의 고향 뉘른베르크에 그 새로운 경향을 전달했다. 이미 시의회는 법률을 제정할 권리를 손에 넣었고 범법자를 처벌할 수 있었으며 자체 방위군을 지휘할 수 있었다. 특히 상인들은 자신들이 축적한 재산을 기반으로 시의 명사로 존중받고 있었으며, 시 행정에 대해 의견을 말할 권리를 행사하고 있었다. 그들은 물론 40명의 의원으로 구성된 의회에 소속되어 있었다.

1471년 행성의 움직임을 관찰해 도표로 그려달라는 마티아스Matthias 왕의 초청으로 이 도시에 왔던 수학자이자 천문학자 레기오몬타누스Regiomontanus (본명은 Johann Müller, 1436~1476)는 이렇게 말했다.

"나는 뉘른베르크를 오래 살 곳으로 선택했다. 우선 이곳에서 만든 천문기구들이 탁월하기 때문이고, 다른 곳에 사는 사상가들과 교류할 수 있는 훌륭한 기회가 제공되기 때문이다. 그래서 이곳은 유럽의 중심이다."[1]

뉘른베르크에는 인쇄술의 발전을 위한 조건이 다른 어느 도시보다 잘 갖춰져 있었다. 왜냐하면 뉘른베르크 성문 앞에 이미 1390년에 종이 공장이 문을 열었기 때문이다.[2] 동양에서 먼저 발전한 종이 제조 기술이 아라비아를 거쳐 유럽에 도착하는 데는 약 1000년의 세월이 걸렸지만 막 인쇄술이 확산되기 직전에 유럽에서도 종이를 대량으로 생산하는 기술이 발전했다. 뉘른베르크의 종이 공장은 독일에 세워진 최초의 공장이었고 이 시대에 폭발적으로 발전했다. 뉘른베르크에서 종이 공장과 함께 인쇄술이 크게 발전한 덕분이었다. 아마도 뉘른베르크에서 인쇄술이 발전하지 않았다면 종교개혁은 실현되지 않았을지도 모른다. 뒤러의 대부이자 후원자인 안톤 코베르거Anton Koberger(1440년경~1513)는 경제 활동 부문에서 인쇄술이 부상할 것이라고 예측해 자신의 사업을 자본주의적으로 운영했다. 그는 인쇄업자이자 서적상, 서적 편찬자로서 능력을 발휘해 1500년경 24대의 인쇄기를 갖추고 인쇄공 100명을 고용한 유럽의 최대 인쇄업자 중 한 사람이 되었다. 이 도시 주민의 문해력 또한 크게 높아져 주민의 약 2분의 1가량이 글을 읽을 수 있었다. 당시 다른 도시들에서는 아무리 높게 잡아도 도시 주민의 약 30퍼센트 정도가 글을 읽을 수 있었다는 것과 비교하면 상당히 높은 수치였다. 루터는 대중매체를 갖춘 이 도시의 중요성을 일찍이 발견하고 "독일의 눈과 귀와 마찬가지"라고 칭찬했으며, 이 도시가 "달과 별들 가운데 태양"처럼 빛난다고 말했다.[3] 도시의 이러한 번영은 수공업 장인으로 하여금 '고유한 자의식'을 개발할 가능성을 열어주었고, 평범한 소시민까지도 공적인 일에 참여해 정치적·종교적 역할을 맡도록 했을 것으로 보인다. 그래서 뉘른베르크 시는 종교개혁의 선봉에 설 수 있었다.[4]

바그너가 이 도시를 배경으로 〈뉘른베르크의 마이스터징거〉를 작곡한 것은 뉘른베르크의 이런 선도적 위치 때문이었을 것이다. 작스는 이 곡에서 독일의 음악인 리트를 부르는 마이스터를 경멸하지 말 것과 그들이 추구하는 예술을 존중하라고 말한다. 바그너는 전통을 지키라는 작스의 입을 빌려, 유럽 인문주의의 중심지 중 하나이자 가장 독일적인 도시인 뉘른베르크에 기반을 둔 영원한 독일을 찬양하고 싶어 한 듯하다. 바그너에게

〈뒤러 자화상〉 알브레히트 뒤러, 1519/1520년작

뉘른베르크는 16세기 황금시대의 징표였고 발전한 독일 문화의 상징이었다. 이 곡은 지휘자에 따라 해석이 다르고 연주 시간도 다르다. 프리츠 부슈Fritz Busch의 연주로는 4시간 5분, 가장 탁월한 연주 중 하나로 평가받는 한스 크나퍼츠부슈Hans Knappertsbusch의 연주로는 4시간 40분이 걸리는 대작이다. 시간에 쫓기는 사람들은 제3막 5장만이라도 듣고 나서 이 도시를 방문하는 것이 어떨까?

중요한 상업도시 뉘른베르크는 프로테스탄트로 전향한 첫 번째 제국도시이자 인문주의를 그림으로 표현해낸 알브레히트 뒤러의 도시이기도 했다. 뒤러는 일찍이 자신의 얼굴을 그림으로써 정면 자화상을 남긴 유럽 최초의 화가가 되었다. 뉘른베르크의 옛 시가지 장크트 제발트Sankt Sebald 구역에 위치한 뒤러 광장Albrecht-Dürer-Platz에 서면 황동의 뒤러상이 여행객을 맞는다. 또한 뒤러 슈트라세Albrecht-Dürer-Straße 39에는 그가 세상을 떠나기 전 20년 동안 살았던 집이 뒤러 박물관으로 바뀌어 그의 삶과 그림을 전시하고 있다.

1500년경에 그린 뒤러의 자화상은 대담하리만치 새로운 시도를 선보였다. 그 자화상의 배경은 가구나 풍경이 아니라 그저 아주 짙은 갈색으로 마감되어 있다. 그래서 그의 얼굴과 섬세한 손이 더욱 빛나며, 자화상의 젊은이가 한껏 도드라져 보인다. 자화상의 꿰뚫어보는 듯한 눈빛은 동시대인들에게 자신감과 용기를 불어넣어 주려고 작심이라도 한 듯하다. 시대정신이 된 인문주의의 세례를 받은 인간과 인간의 지성이 중심에 서게 될 새로운 시대를 그는 이렇게 알리고 있다.

그림 속 스물여덟 살의 이 청년 화가는 종교개혁을 미처 예상하지 못했을 것이다. 뒤러처럼 라틴어를 배우지 못한 평범한 수공업 장인의 아들들이 루터의 「95개 논제」를 통해 이전에는 상상할 수 없었던 '비판적 인식'을 체득하게 될 줄 누가 상상이나 했겠는가? 그러나 그로부터 20년이 지난 후 종교개혁의 열풍이 그의 고향 뉘른베르크로 빠르게 밀려들었다. 실은 그의 자화상에 엄청난 힘을 부여한 인문주의가 이미 그 길을 예비해두고 있었다. 원전 속에 담긴 진실을 비판적으로 읽어내는 새로운 정신적 태도로서 인문주의는 그렇게 실질적으로 사람들의 마음속에서 이미 작동하고 있었다. 자신의 자화상에서 보여준 정신을 바탕으로 뒤러는 많은 동시대인들의 초상화를 그렸다. 예컨대 뒤러는 작센의 궁정 성직자에게 편지를 보내 "나를 두려움에서 구해준 그리스도인(루터)을 오래 기억할 수 있도록" 루터의 초상을 "반드시" 그릴 수 있게 해달라고 청원했다.[5] 그의 소망은 유감스럽게도 이루어지지 않았다. 당시 루터는 살해될지도 모르는 암울한 상황 속에 하루하루를 살아가고 있어, 이것이 뒤러의 소망을 가로막았다. 뒤러의 이력을 생각하면, 그것이 성사되지 못한 것은 미술사에서 너무나 안타까운 '잃어버린 기회'라고 할 수 있다.

뒤러의 작품 대부분이 종교화이지만 그렇다고 그가 종교화만을 그렸다고 생각하는 것은 오해다. 그는 스스로가 최초의 '나체화nacket Bild'라고 부른 그림 또한 후세에 남겼다. DIN(독일 산업 표준) A4 용지 크기보다 작은 이 연필화는 옷을 완전히 벗은 채 자유롭게 목욕하는 여인 군상을 사실적으로 그려 그가 얼마나 자유로운 예술혼을 지녔는지 짐작케 한다. 뒤러는 그만큼 제도나 기존의 가치가 아니라 자신의 아이디어에 충실했고, 시장의 변화에 민감하게 반응해 근대로 가는 예술의 변화를 만들어냈다.[6]

뉘른베르크에서 종교개혁의 진전을 도운 또 한 사람은 슈펭글러였다. 1496년부터 시청에서 일을 시작한 그는 1507년 서기장이 되고, 1516년부터 시의원으로 일하면서 루터의 개혁에 공감해 개혁적인 사상을 시민에게 널리 전파하기 위해 루터의 저술들을 편찬했다.

슈펭글러는 1521년 제국의회가 열린 보름스에 시의 대표로 참석했고,

루터를 만난 후 개혁적 설교자를 지지하는 등 확고하게 개혁 운동을 지원했다. 1525년 마침내 뉘른베르크에서 종교개혁이 실현되었고, 슈펭글러는 교육에 힘을 쏟던 멜란히톤과 함께 성 에기디엔Aegidien 재단을 뉘른베르크 최초의 개신교 김나지움으로 탈바꿈시켰다. 이 김나지움은 후에 멜란히톤 김나지움이 되었다. 그는 또한 브란덴부르크의 안스바흐Ansbach와 크룸바흐Krumbach의 종교개혁을 도왔다. 저술가이기도 했던 그는 1530년에 열린 아우크스부르크 제국의회에도 참석했고 브란덴부르크-뉘른베르크 교회 규정을 제정하는 데도 이바지했다.

이런 그의 활동에 주목해 루터는 "라차루스 슈펭글러 박사 혼자서 뉘른베르크에 복음을 도입했다"라고 평가했다. 루터의 평가는 다소 과장되지만, 슈펭글러는 시의회와 황제, 주민들 사이에 중재자로서 훌륭한 역할을 해 뉘른베르크가 최초의 개혁 도시로 발전하는 데 크게 기여했다. 이뿐만 아니라 그는 특히 뒤러의 친구로서 말년에 뒤러가 새로운 시대와 새로운 신앙을 위한 작품을 창작하도록 힘을 북돋아주었다.

또 개혁 운동가 중 한 사람인 피르크하이머는 이탈리아의 파두아Padua 대학과 파비아Pavia 대학에서 공부한 재원으로 일찍이 인문주의를 접한 인물이었다. 그는 수많은 그리스-로마 고전 작품을 독일어로 번역했고, 그리스 고전을 라틴어로 번역해 소개했다. 그는 뉘른베르크의 선구적인 인문주의자였다. 당대의 유럽 인문주의자들과 밀접히 교류하던 피르크하이머는 특히 요하네스 로이흘린Johannes Reuchlin(1455~1522) 및 루터와 가까이 지냈다. 그러나 루터가 인문주의자들에게서 멀어지면서 그 역시 거리를 두기 시작했다. 그렇지만 피르크하이머의 인문주의적 재능은 뉘른베르크의 초기 종교개혁을 고무시켰다.

뉘른베르크의 종교개혁을 도운 또 다른 인물이 있었다. 루터의 후원자

이자 대부였던 요하네스 폰 슈타우피츠Johannes von Staupitz(1465년경~1524)다. 그는 뉘른베르크의 아우구스티누스 수도원에서 한 설교를 통해 새로운 하나님상을 제시함으로써 그 길을 예비했다(지금 그 거대한 고딕식 수도원 자리에는 주차장이 들어서 있다). 그의 신은 경건함과 면벌부를 요구하는 대신 은혜로 죄인을 용서하는 신이었다. 그와 함께한 최상의 인문주의자들이 '슈타우피츠 동아리Sodalitas Staupitziana'를 형성했다. 슈타우피츠는 엄격하게 말하면 인문주의자는 아니었지만, 현학적인 스콜라 신학에 반대한 사람이었음은 분명하다. 그 동아리에는 시의 부유하고 영향력 있는 인사들도 참석하고 있어, 이 모임이 종교개혁의 모태가 되었다.

무엇보다 뉘른베르크에서 정치권력을 장악한 사람들이 가톨릭 성직자들로부터 떨어져 나갔다. 오래전부터 상인들은 자신들의 경제력을 수도사와 성직자를 돕는 일에 쓰려고 하지 않았다. 그들은 새로운 지적 경향을 지지했다. 그들은 이미 1496년 라틴어 학교의 교과 과정을 둘러싸고 고위 성직자들의 의사와 달리 인문주의를 도입하는 데 성공했다. 시의회는 또한 두 개의 중요 교회의 설교자 지위를 확보하기 위해 1474년부터 1571년까지 8만 굴덴의 돈을 지불했다.

자, 이제 뉘른베르크의 명사들이 어떻게 뉘른베르크를 개혁 도시로 만들어갔는지 그 과정을 따라가 보기로 하자. 루터는 1518년 아우크스부르크로 가는 길에 뉘른베르크에 들렀다. 이때 학식 있는 이 수도승을 만난 슈펭글러는 커다란 감명을 받았다. 그는 어떤 위협이 닥치더라도 신이 루터를 인도하고 보호해줄 것이라 믿었다. 슈펭글러는 당시 라이프치히에서 공부를 마치고 일찍 사망한 아버지의 뒤를 이어 시의 서기로 일하고 있었는데, 비록 정치적으로는 그리 중요한 자리가 아니었으나 사회적으로는 존중받는 자리였다. 책벌레였던 슈펭글러는 루터를 만났을 때 이미 그의 모든 저서를 읽은 상태였다.

1519년 슈펭글러는 루터를 지지하는 글을 썼다. 이는 평신도가 루터를 지지한 최초의 글이었고, 곧바로 뉘른베르크를 넘어 널리 알려지기 시작했다. 슈펭글러는 이 글에서 루터가 왜 옳은지, 루터의 반대자로 로마에서 영향력을 행사하는 독일인 에크가 왜 잘못인지를 자세히 서술했다. 슈펭글러의 글과 그 후 피르크하이머가 쓴 글 때문에 에크는 이 도시에서 구석에 몰리고 있었다(에크의 원래 의미가 '구석'이다).

슈펭글러는 시의원이었고 피르크하이머는 시의 명사였다. 피르크하이머는 편지로 유럽의 여러 지성인들과 교류했고, 특히 로테르담Rotterdam의 에라스뮈스와 교제하는 인문주의자였다. 또한 뒤러의 가장 절친한 친구로도 잘 알려져 있었다. 그가 뒤러를 만난 것은 아마도 1495년경이었을 것 같다. 뒤러는 고전 교육을 받은 적이 없었고 피르크하이머는 큰 소리로 말하는 불같은 성격의 소유자인 데 반해, 뒤러는 매력적이고 덕스럽고 이성적인 인물이었다. 그러나 두 사람의 성격 차이가 이 둘을 갈라놓지는 않았다. 피르크하이머는 뒤러의 이탈리아 여행에 비용을 부담할 정도로 두 사람의 우정은 깊었다.

슈펭글러는 1521년 보름스 제국의회에 참석한 후 한편으로는 루터를 더욱 확고하게 지지하게 되었다. 그러나 뉘른베르크가 제국도시라는 현실이 뉘른베르크를 다소 혼란에 빠뜨렸다. 황제의 말이 곧 법인 제국도시에서 루터의 말대로 "신의 말씀에 순종하는 것"과 세속 군주인 "황제에게 순응하는 것" 사이에 갈등이 생길 수밖에 없었다. 황제에게 자신의 제국도시가 취하고 있는 교회 정책은 눈엣가시였다. 슈펭글러마저도 그의 생애가 끝날 때까지 이 둘 모두에 충실하려고 했고, 그것은 끝없이 계속된 현실의 시험이었다.

그러나 슈펭글러와 피르크하이머에 대한 위협이 고조되자 뉘른베르크 시의회는 단호하게 종교개혁을 지지하는 쪽으로 입장을 정리했다. 황제의 의사와 달리 시의회는 자신들의 교회 정치에 대한 견해를 분명히 드러내고 실천하기 시작했다. 시의회의 지지를 배경으로, 뉘른베르크에서 설교자 자리가 공석이 된 장크트 제발트와 장크트 로렌츠Sankt Lorenz 두 교회에 루터 지지자들을 설교자로 임명했다. 1523년 부활절 전 목요일 아우구스티누스 수도원의 성만찬에서 처음으로 평신도들에게도 빵과 포도주가 함께 주어졌다. 드디어 성직자와 평신도가 적어도 성만찬에서 같은 지위를 갖게 된 것이다. 뒤러는 같은 해에 이 성만찬을 목판화로 새겨 그 의미를 기렸다. 그의 전기 작가 요한 콘라드 에버라인Johann Konrad Eberlein은 그림 속에 양이 등장하지 않는 것을 근거로 이 그림을 '종교개혁의 홍보 판화'로 평가했다. 루터는 성만찬을 희생 제사가 아니라 단지 성례에 지나지 않는다고 주장한 데다, 이전에는 성만찬을 그린 성화에 희생 제사의 상징으로 어김없이 양이 등장했기 때문이다.

1523년 7월 8일 작스는 이렇게 노래했다.

> 깨어 있으라! 그날이 가까이 오리니 푸른 과수원 나무 위에서 노래하는 사랑스러운 나이팅게일의 노래를 듣게 되리라.

작스의 교훈시에 등장하는 나이팅게일은 물론 루터였다. 루터야말로 정신적 지배 계층이 저지른 수많은 오류와 권력 남용에 반대해 하나님의 말씀인 거룩한 복음을 날빛 아래 명명백백하게 드러낸 사람이라고 작스는 노래했다. 작스의 이 시는 출간 첫해에 7판을 찍었고, 그를 뉘른베르크를 넘어 전 독일의 유명 인사로 만들었다.

이 시는 그가 3년간의 침묵을 깨고 써낸 첫 작품이었다. 다작을 하는 작가인 그가 3년 동안이나 작품 활동을 전혀 하지 않은 것은 기이한 일이었다. 알고 보니 작스는 그동안 로렌츠 교회가 있는 옛 도심에 젊은 아내를 위해 집을 구했고, 그의 젊은 아내는 딸 둘을 출산했다. 하지만 그의 전기 작가 에크하르트 베른슈타인Eckhard Bernstein은 이런 이유보다는 학식을 갖춘 제화 마이스터로서 그가 확고한 생각을 형성하기 위해 그 시간 동안 루터의 저작들을 깊이 파고들었을 것이라고 판단했다.

거침없이 말을 쏟아내기는 했으나, 그의 머리는 열정으로 들떠 있지 않았다. 슈펭글러는 작스를 사람들이 흔히 팽개쳐 버리기 쉬운 덕목인 평화와 질서의 사람이라고 보았다. 실제로 그다음 해부터 작스는 작품을 통해 옛 신앙과 새로운 신앙, 당국과 시민 사이에서 줄다리기를 해낸다. 그는 냉정했다. 굶주리는 농민들을 향해, 억눌린 자들을 향해 불평만 하지 말고 자신의 십자가를 끝까지 지고 가라고 충고했다. 사육제 기간에 젊은 명사들이 가톨릭 성직자들을 놀려대는 일이 벌어지고 있었다. 설교를 하는 동안 욕설을 쓴 딱지를 문에 붙이는가 하면, 미사 도중에 창문으로 돌을 던지기도 했다. 뉘른베르크의 종교개혁은 평화롭게 진행되지 않고 있었다. 낡은 신앙을 가진 사람들에 대한 폭력 사용을 자제하도록 지도자들이 권고했지만, 상황은 진정되지 않았다.

한편 황제와 교황이 보낸 대사들은 끊임없이 압박을 가해 뉘른베르크 시가 다시 가톨릭으로 돌아올 것을 종용했다. 특히 농민들이 목소리를 높이면서 종교를 둘러싼 싸움이 위험한 지경으로 치닫고 있었다. 1524년 6월 2일 포펜로이트Poppenreuth에서 온 농민들이 시청에서 심문을 받고 있었다. 농민들은 성직자에게 내온 '십일조'에 대해 불만을 털어놓았다. 그들은 곡물을 십일조로 냈을 뿐만 아니라 수확한 모든 과일에조차 십일조를 내야

했다. 이런 상황이다 보니 아주 소박하게 살아가는 사람들은, 십일조를 낸다고 해서 의로움을 인정받는 것은 아니라고 설교하는 장크트 로렌츠 교회의 설교자들에게로 몰려들었다. 심문이 진행되는 동안 밖에서는 소란이 일었다. 길드 도제와 견습공, 시종 등이 남녀를 가릴 것 없이 의회 의원들을 향해 농민들을 즉시 석방하라고 소리쳤다. 또한 정규 세금과 각종 부과세를 낮춰달라고 요청했다. 그들은 칼과 망치를 들고 위협을 가했고 몇몇 사람들은 의회 문을 마구 두드렸다. 부자의 집을 때려 부수고 의원들을 공격하려 했다.

다행히 의회는 그날 농민들을 석방했고, 다음 달에는 그들을 달래려고 노력했다. 물론 당근만 주지 않고, 다른 한편으로 채찍을 휘둘렀지만 말이다. 주모자 2명은 처형대에서 목숨을 잃었다. 젊은 화가 3명은 그 도시에 군사력이 동원된 뒤에야 질서를 되찾았다고 증언했다. 이와 동시에 의회는 시 주민뿐만 아니라 시간이 조금 흐른 뒤 도시 주변에 사는 농민들의 부과세까지 경감해주었다. 이렇게 함으로써 뉘른베르크에서는 농민전쟁을 피할 수 있었다.

의회는 교회 정책을 더욱 분명히 해야만 했다. 시의회는 개혁적 성만찬 예식을 포함해 통일된 예전을 선포했고, 이렇게 함으로써 평화를 회복할 수 있었다. 공식적인 설교자 자리에는 시장에서 새로운 신앙을 선포하던 사람들이 임명되었다. 때로는 전혀 새로운 신앙 유형이 출현해 전면적으로 사회를 비판했다. 하지만 그 설교자들의 사회적 신분이 상승하자 그들의 비판은 끝이 났고, 곧 낡은 신앙으로 다시 무장했다. 슬픈 일이지만, 상황은 그렇게 흘러가고 있었다.

1524년 12월 12일 뉘른베르크, 울름, 스트라스부르 등 제국도시들이 합세해 황제에게 편지를 보냈다.

앞으로 세속적인 문제와 관련해서는 황제에게 복종할 것입니다. 그러나 영혼과 구원의 문제에 관한 한 도시 행정부는 양심에 따를 것입니다.[7]

곧이어 모든 분파들 즉 루터 지지 설교자, 수도사, 교황을 신뢰하는 성직자 등이 시청에 모여 이른바 연석회의를 가졌다. '뉘른베르크 평의회'라고 불린 이 회의는 그 출발점이 '종교개혁의 공식적인 도입'임을 분명히 했다. 회의가 열리는 동안 밖에서는 사람들이 모여 시청 주위를 돌며 수도사들을 창밖으로 던져버리라고 외쳤다.

물론 그런 일은 일어나지 않았다. 뉘른베르크에서 수도원의 해체는 비교적 서서히 이루어졌다. 수녀단에 속한 수녀들은 생의 마지막을 그곳에서 맞이할 수 있었다. 다만 수녀원에 들어가는 사람은 크게 줄어들었다. 수도원의 재산과 위탁금은 아주 신중하게 이전되었는데, 이 과정에서 생계 수단을 잃은 성직자들에게는 교회가 관장해온 사회부조 사업을 통해 도움을 주었다.

한편 새로운 교육의 시행이라는 인문주의자들의 오랜 꿈이 이루어졌다. 1526년 시립 김나지움이 베네딕투스 수도원 담장 안에 최초로 문을 연 것이다. 개교 기념 축사를 맡은 사람은 루터의 오랜 동료 멜란히톤이었는데, 그는 청소년의 학문과 교양을 찬양하는 노래로 축사를 시작했다. 물론 이 학교에서 인문주의의 진정한 꿈이 곧바로 실현되었는지는 의문이다. 뉘른베르크 최초의 김나지움에 대해 한 선생은 "그들은 오로지 사프란과 후추만을 꿈꾸고 있다"라고 개탄했다. 그렇지만 이 진술이 전부라고 믿는 것은 너무 순진한 일이 아니겠는가? 근대적 인문 교육은 일상의 욕망과 함께 서서히 자리를 잡아왔으니 말이다.

뉘른베르크에서 볼거리

한스 작스 동상 Hans-Sachs-Denkmal: Hans-Sachs-Platz

독일에서 가장 중요한 마이스터징거의 동상 중 하나다. 요한 콘라트 크라우서Johann Konrad Kraußer가 1872년에 만든 동상을 1874년 이 자리에 세웠다. 동상 앞에 서서 바그너의 음악을 떠올려 보는 것도 좋은 경험이 될 것이다.

한스 작스 동상

위키피디아, ⓒ Jailbird

뒤러하우스 Albrecht-Dürer-Haus: Albrecht-Dürer-Straße 39

근대 초 유럽 미술사에서 탁월한 인물 중 한 명인 뒤러를 기리는 유일한 박물관이자 기념관이다. 중세의 방과 벽난로 등 그가 가족과 함께 살던 집의 형태를 살펴보고, 당대의 인쇄기와 그가 사용하던 그림 도구를 둘러보면 그의 숨결을 느낄 수 있다.

이 박물관에서는 모사품을 전시하고 있지만, 실망하지 마시라. 때로 진품을 전시하는 특별전이 열리기도 한다. 장크트 제발트 구역에 위치한 뒤러 광장에서 황동 뒤러상을 만나는 것도 좋은 추억을 남길 것이다.

뒤러상

위키피디아, ⓒ Keichwa

뒤러 피르크하이머 분수 Der Dürer-Pirckheimer-Brunnen: Maxplatz

뉘른베르크에서 고전적인 건축양식을 보여주는 분수다. 1821년 카를 알렉산더Carl Alexander von Heideloff가 구상한 작품으로 국제적인 화가였던 뒤러와 종교개혁 당시 인문주의자로서 개혁을 이끈 피르크하이머를 기념하고 있다.

성 제발트 교회와 성 로렌츠 교회: 구시가 시청 주변

중세 고딕 건축양식을 보여주는 두 교회는 종교개혁 당시 뉘른베르크에서 처음으로 루터주의를 받아들인 교회들이다.

뉘른베르크 전범 재판 기념관 Memorium Nürnberger Prozesse: Fürther Str.110

1945년부터 1949년까지 이곳에서 나치의 주요 전범에 대한 국제 사법 재판(뉘른베르크 전범 재판)이 열린 것을 기념하고 있다. 600호 법정은 주요 전범들에게 사형을 선고한 현장이다. 독일 프로테스탄트 교회는 전범의 사면을 위해 적극적으로 나서기도 했다.

아우크스부르크의 푸거라이

거상이 남긴
최초의 사회주택

기차로 아우크스부르크에 도착하면 작고 아담한 도시라는 느낌을 받는다. 그러나 종교개혁 당시 이 도시는 독일 3대 도시에 들 정도로 번영을 누리던 곳이다. 수많은 상인들이 이 도시를 중심으로 활발하게 상업 활동을 펼친 덕분에 부가 넘쳐났다. 그 상인들 중에서도 가장 명성이 높았던 부자 이야기를 해보려고 한다. 좀 의아해하겠지만 이 부자가 정치권력을 창출하거나 무너뜨리기도 했고, 종교 문제에서도 가장 커다란 영향력을 행사했기 때문이다.

르네상스 시대에 유럽 최대 부자로 알려진 가계는 이탈리아의 페루치가家와 메디치가였다. 1300년에 전성기를 구가한 페루치Peruzzi가에 이어 1440년에는 메디치Medici가가 최대의 부를 소유했다. 두 가문 중 특히 메디치가는 교황(레오 10세)을 배출했고, 수많은 예술가들의 활동을 후원했다. 오늘날 전당포에 걸려 있는 문장이 바로 메디치 가문의 문장이라는 사실이 말해주듯이, 한때 이탈리아는 물론이고 유럽 어디에도 경쟁자가 없었다.

그런데 1450년대부터 남독일의 아우크스부르크를 중심으로 유럽 전역으로 뻗어간 푸거가Fugger family의 재산은 그토록 찬란했던 메디치가의 재산보다 무려 다섯 배 이상 많았다. 리오 휴버먼Leo Huberman은 1936년에 출판한 그의 책에서 페루치가(1300년대)의 재산을 80만 달러, 메디치가(1440년)의 재산을 750만 달러, 푸거가(1520년대)의 재산을 4000만 달러로 환산해 비교했다.[1] 물론 이 수치만으로 각 가계의 번영을 단순 비교하는 것이 별로 의미가 없을 수 있지만, 푸거가의 부가 어느 정도였는지는 충분히 가늠할 수 있다.

종교개혁 시대에 최대의 부를 축적한 푸거가는 어떻게 그런 부를 소유할 수 있었을까?

중세 말 독일 상인들은 원거리 무역을 통해 부를 쌓았다. 원거리 상인들은 온갖 위험을 무릅쓰고 어떤 때는 50척이나 100척에 이르는 선단을 꾸려 무기를 갖추고 상업 활동에 나섰다. 그들은 위험한 바다에서 살아남기 위해 독립적인 관리 기구를 발전시켰고, 자체적인 사법 체계를 만들기도 했다. 보통은 유동적인 사람들의 일시적 결합이었으나 잦은 항해를 경험하면서 장기적인 결합으로 발전하기도 했다. 독일의 한자 동맹은 상업도시 동맹 중 가장 유명한 사례에 속한다. 그만큼 독일은 일찍이 원거리 상업이 발달한 나라였다.

12세기부터 15세기 사이에 상인자본주의를 발전시키고 새로운 형태의 사업을 주도적으로 펼친 이들은 이탈리아 상인들이었다. 예컨대 베네치아, 피사Pisa, 제노바Genova, 피렌체 등에 부유한 상인 가게들이 많았다. 그러나 상업이 알프스 산을 넘어 북부로 확장되자 남부 독일에서도 상업도시가 나타났다. 아우크스부르크와 뉘른베르크는 대표적인 도시였다. 특히 아우크스부르크에는 푸거가를 비롯해 투헤어Tucher, 회히스테터Höchstetter 등 여러 상인 가게들이 자리를 잡았다. 그들은 활동 초기에 동방에서 건너온 물건을 베네치아 상인들에게 구입해 비싼 값을 받고 유럽 전역에 되팔았다. 이 상인 가게들 가운데 푸거가는 유럽 전역에 지부를 두고 활기차게 영업 활동을 펼친 유럽 최대의 상인 가게였다.

푸거가의 선조들은 처음에는 베를 짜 파는 가내수공업으로 출발했지만, 곧이어 상업에 손을 댔고 사업이 번성하자 광산업에도 뛰어들었다. 광산업은 대규모 자본을 들여야 하고 임금노동자를 고용해야 하는 등 당시로서는 거대 규모의 산업이었다. 푸거가는 헝가리의 모든 광산에 작업장이 있었으며, 합스부르크 제국 영내의 광산채굴권을 취득해 은과 구리, 수은 같은 금속을 거의 독점했다. 양모나 향료 거래로 돈을 모은 상인 가게가 단순히 상거래에 머물지 않고 사업을 확장했다는 점에서 새로운 산업 형태를 실현한 것으로 볼 수 있다. 푸거가는 체계적으로 움직이는 경영진을 갖추고 가게 구성원 전체가 각기 하나의 단위로 역할을 수행하는 상인 가계를 이룸으로써 사업 경쟁력에서 기존의 독립된 개인 사업자들을 완전히 제칠 수 있었다. 물론 그들은 복식부기를 활용했다. 흑자와 적자를 대면에 적음으로써 영업 상황을 한눈에 알 수 있게 한 이 복식부기는 선진적인 베네치아인들의 방법이었고, 좀바르트는 이를 자본주의의 기본적인 준거로 보았다.

하지만 푸거가는 '독점'을 통해 자본을 증대시킨 전형적인 상인자본이었다. 자본주의 발전 과정에서 상인자본이 자본을 투자해 수공업을 지원하고, 그에 기초해 자본가로 성장한 사례는 많다. 그러나 푸거가는 그런 좋은 선례를 남기지는 못했다. 푸거가는 철저히 당대의 지배 세력을 후원하고 그 대가로 광산물이나 소금 판매를 독점하는 방법으로 부를 늘려갔다. 푸거가의 독점에 대한 비판과 저항이 여기저기서 터져 나왔다. 심지어 1524년에는 아우크스부르크에서조차 푸거가에 저항해 소요가 일어났다. 당대 최고의 부자가 사는 그 도시 주민의 약 20퍼센트가 극빈층이었다. 푸거가가 구리와 은 광산을 경영하던 헝가리에서도 1525년 봉기가 일어났다. 그런데도 푸거가는 헝가리의 소요가 진압되자 루드비히 2세Ludwig II와 조약을 맺어 무리하게 광산 임대를 갱신했다. 신성로마제국의 황제 카를 5세와 다른 제후들은 푸거가와의 밀착이 자신들에게 유익하다고 판단될 경우 그런 불만을 진압해주었던 것이다. 푸거가는 이런 독점적 지위를 유지하기 위해 1525년 다른 상사들이 몸을 사리던 시기에도 농민전쟁을 진압하도록 제후들에게 전쟁 비용을 제공했다.

한편 푸거가는 도시 정부, 토지 귀족들, 영방 군주, 선제후, 그리고 왕, 신성로마제국 황제와 심지어 교황에게도 공개적으로 혹은 비밀리에 이자를 받고 신용 대출을 해주는 금융거래를 통해 부를 쌓았다. 특히 푸거가는 1500년에 이미 크리스토프 쇼이를Christoph Scheurl이 '푸거 은행'이라고 부른

거래소를 로마에 개설했고, 이를 통해 교황청은 물론이고 개별 주교와도 막대한 규모의 금융거래를 하고 있었다. 소금전매권과 광산채굴권 등을 담보로 돈을 빌려주고 권리를 차지함으로써 부를 극대화했다. 15세기 후반에 지기스문트 대공Sigismund I(1467~1548)의 은광에 2만 3627플로린Florin(이탈리아에서 처음 만들었으나 유럽 전역에서 유통된 화폐로 1굴덴, 1.1길더의 가치가 있었다)을 대부한 것을 시작으로 그들의 금융거래는 상대와 방법을 가리지 않고 확대되었다. 푸거가는 교황청의 화폐 차용에도 개입하고 있었는데, 예컨대 1505년 고위 추기경이 죽었을 때 야코프 푸거Jakob Fugger(1459~1525)는 거금을 제공하는가 하면 교황이 푸거가에 돈을 맡기기도 했고, 거꾸로 푸거가가 교황의 다이아몬드를 구입함으로써 교황의 재정 위기를 막아주기도 했다. '부호 야코프'로 불리던 야코프 푸거의 기업은 그가 죽기 전 10년 동안 매년 평균 54퍼센트의 이익 증가율을 기록했고, 1525년 그가 사망했을 때는 유럽의 사업가 가운데 가장 많은 부를 소유하고 있었다. 그 후에도 사업은 더욱 확장되었고 1546년에 푸거가의 자본은 500만 길더Guilder에 이르렀다.

그뿐 아니라 푸거가는 면벌부 거래에도 직접 개입했다. 브란덴부르크의 영주였던 알브레히트Albrecht von Mainz(1490~1545)가 마인츠의 대주교로 임명되는 과정에 푸거가가 개입하면서 검은 거래가 시작되었다. 14세기 초부터 대주교직은 교황청에 거금을 내고 구매하는 자리로 널리 알려져 있었다. 알브레히트는 마인츠의 대주교직을 얻기 위해 교황에게 일종의 뇌물을 갖다 바치기로 했다. 그는 3만 두카트를 제공해야 했는데, 이 돈의 대부분을 푸거가로부터 빌렸다. 대주교 취임 다음 날인 1514년 5월 15일 그는 차용증서를 푸거가에 써주었다. 이에 따르면 약 2만 1000두카트를 푸거가에서 빌렸다.[2] 알브레히트는 마그데부르크 대주교와 할버슈타트Halberstadt의 행정관 지위를 겸하려는 욕심에 1514년 여름 푸거가에 다시 손을 내밀었다.

알브레히트는 푸거가에서 빌린 막대한 원금과 이자를 갚기 위해 독일의 마인츠, 마그데부르크, 할버슈타트, 브란덴부르크 등에서 판매한 면벌부 매출의 2분의 1을 푸거가에 제공하기로 약속했다. 그러니 면벌부 가격이 높으면 높을수록 푸거가의 이득이 커졌다. 푸거가의 대리인은 구매자의 경제력과 사회적 지위를 파악해 등급을 매기고, 등급마다 다른 면벌부 가격을 책정해 최대한 돈을 긁어모으려고 노력했다.

면벌부 구매자의 사회적 지위와 경제력에 따라 푸거가가 미리 정한 면벌부 가격은 왕과 대주교 및 주교는 25굴덴이었고, 백작은 10굴덴, 사업가는 3 내지 6굴덴, 길드 조합원은 1굴덴, 서민은 0.5굴덴, 빈민들에게는 무료로 나누어 주었다. 그들은 아무것도 가진 것이 없어 어차피 돈을 지불하고 면벌부를 구매할 여력이 전혀 없었다.[3] 당시 하녀는 1년에 1.5굴덴, 학교 교사는 3.75굴덴, 영방 군주의 보좌관은 80굴덴에서 200굴덴을 벌었다.[4] 푸거가는 자신들의 몫을 챙기고 나서 대주교와 수익을 나누었다. 대주교의 수익 중 2분의 1은 성 베드로 성당을 짓기 위한 자금으로 로마로 보내졌다. 물론 이 자금이 성당 건축에 모두 쓰였다고 보기는 어렵다. 역사가들은 그 일부만 성당 건축에 사용되고 나머지는 교황이 유흥비로 탕진했을 것으로 짐작하고 있다.

중세 전체 시기를 두고 보면 면벌부 판매를 통해 다른 나라보다 독일의 부가 해외로 더 많이 유출되었다는 증거는 없다. 그러나 16세기에 들어서면서 면벌부 판매가 가장 성행했고, 그에 따라 주민들이 크게 저항하는 곳이 독일 지역이었다. 프랑스와 잉글랜드는 자국의 부가 국외로 유출되는 것을 막을 만한 군사적·정치적 힘을 갖추고 있었다. 그러나 200여 개를 훨씬 넘는 영방국가와 80여 개의 도시로 분열돼 있던 독일에는 주민을 보호해줄 어떤 세력도 존재하지 않았다. 면벌부 판매는 독일에서 종교개혁이 출발하는 중요한 원인으로 작용했다. 루터가 「95개 논제」에서 집중적으로 공격한 것도 바로 면벌부 판매였다. 주민들의 삶을 교회가 완벽히 지배하던 시기에 독일 교회의 지도자들 역시 알브레히트의 예에서 볼 수 있듯이 아무런 도움이 되지 못했다.[5]

그렇지만 푸거가의 위세는 한없이 높아만 갔다. 그 위세는 1519년 신성로마제국의 황제 선거에서 절정에 달했다. 황제선거권을 가진 사람들은 세속 제후 4명과 성직자 3명이었다. 신성로마제국의 중심이 독일이었던 탓에 교황은 작센의 선제후 프리드리히를 차기 황제로 마음에 두고 있었다. 그러나 종교개혁이 일어나면서 루터의 후원자가 된 프리드리히는 일찌감치 후보에서 탈락했다. 여러 영방국가로 분열된 독일이 교황의 지도도 없이 황제를 낼 가능성은 거의 없었다. 도전자는 프랑스의 프랑수아 1세François I(1515~1547)와 스페인의 왕 카를로스 4세Carlos IV였다. 카를로스는 당대의 계산에 따르면 약 85만 2000굴덴을 선거 비용으로 썼다. 이 중 54만 4000굴덴을 푸거가가 제공했다.[6] 14만 3000굴덴은 남독일의 벨저Welser 상사가 댔고, 다른 세 개 상사들이 각각 5만 5000굴덴을 모았다. 푸거가의 공헌은 결정적이었다. 이 자금의 절반 정도가 선제후들에게 뇌물로 들어갔고, 나머지 절반은 부대비용으로 쓰였다.[7]

푸거가를 신뢰한 선제후들은 카를로스에게 승리를 선물했고, 그렇게 신성로마제국 황제에 오른 그는 카를 5세Karl V(1500~1558)가 되었다. 황제는 이렇게 정치적 고려가 아니라 선거권을 가진 사람들의 이해관계에 의해, 특히 푸거가에 의해 결정되었다.

푸거가의 영향력을 여기에 이르게 한 경영자는 야코프 푸거다. 성직자가 되려 했던 그는 상황에 떠밀려 로마와 베네치아에서 상업 교육을 받은 후 1485년부터 푸거가의 인스부르크Innsbruck 지사를 경영하기 시작했다.

불행하게도 형제인 울리히와 게오르크가 죽자 회사 경영을 혼자 떠맡게 된 그는 구리와 은을 독점하고 금융거래에 성공을 거두면서 제국정치에 막강한 영향력을 행사했다. 부호 야코프 푸거는 당대 최고의 화가 알브레히트 뒤러의 이상적인 모델이었다. 뒤러는 당대 유명 인사들의 초상화를 유화나 목판화로 남겼는데, 야코프 푸거의 초상화 역시 그의 화풍을 알려주는 주요 자료 중 하나다. 뒤러의 초상화를 잠시 들여다보는 것도 당대의 그림을 이해하는 데 의미 있는 일이 될 것이다. 뒤러는 뉘른베르크 시 대표단의 일원으로 1518년 6월부터 9월까지 아우크스부르크에서 열린 제국의회에 참석했다.

이때 중요한 인물들이 초상화의 모델로 뒤러 앞에 앉았고 그중에는 야코프 푸거도 포함되어 있었다. 그가 그린 그림에 인상이 아주 자세히 묘사된 것으로 미루어보아, 아마도 뒤러는 아주 가까운 거리에서 푸거라는 인물을 관찰할 수 있었던 것 같다. 우선 뒤러는 야코프 푸거의 초상을 종이 위에 목탄으로 소묘했는데, 여러 번 덧그렸고 몇 개의 선을 다시 짙게 칠했다. 이 소묘는 여러 가지 점에서 후에 그려진 초상화와 거의 완벽히 일치한다. 뒤러를 비롯한 당대 화가들은 여러 가지 형태의 미술품의 기초인 밑그림으로 살아 있는 모델을 아주 정확히 묘사하는 것이 일반적이었다.[8] 뒤러 역시 아마도 이 목탄화 소묘를 유화를 그리기 위한 기초 작업으로 수행했던 것 같다. 뒤러는 그 후 1520년경에 나무 위에 유화로 그린 야코프 푸거의 초상화를 남겼다. 물론 남아 있는 그림이 그가 직접 그린 것인지 아니면 그의 후계자들이 완성한 것인지는 불확실하다. 그러나 화풍으로 미루어보건대 적어도 그의 작업실에서 그려진 것일 가능성이 매우 높다.

뒤러가 그린 야코프 푸거의 초상화로 다른 한 점이 더 있다. 이 작품은 캔버스에 그린 유화인데, 나무 위에 그린 것과 몇 가지 점에서 눈에 띄는

〈부자 야코프 푸거〉 알브레히트 뒤러, 1518/1520년작

차이를 보여준다. 우선 그림의 크기가 작아진 대신 폭이 넓어졌고 인물의 인상과 배경이 달라졌다. 이 그림은 무엇보다 당대 초상화의 특성을 아주 잘 보여준다. 당대 초상화의 가장 중요한 발전은 '측면의 발견'이었다. 야코프 푸거 역시 모델이 ¾측면을 바라보고 있다. 15세기 북유럽에서 전적으로 무시되던 측면을 다시 되살림으로써 뒤러는 북유럽 초상화의 전형을 만들어냈다.

이탈리아의 화가들은 한 개인을 모든 경험적 환경으로부터 고립시킴으로써, 그리고 그 인상을 플라톤 사상과 동일하게 자기 충족적이고 불변하는 이데아로 환원함으로써 한 개인을 영원성을 지닌 인물로 그리고자 했다. 그러나 북유럽의 미술가들은 주위 세계와 접촉을 유지하는, 공간과 시간의 변화에 종속되는 빛과 그림자에 의해 용모가 변하는 '자연의' 존재로서 모델을 그려내고자 했다.[9] 특히 북유럽의 메달 제작자들은 제작의 편의를 위해 이 방법을 즐겨 사용했다. 그러나 뒤러가 보여준 측면 초상 기법은 이탈리아의 원형을 모사한 것도, 단지 메달 제작자의 편의를 위한 것도 아니었다. 뒤러가 새로 그린 야코프 푸거는 얼굴선이 더욱 또렷해졌다. 특히 입가의 선이 아우크스부르크의 나무판 그림보다 더 다부지다. 형형하게 빛나는 눈빛, 다부지게 다문 입술 등은 당대에 성공한 상인 야코프 푸거의 자신감과 자의식을 생생히 되살리고 있다.

이 초상화의 야코프는 그 이전 초상화와 비교해 여러 가지 면에서 달라졌다. 비단으로 된 청흑색의 벨벳 조끼 대신 모피로 된 검은 조끼를 입고 있고, 베네치아 스타일의 황금 모자는 윤곽이나 형태에서 다른 그림들과 약간 다르다. 야코프 푸거가 거의 모든 초상화에서 쓰고 있는 이 황금 털실 모자는 동시대의 패션 취향을 보여줄 뿐 아니라 값비싼 외투 및 털 조끼와 함께 그가 유럽 전역에서 활동하는 상인으로서 엄청난 부를 소유한 존재이자 동시에 세계로 열려 있는 인물이라는 증표로 사용된 것으로 보인다. 뒤러의 초상화에 나타난 야코프 푸거는 르네상스 시대의 인간의 자의식과 미래에 대한 낙관적 전망, 스스로 이뤄낸 성과에 대한 자신감으로 충만하다.[10] 한편 푸거가의 명성이 어느 정도였는지를 알려주는 사례가 또 있다. 1529년 안톤 푸거Anton Fugger(1493~1560)는 에라스뮈스를 아우크스부르크로 초대해 후원하기로 했고, 에라스뮈스는 그에 대한 답례로 1533년 안톤 푸거에게 자신이 쓴 책 한 권을 증정했다. 푸거가는 당대 지식인들에게까지 영향을 미치고 있었다.

이 시대의 정치와 종교에 가장 커다란 영향력을 미친 것은 교황이나 황제가 아니라, 야코프 푸거와 그의 후계자 안톤 푸거였다. 그러니 종교개혁 시대는 동시에 '푸거가의 시대'였다. 그렇지만 당시 독일에는 푸거가를 비롯한 남부 독일의 융숭한 상인 가계들을, 국력을 증진하고 주민의 복리를 증진할 동력으로 승화시킬 세력이 존재하지 않았다.

아우크스부르크에 본부를 둔 푸거가의 직원들은 유럽 전역에서 활발히 활동했다. 로마와 베네치아는 물론이고, 오스트리아의 빈, 헝가리의 오펜Ofen, 노이졸Neusohl, 폴란드의 크라카우Kraków와 그단스크Gdańsk(독일어로 단치히), 독일 북부의 뤼베크Lübeck와 함부르크Hamburg가 그들의 활동 무대였고, 안트베르펜Antwerpen은 대서양에 면한 거점으로서 암스테르담Amsterdam과 함께 파리Paris와 런던London, 리스본Lisbon을 연결했다. 스페인의 바르셀로나Barcelona, 마드리드Madrid, 세비야Sevilla 역시 그들의 상사원들이 누비고 다닌 곳이다.

특히 안트베르펜의 주인은 푸거가였다. 안트베르펜의 인구는 1526년에 8만 8000명이었고, 1550년에는 11만 명이었다.[11] 안트베르펜은 인구의 규모가 아니라 무역의 중심이 지중해에서 대서양으로 이동한 시대에 지리적으로 그 중심에 위치한 도시로, 상업에 대한 온갖 규제를 철폐하고 자유로운 상업 활동을 보장했고, 그 자유에 기초해 새로운 상업 거래 관행을 발전시킨 곳이었다. 영국의 직물업도 동방의 향료도 이 도시에서 거래되고 있었지만, 안트베르펜의 중요성은 금융거래를 통해 부각되었고 그 방법도 최신의 신용거래였다. 안트베르펜에서 활동하는 각국의 상인들은 예전과 달리 물품 대금이나 채무를 현금이나 현물이 아닌 종이 한 장, 즉 채무증서나 보증서 한 장으로 대체하는 신용거래를 개발해 통용했다. 안트베르펜은 후에 화폐의 이전 없이 신용거래에 토대를 둔 세계 경제의 원형을 보여주고 있었고, 암스테르담이나 런던이 세계 금융업에서 맡게 되는 역할을 당시에 선도하고 있었다. 영국의 외교관 샘슨Samson은 안트베르펜을 "세계의 꽃들 중 하나"라고 칭송했다.

물론 푸거가 돈벌이만 한 것은 아니다. 푸거가는 아우크스부르크 교회의 재단을 호화롭게 꾸미기도 했고, 야코프 푸거의 형 울리히 푸거는 아우크스부르크의 설교 수사들을 위해 도서관 하나를 통째로 넘겨주기도 했다. 이 도서관은 15세기 말과 16세기 초 인문주의를 지원하는 다리 역할을 했다.[12] 특히 아우크스부르크 성 안나 성당의 건축과 미술 장식을 지원함으로써, 당대 최고의 예술가들을 지원했다. 알브레히트 뒤러를 비롯해 외르거 브로이, 페터 비세, 베자스티안 로세 등이 성 안나 교회를 아름답게 하는 데 이바지했다. 이 교회에 푸거가의 무덤이 만들어진 것은 이런 인연 때문이었다.

그렇지만 당대 최고의 부와 영향력을 자랑하던 푸거가도 마음대로 할 수 없는 것이 있었다. 황제에게 빌려준 돈은 돌려받기가 여간 어렵지 않았다. 황제가 빌린 돈을 갚지 않자 야코프 푸거는 황제에게 상환을 독촉하는 편지를 보냈다.

나의 도움이 없었다면 황제 폐하께서 로마제국의 왕관을 쓸 수 없었다는 사실은 만천하에 잘 알려져 있으며, 그것은 황제의 대리인이 손수 써 보낸 편지로 제가 증명해드릴 수 있는 바입니다. 제가 오스트리아와 거리를 두고 프랑스를 지원하고자 했다면 제게 제안이 들어온 대로 저는 많은 돈과 재물을 얻었을 것입니다. 그랬다면 황제 폐하와 오스트리아 왕가에 어떤 불이익이 생겼을지 황제 폐하께서 깊이 헤아려주시기 바랍니다.[13]

푸거가는 1530년대에도 독일 아우크스부르크 제국의회에서 페르디난트 1세Ferdinand I(1503~1564)가 신성로마제국의 황제로 선출되도록 다시 돈을 빌려주는 한편, 여전히 공세적으로 사업에 도전했다. 1531년 칠레와 페루에서조차 푸거의 상사원들이 사업을 확대하고 있었다. 그러나 식민지 함대가 패배하면서 그들은 후퇴할 수밖에 없었다. 그런데도 푸거가의 전쟁 지원은 계속되고 있었다. 페르디난트와 카를 5세가 벌이는 거의 모든 전쟁에 돈을 대주었으므로, 합스부르크가에 대한 대부는 점차 늘어났다.

푸거가의 차세대 경영자 중에 인문주의 도서 수집가나 경제적 야심가는 찾아볼 수 없었다. 지극히 일반적이게도 그들은 외국산 모피, 이탈리아산 악기, 스페인의 종, 페루산 보석, 인도의 꽃씨에만 관심을 보였다. 다시 말해 진취적인 상인다운 기풍이 차세대에까지 유지되지 못했다. 그리고 종교적으로 한두 사람이 프로테스탄트로 전향하기도 했다. 그러나 중요한 것은, 시대가 변화하고 있는데도 푸거가는 계속 같은 방법으로 대응했다는 점이다. 필리페 2세Philippe II(재위 1556~1598)가 통치하던 스페인에 거금 500만 두카트가 물려 있는데도, 푸거가는 계속 전쟁을 지원했다. 심지어 로마의 이익을 지키기 위해 프로테스탄트 세력은 물론이고, 로마와 적대 관계에 있는 지역의 가톨릭 주교들과도 대립했다. 이 덕분인지 야코프 푸거의 손자는 1626년 콘스탄츠의 영주이자 주교 자리에 오르기도 했다.

푸거가는 필리페 2세가 1588년 스페인의 무적함대를 동원해 엘리자베스 1세Elizabeth I가 이끄는 잉글랜드를 공격할 때도 여전히 필리페를 지원했다. 이때 엘리자베스 여왕은 푸거가에게 '경험과 지혜'를 동원해 이렇게 경고했다.

> 스페인을 위해 스페인 화물 사이에 자기 물건을 싣는 자가 있다면, 그는 해상 전쟁의 위험에 뛰어드는 것이 될 것이오.[14]

예상을 깨고 스페인의 무적함대가 대패했다.

무모하리만치 스페인을 지원했음에도 푸거가는 점차 스페인의 이중적 도전에 직면하기 시작했다. 우선 스페인이 강력한 통일국가로 성장하면서, 스페인 내부에서 푸거가의 독점 가격 형성과 전매專賣에 대한 반감과 거부감이 증대되었다. 필리페 2세가 왕위에 오르자마자, 1557년 여름 푸거가에 진 빚 중 일부의 상환을 거부했을 때 그것은 현실로 나타났다. 1577년에 이르자 78만 5000굴덴을 돌려받을 수 없다는 것이 분명해졌다. 심지어 필리페 2세는 푸거가가 스페인에서 네덜란드로 수출하기로 한 56만 두카트 상당의 화물을 압수하기도 했다.[15] 말로는 푸거가가 스페인을 지원한 것이라고 했지만, 그것은 강탈이었다. 이때 푸거가는 어떤 지원 세력도 동원하지 못한 채 속수무책으로 당하고 말았다.

게다가 스페인이 아메리카로부터 금과 은을 들여오기 시작했다. 금과 은이 대량으로 유입되자, 푸거가가 독점해온 광물 거래의 경제적 중요성이 사라졌다.[16] 금융 거래에 관한 국제적 법률 체계가 제대로 갖춰져 있지 않은 시대에 금융업에 지나치게 의존하던 푸거가는 광산업마저 타격을 입자,

상사로서의 구조적 취약성을 드러내기 시작했다. 이뿐만 아니라 상업 활동의 거점이 북부로 이동하자 푸거가의 거래 중심지인 네덜란드 안트베르펜의 기능이 대폭 축소되고 말았다. 네덜란드가 북부와 남부로 분열하면서 남부 안트베르펜이 벨기에로 귀속되자 상인들이 북부로 이동해 북부 암스테르담이 새로운 상업 및 무역 중심지로 부상했기 때문이다. 1594년부터 1600년 사이에 푸거 상사는 60만 굴덴의 단기 이익을 내기는 했지만, 가라앉고 있는 배를 구하기에는 역부족이었다. 결국 푸거가는 연기처럼 사라지는 신세로 전락했다.

루터가 보기에 가톨릭 교황과 유착한 푸거가는 종교개혁의 적대 세력이었고, 개혁의 대상이었다. 루터가 푸거가를 비롯한 상인 가계를 비판하고 상업 자체에 강한 반감을 품게 된 것은 푸거가를 비롯한 상인 가계들이 한몫했다. 푸거가는 결과적으로 종교개혁에 적대적이었고, 또 독일의 민족주의적 발전에 도움이 되지도 못했을 뿐 아니라 독일 자본주의 발전에도 거의 이바지하지 못했다. 푸거가는 통일 국가의 부재로 국가의 보호를 받을 수 없었음은 물론이고, 독일 상인들의 공동 대응을 끌어내지도 못했다. 푸거가는 스페인의 반격 앞에 속수무책이었고, 마침내 그들의 이야기는 한여름 밤의 일화 정도로 남을 수밖에 없었다.

그럼에도 불구하고 푸거가가 한 일 중 긍정적인 업적으로 평가할 수 있는 것이 하나 있다. 피렌체의 거상들이 미학적 측면에서 승리를 거두었다면 푸거가는 종교적·사회적 경향을 두드러지게 보여준다. 아우크스부르크에 남아 있는 성 안나 교회의 건축은 푸거가의 종교적 헌신을 보여주는 기념물이고, 이른바 '푸거라이Fuggerei'라는 집단 사회주택의 건설은 그들의 사회적 관심을 반영한다. 특히 이 사회주택은 지금도 가난한 사람들이 살고 있어 푸거가가 남긴 훌륭한 유산이라고 할 수 있다.

1516년부터 야코프 푸거는 아우크스부르크의 가난한 수공업자들과 일용 노동자들을 위해 집을 짓기로 했다. 그는 아우크스부르크 시 들머리에 있는 자신의 집 부근에 정원이 딸린 집 부지를 미리 구입하고서 1521년 여름 일종의 헌장을 발표했다. 그것은 기존의 건축물이 아니라 새로운 주거 단지를 푸거가의 재원으로 건설하겠다는 계획이었다. 이 계획은 그의 시대를 넘어 사회사에서 중요한 의미를 갖는 시도였다. 낡은 집을 철거하는 작업이 체계적으로 이루어졌다. 그 대지 위에 가난한 사람들을 위한 이상적인 작은 도시가 건설되었다. 요양원이나 임시 거처가 아니라 아주 훌륭한 주거용 주택이었다. 공동으로 사용하는 계단이 아니라 각기 다른 계단을 이용해 각자의 주거지Wohnung에서 개인적인 생활을 영위할 수 있었고, 큰길에서 떨어져 있어 조용했으며, 두 개 혹은 세 개의 방을 갖추고 정원까지 딸린 완벽한 주택Haus이었다. 1523년 52채로 이루어진 주택이 마침내 완성되었다. 현존하는 가장 오래된 사회주택인 이 주거 단지에 '푸거의 집Fuckerey'이라는 이름이 붙은 것은 1531년이었다.

사람들이 후에 설립자의 이름을 따서 '푸거라이Fuggerei'라고 부른 이 '작은 도시'가 보여준 진정한 지혜 중 하나는, 이른바 이 '은총의 집'에 들어온 가족들이 각기 사회적 존재로서 개성을 보호받고 굴욕이 아닌 긍지에 찬 자의식을 가질 수 있게 했다는 점이다. 입주자들은 당대에도 그랬고 후대에도 아주 적은 금액을 임대료로 부담해야 했다. 건물을 유지하는 데 충당하기에는 턱없이 모자란 액수였지만, 그것은 입주자들이 공짜로 살지 않는다는 자긍심의 표시였다.

설립 당시의 의도대로 아우크스부르크의 가난한 가톨릭 시민이 이곳에 입주할 수 있었다. 입주자들은 하루 세 번 기도를 드리고, 주일에는 예배에 참석한다. 임대료는 인플레이션에 관계없이 전용면적 60㎡를 기준으로

2006년 현재 0.88유로(2016년 7월 현재 1유로는 환산하면 1300원 정도)다. 난방비 85유로
는 따로 낸다. 재단에서 2006년부터 입주비를 추가하기는 했지만, 그야말
로 명목에 불과한 집세다.

　이런 수준의 임대료가 가능했던 것은 순전히 푸거가의 성 울리히 재단St.
Ulrich Stiftung이 기본 재원을 담당했고, 야코프와 그 후계자들이 기꺼이 기금
을 축적했기 때문이다. 푸거 본사가 적립금을 저축했고, 후에는 위험 분담
을 목적으로 여러 자회사에 일종의 세금을 부과했다. 유럽의 화폐시장이
불안정해지고 스페인과 프랑스 왕들의 채무불이행 선언과 국가 경쟁이 본
격화되면서 이 시설도 변화를 비켜 갈 수는 없었다. 삼림과 농지, 임대 주
택 일부가 팔리는 등 규모가 축소되고, 여러 변화를 겪었다. 그러나 푸거가
가 남긴 주택 단지는 450년의 세월을 견디면서 지금도 아우크스부르크 시
의 사회주택으로 운영되고 있다. 그사이 독립된 건물은 오히려 67채로 늘
어나 150가구가 독립적인 생활을 누릴 수 있게 되었고, 교회와 관리실이
새로 들어서고 푸거 단지 박물관Fuggereimuseum이 증축되었다.

　이렇게 탄생한 빈자들의 이상적인 도시는 20세기 근대 대도시의 틈바구
니에서 중세적인 면모를 간직한 소도시로 남아 있다. 아침이면 성문이 열
리고 저녁이면 닫히는 '도시 속의 도시'로, 400여 명의 시민이 대가족을 이
루고 '사회적 개성'을 유지하며 말쑥한 거리에서 평화로운 삶을 영위하고
있다. 약 450년이 지난 지금까지 생활하기에 불편이 없을 정도로 완벽한
설계 솜씨를 보인 건국 책임자 토마스 크렌브Thomas Krenb에게도 고마움을
표해야겠다.

　단지를 둘러보면서 가난한 시민들이 쾌적하게 살 만한 세계 최초의 주거
단지가 16세기에 건설되었다는 사실에 다시 한 번 감탄했다. 주민들은 친
절했고, 구김살이 없었다. 거리로 나와 맑게 갠 7월의 하늘을 쳐다보았다.

불현듯 쓸쓸한 감정이 가슴에 밀려들었다. 16세기 유럽 최대의 부자가 남긴 것이 기껏 이것뿐이란 말인가?

그들의 헌정으로 성 아나 교회가 건설되기는 했지만, 그들이 누린 부와 행사한 영향력에 비하면 푸거가가 남긴 것은 너무나도 작고 초라하다. 동시대 농민과 시민 계층의 고통에 아랑곳없이 오로지 이익의 극대화를 위해 당대 정치 및 종교 부문의 실세들과 검은 거래를 일삼았던 한 부자 상인 가계 이야기는 그들이 왜 한여름 밤의 꿈처럼 덧없이 사라졌는지를 일깨워준다.

아우크스부르크에서 볼거리

종교화의 Augsburger Religionsfrieden **기념교회**: Ulrich Kirche

원래 가톨릭 성당Basilika St. Ulrich und Afra이었다. 1457년 성당의 부속 건물로 세워져 성지
순례자들을 위한 공간으로 사용해오다가 아우크스부르크에서 종교개혁이 일어나자
1526년에 프로테스탄트들에게 넘겨주었다. 아우크스부르크의 프로테스탄트들은 이
건물 그대로 교회로 사용하기 시작했다. 이런 이유로 가톨릭 성당의 규모가 훨씬 크고
프로테스탄트 교회는 규모가 작다. 같은 공간에 가톨릭 성당과 프로테스탄트 교회가 나
란히 마주 서 있는 건축 앙상블은 종교개혁 이후 기독교 역사에서 유례가 없는 일이다.

푸거라이 박물관과 주택단지 Fuggereimuseum: 시청(Augsburger Rathaus) 옆

67채의 집에 150여 개의 독립 주거 공간이 마련되어 있다. 그야말로 '도시 속의 작은

푸거라이 전경
위키피디아, © Wolfgang B. Kleiner

도시'로 외관은 그리 멋스럽지 않지만, 2006년에 증축한 박물관에서 가장 오래된 사회주택의 본보기를 보는 것만으로도 아마 의미가 있을 것이다.

성 아나 교회 St. Anna Kirche: Anna Straße

시간이 여유롭다면 카르멜 수도단 소속이었던 성 아나 교회를 둘러보기 바란다. 푸거가의 헌금으로 지어진 이 교회는 푸거카펠레 Fuggerkapelle라고도 하는데, 작은 도시의 건출물로는 드물게 높은 수준의 건축미를 자랑한다. 한편 아우크스부르크는 2014년 현재 인구 28만여 명의 소도시이지만, 식당과 숙박 시설이 잘 마련되어 있어 여행객이 하루쯤 쉬어가기에 안성맞춤인 도시다.

수도원 가도
나치의 도망을 도운
성직자들

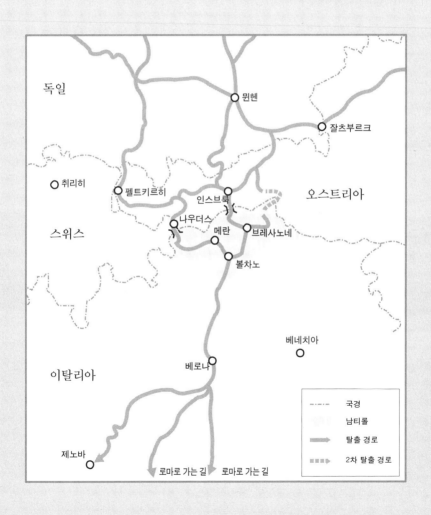

독일

뮌헨

잘츠부르크

취리히

펠트키르히

인스브룩

나우더스

메란

브레사노네

볼차노

오스트리아

스위스

베네치아

이탈리아

베로나

제노바

로마로 가는 길　　로마로 가는 길

–‥–‥	국경
	남티롤
➤	탈출 경로
▶▶▶	2차 탈출 경로

스위스로 가기 전에 잠시 곁길로 들어서 보자.

여행의 즐거움 중 하나는 때로 전혀 새로운 곳을 가보는 것이다. 이곳 남부 독일에 오면 어김없이 머리에 스치는 의문이 있다. 기독교는 도대체 왜 반인도적 범죄를 저지른 전쟁 범죄자들의 도망을 도왔는가?

종교개혁의 여행길에서 벗어난 일탈이기는 하지만, 전혀 관련이 없는 것은 아니다. 종교개혁 시대에 개혁가들을 그토록 엄격히 이단으로 처벌하고 심지어 화형에 처한 가톨릭 교회는 물론이고, 교회의 개혁을 그토록 열망하던 프로테스탄트 교회 역시 제2차 세계대전 후 나치 전력자들의 해외 망명을 적극적으로 도왔다는 사실은 아무래도 선뜻 이해되지 않는다. 수많은 인명을 살상한 전쟁 범죄자들 역시 예수 그리스도가 사랑하는 대상이라고 주장한다면, 전쟁 중에 고통을 당한 사람들, 정치적 저항을 택한 사람들 그리고 유대인들에게 교회는 왜 그토록 무자비했을까?[1] 이 극명한 대조를 어떻게 설명해야 할 것인가?

수도원에서 수도원으로 이어지는 수도원 가도Klosterstraße는 유럽 전역에 여러 곳이 있지만, 이곳 남부 독일에서 이탈리아로 가는 수도원 가도는 수도원들로 이어진 길이면서 동시에 나치의 도주로였다. 가톨릭의 존중받는 지도자들이 나치의 도망을 돕는 데 앞장섰고, 프로테스탄트 교회 역시 기회가 닿는 대로 그들에게 도움의 손길을 뻗었다. 잠시 틈을 내 이 수도원 가도에서 무슨 일이 일어났는지 살펴보기로 하자.

우선 이 문제와 관련해 몇 해 전까지만 해도 공개된 자료가 거의 없었다. 또 카를 아돌프 아이히만Karl Adolf Eichmann이나 마르틴 루트비히 보어만Martin Ludwig Bormann 같은 개별 사안에 대중이 지나치게 요란스러운 반응을 보이게 되면서 존중받는 역사가들조차 이 주제에 관심을 기울이지 못했다. 무엇보다 결정적인 이유는 냉전 시대라는 정치 상황이었는데, 특히 1950

년에 발발한 한국전쟁이 물밑에서 진행되던 냉전을 열전으로 만들어 이데올로기적 편향을 부채질함으로써 연구 분위기를 억압했다. 그러나 1989년 이후 수많은 역사자료실이 문을 열었고, 사법 당국 역시 도움을 주기 시작했을 뿐 아니라 몇몇 정부는 나치 도망자 역사연구위원회를 구성하는 등 이 연구를 적극적으로 지원했다.[2]

1946년부터 1955년까지 약 10만 명의 독일어 사용자들이 아르헨티나로 망명했다. 이 중에는 아이히만 같은 나치 지도부가 다수 포함되어 있었다. 나치 범죄자들은 남미뿐 아니라 미국이나 캐나다로 도망치기도 했다. 범죄자들은 뮌헨이나 울름 같은 남부 독일 티롤 지방을 거쳐 독일을 빠져나갔다. 오스트리아 서남부의 펠트키르히Feldkirch와 나우더스Nauders를 거쳐 이탈리아령 남티롤 지방의 메란Meran으로 내려가거나, 인스브룩Innsbruck에서 곧바로 칠러탈Zillertal이나 아른탈Ahrntal을 거쳐 이탈리아령 브레사노네Bressanone로 들어갔다. 메란이나 브레사노네에서 남쪽 볼차노Bolzano를 통과해 거기에서 로마나 제노바로 숨어 들어갔고 밀라노에서 제노바로 내려간 사람들도 있었다. 그들은 제노바에서 배를 타고 해외로 빠져나가 최종 목적지로 향했다. 주요 목적지인 아르헨티나는 독일에서 기술 및 군사 전문가들을 영입해 남미의 지도적인 국가로 발돋움하기 위해 이 범죄자들에게 은신처를 제공했다.[3]

그런데 왜 도망자들은 이탈리아를 경유하게 되었을까?

당시에는 나치뿐만 아니라 많은 사람들이 새로운 곳에서 새 삶을 찾기 위해 길을 떠났다. 홀로코스트를 피해 도망한 사람들도 팔레스타인으로 가기 위해 이탈리아 경로를 택했다. 제2차 세계대전이 끝날 무렵 중앙 유럽과 동유럽 출신 난민 수십만 명도 이탈리아로 몰려들었다. 그들은 제노바와 트리에스테Trieste 항구, 로마를 통해 해외로 망명하려고 이탈리아를 향해 떠났다.

　왜 이탈리아가 경유지가 되었는지 종전 시점으로 돌아가 보자.

　이탈리아에 진주한 연합국은 민간인 난민과 자국을 떠난 타국 체류자들을 세 그룹으로 분류했다. 우선 자국 내 고향 상실자(피난민), 전쟁으로 발생한 타국 체류자로 크게 나누고, 다시 이 타국 체류자들을 연합국 국적자와 중립국 국적자를 한 부류로, 적국 국적자를 또 다른 한 부류로 나누었다. 미군에 의하면 종전 당시 독일에만 650만 명에 이르는 난민이 있었다. 그 대다수가 강제 징용 노역자들이었고, 독일인 다수가 여기에 포함되었다.[4]

　연합국은 전쟁이 끝나자 곧바로 볼차노 회의를 열어 전쟁 포로와 피난민 refugee 문제를 다뤘다. 연합국은 회의 초반에 그들 대부분이 자국으로 귀국할 것이라고 판단했다. 그러나 상당히 많은 사람들이 여러 이유 때문에 고향으로 돌아갈 수 없었고, 국적 상실자만 해도 수십만 명에 이르렀다. 예컨대 1945년 6월 세르비아인, 동폴란드인, 우크라이나인이 자국으로 돌아갈 수 없었다. 적국 피난민들은 연합국의 피난민 구호 및 정착 지원처UNRRA: United Nations Relief and Rehabilitation Administration에서 담당하지 않았다. 독일인이나 타국에 있던 문화적 독일인들(독일, 오스트리아, 스위스 국적이 아니더라도 독일어를 사용하는 독일 문화권에 속하는 사람들, 예컨대 루마니아, 유고슬라비아, 불가리아, 소비에트 연방, 남 티롤 거주자 중 독일 문화에 익숙한 사람들)은 적국 난민이므로 그 관리 대상이 아니었다. 그런데 전쟁이 끝나자 1945년부터 1946년 사이에 1200만 명에 이르는 독일 문화권 인구의 대이동이 일어나고 있었다.[5]

　연합국은 소련, 폴란드, 체코슬로바키아, 헝가리, 유고슬라비아 사람들 중 비독일 국적의 피난민들을 고향으로 돌려보내는 데 합의했다. 연합국 난민 기구는 1945년 후반에 실제로 이들 중 수만 명을 고향으로 보냈다. 1946년 초에는 유럽에 있던 실향민들 4분의 3이 자국으로 돌아갔다. 그렇지만 여전히 수십만 명의 난민이 서유럽에 남아 있었다. 소련과 동유럽 국적자 중 자국이 공산화하면서 귀국을 꺼린 사람들이었다. 당시 이탈리아, 오스트리아, 독일에는 동유럽 국적의 피난민이 100만 명이나 되었다. 1947년 6월까지도 65만 명의 난민이 독일, 이탈리아, 오스트리아에 마련된 연합국이 지원하는 수용소에 있었다.

독일어 사용자들은 당시 독일어를 사용하던 이탈리아 북부 지역을 선호했는데, 1945년 12월 말 연합군이 이탈리아에서 물러나자 이 지역은 독일어를 사용하는 도망자들의 길이 되었고, 1946년부터는 아예 검열과 체포가 없어져 제노바로 가는 인기 있는 경유지가 되었다. 1947년 7월에는 새로운 난민기구인 국제난민기구International Refugee Organization가 만들어져 난민을 재분류했다. 이때 '피난민'이라는 용어를 자국 외에 있거나 자국의 거주 지역으로부터 멀리 떨어져 있는 사람들로 다시 정의하는 한편, '타국 체류자'는 전범 국가들에 의해 강제 이주되거나 노동계약을 맺고 고향을 떠나야만 했던 사람들(강제 징용)로 규정했다. 이외의 다른 사람들은 보호 대상에서 제외했다. 그러니까 문화적 독일인들은 보호 대상에서 제외되고 말았다.

이탈리아와 연합국의 계약에 의해, 이탈리아 내 난민을 고향으로 돌려보내든지 아니면 해외로 보내기로 했다. 그런데 이미 이탈리아에 정착해 일자리를 찾았거나 가정을 꾸린 많은 이들이 이탈리아에 머물고 싶어 했다. 국제난민기구는 독일과 오스트리아 출신 난민들을 고향으로 돌려보내려 했지만, 그 시간이 오래 걸렸다. 이래저래 이탈리아에는 떠도는 사람들이 많았다. 국제난민기구는 교회 및 국제 구호 단체들과 계약을 맺어 관리를 위임했다. 이렇게 해서 민간 기구들이 나서 유대인 추방자들의 해외 이주를 경제적으로 지원했다. 대체로 가톨릭 교회는 가톨릭 신자들을, 프로테스탄트 기구는 프로테스탄트 교인들을 지원했다. 제네바의 국제난민기구 본부는 150만 명의 피난민을 직접 지원했는데, 그중 30만 명이 폴란드인, 15만 명이 발트 지역 사람들, 10만 7000명이 우크라이나인, 3만 명이 유고슬라브인이었다.

한편 이탈리아 북부는 오래전부터 밀입국과 밀수입 경로로 이용되고 있었다. 이 밀입국과 밀수입 경로를 통해 난민을 돕는 것이 알프스 국경 지대의 주요 부업 중 하나로 1945년부터 1946년 사이에 특히 번성했고, 1949년이 되어서야 쇠퇴하기 시작했다. 밀입국과 밀수 중개인들은 사람과 물건을 산악 가이드에게 넘겼고, 가이드들은 남티롤의 익숙한 경로를 따라 이탈리아로 사람들을 밀입국시키거나 물건의 밀수를 도왔다. 이 가이드들은 남티롤 사람들의 지인이거나 친인척으로, 밀입국 수입에 생계를 크게 의존해왔다.

동유럽 난민들이 이탈리아를 선호한 이유는 분명했다. 이 지역에서 성행해온 밀입국과 밀수입이 유럽에 널리 알려져 있어 그 관행을 이용할 수 있으리라는 계산이 섰기 때문이다. 게다가 유고에는 티토가 이끄는 공산당이 있고, 오스트리아와 독일에서는 미국·소련·영국·프랑스 등 점령국이 국경을 감독하고 있어, 이탈리아로 진입하는 것이 가장 수월했다. 한편 유럽 대륙 서부에서 해외로 갈 수 있는 길은 막혀 있었다. 영국이 대서양으로 가는 해로를 봉쇄하고 있었기 때문이다. 독일 국경 역시 알프스로 가로막혀 있었다. 해외로 빠져나가고 싶은 도망자들은 밀수꾼들이 이용하던 길을 통해 알프스 남쪽으로 빠져나가는 것이 최선의 선택이었다. 나치와 유대인, 가해자와 피해자가 같은 길로 도망친 것이다. 그들은 돈이 바닥났고, 서류도 갖추지 못했으며, 체류 허가를 받은 것도 아니고, 말도 통하지 않는 등 매우 곤궁한 상태였다. 게다가 특수 경찰에게 걸릴 위험도 있었다.

그래서 난민들은 국제적십자사에 도움을 요청했고, 국제적십자사는 나치인지 유대인인지 검열도 하지 않은 채 인도적인 차원에서 난민을 도왔다.[6] 전범자들과 나치들은 위조 여권을 발급받을 수 있었다. 이탈리아 역시 이런 일에서 뒤지지 않았다. 2007년부터 국제 문제를 다루는 대중매체들이 이 과정에서 이탈리아가 어떤 역할을 했는지 묻기 시작했다. 이탈리아 정부는 국제적십자사의 서류를 못 보게 방해하기도 했는데, 아마도 나치들의 유입과 도망이 포함되어 있었기 때문일 것이다. 그만큼 나치는 난민 사이에 끼어 눈에 띄지 않고 도망할 수 있었다.

이탈리아의 관료들에게 난민 문제는 엄청난 스트레스를 안겨주었고, 따라서 난민들을 신속히 이동하도록 하는 데 관심을 두었을 뿐 나치 검열과 색출에는 관심이 없었다. 까다로운 검문이 점점 없어졌고, 이것이 난민들에게 알려졌다. 1945년 12월 31일 이탈리아에서 연합군이 철수하면서, 통제는 더욱 느슨해졌다. 1947년 이탈리아와 연합군 측의 평화 협정 체결로 연합국의 통제는 거의 사라졌다.[7] 나치 친위대 대원을 비롯해 나치 전범들이 피난민 속에 끼어 있었다. 로마의 가톨릭 자선 기구의 한 간부는 "안내꾼들이 브레너Brenner(이탈리아의 첫 동네)로 가기 위해 어느 동네로 가는 것이 좋을지 정보를 주었고, 농부들 중 누가 이전에 나치 활동을 하던 사람인지, 누가 매수할 수 있는 사람인지에 관해 정보를 제공했다"[8]라고 밝혔다.

국가사회주의자들은 해외로 도망치기 위해 여권이 필요했고, 안전하게 배를 타고 길을 안내받기 위해 비용을 대줄 조력자가 필요했다. 우선 국제적십자사가 1951년 중반까지 약 12만 건의 해외여행 서류를 발급해 그들을 도왔다. 국제적십자사 외에 나치 범죄자들에게 위조 여권을 만들어주고 비교적 안전한 수도원으로 안내해 국경을 넘어 이탈리아 북부 항구에 도착할 수 있도록 도운 것은 교회 인사들이었다. 특히 가톨릭 교회는 나치 범죄자들이 이용한 수도원 가도를 통해 크로아티아의 파시스트들을 이동시킨 것을 비롯해 수많은 도망자들을 보호하는 데 적극적이었다. 파시스트들에게 우호적이던 오스트리아의 주교 알로이스 후달Alois Hudal은 아예 동유럽 파시스트들을 돕는 지원 기구Assistenza Austriaca까지 만들어 그들에게 여권을 발급하고 비용을 지원했다. 지원 활동에 나선 주교와 교회 지도자들이 밝힌 지원 동기는 반공주의와 종교적 회개에 대한 희망이었다.[9] 하지만 그들은 나치에 의해 핍박받는 사람들에게는 일말의 동정심도 보이지 않았었다.

난민으로 가장한 나치 전범의 도망 사례는 많다. 독일의 의사이자 생물학적 인류학자로 나치에 가담해 이른바 인종 청소에 기여한 요제프 멩겔레 Josef Mengele(1911~1979)는 그 대표적인 인물 중 하나다.

멩겔레는 스물네 살에 뮌헨 대학 의학부에서 의학 박사 학위를 취득한 최고의 엘리트로, 1943년 5월부터 1945년까지 아우슈비츠의 비르케나우 Birkenau 유대인 수용소와 멸절수용소(인종청소를 위해 살상을 일삼던 수용소)의 의사로 일했다. 그의 역할은 살상 대상자 선발, 희생자들에게 가스 살포, 인권을 유린한 의학 실험의 실시 등을 감독하는 것이었다. 그는 자료를 모아 쌍둥이의 성장변칙성, 인간의 불임과 골수이식, 티푸스 열과 말라리아 치료 등을 연구했다. 제2차 세계대전 후 전쟁 범죄자로 수배 대상이 되었으나 검거되지 않았고, 아르헨티나에서 살다가 파라과이를 거쳐 브라질로 건너갔다. 그는 1979년 2월 7일 브라질의 휴양지 베르치오가Bertioga에서 수영을 하는 도중 심장마비로 바다에 빠져 사망했다. 그의 가족들이 가명으로 장사를 지냈으나, 1985년 독일·미국·이스라엘 합동 조사단이 멩겔레의 무덤을 확인했다. 그러나 많은 의혹이 제기되자 1992년 DNA 검사를 통해 그의 시신이 틀림없다는 것을 다시 확인했다.

1960년대부터 그의 삶은 언론의 집중적인 관심을 받았고, 1990년대에는 멩겔레를 다룬 〈진실 외에는 아무것도 말하지 않겠다Nichts als die Wahrheit〉(1999)라는 영화가 독일과 미국의 합작으로 만들어져 더욱 유명해졌다. 이 영화는 같은 이름의 소설을 영화화한 것으로, 가상현실을 통해 멩겔레의 사례에 질문을 던진다. 우선 영화의 줄거리를 따라가 보자.

페터 롬이라는 변호사가 아르헨티나로 납치된다. 멩겔레가 꾸민 일이다. 그는 죽은 것이 아니라 친척의 죽음을 자신의 죽음으로 바꿔치기해 생을 유지하고 있다. 다른 사람들을 죽음으로 내몰던 '아우슈비츠의 죽음의 천사'(그는 겉으로는 너무도 친절하게 수감자들을 대해 '천사'로 불렸다)는 이제 80세가 넘은 노구의 죽을병에 걸린 환자다. 그는 반인도적 범죄자로 생을 마감할 수는 없다고 판단해 숨어 지내느니 자신의 입장을 밝히기로 결심하고, 롬에게 자신의 변론을 맡아달라고 요구한다. 롬은 이 문제를 독일 법정에서 다투어보는 것이 의미가 있다고 판단한다. 게다가 동료이자 아내인 레베카의 개입으로 롬은 이 제안에 동의한다. 독일 역사에서 눈길을 끌 만한 재판이 이루어진다.

공항에 도착하자마자 멩겔레는 수많은 범죄 행위로 수감되고 기소된다. 대중매체를 비롯해 거리마다 멩겔레의 재판을 두고 토론이 불붙는다. 재판정에 아우슈비츠 생존자가 증인으로 등장해 사람들을 죽음에 이르게 한 과정을 낱낱이 증언한다. 방청석에 앉아 있던 사람들은 적잖이 당황하지만, 멩겔레는 그런 일을 하지 않았다고 거짓말을 하는 대신 오히려 당당하게 고객의 고통을 줄여주기 위해 그렇게 했으며, 의학의 진보에 이바지할 생각이었다고 말한다. 자신의 행동 방식은 당대의 의학적·윤리적 기준으로는 충분히 그럴 수 있는 일이었다고 항변한다. 죽을병에 걸린 환자로 보기 어려울 만큼 그는 유창한 연설과 카리스마를 보이면서 확신에 찬 목소리로 자신의 견해를 피력한다.

그사이 변호사 롬은 자신의 가족이 예상보다 훨씬 더 깊숙이 아우슈비츠와 관련되어 있다는 사실을 알게 된다. 신경과 간호사로 일했던 롬의 어머니는 멩겔레의 명령으로 아무도 눈치채지 못하게 두 명의 환자에게 주사를 놓아 죽음에 이르게 한 것이다. 롬의 어머니는 자신의 행동은 물론이고 멩겔레에 관해 평생 한 번도 입을 열지 않았다. 그녀의 아들인 롬은 최후 변론에서 변호사로서 의무를 다해 자신의 고객이 풀려나도록 도울 것인지를 결정해야만 했다.[10]

주인공 역을 맡은 배우 괴츠 게오르게Götz George가 보여준 탁월한 연기 덕분에 이 영화는 수많은 영화제에서 수상의 영예를 안았지만, 정작 독일인들은 이 영화에 비판적이었다. 멩겔레를 늙고 병든 사람으로 연출해 '시대의 희생자'로 그림으로써 오해를 불러일으킬 수도 있다는 점과 함께 당대의 의료 윤리를 정당해했다는 점을 맹렬히 비판했다.

멩겔레는 실제로 어떤 사람이었는가?[11] 무엇보다 나치 시대에 베를린 달렘Dahlem의 카이저 빌헬름 연구소에서 자행된, 오트마 프라이헤어 폰 페르슈어Otmar Freiherr von Verschuer가 주도한 인류학과 유전학 그리고 안락사를 위한 기초 연구에 그가 개입했는지가 관심의 대상이었다. 그는 의학 박사 학위를 마치고 베를린에 머무는 동안 이 연구소의 연구 과제를 비공식적으로 수행했으며, 그가 아우슈비츠에 있을 때도 그의 스승 페르슈어는 그를 자주 이 연구소로 불러올렸다. 역사가 베노이트 마신Benoit Maßin은 이 당시 페르슈어의 조력자인 지크프리트 리바우Siegfried Liebau가 연결고리 역할을 했다고 확인했다. 멩겔레는 이 카이저 빌헬름 연구소를 위해 유대인과 환자, 어린이의 몸을 찍은 수백 장의 마이크로필름을 보냈다. 멩겔레는 또한 1944년 8월 아우슈비츠의 집시 수용소가 해체될 때까지 집시 수용소의 책임을 맡은 의사로 활동했고, 눈동자 색이 다양한 집시들의 사진을 이 연구소에 가져다 날랐다. 이런 연대를 바탕으로 역사가 마신은 "멩겔레의 아우슈비츠 체제는 결코 우연이 아니다"라는 결론을 내렸다.[12]

그는 여러 정치범 수용소의 의사로도 활동했고, 특히 약자들을 처리하는 데 앞장섰다. 1943년 말 멩겔레가 여성 수용소의 감독을 맡고 있었을 때 전염병인 티푸스가 퍼졌다. 이때 멩겔레는 감염자 600명을 모조리 가스실로 몰아넣어 질식사시켰다. 그는 또한 헝가리에서 온 유대인 여성들이 위 성홍열에 감염되고 유대인 어린이들이 풍진에 감염되자 그들 모두를 가스실로 보냈는데, 모두 제거하라는 하인리히 힘러Heinrich Himmler의 명령을 미리 받아놓은 상태였다.

아우슈비츠 수용소에는 2만 2600명의 집시들이 감금되어 있었는데, 그중 절반 이상이 여성과 어린이였다. 수감자의 약 70퍼센트가 1943년 말까지 질병과 영양실조로 죽었다. 얼마 뒤 체계적인 살상이 시작되었다. 멩겔레는 1944년 5월에 시행된 '집시 수용소' 청소에 개입한 의사였다. 그는 집시들 가운데 노동 능력이 있는 사람을 가려내 아우슈비츠의 정규 수용소나 다른 수용소로 보냈다. 멩겔레의 선발 기준은 그야말로 특별했다고 한다. 약자들의 친구라도 되는 것처럼 수감자들을 친절히 대해 그들의 약점을 캐냈다고 한다. 한 증인은 "조사할 때 멩겔레가 어찌나 부드럽게 대하던지 몇몇 집시는 그에게 소원을 말하거나 불만을 털어놓기도 했고, 수감자들이 마치 아버지나 삼촌을 대하듯이 멩겔레를 대했다고 한다"

라고 말했다.

그러던 멩겔레는 패전의 기운이 짙어지고 소련군이 다가오자 1945년 1월 18일 부랴부랴 아우슈비츠 수용소를 떠나 도망 길에 오른다. 그를 찾으려고 수배 전단이 뿌려졌다. 포로수용소에 한때 수용되기도 했으나, 하급 군인으로 위장해 수용소를 빠져나왔다. 그 후 1945년 10월부터 프리츠 홀만이라는 가명을 쓰면서, 바이에른 지방의 한 농장에서 일꾼으로 일했다. 1948년 가을 독일을 떠나 새 삶을 살기로 결심한 그는, 친독일적인 아르헨티나로 가서 전시에 대량 살상을 저지른 나치들과 공동생활을 하고 싶어 했다. 아내의 요구로 이혼을 했지만, 아들과 계속 연락을 주고받았다. 친척들은 그가 친척이라는 사실을 숨기고 싶어 도피 자금을 마련해주었다. 이렇게 하여 그는 이탈리아로 가는 난민들 틈에 숨을 수 있었다.

멩겔레는 1949년 부활절에 인스부르크를 떠나 브레너로 가는 길에 올랐다. 그에게 도움을 준 밀수꾼은 여관업을 하던 야코프 슈트리크너Jakob Strickner였다. 멩겔레는 부활절인 일요일에 비나더스Vinaders 읍에서 이탈리아로 향했다.[13] 비나더스는 오스트리아 국경에 있는 풍경이 아름다운 작은 마을이다. 슈트리크너는 국경 수비대에 걸리면 볼차노의 트라민Tramin에서 온 사람처럼 행세하면서 증명서는 잃어버렸다고 하라고 친절히 일러주었다. 멩겔레는 다음 날 이탈리아의 슈테르칭Sterzing(현재 상업도시, 쇼핑 도시, 관광 도시로 유명)에 무사히 도착했고, 가명을 사용해 '황금십자가'(많은 난민을 고객으로 받은 여관으로 유명)라는 여관에 묵었다. 그는 남티롤 주의 수도원에서 고생한 아이히만과 달리 4주 동안 호텔에 머문 후 다시 이탈리아 남부로 유유히 출발했다.

멩겔레의 행방은 아주 우연한 계기로 알려졌다. 1985년 그의 행적이 ≪새 티롤 신문Neue Tiroler Zeitung≫에 보도된 것이다. 이 신문은 비나더스의 이전 시장 슈트리크너가 멩겔레를 도왔다고 보도하면서, 슈트리크너가 전후에 멩겔레를 도와 도망시킨 것을 자랑스럽게 떠벌리고 다녔다고 전했다. 아마도 '거물급 인사'를 도왔다는 사실에 자부심을 느꼈던 듯하다. 그런데 슈트리크너가 시장 선거에 나서면서 이 사실이 폭로되었고 이어 독일 ≪분테Bunte≫지誌가 슈트리크너가 멩겔레의 조력자라는 사실을 밝히면서, 멩겔레의 나치 경력과 그의 행방이 다시 주목받기 시작했다.

더 극적인 도망자는 아마 아이히만일 것이다. 아이히만은 독일 나치 친위대의 고위 간부였고, 유대인 색출과 추방 기구의 지도자로 유대인 살상에 앞장선 인물이다. 전후에 그는 미군의 혈액형 검사로 나치 친위대원임이 분명히 드러나자, 자신은 하급 대원 오토 에크만이라고 속였다. 그는 용케도 1946년 1월 전 나치 장교에게서 그것이 사실이라는 확인을 받아 미군의 포로로 포로수용소에 들어갔다. 같은 해 2월 수용소에서 탈출해 독일 동북부 엘베 강과 알러Aller 강 사이의 뤼네부르거 하이데Lüneburger Heide의 알텐잘츠코트Altensalzkoth라는 작은 마을로 숨는 데도 그때의 확인이 큰 도움이 되었다.

그는 오토 헤닝거Otto Henninger라는 가명을 사용해 알텐잘츠코트 인근 콜렌바흐Kohlenbach에서 벌목꾼으로 일했다. 한때 그는 빈터를 임대해 닭을 기르고 계란을 내다 팔면서 몇 년을 버텼다. 그러다가 오스트리아로 숨어든 아이히만은 남부의 티롤 지방으로 가는 길을 모색했다. 아이히만은 이탈리아 슈테르칭의 목사 요한 코라디니Johann Corradini의 도움으로 마침내 남티롤 볼차노의 프란체스코 수도원에 숨을 수 있었다.

아이히만을 숨겨준 볼차노의 프란체스코 수도원은 성자 프란체스코Franciscus Assisiensis의 유적을 간직하고 있는 유서 깊은 수도원이다.

성 프란체스코가 상인인 아버지를 따라 볼차노의 시장에 온 일이 있었다. 이때 어린 프란체스코는 오늘날 수도원 건물의 일부인 성당에서 성자들의 미사 집전을 도왔고, 종을 울리며 신부의 뒤를 따랐다고 전해진다. 그 후 1221년 아시시의 성 프란체스코 수도단의 최초의 수도사들이 브레너를 지나 독일로 가던 길에 볼차노에 들렀고, 돌아오는 길에도 볼차노에 들렀다. 1237년 프란체스코 수도사들이 도시 성벽에 남긴 흔적은 이를 증명한다.

첫 수도원은 도시 성벽 밖 북쪽에 브레사노네의 주교가 제공한 부지에 성자 기념교회hl. Ingenuin und hl. Erhard와 함께 세워졌다. 로마네스크 양식으로 건축된 건물이 1291년 화재로 파괴된 후 1322년 다시 건설되었고, 1348년 그곳에 프란체스코 수도원 교회가 헌정되었다.

1580년 볼차노의 수도원은 티롤에 새로 건립된 프란체스코 지역 수도원에 편입되었다. 1780년 계몽군주였던 마리아 테레지아Maria Theresia가 프란체스코 김나지움을 건설하도록 도움을 주었고, 수도사들이 그곳의 관리와 수업을 맡았다. 프란체스코 교회는 제2차 세계대전 중에 폭격을 당해 파괴되었으나 전쟁이 끝난 후 재건되었다. 전후에 점령군의 통제를 받지 않은 독일어 사용 지역에 속한 남티롤 주의 다른 많은 수도원들이 그랬듯이, 이 수도원 역시 고위 나치 지도자들의 은신처 역할을 톡톡히 했다. 그래서 아이히만 역시 슈테르칭 신부의 인도를 받아 이 수도원으로 숨어들 수 있었다.

아이히만은 1950년 바티칸에 있는 후달 주교 주변의 독일-오스트리아 가톨릭 그룹의 도움으로, 이른바 '구원선'을 따라 아르헨티나로 탈출했다. 그는 탈출에 필요한 자금을 충분히 가지고 있었다. 아이히만의 여권에는 리카르도 클레멘트라는 이름이 찍혀 있었다. 이는 제네바의 국제적십자사가 발행한 난민 여권이었다. 아이히만은 아르헨티나 곤살레스 카탄González

Catán에 있는 다임러 벤츠의 화물차 생산 공장에 전기 엔지니어로 자리 잡았고, 얼마 후 가족까지 아르헨티나로 불러들였다.

이스라엘 정보부 모사드Mossad의 요원이 아이히만이 살고 있다는 첩보를 얻어 차카부코 거리Calle Chacabuco에 있는 그의 집을 확인 차 방문했으나, 그는 나치의 중요 인물이 그렇게 가난한 곳에 살 리 없다고 판단해 그냥 돌아가 버렸다고 한다. 그러나 유대인 로타르 헤르만Lothar Hermann은 부에노스 아이레스Buenos Aires에서 독일의 유대인 공동체를 소집했고, 1960년 3월 이스라엘 당국에 "아이히만을 잡는 데 관심이 없으신 것 같습니다"라는 편지를 띄웠다.

아이히만은 결국 이스라엘의 텔아비브Tel Aviv로 잡혀왔고 자살을 막기 위해 밤낮으로 불을 밝힌 채 그를 감시하는 등 삼엄한 경비가 이루어졌다. 이스라엘의 검사 기드온 하우스너Gideon Hausner는 15개 죄목으로 그를 기소했는데, 기소장에는 '반유대 민족 범죄', '반인류 범죄', '범죄 조직의 회원' 등이 포함되어 있었다. 100명 이상의 방청객이 모여들었고 그중 특히 나치 수용소에서 살아남은 유대인들이 재판을 지켜보고 있었다. 독일의 언론은 '아이히만 사건'을 집중 보도했고 세계의 여론 역시 주시하고 있었다.

그러나 아이히만은 상관의 명령을 따랐을 뿐 법적으로 책임이 없다고 항변했다. 다만 유대인 추방에 동참함으로써 인간적으로 책임을 느낀다고 말했다. 또한 자신은 국가의 유대인 멸절이라는 '최종 해결책'에 동참했을 뿐이라고 강변했다. 나치를 피해 미국으로 망명한 후 저널리스트로 이 재판을 취재하던 한나 아렌트는 홀로코스트의 악행이 평범한 사람들에 의해 행해진다는 사실을 확인했다. 시민이 아무렇지도 않게 악을 저지르고 오히려 그것을 정당화하는 이 '악의 평범성' 뒤에는 국가 폭력이 도사리고 있었다. 그러나 아이히만의 '국가'와 그의 '행동'은 결코 평범하지 않았다. 1961년 4월 11일에 시작된 재판은 12월 15일 아이히만에게 사형을 선고하며 끝이 났고, 1962년 5월 29일 형이 집행되었다.

취리히

개혁교회 전통의
시원이 되다

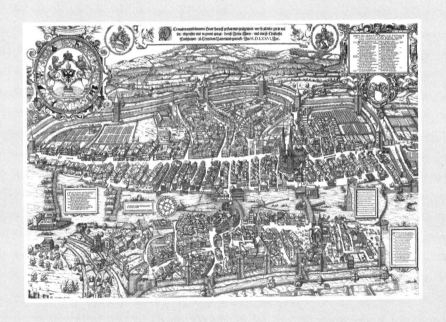

1522년 3월 9일, 취리히에 12명의 사람들이 모였다. 평소에 서로 정보를 교환하면서 따로 성서 공부를 하던 몇 그룹의 사람들이 한자리에 모인 것이다. 장소는 인쇄업자 크리스토프 프로샤우어Christoph Froschauer(1490년경~1564)의 집이었다. 당시 인쇄업자는 단순히 사업자가 아니라 당대의 새로운 사상을 확산하는 지식의 전파자였다. 스위스에서도 기독교 인문주의의 영향으로 책에 대한 수요가 폭발적으로 증가해, 인쇄소가 활발히 움직이고 있었다. 사람들은 인간과 세계를 재해석할 새로운 시각을 얻기 위해 새로운 책을 기다렸다가 인쇄돼 나오는 책들을 곧바로 구입해 읽었다.

프로샤우어는 취리히의 인쇄업자 중에서 가장 잘 알려진 인물이었다. 그는 알퇴팅Alttüting 근처 카스틀이라는 지방 출신으로 취리히에 있는 한스 뤼거Hans Lüger의 인쇄소에서 인쇄공으로 일을 시작했다. 1519년 뤼거가 죽자 인쇄소를 물려받았으며, '기술' 덕분에 같은 해에 취리히 시의 시민권을 얻고 뤼거의 아내와 결혼했다. 프로샤우어가 공식적으로 인쇄한 첫 인쇄물은 루터와 에라스뮈스의 글들이었다. 그는 종교개혁가들의 책을 열심히 찍어냈는데, 츠빙글리를 존경했으며, 츠빙글리를 비롯한 스위스 개혁가들의 저술을 연이어 인쇄하고 출판했다. 그의 인쇄소에서 수많은 성서 판본들이 나왔는데, 그중에는 한스 홀바인Hans Holbein der Jüngere(1497/1498~1543)이 그림을 그린 1531년판 목판화 성서가 들어 있었다. 프로샤우어는 약 800종의 책을 출판했고, 그중 100종은 성서였다(그는 1531년 이 인쇄소를 도미니쿠스 계열의 성 베레나 수도원에 양도했으며, 이 인쇄소는 1543년부터 제지업을 겸했다). 1564년 프로샤우어가 페스트로 죽었을 때, 수많은 판형과 40개의 자형字型, 수천 묶음의 인쇄용 종이가 그의 아들 크리스토프 2세에게 남겨졌다. 붉은 가죽으로 포장된 책을 들고 있는 그의 초상화는 아마도 한스 아스퍼Hans Asper(1499년경~1571) 주변의 화가가 그린 것으로 추정되는데, 그 그림에는 "취리히 시의

유명한 인쇄업자 크리스토프 프로샤우어, 1556년"이라고 적혀 있다.[1]

　프로샤우어의 집에 참석한 사람들은 여러 부류로, 츠빙글리와 함께 취리히 대성당의 설교자로 일하는 동료 레오 유트Leo Jud와 후에 재침례파 지도자가 된 콘라트 그레벨Conrad Grebel(1498~1526)이 있었다. 그들은 츠빙글리가 지도하는 성서 공부 모임의 참석자였다. 한편 서적상 안드레아스 카스텔베르거Andreas Castelberger(1500~1531)가 주도하는 성서 공부 모임 참석자들도 여럿 눈에 띄었다. 당시 취리히에서 대단히 이름이 높았던 카스텔베르거의 성서 공부 모임에는 제빵사 아벨리Heini Aberli, 재단사 오켄푸스Hans Ockenfuss, 목수 이닝거Wolf Ininger, 소금장수 호팅거Claus Hottinger, 직조공 호흐뤼티너Lorenz Hochrütiner 등이 참여하고 있었다. 한 증인이 회상하듯이 교육 이력과 접근 방법에서 차이는 있었지만, 카스텔베르거의 가르침과 츠빙글리의 가르침 사이에는 차이가 없었다.[2] 기독교 인문주의의 영향 아래 여기저기에서 성서 공부 모임이 생겨났고, 그들은 모두 에라스뮈스가 편찬한 그리스어 성서를 토대로 하고 있어 성서 해석에 커다란 차이를 보이지는 않았던 것 같다. 그래서 서로 잘 알고 지내면서 정보를 교환하고 빈번히 만나던 사람들 12명이 자리를 같이한 것이다.

　긴장이 흐르는 가운데 식탁 위에 소시지가 놓였다. 소시지는 달랑 두 개뿐이었다. 배가 고파 허기를 이기기 위해서였다면 아마 훨씬 많은 소시지가 필요했겠지만, 그것이 아니었다. 기도를 마친 후 소시지를 열두 조각으로 나누었다. 그리고 한 조각씩 입에 넣었다. 그것은 사순절에 육식을 금한 교회법에 대한 조용하고 신중한 저항이었다. 참석자들은 육식을 금한 사순절 기간에 소시지를 먹음으로써, 츠빙글리가 설교에서 말한 개혁을 교회의 실질적인 변화로 전환하고자 했다.

　이 '소시지 의식'은 곧 소문이 났고, 교회는 소시지를 먹은 사람들을 처벌하기로 했다. 평소에 소시지를 먹었다면 시비의 대상이 아니었지만, 마침 사순절 기간이었기 때문이다. 교회는 소시지를 먹은 사람들의 의도를 정확히 간파하고 있었다. 기껏 소시지 한 조각을 먹은 것이 왜 처벌의 대상이 되었단 말인가?

기독교 초기에는 사순절이라는 절기조차 없었다. 기껏해야 그리스도가 부활하기 전 40시간을 기념해 2~3일 정도를 경건히 보냈다. 그러나 시간이 지날수록 모세의 시나이 산에서의 40일 금식, 구약 시대 선지자 엘리야의 40일 금식, 예수 그리스도의 광야에서의 40일 금식에 맞춰 사순절 즉 40일 동안은 금식하거나 절제하도록 제도화했다.

그 변화는 긴 시간에 걸쳐 진행되었다. 로마의 콘스탄티누스 황제가 313년 「밀라노 칙령」을 통해 기독교를 공인한 이른바 '콘스탄티누스적 전환'을 이룬 것이 한 계기였다. 물론 그 후 갑자기 사람들이 기독교로 밀려드는 '산사태'가 일어난 것도 아니고, 곧바로 기독교가 국가 종교로서의 위상을 차지하면서 성직자들이 지배 계층으로 부상한 것도 아니었다. 하지만 기독교가 사회적으로 공인된 제도가 되자, 성직자 중심주의가 점진적으로 뿌리를 내렸다. 기독교 초기에는 성직자와 평신도의 역할과 권위에서 뚜렷한 차이가 없었지만 시간이 지날수록 그 차이가 분명해졌고, 성직자들은 자신들이 집전하는 예전의 절차를 복잡하고 까다롭게 만들어갔다. 교회가 지켜야 할 절기도 여러 가지로 늘어났다. 325년 니케아Nicaea 공의회에서 40일이라는 기간을 사순절로 정한 것도 이런 과정의 일부였다. 특히 교황 그레고리우스 1세Gregorius I(재위 590~604) 때는 참회를 상징하는 재의 수요일부터 40일 동안 금식을 명했다. 그레고리우스는 최초의 실질적인 교황으로 존경받는 인물이다. 로마의 교황으로 일한 14년 동안 그는 많은 글을 남겨 그 시대를 이해하는 데 도움을 주었다. 그레고리우스는 교황이 되자마자 『교서Pastoral』[혹은 『사제의 규칙(Rēgle pastorale)』]를 썼는데, 이 책에서 사제는 어떻게 행동해야 하며 특히 다양한 신자들에게 어떻게 설교해야 하는지를 서술했다. 그는 신자가 저마다 겪는 심리적·사회적·도덕적 현실 속에서 그들을 돌보아 주려고 노력했다.

그레고리우스 1세는 서방 기독교의 탁월한 신학자였고, 로마가 기독교의 중심지가 되는 데 크게 기여한 지도자였다. 기독교 초기에 로마 교구는 예루살렘Jerusalem은 말할 것도 없고 안타키아Antakya, 콘스탄티노플Constantinople, 알렉산드리아Alexandria에 비해 중요하게 여겨지지 않았다. 그러나 시간이 흐를수록 로마의 주교가 기독교 세계에서 지도적인 위치로 발돋움하게 되었다. 이 과정을 거치면서 로마의 사법권 아래 놓인 영지領地들에서 주교구 조직을 복원하는 등 물질과 행정 차원에서 주교직을 정점으로 하는 로마교회의 위계질서가 재조직되었는데 그레고리우스는 이에 크게 이바지했다. 한편으로 그레고리우스는 당시 아직 일반화되지 않은 수도원 운동을 포용해 로마교회의 제도화에 크게 이바지했다.

제도화의 일환으로 사순절이 정해진 초기에는 단식의 준수가 어찌나 엄격했던지 겨우 저녁 한 끼만 허용했을 뿐이다. 육류는 물론이고 조류와 생선, 심지어 달걀까지 금지되었다. 그러나 시간이 흐르면서 경제 사정이 다소 나아졌고, 규율이 점차 완화돼 생선을 먹는 것은 허용되었다. 중세의 수도사들조차 수도원에서 기른 숭어를 즐겼고, 또 이웃에 팔기도 하면서 생선에 대한 금지는 풀렸다.

10세기에 수도원에 대한 영주들의 개입은 물론이고 주교들의 간섭까지 배제했다는 점에서 개혁적이었던 것으로 평가받는 클뤼니 수도원은 12세기에 1000여 개가 넘는 다른 수도원을 관할하게 되면서, 그 역시 금욕의 미덕을 지키지 않게 되었다. 12세기에 클레르보Clervaux의 성 베르나르두스

Bernardus는 클뤼니 수도원의 화려한 승려 회당을 중심으로 한 베네딕트회 수도원의 지나치게 풍요로운 식사를 비판했다.

한 접시를 비우면 다음 접시가 들어온다. 고기는 없지만 대신에 커다란 생선을 두 접시나 준다. …… 요리사의 기술과 솜씨는 대단하여 …… 포만감이 들어도 식욕은 사라지지 않는다. …… 음식의 선택이 아주 빼어나서 이미 과식을 했음에도 위장이 이를 깨닫지 못한다.[3]

이런 비판 의식에 토대를 두고 1115년 베르나르두스와 그의 추종자들은 자신들의 사상을 제도화한 시토회를 만들었다. 그들은 도시를 버리고 황야로 들어갔고 삼베옷을 입는 등 가난한 삶을 미덕으로 강조했다. 그러나 그들 역시 훗날 부유한 지주처럼 행동했고, 단 두 세대만에 베네딕트회의 풍요로움을 넘어섰다. 풍요가 축복의 상징이 되었고, 시토회의 주방은 수도원에서 네 번째로 중요한 요소로 자리 잡았다. 교회, 회의장, 숙소 다음이었고, 주방 역시 네 구역으로 나뉘어 있었다. 수도원장과 지체 높은 손님들을 위해 요리하는 곳, 병자들을 위해 고기를 요리하는 곳, 수도승을 위해 요리하는 곳, 부엌일을 하는 사람들을 위해 요리하는 따로 있었다. 규칙이 완화된 15세기 중반 이후에는 수도승들도 한 주에 한두 번 정도 병자를 위해 요리하는 곳에서 나온 음식을 먹을 수 있었다.[4] 시토회의 번영이 얼마나 대단했는지 모든 숲에서 나무를 베어냈다고 할 정도로 대규모 농업이 확대되었다. 시토회는 식품 교역에도 나섰다. 시토회의 식품 교역이 활성화되면서 요크셔Yorkshire가 황무지에서 도시로 변모할 수 있었다고 한다.

수도원의 수도사들조차 탐식을 이기지 못했으니, 교회로서는 생선을 금지한 식탁을 계속 강요하기 어려웠을 것이다. 그러나 16세기까지도 육류의 취식은 특별한 경우를 제외하면 대체로 엄격히 금지되었다. 육식이 색욕을 부추긴다는 오래된 오해가 이런 금기를 지속시킨 것이다. 중세 교회가 특정 음식을 금지한 것은 교회가 주민들의 일상생활을 완벽히 통제하고 있었기 때문에 가능했다. 일상의 통제는 예배와 각종 예전(이른바 칠성사), 십일조 및 노동의 수취 또는 성지 순례 등의 준수로 아주 촘촘히 짜여 있었다. 중세 말 유럽인들의 삶은, 교회에 묶이는 교회화의 수준에서 볼 때 최고조에 달해 있었다.

이런 시대에 사순절이라는 절기는 특별히 교회의 가르침대로 욕망을 일으킨다고 의심되는 육식을 삼가고, 교회의 가르침에 따라 금욕해야 할 시기였다. 그런데도 육류 가공품인 소시지를 먹다니, 이는 금기를 깨는 불순한 행동이 틀림없었다.

더구나 소시지를 먹은 사람들 가운데 대성당의 신임 설교자 츠빙글리와 동료 설교자 레오 유트도 포함되어 있었다는 소문이 들리자, 취리히 주교는 이를 두고 볼 수만은 없다고 판단했다. 더구나 인쇄업자의 집에서 일어난 사건이었다. 당시 교회는 인쇄업자들이 불순한 사상을 퍼뜨린다는 의심의 눈초리를 보내고 있었다. 교회가 처벌에 나서면서, 사태는 예상 외로 긴박히 돌아갔다. 결국 츠빙글리가 나설 수밖에 없었다. 그는 사실 소시지를 먹지는 않았지만, 동료들이 처벌될 위험에 처하자 「음식물의 선택과 자유에 관하여Von Erkiesen und Freiheit der Speisen」라는 글을 써서 그들을 변호했다. 츠빙글리는 하나님은 모든 것을 깨끗하게 창조하셨고 금한 음식이 없다는 것과 사도 바울을 길게 인용하면서 사순절 동안 육식을 금지한 교회의 가르침을 비판했다.[5] 그렇지만 츠빙글리의 개혁을 '소시지 개혁'으로 부르는 것은 사실에 부합되지 않는다. 게다가 '소시지 사건'을 주도한 것은 카스텔베르거 모임의 참석자들로서 그들은 후에 츠빙글리의 개혁에서 분리되어 재침례파에 가담한 사람들이 많았다.

취리히로 가는 길은 눈 덮인 산과 깨끗한 호수가 어우러져 아름다운 자연이 주는 유쾌함을 동반한다. 그러나 스위스의 역사에 생각이 닿으면 지금의 현실이 기적처럼 느껴지는 것도 무리가 아니다. 지금도 지역에 따라 프랑스어와 독일어 혹은 이탈리아어 등 다른 말을 사용하고, 종교적으로도 가톨릭 교회와 프로테스탄트 교회로 분열돼 있는 이 나라가 유럽에서 아니 세계에서 가장 부유하고 평화로운 나라에 속한다는 사실이 선뜻 믿기지 않는다.

스위스의 종교개혁은 스위스 연방이 아직 안정을 얻지 못하고, 여러 가지 문제로 흔들리던 시대에 일어났다. 종교개혁은 스위스 연방에 한편으로는 혼란을 가져왔고, 다른 한편으로는 그 경험을 통해 스위스의 정체성을 발견시키고 강화했으며, 연방의 존속을 위해 각 주가 좀 더 신중하고 보수적으로 대응하도록 만들었다. 츠빙글리와 칼뱅이 지도한 스위스의 종교개혁은 스위스 역사의 분기점이 되었을 뿐 아니라 '개혁'이라는 이름에 걸맞은 종교적·사회적·정치적 개혁이 동시에 추진되었다. 그 개혁의 시작이자 정점에 취리히가 있었다.

츠빙글리를 중심으로 하는 취리히의 종교개혁은 이른바 '개혁교회 전통 the Reformed Tradition'의 시원이다. 개혁교회 전통은 흔히 칼뱅주의와 동일한 것으로 여겨지기도 하지만, 그 신학적 발전은 복잡하고 다양한 측면을 포함하고 있다. 칼뱅주의 자체가 역사적 발전의 산물이기 때문에 "칼뱅은 진짜 칼뱅주의자인가?"라는 질문이 있을 정도다. 예컨대 칼뱅과 불링거 사이를 구분해 두 개의 다른 개혁교회 전통이 있다고 주장하거나 칼뱅의 신학과 테오도뤼 베자Theodorus Beza의 신학에서 발견되는 뉘앙스 차이를 강조해 베자를 칼뱅으로부터의 '이탈'이라고 주장하는 식으로 둘 사이에 지적 구분선을 그으려는 시도는, 불합리한 근거 위에서 논지를 출발시키는 오류다.[6] 개혁교회 전통은 츠빙글리, 부처, 외콜람파디우스, 파렐William Farel (1489~1565) 등의 개혁가들에게서 시작하므로, 이들은 개혁교회 전통의 첫 세대에 속한다. 츠빙글리와 칼뱅의 신학 사이에도 간과할 수 없는 차이가 있는 것은 사실이지만, 그 차이는 이 신앙고백 분파를 둘로 나누어야 할 만큼 궁극적인 구분선이 되지는 않는다.

종교개혁 당시 스위스는 산악 지형 탓에 각 지역의 언어조차 달라 소통과 통합이 어려웠다. 취리히와 바젤, 베른Bern을 비롯한 독일 접경지는 지금도 독일어를 사용하고, 제네바를 비롯한 프랑스 인접 지역은 프랑스어를 사용하며, 이탈리아와 가까운 남부 산간 지역에서는 독일어와 이탈리아어 혹은 프랑스어를 사용한다. 또한 스위스 방언인 로망슈어를 사용하는 지역도 있었다. 지리적 난관과 언어의 분열 등을 극복하고 스위스 연방이 탄생하게 된 결정적인 계기는 1386년부터 1520년 사이에 있었다. 스위스 연방은 1300년경 법적으로 자율적인 지역공동체들이 느슨한 연결망을 구축하면서 시작되었다.

1291년 신성로마제국의 황제 루돌프 1세Rudolf I가 서거하자 황제의 지배를 받던 우리Uri, 운터발덴Unterwalden, 슈비츠Schwyz가 연합해 독립을 선언했다. 같은 해에 취리히와 우리, 슈비츠 사이에 평화협정이 맺어져 동부 동맹의 연결망이 보덴 호Badensee에서 알프스 산기슭까지 확장되었다. 1300년경에는 이미 소읍과 흩어져 있는 계곡 사이에 다양한 연맹이 결성돼 신이 준 질서로 믿었던 귀족제와 신성로마제국 황제의 질서를 대체했다. 14세기에는 빌헬름 텔Wilhelm Tell의 서사가 보여주듯이 불굴의 독립운동이 뒤를 이었고, 몇몇 지역이 오스트리아의 합스부르크가로부터 독립을 쟁취했다. 1351년 취리히와 내지 스위스가 추크Zug와 글라루스Glarus(츠빙글리가 처음으로 목회를 한 지역)를 정복했고, 베른이 내지 스위스와 동맹을 맺음으로써, 동맹이 동부와 서부 사이를 연결했다. 이로써 루체른Luzern을 포함하는 여덟 개의 '옛 칸톤Kanton'들이 연방을 구성하는 토대를 마련했다. 칸톤은 오늘날의 주州에 해당하는 지방 자치 단위인데, 당시 스위스는 통일된 중앙집권 국가가 아니었고 산악 지형 자체가 당시의 기술 수준으로는 극복하기 어려울 정도로 험해 이 칸톤들이 하나의 독립된 행정 구역을 이루고 있었다.

1400년경에 이르자 중앙 알프스, 알프스 북부, 남부에 사는 사람들이 자신들을 '스위스 사람'이라고 불렀다. '스위스'라는 이름은 칸톤의 지명에서 왔는데, 1450년경에는 여러 칸톤 사이에 공동체 의식을 공유한 연방주의가 뿌리를 내렸다. 1481년 이후에 다시 '새 칸톤'으로 프리부르Fribourg, 졸로투른Solothurn, 바젤Basel, 샤프하우젠Schaffhausen, 아펜첼Appenzell이 몇몇 사안에서 '옛 칸톤'의 결정을 따랐다. 이 칸톤들 외에도 도시, 농촌 지역, 대수도원 단위가 혼재해 매우 복잡한 구성을 보였다. 1536년 보Voud의 베른 정복 이후 약간 변화가 있었지만, 13개의 칸톤이 스위스 연방을 구성한 중요 단위였다. 현재 스위스에는 26개의 칸톤이 존재한다.

스위스에서는 1515년부터 종교개혁이 일어나 종교가 스위스 분열의 주요 원인으로 작용했다. 프로테스탄트 개혁은 스위스 전역에 종교적 분열은 말할 것도 없고 칸톤을 심각하게 갈라놓았으며, 연방주의의 제도적 발전을 지연시키는 역할을 했다. 종교적 분열은 한편으로 중앙집권 국가의 탄생을 방해했지만, 다른 한편으로 칸톤의 자율성을 강화했고, 이것이 연방주의를 강화하는 결과를 낳았다. 종교적 분열의 시대에 스위스의 민족신화는 놀랍게도 1570년대까지 널리 확산돼나갔다. 1600년 가톨릭과 프로테스탄트 지역이 각기 독립성을 확보하면서 하나의 연방에 포함되는 스위스 고유의 연방제가 나타났다. 왕조도 언어도 종교도 스위스 거주민들을 연합시키지 못했지만, 독립된 칸톤들의 '연방'이라는 이 정체성이 정치·경제적 존속과 성공의 토대로 작용했다.

이 정체성은 사건과 제도의 경험적 역사에 의해 만들어지기도 했지만, 문화적으로 아로새겨진 이야기와 신화를 통해 강화되었다. 예컨대 윌리엄 텔은 실제로는 존재하지 않았지만, 그 전설은 정체성의 실체로서 스위스의 정치 과정에 반복적으로 영향을 미쳤다. 1618년부터 1648년까지 계속된 30년 전쟁이 신성로마제국을 황폐하게 했을 때도 다행히 스위스는 예외 지역으로 남았고, 연방주의 역시 훼손되지 않았다. 연방주의를 형성하고 강화한 것은 스위스 주민들의 의지였다. 따라서 스위스는 주민의 의지를 통해 만들어진 '의지의 나라Willensnation'라는 특징을 띤다.[7]

그런데 이 나라의 주요 경제 활동은 용병제였다. 이탈리아의 교황과 프랑스 왕, 합스부르크 왕가 모두 스위스의 용병을 원했다. 산악 지대에서 거친 삶을 산 스위스 사람들은 체력이 강하고 용감했으며, 창을 잘 쓰고 석궁을 다루는 솜씨가 뛰어났고, 게다가 우직하게 신의를 지켰다. 그래서 용병으로 더할 나위 없이 적합한 사람들이었다. 한편 스위스의 용병 제도는 인구 과잉을 해결하는 방편으로 스위스 사람들에게도 필요한 제도였다. 스위스 지도자들은 용병을 파견함으로써 지역 거주 인구를 줄여 식량 부족을 조금이나마 해결하려고 했고, 도시와 시골 최하층민이 일으키는 사회문제를 해결하고자 했다. 더구나 용병에게는 고액의 봉록이 주어져 이렇다 할 산업이 발전하지 않은 스위스의 주요 수입원 중 하나가 되었다.

당시 프랑스와 교황은 밀라노 공국을 차지하기 위해 격렬히 대립하고 있었고, 양쪽 모두 스위스의 용병이 필요했다. 스위스 연방은 처음에는 프랑스 편을 들었지만, 1510년부터 갑자기 교황을 지지하기 시작했다. 1515년 스위스 사람들은 밀라노 인근 마리냐노marignano에서 벌어진 전투에서 교황 레오 10세의 용병으로 참전했다. 그러나 스위스 용병들은 막 왕위에 올라 기세가 등등한 프랑스의 프랑수아 1세가 이끄는 프랑스-베네치아 연합군에 처참하게 패배하고 말았다.

츠빙글리는 이 전쟁에 종군 사제로 참전했다. 빈과 바젤에서 공부를 마친 그는 글라루스라는 곳에서 가톨릭 사제로 목회를 시작했는데, 당시 일반적으로 그랬듯이 그 역시 성직 매매 알선업자에게 중개 수수료를 내고 자리를 얻었다. 츠빙글리가 처음부터 용병제에 대해 거부감을 가졌던 것은 아니다. 그는 프랑스와 오스트리아가 스위스를 위협하는 세력이라고 판단했기 때문에 교황의 용병이 되어 그들에 맞서 싸우는 것이 조국을 위한 헌신이라고 판단한 것 같다.

그러나 마리냐노 전투는 츠빙글리에게 새로운 전기로 작용했다. 그는 이 전쟁을 통해 교황청의 용병으로서 재정 수입을 올리는 스위스 사람들의 비굴한 모습을 확인했을 뿐 아니라 교황청에 대해서도 비판적으로 인식하기 시작했다.

범죄와 살인을 범한 사람들이 용감한 사람으로 간주되고 있다.…… 정말 그리스도가 그렇게 가르쳤는가?[8]

츠빙글리는 예수 그리스도의 평화의 복음이 용병 제도를 철폐하도록 스위스 사람들의 마음을 반드시 움직일 것이라고 확신했다.

츠빙글리의 전환에는 세 가지 요소가 작용하고 있었다. 그 하나는 바젤에서 배운 인문주의와 에라스뮈스의 영향이었고, 다른 하나는 취리히의 정치·경제적 변화였다. 또 다른 하나는 개인적인 체험이었다.

인문주의 교육과 그 영향은 츠빙글리의 전 생애를 통해 발현되었다. 츠빙글리는 인간의 도덕적 변화를 통해 공동체의 갱신을 지향했던 스위스 인문주의 운동에 함께했고, 그는 점차 그 선도자가 되었다. 이탈리아 르네상스 운동에서 시작된 "원천으로"라는 구호는 알프스 이북으로 확산된 이후에도 그리스-로마 시대의 고전으로 돌아가려는 경향을 그대로 유지했다. 그러나 알프스 이북의 르네상스 운동은 새로운 목표를 세웠다. 그리스-로마 문화가 지배하던 시대의 원源기독교를 복원하려는 경향을 뚜렷이 드러낸 것이다. 이탈리아 르네상스는 알프스를 넘으면서 고전과 성서를 결합하고, 둘 사이의 화해를 이루는 방향으로 나아가고 있었다.

츠빙글리는 1506년 바젤 대학에서 신학 석사과정을 마쳤다. 그는 빈 대학에서 인문주의를 접하기는 했지만, 그의 삶에 결정적으로 영향을 미친 것은 열여덟 살에 입학해 학문을 배운 바젤 대학 시절이었다. 1502년부터 1506년까지 츠빙글리는 아리스토텔레스의 텍스트를 배웠고, 로이흘린을 비롯한 인문주의 경향의 교수들에게서 큰 영향을 받았다. 그러나 그에게 더 결정적인 영향을 준 사람은 에라스뮈스였다. 글라루스와 아인지델른 Einsiedeln에서 목회를 하는 동안 츠빙글리는 에라스뮈스가 출판한 중요 서적을 모두 구입해 읽었고, 1515년 혹은 1516년에 에라스뮈스를 직접 만났다. 츠빙글리는 1516년에 "스위스 사람들은 에라스뮈스를 만났다는 것을 대단히 영예롭게 여긴다"라고 썼다. [9]

에라스뮈스가 1516년에 편찬한 그리스어 성서는 츠빙글리에게 '원천'이었다. 에라스뮈스는 이 성서로, 히에로니무스가 완성해 로마 가톨릭의 정전正典이 된 라틴어 성서인 『불가타 성서』(불가타는 '평범'이라는 의미다)를 대신해 다시 그리스어 성서로 돌아가는 다리를 놓았고, 동시에 기독교의 원천에 대한 새로운 해석의 길을 닦았다. 츠빙글리는 에라스뮈스의 영향 아래 현학적인 스콜라주의를 벗어나 인문주의 신학자가 될 수 있었고, 성서를 벗

어나지 않되 이성적인 논증 방식을 택하는 자신의 학문방법론을 형성해낼
수 있었다.[10]

에라스뮈스는 기독교 인문주의의 입장에서 모든 전쟁을 인간의 가장 어
리석은 행위로 보았다. 츠빙글리는 에라스뮈스의 이 주장에 전적으로 동
의하면서 조국 스위스가 용병으로 생계를 유지하는 것을 부끄러워하기 시
작했다. 그는 에라스뮈스의 '이론'을 '실천'으로 옮겼다. 로마 가톨릭의 사
제로 교황의 권위를 부정하지 않는 가운데 교회의 개혁을 바라던 에라스뮈
스와 달리 츠빙글리는 하나님의 절대주권을 굳게 믿었고, 초기와 달리 점
차 교황권에 전면적으로 도전하기 시작했으며, 전쟁은 기독교의 가르침에
반한다고 선포함으로써 전면 부정했다. 그는 용병제를 폐지함으로써 그의
신념과 용기를 증명했다.

한편 츠빙글리에게 용기를 준 다른 요소는 취리히의 정치·경제적 상황
의 변화였다. 취리히는 알프스를 넘어 북부로 가는 상업로에 자리하고 있
었고, 이미 상공업자 다수가 진출한 의회에 의해 통치되는 곳이었다. 길드
의 영향력이 증대한 반면, 취리히의 정치 생활과 경제적 기회를 독점하고
있던 전통적 귀족가문Ratsfähige의 힘은 점차 줄어들고 있었다. 루체른에서
는 1510년부터 1520년 사이 48개 가문의 구성원들이 의회를 장악하고 있
었으나, 1590년부터 1600년대에는 그 수가 30개로 줄어들었다. 15세기에
이미 새로운 가계들이 부를 축적하면서 시의회와 길드에 들어가는 것이 전
보다 쉬워졌다.[11] 1550년대 이후에는 이런 진입을 막기 위해 수수료를 대
폭 인상하는 바람에 신진 가문의 수가 급격히 줄기는 했지만, 그러한 추세
를 완전히 꺾지는 못했다. 의회는 츠빙글리의 개혁을 지지하고 추동하는
강력한 힘의 원천이었다.

스위스에는 독일의 한자 동맹과 같은 상인 동맹이나 부흥한 상업도시가

없었지만, 소규모 상공업자들로 구성된 자치 의회가 곳곳에 있었다. 16세기 취리히 의회는 대의회와 소의회로 구성되었다. 엘리트 중심의 소의회가 중요한 정치적 사안을 다루기는 했지만, 츠빙글리는 중소 상공업자들이 중심이 된 대의회의 지지를 받으면서 자신의 뜻을 펼칠 수 있었다. 당시 취리히의 대의회와 소의회는 정치적 갈등 상황에 놓여 있었지만, 츠빙글리는 두 의회에 직접적인 영향력을 행사하지는 않았다. 그는 비밀위원회를 통해 영향력을 행사했는데, 이 비밀위원회는 취리히의 종교개혁 성공에 견인차 역할을 했다.[12]

츠빙글리는 교회가 의회와 밀접한 관계를 맺어야 하며 의회가 최종적으로 개입해야 한다고 생각했다. 예를 들면 용병 제도의 철폐를 취리히 종교개혁의 선결 과제이자 복음의 핵심적 실천 과제로 인식했고, 그것은 의회와의 우호적인 협력을 토대로 의회의 동의를 얻어야만 가능한 일이라고 보았다. 그의 판단은 정확했다. 이 점에서 츠빙글리의 견해는 교회와 국가의 철저한 분리를 강조한 재침례파와 달랐다. 그에게 교회의 사회적 책임은 저버릴 수 없는 의무였고, 그것을 실현하기 위해서는 의회의 지지가 반드시 필요하다고 판단했다.[13] 실제로 의회의 지지와 도움이 없었다면 츠빙글리의 개혁은 현실에서 성과를 내지 못했을 것이다.

츠빙글리는 교리적 개혁을 추구한 루터와 달리, 취리히 도시 공동체를 예수 그리스도의 교회와 동일시했다. 그는 교회와 사회의 분리를 추구해 교회의 독자성을 구현하려고 시도하는 대신, 교회의 개혁과 도시 공동체의 개혁을 동시에 추구했다. 그의 하나님은 교회만의 하나님이 아니라 '사회'의 하나님이었다. 이렇듯 교회 중심주의적 특성을 초월했다는 점에서 그는 신학의 새로운 패러다임을 제시한 인물이다.

한편 츠빙글리는 개인적 체험을 통해 더욱 단단해졌다. 그는 1518년 말경에 취리히 대성당의 설교자로 초빙되었다. 아마도 그가 보여준 친親로마적인 정치 성향을 중요하게 고려한 결과였다. 사실 그때까지 츠빙글리는 에라스뮈스와 루터가 가톨릭의 성인 숭배를 비판하고 풍자한 것과 달리 그것을 전혀 문제 삼지 않았고, 1516년 가톨릭이 기적을 일으킨다고 선전한 '검은 동정녀'상이 있는 아인지델른의 사제가 되는 것도 마다하지 않았다. 그는 교황의 권위를 부정하지 않았을 뿐 아니라, 교황군의 종군 사제로 복무했기 때문에 지급된 연금을 기꺼이 받았다. 그는 교황이 신앙을 지켜줄 뿐만 아니라 스위스를 프랑스와 오스트리아의 위협에서 보호해주리라고 기대했다.

가톨릭 교회는 츠빙글리의 이런 성향에 주목해 그를 선택했을 가능성이 높다. 그런데 츠빙글리가 어떤 여인과 부적절한 성관계를 가졌다는 의혹이 제기되어 대성당 주임 사제 임명에 걸림돌이 되는 듯했다. 그러나 그는 진심으로 회개했고, 성서 해설자이자 설교자로서 이미 명성이 자자했던 데다가 상대 후보가 자녀를 여섯이나 두고 있다는 사실이 드러나면서 상황은 역전되었다. 성직자의 독신이 공식적인 규정이었으나, 결혼을 하고 자식을 출산하는 일이 공공연히 벌어지고 있었다. 콘스탄츠 주교의 관구에서만 한 해에 사제의 아이들이 1500명이나 태어났다고 전해진다. 츠빙글리의 추문이 사제 임명에 장애가 되지 않았고, 그는 1519년 1월 취리히 그로스뮌스터(대성당)의 주임 사제가 되었다.

그해 후반에 츠빙글리에게 중대한 사건이 일어났다. 루터의 '탑의 체험'과 같은 내면의 변화가 아니라, 페스트가 그를 덮쳐 사경을 헤매게 된 것이다. 1518년 8월부터 스위스 북부 지방에 페스트가 번지기 시작했고, 취리히 시는 그 중심에 들게 되었다. 언제 다시 페스트가 창궐할지 모른다는 위기의식이 가라앉지 않고 있었다. 사람들은 엄청난 공포에 떨었다. 이 긴급 상황에 당면한 츠빙글리는 주저 없이 환자를 돌보기 위해 뛰어들었고, 결국 그 자신이 페스트에 걸리고 만다. 츠빙글리는 극도의 공포에 사로잡혀 취리히 시 전체가 사라질지도 모른다고 생각했다.

아마도 죽음에 직면했던 이 경험이 그를 더욱 단단히 만들었던 모양이다. 그는 페스트에 맞서 처절한 투쟁을 벌이면서 "나는 하나님께서 나로 하여금 용감하게 모든 것을 인내하게 해주실 것을 …… 주님 뜻대로 주님의 그릇인 나를 깨뜨리시기를, 단단하게 만드시기를"[14] 바란다고 기도했다. 다행히 병에서 회복된 그는 전혀 다른 사람이 되어 있었다. 오직 하나님을 위해 무언가 행하라는 사명을 받은 것처럼 용감하게 행동하기 시작했다. 그는 우선 성인 숭배를 우상으로 규정했고, 성만찬의 주술적 능력을 부정했다. 그는 "떡과 포도주는 결코 그리스도의 살과 피가 아니다!"라고 단호히 선언했다. 그는 떡과 포도주가 그리스도의 살과 피로 변한다는 가톨릭의 화체설은 물론이고 떡과 포도주에 그리스도가 함께하신다는 루터의 공재설 역시 거부했다. 그에게 성만찬은, 성만찬에 참여하는 사람들이 스스로 그리스도를 향한 자신의 신앙을 고백하고 앞으로 그리스도의 제자로서 거룩한 삶을 살겠다고 맹세하는 자리이자 신앙공동체에 속한 사람들이 연대하는 예전이었을 뿐이다. 화체설과 공재설이 내포하는 성직자의 주술적 능력과 거기서 획득되는 권위는 사라지고, 성만찬의 화려함 역시 설 자리를 잃어버렸다.

기독교 인문주의와 취리히의 정치·경제 상황의 변화와 개인적 체험은 분리되지 않고 결합해 상호작용을 하면서 츠빙글리에게 영향을 미쳤다.

그에게 설교는 예배의 중심이었다. 츠빙글리는 가톨릭의 미사가 지니는 제사로서의 예배를 버리고, 예배를 말씀에 집중하는 시간으로 바꾸었다. 그는 라틴어가 아니라 일상어인 독일어로 설교했다. 이는 파격이었을 뿐

츠빙글리의 문에 새겨진 설교 장면

만 아니라 청중과 설교자의 거리를 최소한으로 좁히는 데 이바지했다. 그는 절기에 따라 설교의 주제를 정한 가톨릭의 설교 관행을 버렸다. 「마태복음」부터 설교를 시작한 그는 1531년까지 12년간 약 1000여 번의 설교를 했고, 전하는 말씀 또한 늘 사건이라고 할 만큼 새로웠다.

대성당 '츠빙글리의 문das Zwingliportal'에 부조된 츠빙글리의 설교 장면을 보면 그는 한 손에는 성서를 들고 다른 한 손은 청중을 향해 펴고 있다. 청중은 하나같이 설교에 열중하는 듯한 모습이다. 특히 모두 7명에 지나지 않는 청중 중에 여성이 둘이나 있는데, 이것은 츠빙글리의 교회에서 남성과 여성의 관계가 변하고 있었음을 드러낸다. 그들의 얼굴은 새로운 소리를 듣는 것에 놀라워하는 것 같기도 하고 곰곰이 그 말씀을 되새겨보는 듯한 모습이다.

기독교 인문주의에 자극을 받은 츠빙글리는 에라스뮈스의 성서를 본보기로 삼아 성서를 독일어로 번역하기 시작했다. 그는 학생들이 성서 본문을 정확히 이해하기를 바랐다. 그래서 히브리어와 그리스어를 가르쳤고, 성서의 "말씀을 왜곡하지 말고 있는 그대로 주해하라"는 주장대로 성서 본문과 역사의 연관성을 고려하면서 수년에 걸친 노력 끝에 독일어 번역본을 완성했다. 『신약성서』는 루터의 번역본을 참고했지만, 『구약성서』는 루터의 번역보다 먼저 출판할 수 있었다. 그의 성서는 루터가 번역한 성서와 여러 가지 점에서 다른 해석을 담고 있어 루터의 성서 번역에 만족하지 못한 독자들에게 대안의 성서가 되었다. 이 성서의 인쇄와 출판을 담당한 것은 크리스토프 프로샤우어였다.

츠빙글리는 홀바인의 그림이 곁들여진 훌륭한 성서를 세상을 떠나기 몇 달 전에 볼 수 있었다. 흔히 『프로샤우어 성서』라고 부르는 이 성서의 서문에 츠빙글리는 이렇게 썼다.

> 이 성서를 열심히 읽기를 여러분에게 권합니다. 그리하여 그리스도의 나라가 어디에든 임하고 확장되며 세상이 더 좋아지고 경건해지기를 바랍니다.

츠빙글리는 성서를 통해 그리스도의 나라, 그리스도의 통치가 이루어지는 나라가 오기를 고대하고 있었다. 그는 자신이 하는 설교를 지지하는 의회를 바탕으로 말씀을 전할 사람들을 키워야겠다고 결심하고, 시의회의 결정을 거쳐 신학교를 세우고 교명을 '프로페차이Prophezei'로 정했다. 학생들이 예언자적 책임감을 갖기를 소망했던 것이다.

1522년 소시지 논쟁 이후 츠빙글리는 과감한 개혁 조치를 단행했다. 같은 해에 그는 아나 라인하르트Anna Reinhart(1484~1538)와 결혼했다. 그녀는 자녀를 셋이나 둔 과부였다. 츠빙글리는 4명의 자녀를 두었고, 아들 훌드리히Huldrych Zwingli가 츠빙글리의 후계자인 불링거의 딸과 결혼했다. 1522년

7월 츠빙글리는 뜻을 같이하는 다른 10명의 사제들과 함께 콘스탄츠의 주교에게 복음을 설교할 자유와 사제들이 결혼할 자유를 간청하는 탄원서를 정식으로 올렸다.

1522년 획기적인 개혁 조치가 내려졌다. 츠빙글리는 스위스의 칸톤 가운데 처음으로 취리히 의회에 정치적 영향력을 행사해 용병 제도를 철폐한다는 선언을 이끌어냈다.[15] 물론 단 한 번의 선언으로 용병제가 완전히 철폐되지는 않았지만, 스위스 연방 가운데 처음으로 용병제를 철폐함으로써 스위스에서 용병제를 사라지게 하는 계기를 마련한 의미 있는 사건이었다. 그 후 우여곡절을 겪기는 했지만 1859년 스위스 연방에서 용병제는 전면 금지되었다. 취리히의 '시작'이 없었더라도 언젠가 사라지기는 했겠지만, 아마도 훨씬 더 오래 존속했을 것이다.

1523년 1월 취리히 법원에서 취리히의 개혁을 둘러싸고 이른바 '1차 취리히 논쟁'이 시작되었다. 그는 이 논쟁에서 자신의 개혁 프로그램을 67개 논제로 정리해 보여주었는데, 오직 그리스도를 통한 구원과 성서 말씀에 주목할 것을 강조했다. 그러나 더욱 주목을 끄는 것은, 인간 내면의 신앙에 집중한 루터와 달리 츠빙글리는 그리스도인의 사회 윤리를 강조함으로써 그의 개혁이 공동체 개혁을 지향한다는 점을 분명히 드러냈다.

이어 1523년 10월 26일부터 28일까지 제2차 취리히 논쟁, 이른바 '취리히 대논쟁'이 시작되었다. 이 논쟁에서 츠빙글리의 성상과 성화 거부는 그 교육적 기능을 이유로 받아들여지지 않았다. 그러나 이 논쟁 후 츠빙글리는 세례식을 독일어로 집전한 첫 사례를 남겼고, 희생 제사로서의 미사를 폐지하고 성화를 철거했다. 교회에서 유물, 성인의 형상, 십자가에 달린 예수상, 촛대, 제단 등이 사라졌고, 사제의 제의 역시 모두 없어졌다. 심지어 오르간마저 사람들을 현혹한다는 이유로 치워버렸다. 수도원들이 문을 닫기 시작했고, 여러 부문에서 잇따라 변혁이 일어나고 있었다.

1525년 부활절 무렵에 취리히 의회는 츠빙글리가 제안한 개혁교회의 성찬식 도입을 허락했다. 츠빙글리가 행한 부활절 예배는 모든 변화 중 단연 압권으로 평가된다. 소박한 탁자 위에 포도주가 담긴 주전자가 놓였고, 사람들은 각기 제자리에서 떡과 포도주를 받았다. 라틴어는 한마디도 없었고 취리히 사람들의 일상어인 독일어만으로 예배를 드렸다. 그는 또한 취리히의 종교개혁 모델을 적극적으로 수용한 베른 시의 초청으로 약 열흘간 로마 가톨릭 대표단과 격렬한 토론을 벌였으며, 1528년 토론에서 주장한 대로 베른에서도 미사와 성상의 폐지를 명령했다.

베른 논쟁 이후 가톨릭을 지지하던 칸톤들의 위기감이 높아졌고, 전쟁을 준비하기 시작했다. 츠빙글리 또한 1530년대 초부터 스위스 연방의 종교개혁 완성이라는 목표를 열정적으로 추구하기 시작했다. 츠빙글리는 가톨릭 칸톤들을 향해 로마 가톨릭의 간섭을 받지 않는 자유로운 복음 선포를 시행할 것과 용병제에 근거한 연금 제도를 철폐할 것을 요구했지만, 그의 주장은 받아들여지지 않고 있었다. 그는 자신의 목표를 위해 전면적인 무장 공격을 주장했다. 개혁을 받아들인 칸톤들은 만일 전쟁이 일어난다면 자신들이 반드시 승리하리라고 확신했다.

10월 11일 카펠Kappel 인근에서 개혁파와 가톨릭 사이에 결정적인 전투가 벌어졌다. 취리히 개혁파는 3500명에 지나지 않았으나 가톨릭 측 병사는 그 두 배에 이르렀다. 한 시간도 채 지나지 않아 성직자 25명을 포함한 취리히군 500명이 목숨을 잃었다. 전쟁의 결과는 츠빙글리의 예상과 달랐다. 승리한 가톨릭군의 운터발덴 출신 사령관 푸킹거Fukinger는 츠빙글리를 칼로 찔러 죽이고 부하들을 시켜 그 사지를 찢은 뒤 불태웠다. 그가 추앙받는 성유골로 남는 것을 막기 위해서였다. 루터는 그의 죽음에 "칼을 든 자는 칼로 망한다"라는 성서의 글귀를 인용했다.

츠빙글리가 전쟁터에서 사망한 후 취리히의 종교개혁을 지도한 사람은 하인리히 불링거Heinrich Bullinger였다. 불링거는 가톨릭 성직자의 아들로 태어나 스위스의 브렘가르텐Bremgarten에서 공부를 시작했고, 라인 강 하류의 독일 에머리히Emmerich에 있는 성 마르틴 라틴어 학교에 입학했다. 이 학교는 전통적인 기독교 경건주의를 받아들이는 한편, 기독교 인문주의 경향을 수용해 '새로운 신앙 운동Devotio Moderna'을 펼치던 공동생활형제단이 만든 교육 시설이었다. 불링거는 여기에서 자연히 라틴어뿐 아니라 히에로니무스를 비롯한 교부들과 키케로Marcus Tullius Cicero, 베르길리우스Publius Vergilius Maro 등의 고전을 공부했다. 그는 토마스 아 켐피스Thomas a Kempis의 『그리스도를 본받아Imitatio Christi』에 기초한 윤리 의식을 개발했고, 성서 읽기를 통해 본문의 새로운 이해에 눈을 떴다. 후에 그는 쾰른 대학에 진학해 교양학부를 졸업하고 석사 학위를 받았다. 대학에서 그가 배운 것 또한 기독교의 인문주의 경향이었다. 그는 에라스뮈스를 거쳐 루터의 개혁을 지지하는 방향으로 나아갔다. 불링거는 1522년 고향인 스위스 카펠로 돌아가 6년 동안 라틴어 교사로 재직하는 한편, 츠빙글리가 세운 신학교 프로페차이에서 츠빙글리의 개혁 사상을 직접 접했고, 다른 개혁가들과 교류했다. 1529년 그의 아버지가 브렘가르텐에서 가톨릭 개혁을 선언한 후 교회를 떠나자 아버지의 뒤를 이어 개혁 작업을 이어갔다. 그러나 카펠 전투에서 개혁 세력이 패배하고 브렘가르텐을 포함한 칸톤 아르가우Aargau 전체가 가톨릭으로 되돌아갔다. 위급한 상황이라고 판단한 불링거는 1531년 11월 21일 황급히 취리히로 피신했다.

지도자를 잃은 취리히 교회는 불링거를 대성당의 설교자로 선임했다. 그는 그 후 44년 동안이나 취리히 개혁교회의 지도자로 일했고, 16세기 프로테스탄티즘의 지도적인 신학자 중 한 사람이 되었다. 불링거가 직면한 과제는 우선 취리히에서 종교개혁을 안정시키고 교회 조직을 새롭게 하는 것이었다. 그는 이 과정에서 교회의 치리治理가 너무 엄격히 시행되는 것을 경계했다. 교회는 신자들의 신앙적인 성숙을 위해 헌신해야 한다는 것이 그의 생각이었다. 다른 한편으로 그는 교회가 국가(시의회)와 완전히 분리되지 않고 서로 협력하는 것을 받아들이는 대신, 설교의 자유와 말씀에 근거해 국가에 대한 비판을 허용할 것을 취리히 정부에 요구했다.[16] 그는 『하나님의 영원한 언약에 관하여De Testa』(1534)에서 성례의 성서적 근거를 연구하기 시작한 후 『50편의 설교집Sermonum Decades duæ』(1549~1552) 등을 저술해 자신의 개혁 이론을 정립했다.

불링거는 취리히 개혁 운동과 제네바 개혁 운동을 연결하는 데 결정적인 역할을 했다. 1549년 5월 불링거와 파렐, 칼뱅이 맺은 이른바 「취리히 일치서Consensus Tigurinus」는 스위스에서 개혁교회 전통을 형성하는 토대로 작용했다. 불링거는 이 합의를 통해 가톨릭의 '화체설'과 츠빙글리의 '기념설' 대신 성만찬에 성령의 능력이 함께한다는 칼뱅의 '영적 임재설'을 받아들였다. 또한 1566년 아우크스부르크에서 열린 신성로마제국의 제국의회에 즈음해 팔츠의 선제후 프리드리히 3세의 요청으로 루터주의와 다른 개혁교회 신앙고백서를 썼다. 이 신앙고백서에 베른, 제네바, 샤프하우젠, 쿠어Chur 그리고 장트 갈렌St. Gallen이 동의했다. 개혁주의 신앙을 따르는 스위스 연방 도시들의 공적인 신앙고백서 『제2 스위스 신앙고백서Confessio et Expositio Simplex Orthodox æ Fidei』는 이렇게 그의 손을 거쳐 탄생했다. 불링거의 스위스 연방 내 개혁교회 일치 노력이 성공하지 못했고, 부처와 함께 벌인 스위스 및 스트라스부르 교회 연합 역시 실패로 끝나고 말았지만, 불링거는 칼뱅의 제네바 개혁에도 영향을 끼쳤고 스코틀랜드·헝가리·프랑스·폴란드가 개혁교회를 받아들이는 데 이바지했다고 할 수 있다.

불링거로 이어진 츠빙글리의 종교개혁은 취리히의 삶에 중요한 변화를 가져왔다. 츠빙글리의 개혁이 의회의 지지를 바탕으로 진행되었다는 사실은 상공업자들의 지지를 받았다는 의미다. 츠빙글리는 이자 수취 금지 제도를 바꾸고자 했다. 그는 현금 대여에 5퍼센트를 넘지 않는 이자를 받을 수 있다고 주장했다. 중세 가톨릭은 이자 수취를 금했으나 츠빙글리는 성서의 문자적 해석보다 현실적 적용에 훨씬 더 관심을 두고 있었다. 츠빙글리는 유연한 성서 해석과 이자 취득을 인정했다는 점에서 칼뱅의 선구자였다. 그는 교회의 헌금 체제를 비판했다. 츠빙글리는 십일조의 본래 목적을 가난한 사람들에 대한 지원과 설교자에 대한 감사의 표시로 보았고, 이를 회복하기 위해 점진적인 조치를 취할 것을 주장했다.

츠빙글리의 개혁으로 16세기 취리히에서는 종래의 결혼에 대한 관념에 금이 가기 시작했고, 남성과 여성을 잇는 공식적인 관계에도 중요한 변화가 나타났다. 이 변화가 남성이 전통적으로 누려온 법적 유리함을 종결시키지는 않았지만, 남녀의 성관계를 표현하고 이해하는 방식을 바꾸었다. 츠빙글리 지지자들은 가톨릭 성사로서의 결혼 개념을 거부했고, 결혼과 간통에 대한 교회 법정의 판결을 부정했다.[17] 그 대신 개신교 도시들은 실제로 시민 법정을 세워 결혼과 윤리 문제를 관리하도록 했고, 드물기는 했지만 특수한 경우 별거와 이혼을 허락했다. 실로 개혁적인 조치였고 여성들의 삶의 지형을 바꾼 변화였다. 개신교 교회 당국은 나아가 카니발과 페스티벌, 거창한 결혼 축하연을 제한해 정신적 가치를 명분으로 개인의 행동을 훈련하고 성적·사회적 예의범절을 고무하고자 했다.

그러나 스위스 전체로 보면 종교개혁 시기에도 마녀재판의 추세는 꺾이지 않았다. 15세기에 발레Valais와 로잔Lausanne을 포함한 알프스 서부 지역에서 마녀사냥이 나타났고 16세기 초에도 여러 지역에서 행해졌는데, 때로 병든 어린이와 들판의 황폐함에서 야기된 지역 다툼이 마녀사냥으로 이어지기도 했다. 종교개혁의 열풍이 겨우 가라앉은 1580년과 1655년 사이에 보Voud에서 1700건의 마녀재판이 열렸고, 그리손Grisons 지역에서도 1000여 건의 재판이 있었다는 증거가 있다. 종교를 두고 벌인 싸움의 와중에 스위스의 마녀재판이 오히려 기승을 부리고 있었다. 이런 중에도 조금은 위안을 주는 사례가 있다. 같은 시기 취리히에서는 약 80명만이 마녀로 처벌을 받았다.[18]

1520년대의 위기와 프로테스탄트 개혁의 확산 이후 다소 신중하고 보수적인 분위기가 스위스를 지배했다. 그러나 이것이 오히려 다른 지역보다 풍요롭고 평화로운 지역이 되는 데 이바지했으며, 스위스의 연방주의 같은 특성을 강화했다. 가부장적이고 문벌에 기초한 엘리트 지배가 여전히 꺾이지 않았지만, 그럼에도 번영하는 시민 계층과 안정적인 농민 계층에게 사회적 진출의 여지를 만들어주고 있었다.

취리히에서 볼거리

취리히 대성당 Großmünster: Großmünsterplatz 8001

대성당은 구도심에 자리 잡은 개신교 교회 중 하나다. 이 대성당은 종교개혁이 있기 전까지 설교를 위한 교회였고, 성모 교회 및 베드로 교회와 함께 취리히의 대표적인 성당이었다. 2005년에 실시된 서쪽 창문 디자인 공모를 통해 쾰른의 현대 미술가 지그마르 폴케Sigmar Polke를 선정해 그 작업을 맡겼다. 그의 작품 중 가장 규모가 컸으며, 마지막 작업이 된 12개의 채색 유리는 2009년에 완성되었다.

츠빙글리의 문das Zwingliportal

대성당의 남문에 해당하는 이 문에 새겨진 조각 작품들은 취리히 종교개혁의 역사를 이해하는 지름길이 될 것이다. 독립 건축물이라고 봐도 무방한 이 부조는 취리히 종교개혁에 대한 신학적 이해를 청동으로 표현한 작품이다. 오토 뮌히Otto Münch가 건축하고 부조를 새겼는데, 부조에 담긴 종교적 해석은 종교개혁 전문 연구가 오스카어 파르너Oskar Farner가 제안한 것이다. 1936년 5월 설계 모형이 완성되었고, 츠빙글리 탄생 455주년과 그의 그로스뮌스터 설교 시작 420주년을 기념해 1939년 공개되었다.[19]

물 위의 교회 Wasserkirche

대성당에서 가까운 곳에 있는 교회다. 원래 섬 위에 세워진 교회였으나 지금은 육지로 연결되어 있다. 이 교회 앞에 오른손에 성서를 들고 왼손에 칼을 잡은 츠빙글리의 동상이 서 있다. 진리와 평화를 상징하는 성서를 든 성직자의 신분임에도 다른 손에 칼을 들고 싸워야만 했던 츠빙글리의 동상은 종교개혁 당시의 상황을 여실히 보여주는 역사적인 기념물이다. 중세의 성직자들도 직접 전투를 수행하곤 했지만, 전투가 아닌 (종교)개혁이 신앙인들 사이에 전선을 형성했다는 사실에 안타까움을 지울 수 없다. 바로 옆 취리히 호수의 물을 두 손에 가득 담아본다. 어찌나 맑은지 도시에서도 이런 환경을 누릴 수 있다는 것이 그저 부럽다.

츠빙글리의 문

물 위의 교회에 있는 츠빙글리 동상

위키피디아, © Regani

바젤

에라스뮈스와
유럽 인문주의자들의 고향

바젤은 프랑스와 독일, 스위스가 만나는 접경지대에 위치한 도시다. 그만큼 여러 경향을 흡수하고 종합할 수 있는 천연의 토양이 준비되어 있는 곳이었다. 루터의 압박으로 독일에서 쫓겨난 안드레아스 칼슈타트Andreas Karlstadt(1480~1541), 종교 재판소의 소환을 받고 로마로 가던 베르나르디노 오키노Bernardino Ochino(1487~1564), 칼뱅의 탄압으로 제네바에서 쫓겨난 세바스티안 카스텔리오Sebastian Castellion, 그리고 렐리오 소치노Lelio Socino, 쿠리오네 Curione, 다비드 드 요리스David de Joris 등 시대의 이단아들이 바젤에서 피난처를 찾았다.[1] 바젤은 츠빙글리가 1506년 신학 석사 학위를 받은 곳이고, 1536년 칼뱅이 프랑스 왕실의 박해를 피해 머물면서 『기독교 강요Christianae Religionis Institutio』의 초판을 출판한 곳이기도 하다. 츠빙글리의 취리히 개혁의 원천이 되었고, 칼뱅의 제네바 개혁에 출발점이 된 도시가 바로 바젤이다.

바젤 대학은 당대 르네상스 인문주의의 중심지였다. 1440년에 최초의 종이 공장이 들어선 이래 바젤은 스위스 인쇄 산업의 집결지였고, 이에 따라 사상과 정신이 활발히 유통되었다. 바젤 대학이 122명의 학생으로 문을 연 것은 1460년으로, 그리 빠른 시기는 아니었다.

고전 작가들을 발견한 학자들의 환호성 속에 이미 12세기부터 르네상스가 시작되었다. 이 '12세기 르네상스'로부터 영향을 받았다기보다 교회의 성직자 양성에 목표를 둔 것이기는 했지만, 1179년 제3차 라테란 공의회가 대학 교육의 자유를 인정한 것을 계기로 12세기에 이미 볼로냐 대학과 옥스퍼드 대학이 설립되었고, 파리에서도 자연 발생적으로 교수와 학생의 공동체가 생겨나 1200년경 프랑스의 왕 필리프 2세August Philipp II(1180~1223)는 교수와 학생 공동체를 정식 조합으로 인가했다. 이베리아 반도 카스티야의 왕 알폰소 8세Alfonso VIII(재위 1158~1214) 또한 1202년경 스페인의 첫 번째 대학인 발렌시아Valencia 대학을 인가했다. 중부 유럽에서는 1348년 프라하 대학을 시작으로 1379년 에르푸르트 대학, 1386년 하이델베르크 대학, 1388년 쾰른 대학이 세워졌다. 15세기에 들어서서는 독일의 제후들이 나서서 대학을 세우기 시작했다. 뷔르츠부르크Würzburg(1402), 라이프치히(1409), 마인츠(1476), 튀빙겐Tübingen(1477) 등에 이어 비텐베르크에도 1502년 선제후 프리드리히에 의해 '제후 대학'이 세워졌다. 바젤 대학은 종교개혁 직전에 세워진 많은 대학 중 하나였다. 이로써 바젤은 인문주의가 진정으로 꽃을 피운 스위스 유일의 도시가 되었다. 게다가 에라스뮈스가 이곳에서 살기로 결정하면서 바젤은 인문주의의 심장부로 부상했다.[2]

다른 무엇보다도 바젤은 에라스뮈스가 사랑한 도시였다. 에라스뮈스의 출생 연도는 불확실하다. 스위스에서는 1466년을, 네덜란드는 1469년을 출생 연도로 내세우며, 각기 연고권을 주장하고 있다. 에라스뮈스는 바젤 출신이 아니다. 흔히 '로테르담의 에라스뮈스'라고 부르지만, 실제로 로테르담에서 태어났는지 아니면 구다Gouda에서 태어났는지 확실하지 않다.

그는 당대에 이미 인문주의자로서 명망이 높았지만, 사후에 아니 오늘날 더욱 존중받는 훌륭한 사상가 중 한 사람이다. 가톨릭에 비판적이었지만 그렇다고 종교개혁 세력에 전적으로 동의하기도 어려웠던 에라스뮈스의 생각이 오늘에 이르러 종교개혁을 다른 시선으로 보게 하는 한 준거가 될 수 있으리라 기대한다. 다른 무엇보다 에라스뮈스가 유연하지만 일관되게 인문주의를 주창했기 때문이리라. 그의 인문주의 재능과 열정으로 치면 대학에서 한자리를 차지하거나 교회의 고위직에 오를 만한 사람이었으나, 그는 자리에 연연하지 않고 오직 문필을 통해 자신의 사상을 널리 전파함으로써 마침내 자신의 명예를 빛낸 사람이다. 에라스뮈스는 네덜란드 데벤터Deventer에서 전개된 '새로운 신앙운동'으로부터 인문주의를 배웠다. 그는 당시 신앙의 갱신에 관심을 기울이면서 인문주의를 적극적으로 수용한 '공동생활형제단'이 데벤터에 세운 라틴어 학교에서 1478년부터 1485년까지 공부했는데, 이때 네덜란드의 대표적인 인문주의자 루돌프 아그리콜라Rudolf Agricola를 알게 되었고 평생 그를 스승으로 존경했다. 그 후 젊은 에라스뮈스는 스테인Steyn에 있는 아우구스티누스파 수도원에 들어갔고, 1492년에 사제 서품을 받았다. 그는 영국에서 토머스 모어Thomas More(1478~1535)의 친구가 되었고, 원전 해석과 관련해 존 콜렛John Colet(1467~1519)으로부터 자극을 받았다. 파리에 머물기도 했고 네덜란드 여러 지역과 바젤에서 지내기도 했는데, 죽기 10년 전까지도 에라스뮈스는 루벤Leuven에서 바젤로, 프라이부르크Freiburg와 브라이스가우Breisgau로 서유럽을 계속 순회하며 활동의 중심지를 옮겨갔다. 그는 고향에 대해 특별한 애정이 없었고, 고향을 찾지도 않았다. 그에게는 따뜻한 불이 있고, 먹을 만한 음식이 있고, 즐거움을 주는 친구들을 만날 수 있고, 서신이 전달될 수 있고, 인세를 지불하는 출판업자가 있어 연구를 지원해주는 곳이면 어디든 그곳이 고향이었고 집이었다. 스스로 "나는 어느 특정 도시의 시민이 되기보다 세계시민이 되기를 원한다"라고 한 에라스뮈스는 실제로 어느 나라에도 속하지 않은 유럽인이었고, '국제적인 문인'이었다.

그러나 에라스뮈스와 가장 밀접한 도시를 하나만 꼽으라고 하면 그곳은 바젤이다. 그는 오랜 세월 바젤에 머물렀다. 아마도 1514년부터 1516년, 1521년부터 1529년, 1535년부터 1536년에 바젤에서 살았다. 그리고 1536년 일흔 살의 나이로 바젤에서 영면에 들었다. 생애 마지막에 그의 몸을 맡긴 곳이 바젤이었고, 에라스뮈스의 삶과 지성 활동에 활력을 불어넣은 곳이자 그에게 안식을 준 곳 역시 바젤이었다.

에라스뮈스의 저작을 간단히 살펴보도록 하자.

그는 1500년에 낸 『격언집Adagiorum Collectanea』이 상업적으로 크게 성공하자 내용을 보충해 거듭 증보판을 출판했다. 그의 탁월한 작품은 다른 무엇보다 그리스어로 편찬한 『신약성서』였다. 에라스뮈스는 신앙심이 깊은 인문주의자 콜렛의 그리스어 원전을 통한 성서 해석 방법에 자극을 받아 그리스어 성서를 편찬하기로 마음먹었다. 에라스뮈스는 1500년 파리로 돌아간 후 6년 동안 파리와 네덜란드 지역에 머물면서 그리스어를 완벽히 터득해 콜렛을 넘어서는 신약 학자로 발돋움할 수 있었다. 그는 바젤에서 이용할 수 있는 거의 모든 그리스어 수사본들을 정리하여 『신약성서』 편찬에 착수해 1516년 봄 그리스어 『신약성서』를 출판했다. 그 후 에라스뮈스는 다른 그리스어 수사본 네 권을 추가로 발견해 다시 약 400여 군데를 수정해 1519년에 제2판을 발간했다. 가장 총명하고 기교적으로도 예민한 감수성을 지닌 출판업자 바젤의 요한 프로벤Johann Froben은 잘못된 것을 보완하려는 에라스뮈스를 지원했다.[3] 프로벤의 출판사에서 자유계약직으로 일하던 한 직원은, 시대를 인도하고 지도하고 완성시키는 에라스뮈스에 대해 "우리가 오늘 이 시대에 우연히 살게 되었다는 것이 얼마나 축복이란 말인가"라고 썼다.[4]

에라스뮈스는 히에로니무스가 번역해 가톨릭 교회에서 누구나 사용하는 '평범한'(불가타) 성서가 된 『불가타 성서』를 철저히 수정하기 시작했다. 그는 「마태복음」 3장 2절의 요한의 외침 "메타노이에테metanoeite"가 본래 '정신 차리라!' 또는 '회개하라'는 의미라고 주장하면서, 그 명령을 '정신 차리라'로 번역했다. 히에로니무스는 이 말을 '고해하다'로 번역했고, 이는 가톨릭 고해성사의 성서적 근거로 사용되고 있었다. 에라스뮈스의 '정신 차리다'라는 번역은 '고해성사'라는 관행을 일거에 무너뜨리는 반역이었다. 당대의 많은 사람들이 이 단어에 자극을 받았고, 현재는 '회개하라'로 번역해 쓰고 있다. 에라스뮈스는 성모 마리아와 성인 숭배 의식에도 날카로운 비판을 날렸고, 그것을 풍자했다.

에라스뮈스의 이상은 기독교적인 인간, 기독교적인 윤리였다. 그는 단순하고 소박한 경건함을 강조했다. 『그리스도교 병사의 필독서Enchiridion militis Christiani』라는 책에서 진실한 신앙이란 간단명료하다는 점을 강조했으며, 또한 "복잡한 예배 절차에 집착하는 수도사들의 바리새인과 같은 형식주의는 참된 경건의 제일 큰 적이다"[5]라고 지적했다. 그는 대표적인 저작 『우신예찬Encomium Moriae』에서 종교 생활에 숨어 있는 위선의 어리석음을 고발했다.[6] 에라스뮈스는 수도원 제도를 유럽의 웃음거리로 만들어 수도사들이 수도원을 떠나게 하는 데 하나의 동기를 제공했으며, 『대화집Colloquia』에서는 중세 교회의 신앙 관습으로 굳어진 '성지순례'를 비판했다.[7]

에라스뮈스는 다른 무엇보다 인간에 대한 이해에서 새로운 장을 열었다. 그는 '후마니타스'라는 개념을 통해 중세에 보편적으로 받아들여진 신성의 초월성과 종교개혁 사상 속에 나타난 신성의 전지전능함에 반해 인간의 독립성을 강조했다.[8] 이와 동시에 그는 '후마니타스'라는 말을 인간의 품성, 그가 그토록 높이 평가했던 인간의 가능성을 표현하는 데 사용했고, 더 나아가 인간의 사회적이고 지적인 품성과 능력의 이상적 형성을 묘사하는 말로 사용했다.[9] 에라스뮈스는 좋은 사회적 관습의 보호를 인문학 연구의 의무로 보았으며, 이것이 사람들 사이의 소통뿐 아니라 민족 사이의 소통에도 이바지하리라고 여겼다. 그에게는 사람들 사이의 평온과 평화를 깨는 것이 가장 나쁜 비인간적인 일이었다. 특히 전쟁은 모든 인간적 활동이나 합리적 활동을 방해하는 인간 활동이라고 강력히 비판했다.

당연히 그는 '후마니타스'를 문헌 연구와 연결시켰으며, 인문학 연구는 종교와 신앙심을 이해하는 데 도움을 줄 수 있다고 보았다. 에라스뮈스는 '후마니타스'라는 개념으로 정신교육, 인격 형성, 내면의 종교성 등을 하나로 통일시켰다. '그리스도인의 후마니타스humanitas christiana'라는 말을 통해 그는 사회 부문에서의 모범적인 행동뿐만 아니라 개별 인간의 상대적인 고유 가치와 그 존엄성을 새롭게 강조했다. 이는 중세 교회의 인간 이해와 달랐을 뿐 아니라 루터의 '죄' 많은 인간의 본성이라는 개념과도 크게 대조된다.[10]

에라스뮈스의 영향은 실로 깊고 넓었다. 그는 루터의 개혁에 용기를 불어넣고 개혁의 도구를 손에 쥐어주었을 뿐 아니라, 츠빙글리의 개혁 사상에 토대를 마련해주었으며, 칼뱅의 인문주의에도 영향을 미쳤다. 칼뱅이 성서문자주의에 묶이지 않을 수 있었던 것 역시 에라스뮈스에게서 받은 자극이 낳은 결과물이었다.

한편 에라스뮈스는 발츠후트Waldshut와 아우크스부르크를 비롯한 남부 독일 재침례파 운동에도 커다란 영향을 미쳤다. 농민전쟁이 일어난 도시로 유명한 발츠후트에서 재침례파 운동을 지도한 사람은 발타자르 후브마이어Balthasar Hubmaier(1480~1528)였다. 후브마이어는 인골슈타트 대학에서 존 에크의 지도 아래 신학 박사 학위를 받은 학자였다. 그는 당대 최고의 인문주의자인 에라스뮈스를 잘 알고 있었고, 그의 저서와 그리스어『신약성서』를 읽었다. 후브마이어는 짧은 대학 경험과 순회 설교자로 일한 다음 1520년 말 츠빙글리의 개혁에 크게 영향을 받은 발츠후트 교구의 성직자가 되었다. 그는 1521년 10월 슐레트슈타트Schlettstadt 라틴어 학교의 교장이자 알자스의 탁월한 인문주의자 요하네스 자피두스Johannes Sapidus(1490~1561)에게 보낸 편지에 자신이 인문주의자 모임에 들어갈 수 있기를 소망한다고 썼다.[11] 1522년 4월이나 5월 후브마이어는 프라이부르크Freiburg와 바젤을 여행했다. 후브마이어는 이곳에서 여러 인문주의자를 만나면서 신학적으로 커다란 전환을 이룬다. 그가 만난 사람들 중 특히 중요한 사람은 말할 필요도 없이 에라스뮈스였다. 후브마이어는 아델피Adelphi에게 보낸 편지에서 에라스뮈스와의 만남에서 받은 인상을 자세히 남기고 있다. 후브마이어와 에라스뮈스는 연옥, 인간의 의지 등을 포함한 여러 문제에 대해 서로 의견을 나눴다.

이 만남은 곧이어 재침례파의 신학적 지도자로 부상한 후브마이어에게 커다란 의미를 갖는 것이었다. 후브마이어는 에라스뮈스로에게서 특정 사안이나 교리에 대해서가 아니라 인문주의자들이 출판한 모든 것을 이해하는 일반적인 방식이 무엇인지 이해하려고 했다. 이 만남은 후브마이어가 재침례파의 신학자로 발전하는 데 결정적으로 영향을 미쳤다고 평가된다. 대화를 통해 후브마이어는 에라스뮈스가 자신이 이해했던 것보다 훨씬 더 개혁 사상에 열려 있다는 것을 알았고, 그래서 이 만남은 그가 에라스뮈스의 저작을 개혁적 시각에서 보게 된 계기로 작용했다.[12] 물론 그는 '인간의 지' 문제에 대해서는 에라스뮈스와 달리 인간의 의지를 완전히 자유로운 상태로 보지는 않았지만, 이 만남을 계기로 종교개혁의 정당성을 적극적으로 이해했다. 이후 '루터주의 이단자'에서 '츠빙글리 추종자'로, 다시 재침례파로 이행하는 신학적 발전을 이루어냈다. 에라스뮈스와의 만남이 일대 전환을 마련한 것이다.[13] 그는 후에 많은 신학적 저술에서 자신이 에라스뮈스의 영향을 강하게 받았다고 고백했을 뿐만 아니라 독자들에게 에라스뮈스의 저작들을 읽어보라고 적극 추천했다. 에라스뮈스 역시 후브마이어의 학문적 역량을 높이 평가해 그를 "재침례파의 박사"라고 불렀다.[14] 물론 에라스뮈스는 뮌스터에서 천년왕국을 선포한 재침례파에 대해서는 신랄하게 비판을 퍼부었지만 말이다.

에라스뮈스는 1536년 바젤 방문 중에 죽었다. 개혁자들이 성화를 불에 태우고 성상을 마구 깨뜨리자 나이 많은 학자들과 주교들이 버리고 도망간 그 성당 안에 그를 기리는 붉은 대리석 기념비가 세워졌다.

에라스뮈스의 기념비 앞에서 나는 그의 르네상스 인문주의의 체현에 머리를 숙인다. 기독교 인문주의의 특징인 고전주의, 인간의 존엄성에 대한 낙관주의, 교육을 통한 인간의 무한한 계발을 확신하는 교육주의를 모두 충실히 계승해 발전시킨 그에게 나는 깊은 경의를 표한다. 그러나 그의 인문 정신이 길이 기념되지 않고 있는 듯해 왠지 마음이 가볍지만은 않았다.

에라스뮈스 외에도 바젤을 사랑한 사람은 많았다. 그중에서 기억해둘 사람은 독일의 가장 중요한 르네상스 화가 한스 홀바인이리라. 스스로를 '바젤 사람'이라고 칭한 그는 아우크스부르크의 예술가 집안에서 태어났다. 홀바인은 아버지에게 회화를 배운 후 삽화를 그려 돈을 벌겠다는 희망을 품고 1515년 인쇄술이 발전한 바젤로 왔다. 그는 이곳에서 에라스뮈스의 『우신예찬』, 토머스 모어의 『유토피아Utopia』 같은 책에 삽화를 그리기 시작했다. 잠시 루체른에 머물던 홀바인은 바젤 무두장이의 혼자된 아내와 결혼하면서 바젤 화가조합Zunft zum Himmel에 가입했고, 1520년 바젤 시민이 되었다. 홀바인 부부는 네 자녀를 두었는데, 자신의 가족을 그린 인물화가 바젤 미술사 박물관에 남아 있다.

홀바인이 당대 최고의 지성인에 속하는 에라스뮈스와 그의 친구 토머스 모어를 그리게 된 것은 바로 이 바젤이라는 도시에 산 덕분이었다. 바젤에서 에라스뮈스를 그린 인연으로, 에라스뮈스의 친구인 토마스 모어의 초상화를 잉글랜드에서 그릴 수 있었다. 홀바인이 1526년부터 1528년까지 잉글랜드에 머물다가 바젤로 돌아왔을 때 그는 이미 유명 화가가 되어 있었다. 그러나 바젤 시가 종교를 주제로 한 그림 그리기를 금지하자 그는 다시 잉글랜드로 갔고, 그 후 바젤 시의회의 초청을 끝내 받아들이지 않았다. 홀바인은 헨리 8세와 앤 불린Anne Boleyn의 결혼식을 그린 것을 계기로 궁정화가가 되었다. 그 후 다시 대륙을 밟기도 했지만, 1543년 런던에서 생을 마감했다. 그러나 그의 정신세계는 언제나 바젤에 살고 있었다.

홀바인이 그린 그 유명한 〈에라스뮈스의 초상화〉(1523)는 파리의 루브르 박물관에 있고 〈토머스 모어의 초상화〉(1527)는 뉴욕의 프릭 컬렉션Frick Collection이 소장하고 있으며, 〈덴마크의 크리스티나〉(1538)는 영국의 내셔널 갤러리가 소장하고 있다. 이 외의 많은 작품은 다행히 바젤의 예술박물관Kunstmuseum Basel에 전시되어 있다.

바젤 예술박물관에서 〈야코프 마이어〉(1516), 〈보니파키우스 아머바흐〉(1516)를 비롯한 수많은 당대인들의 초상화, 〈비너스와 아모르〉(1526) 등의 작품을 만나는 것만으로도 르네상스 회화를 한꺼번에 감상하는 기쁨을 얻을 수 있으리라. 또한 이곳에서는 시대를 넘어 현대 미술 거장들의 작품이 주는 기쁨도 함께 만끽할 수 있다.

바젤에서 볼거리

바젤 대성당 Münster Basel: Rittergasse 3

1019년부터 1500년 사이에 로마네스크 양식과 고딕 양식을 혼합해 지은 뮌스터 성당은 원래 주교좌 성당이었다. 그러나 1529년 2월 9일 성상 파괴 사건이 있은 후 바젤 개신교의 주교회가 되었다. 또 종교개혁 과정에 교회와 도시국가가 분리되면서 교회가 독자적으로 관리하게 되었다. 외벽의 해시계는 아마도 스위스의 뛰어난 시계 제조 기술을 표현한 것 같다. 정문을 비롯한 파이프오르간과 지하실 등을 둘러보고, 시간적으로 여유가 있으면 좋은 프로그램을 골라 음악을 감상해보는 것도 여행의 즐거움을 더해 줄 것이다.

에라스뮈스의 묘비 Erasmus-Epitaph: 바젤 대성당 안

에라스뮈스는 원래 가톨릭 신자였고 가톨릭을 떠난 적이 없지만, 그의 정신이 바젤 종교개혁에 정신적 지주처럼 작용했으므로 개신교로 전향한 교회에 그를 안치하게 되었다. 그의 유골은 19세기에 어디론가 사라졌다가, 1974년 다시 발견되어 지금의 자리에 묻혔다. 에라스뮈스의 묘비는 일찍이 에라스뮈스의 친구이자 인문주의자인 아머바흐Bonifaz Amerbach, 프로벤Hieronymus Froben, 비쇼프Nikolaus Bischoff의 부탁으로 1538년 한스 메칭거Hans Metzinger가 제작했다. 라틴어로 25줄의 비문을 쓰고 금박을 입힌 이 묘비에 세 사람의 이름이

위키피디아, © Taxiarchos228

성 로렌스 교회의 에라스뮈스상

위키피디아, ⓒ Quistnix

적혀 있는 것은 이런 연유에서다.

네덜란드 성 로렌스 교회St. Laurenskeerk(Grotekerkplein 27) 앞에 서 있는 에라스뮈스의 동상은 인문주의 학자답게 오늘도 책을 읽고 있다.

바젤 예술박물관 Basler Kunstmuseum: am St. Alban-Graben in Basel

스위스에서 가장 훌륭한 예술품을 소장하고 있는 박물관으로, 홀바인 가족의 작품을 가장 많이 소장하고 있다. 건물은 1931년부터 1936년 사이에 세워졌는데, 2015년에 신고전주의 양식으로 증축되었다.

바젤의 미술품 수집가 바실리우스 아머바흐Basilius Amerbach(1533~1591)가 개인 소장품들을 기증한 것이 미술관의 토대가 되었다. 홀바인의 작품 외에도 콘라트 비츠Konrad Witz,

대루카스 크라나흐, 마티아스 그뤼네발트Matthias Grünewald, 페테르 파울 루벤스Peter Paul Rubens과 렘브란트 반 레인Rembrandt Harmensz. van Rijn 등의 작품이 있고, 특히 17세기 홀란드와 플랑드르 화가들의 작품이 많이 수집되어 있어 박물관의 명성을 높여주고 있다. 그 밖에도 폴 세잔Paul Cézanne, 빈센트 반 고흐Vincent van Gogh, 클로드 모네Claude Monet, 피에르 오귀스트 르누아르Pierre-Auguste Renoir 등 19세기 인상파 화가들의 작품들이 전시되어 있고, 쿠노 아미에트Cuno Amiet, 페르디난트 호들러Ferdinand Hodler, 요한 하인리히 퓌슬리Johann Heinrich Füssli 등 18, 19세기 스위스·독일·오스트리아 작가들의 작품이 많다. 파블로 피카소Pablo Picasso와 조르주 브라케Georges Braque, 후안 그리스Juan Gris의 작품을 비롯해 20세기 조각과 회화도 수집품에 들어 있다.

특히 소묘 작품의 수집은 단연 돋보인다. 15세기부터 20세기에 걸쳐 수많은 화가들이 그린 소묘 작품이 약 30만 점에 이른다. 그 밑그림이 회화로 발전하는 과정이나 소묘 자체의 작품성 등을 이해하는 데 큰 도움이 될 것이다.

바젤 대학 Universität Basel: Petersplatz 1(신학부)

1460년 4월 4일 개교한 이 학교는 처음에 인문학부, 의학부, 신학부, 법학부 등 네 개 학부로 출발했다. 인문학부는 1818년까지 기초 과정으로 운영되었다. 이후 학자들이 점차 이 도시로 모이면서 도서관이 발전했다. 지금은 약 300만 권의 도서를 소장하고 있는 스위스 최대 규모의 대학이다. 종교개혁의 영향으로 해체된 수도원의 도서와 인쇄술의 발전으로 바젤에서 출판한 책이 많아 중세 연구에 큰 도움을 주고 있다.

19세기 후반에 자연과학이 발전하자 새로운 학과들이 생겨났다. 1890년에는 의학을 전공하는 최초의 여학생도 나왔다. 1937년 철학-자연과학부가 정식으로 문을 열었고, 1971년에 개소한 생물연구소는 세계적으로 유명하다. 경제학부는 1988년에, 심리학부는 2003년에 문을 열었다.

종교개혁 지도자 츠빙글리와 외콜람파디우스가 이 대학 출신이고, 바젤에서 태어나 바젤에서 죽은 신학자 카를 바르트 역시 이 대학에서 가르쳤으며, 세계적인 아동 정신학자이자 철학자인 카를 야스퍼스Karl Theodor Jaspers(1883~1969)는 이 대학에서 학생들을 지도한 공로로 스위스 국적을 얻었다.

대학 곳곳에 남아 있는 이들의 흔적을 찾아보는 것도 좋은 추억이 될 것이다.

노르웨이

스웨덴

스톡홀름

덴마크

슐레스비히
홀슈타인 주

메클렌부르크
포어포메른 주

폴란드

네덜란드

니더작센 주

독일

작센
안할트 주

브란덴부르크 주

뮌스터

도르드레흐트

노르트라인
베스트팔렌 주

헤센 주

튀링겐 주

작센 주

벨기에

라인란트
팔츠 주

프랑크푸르트

체코

자를란트
주

스트라스부르

에슬링겐

바이에른 주

프랑스

바덴
뷔르템베르크 주

오스트리아

스위스

제네바

열흘간의
다크 투어리즘

3

●

제네바 Geneva | 칼뱅의 이주민 교회가 주도한 종교개혁

스트라스부르 Strasbourg | 도망자들의 개혁 도시

에슬링겐 Esslingen | 마녀사냥의 아픈 기억을 역사로 남긴 도시

곁길 산책 **프랑크푸르트** Frankfurt | 재등장한 반유대주의

뮌스터 Münster | 새장 안에 갇힌 왕

네덜란드의 도르트 교회회의 Dordrechter Synod | 종교와 정치의 혼합

스웨덴 Sweden | 피로 물든 유럽 최초의 루터주의 왕국

제네바

칼뱅의
이주민 교회가 주도한
종교개혁

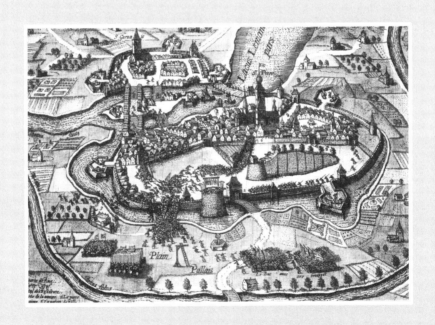

우리는 위대한 종교개혁가 칼뱅을 존경하고 그에게 감사하는 지지자들이지만,
그가 수세기 전에 양심의 자유와 관련해 행한 일이 종교개혁의 기본 노선과 복음
에 비춰 오류였음을 확인하고 여기에 1903년 10월 27일 용서의 비석을 세운다.

제네바 동남쪽에 세워진 작은 비석 뒷면에 새겨놓은 비문이다. 제네바
에서 종교개혁을 전개하던 칼뱅이 미하엘 세르베투스Michael Servetus(스페인어
로는 Miguel Serveto, 1509/1511~1553)라는 비판자를 이단으로 몰아 화형에 처하도
록 한 데 대해 스위스의 칼뱅 지지자들은 그것이 '오류'였음을 확인하고 '용
서'의 비를 세웠다. 그러나 어찌 된 일인지 한국의 칼뱅주의 신학자들 중에
는 칼뱅이 세르베투스를 죽인 것이 아니라거나 그것은 불가피한 일이었다
고 정당화하는 사람들이 있다.

당시 무슨 일이 있었고, 진실은 무엇인가?

기차를 타고 바젤에서 제네바로 가는 길에 만나는 레만 호Lac Léman는 바
다처럼 넓다. 그 호수에 해가 질 무렵 사람들은 아름다움에 홀리고 만다.
그러나 제네바의 종교개혁은 오로지 존중의 마음으로 기억하기에는 몹시
불편한 진실을 담고 있다.

제네바는 스위스뿐 아니라 독일, 프랑스, 이탈리아 어디에서든 이곳을
거치지 않고는 남북을 오가기 어려운 교통의 요지로, 종교개혁 당시 온갖
새로운 사상이 교류되는 곳이었다. 당시 제네바의 인구는 취리히나 베른
보다 많았지만, 1만 명(최대한으로 잡으면 1만 6000명으로 보기도 한다) 정도에 지나지
않았으므로 당시 제네바는 대도시가 아니었다. 16세기에 독립을 이룬 도
시국가였고 1798년까지 도시의 지위를 유지했으나, 내분이 끊이지 않은
도시 중 하나였다.

제네바는 특히 칼뱅이 종교개혁을 지도했던 곳이다. 그는 종교개혁 2세

대에 속한 인물로 루터와 츠빙글리의 개혁이 한참 진행된 뒤 개혁 운동에 뛰어들었는데, 나이로도 멜란히톤과 비슷한 연배였다. 이 점이 개혁 운동에서 그의 입장을 형성하는 데 크게 도움을 주었다.

프랑스 파리의 북동쪽에 위치한 누아용Noyon 출신인 칼뱅은 파리로 가서 처음에는 콜레주 드 라마르슈Collège de Lamarche에서 이후에는 콜레주 드 몽테귀Collège de Montaigu에서 신학을 공부했고, 다시 오를레앙의 부르주 대학 Collège de Bourges으로 옮겨 법학을 공부했다. 청년 칼뱅은 오를레앙에서 르네상스 인문주의라는 시대의 격랑에 뛰어들었다. 스물아홉 살에 성서를 프랑스어로 완역한 피에르 로베르Pierre Robert에게 영향을 받았고, 멜히오르 볼마르Melchior Wolmar에게 그리스어를 배웠다. 인문주의적 경향을 지닌 젊은 법학도인 그가 '돌연 회심'을 경험한 것인지, 아니면 그가 "우리는 신을 향해 조금씩 단계를 밟아 회심한다"라고 한 것처럼 긴 시간을 거쳐 회심에 이르렀는지 확인할 수 없지만, 아마도 법학을 배우던 시기에 '참된' 그리스도인이 된 것 같다.

그러나 칼뱅은 부친의 사망으로 법학을 포기하고 파리로 돌아왔다. 칼뱅은 1532년에 세네카Lucius Annaeus Seneca의 『관용론』을 논평한 첫 저작을 출간했다. 칼뱅을 인문주의 저자로 만든 이 책은 그에게 명성을 안겨주지는 못했지만, 그가 고전을 깊이 이해하고 있었다는 것을 알려준다. 당시 파리에 루터 추종자들이 하나둘씩 나타나기 시작했는데, 이는 대학에 이미 인문주의자들이 많았기 때문에 가능한 일이었다. 국왕 프랑수아 1세는 루터 추종자들을 색출했고, 그들을 숨겨주는 사람들까지 처벌하려고 했다.

마침 칼뱅의 친구 니콜라 코프Nicholas Cop(1501~1540)가 1533년 가을 파리 대학의 총장으로 취임했고, 그는 취임 강연에서 루터를 열정적으로 옹호했다. 이 일로 체포될 위기에 처하자 코프는 파리에서 도망쳤다. 사태가 위험하다고 판단한 칼뱅도 파리를 떠났다. 칼뱅이 그 연설문의 작성자였는지는 확실하지 않지만, 아마도 파리의 '불관용'이 파리에서 그를 밀어낸 것만은 확실하다. 이때의 경험은 칼뱅이 조국 프랑스에 신앙의 자유가 실현되기를 간절히 소망하게 하는 계기가 되었다.

칼뱅은 스트라스부르로 갔다가 바젤로 들어갔다. 바젤은 1529년에 이미 종교개혁에 동참해 로마 가톨릭의 지배에서 벗어난 도시였다. 바젤 대학에는 인문주의를 비롯한 새로운 사상의 자유가 있었고, 게다가 바젤은 출판의 중심지이기도 했다. 또한 프랑스와 국경을 접하고 있어 프랑스로부터 전해지는 소식을 쉽게 접할 수 있었다. 칼뱅은 이곳에서 박해받는 프랑스 개신교도들을 옹호할 의도로 1536년 『기독교 강요Institutio Christiane Religionis』의 초판을 출간했다. 그는 종교개혁이란 성서적 원리로 돌아가려는 운동이라고 주장하면서, 이 책을 프랑수아 1세에게 헌정했다. 앞에서도 말했듯이 칼뱅은 프랑스가 신앙의 자유를 얻는 것에 강하게 집착했다.

칼뱅의 제네바 종교개혁은 파렐의 끈질긴 권유로 시작되었다. 파렐은 프랑스 출신이지만 종교개혁을 선포하다가 프랑스를 떠나야 했고, 베른을 거쳐 1532년 제네바에 도착해 열정적으로 개혁을 추진했다. 제네바에서 그는 때로 비난을 받기도 했지만, 개혁의 분위기에 힘입어 쉽게 청중을 얻을 수 있었다. 1533년 4월 파렐의 개혁적 성만찬이 공개적으로 실시되었고, 주교와 성직자 대부분이 도시를 떠났다. 1535년 11월 시 정부는 미사를 폐지한다고 선언했고, 교회의 재산을 몰수했다. 프랑스에서 도움을 주겠다고 제의했지만, 시는 베른과 마찬가지로 프랑스의 영향력이 커지는 것을 두려워했다. 프랑스의 영향력을 차단하기 위해 시는 파렐에게 완전한 종교개혁을 채택해줄 것을 요청했다. 한편 사부아 공국Ducato di Savoia이 이 도시를 점령하기 위해 군대를 파견했다. 1536년 제네바의 상황은 긴박하게 전개되고 있었다.

다행히 제네바는 독립을 지켜냈지만, 시의 재정은 파탄이 났다. 이렇게 되자 시는 결정적으로 종교개혁을 하는 쪽으로 기울었다. 5월 25일 시의회는 "앞으로 복음의 법과 하나님의 말씀에 따라 살 것과 교황청의 권력 남용을 철폐할 것"을 결의했다. 개혁된 교회와 교회 정부를 형성하는 것이 그들이 전에는 하지 않았고 할 수도 없었던 일이면서, 앞으로 해야 할 일이었다. 제네바를 지배하던 사보이 공국은 물러났지만, 베른이 제네바를 간접 지배하려고 시도하던 시기에 시간이나 권력의 공백은 제네바를 두려움에 떨게 했다. 이때 칼뱅이 제네바에 도착했다. 파렐은 칼뱅의 저서를 읽고 그를 만나 제네바의 개혁을 지도해주기를 간청했다. 이후 두 사람은 제네바의 종교개혁에 혼신의 노력을 기울였다. 새로운 교회국가를 조직하는 것이 두 사람의 목표였다. 당시 완전한 종교의 자유를 주장하던 재침례파의 확산에 두려움을 품고 있던 시 정부 역시 두 사람의 의견을 환영했다.[1] 칼뱅 또한 그가 전통적이고 성서적이라고 생각한 자신의 합리적 신학 체계가 재침례파의 붓에 의해 오염되는 것을 염려했다. 시에 질서를 부여할 유능한 설교자가 절대적으로 필요했다.

한편 개혁 도시 베른은 직접적인 통치를 시도하지는 않았지만, 제네바의 교회 예식을 베른 교회와 동일하게 하도록 요청했다. 베른은 제네바의 종교개혁을 돕기 위해 칼뱅에게 미사와 성상을 폐지하고 츠빙글리의 방식대로 예배를 드릴 것을 요구했지만, 칼뱅은 츠빙글리식의 개혁을 단호히 거부했다. 그 대신 제네바에 적합한 독자적인 개혁을 추진하고자 했다. 칼뱅은 그의 도서들이 증명하듯이 뛰어난 지식인으로서 처음에는 교사로 일하기를 희망했으나, 제네바의 상황은 그를 치밀한 이론가에서 타고난 기획자로 만들어갔다. 칼뱅은 1537년 자신의 의도대로 제네바를 개혁할 프로그램을 만들었다. 그러나 칼뱅의 개혁은 다소 성급하고 과격했다. 시민들에게 공개적인 신앙고백을 요구했고, 신앙고백에 서명하지 않은 사람들은 성만찬에서 제외하도록 명령했다.

1538년 시의회는 이런 과격한 조치에 반대했고, 결국 200인회를 소집해 칼뱅과 그 지지자들을 해임했다. 칼뱅은 스트라스부르로 돌아가 저술에 전념했고, 『기독교 강요』 제2판을 프랑스어로 출판해 많은 프랑스인이 읽도록 했다. 이들레트 드 뷔르Idelette de Bure와 결혼한 것도 이 시기였다. 그런데 제네바의 파렐이 다시 그를 초빙했다.

1539년 이후 제네바의 상황은 크게 바뀌고 있었다. 칼뱅이 떠난 후 가톨릭은 제네바 시에 가톨릭으로 돌아오라며 회유 정책을 폈다. 명망 높은 추기경 자코포 사돌레토Jacopo Sadolreto는 1539년 5월, 가톨릭에 오류가 없다고 주장하면서 제네바 시민들에게 가톨릭으로 복귀하라고 선동했다. 이때 시의회 의원들 중 칼뱅에 반대하던 의원들이 베른과 불리한 조약을 맺은 것이 드러나 신뢰를 잃게 되었다. 칼뱅은 6일 만에 「추기경 사돌레토에 대한 응답」을 썼는데, 단순하고 명쾌하게 가톨릭의 주장을 무력화한 이 글은 제네바 사람들의 마음을 움직였다. 처음에는 돌아오고 싶어 하지 않던 칼뱅이 1541년 9월 제네바로 돌아왔고, 그 후 그의 개혁은 탄력을 받았다. 누구도 그의 개혁에 반대하기 어려운 상황이 전개되었다.

칼뱅이 개혁에 가담한 1530년대는, 루터의 개혁을 통해 독일에서 새로운 종교 관계가 상당히 진전된 시기였다. 칼뱅에게 루터의 '의인'은 이미 당연한 것이었다. 칼뱅은 속죄받은 신자는 삶의 성화聖化로 나아가야 한다고 주장했다. 아버지 하나님이 베푼 은총의 발견은 칼뱅에게서 통치자 하나님의 불가항력의 주권에 관한 인식과 결합되고 있었다.

그에게 성서는 단순히 기쁜 소식에 그치는 것이 아니라 신자들이 그에 따라 살아가야 할 법률서였다. 하나님의 주권이라는 기본 인식에서 출발하고 있는 성만찬에 대한 그의 인식이 방향타 구실을 했다. 그리스도가 성만찬에 '실제로' 존재한다는 루터의 주장이나 그것이 신의 구원의 수단이라는 주장은 칼뱅에게 핵심적 관심 사항이 아니었다. 신을 믿지 않는 사람이 성찬을 받지 못하도록 하는 것이 그의 관심거리였다. 성만찬이 그리스도인의 삶에 의미가 있다면 그것은 사람에 의해서가 아니라 하나님에게서 나온 구원 능력에 근거하기 때문이다. 따라서 그리스도의 살과 피는 '실제로' 성찬에 존재하지만, 그 임재臨在는 성령을 통해서만 신자에게 나타난다고 가르쳤다.[2] 이로써 칼뱅은 루터와 츠빙글리의 중간 입장을 취했으며, 그가 추동한 '개혁교회'는 결과적으로 그저 '기념'에 머물고 만 츠빙글리의 건조한 성만찬 이론에서 한 걸음 더 나갔고, 훨씬 더 역동적인 성격을 띠게 되었다. 칼뱅의 '예정론'에 관한 해석을 두고 후일 네덜란드에서 격렬한 논쟁이 일어났다. 그러나 그의 주장이 예정론을 뒷받침하고 있다는 사실은 바뀌지 않는다. 칼뱅의 날카롭고 분명한 신개념은 이중예정의 토대가 되었다. 만약 신이 다른 무엇이 아니라 진정한 신이라면 그는 인간의 영원한 운명을 영원 전에 미리 정했고, 종말에 선택(구원)하거나 유기(버림)하는 것은 그의 손에 달린 일이어야 한다.[3] 그는 『기독교 강요』 제3권 21장에 이렇게 썼다.

> 예정은 하나님의 영원하신 작정을 의미한다.…… 모든 사람은 같은 목적으로 창조되지 않았다. 어떤 이는 영생하도록 예정되었고preordained, 다른 이들은 파멸되도록 예정되었다.
>
> 따라서 각 사람이 이런저런 목적으로 창조되었을 때, 우리는 그에게 영생 아니면 죽음이 예정되었다predestinated고 말한다.

이 문장이 '선택과 유기'를 모두 예정했다는 이른바 '이중예정'이 아니라면 무엇이겠는가? 그는 교만하고 죄 있는 사람들만이 그 정당성에 의문을 제기한다고 말했다. 인간은 구원을 해결할 수도 거절할 수도 없는 무기력한 존재로, 하나님의 은총에 반하는 인간의 행동은 신이 정한 것을 확인시켜줄 따름이다. 그는 같은 책에서 또 "구원에 대한 불안에 사로잡히고 두려움으로 거의 죽을 정도로 의식이 마비된 사람들에게 하나님의 절대적 권능이 자신들의 구원을 보증한다는 것을 알게 함으로 크나큰 안도를 준다"(『기독교 강요』, 제3권, 21장 1절)라고 말했다. 아마도 많은 기독교인들이 그렇게 믿었고, 그래서 위안을 얻었을 것이다.

칼뱅의 예정론은 실제로 교회 생활에 그대로 적용되었다. 그는 기독교 공동체 내부에 훌륭한 풍습 교육을 실현해내는 것과 교회의 조직적 형성 등을 다른 어느 개혁가보다 훨씬 더 중요하게 여겼다. 칼뱅은 좋은 풍습의 정착을 위해 교회가 갖는 '권징'의 권한을 강화했다. 음식과 복장 혹은 여행업 관련 규정들은 지나치게 엄격하고 완고했다.

한편 그는 국가로부터 교회의 조직적 독립을 추진했다. 칼뱅은 부처가 지도한 스트라스부르의 개혁이 의회에 의해 좌절되는 것을 경험했다. 칼뱅이 보기에 교회 조직을 자신들의 통제 아래 두려는 제네바 지도층의 관심은 스트라스부르 의회의 그것과 크게 다르지 않았다. 칼뱅은 부처의 실패를 거울삼아 자신의 의지를 온전히 관철시킬 수 있는 의사결정 기구를 만들고 교인들을 철저하게 훈육하기로 했다.

칼뱅은 부처의 주장을 차용해, 『신약성서』에 따라 교회 내에 목사, 교사, 장로, 집사 등 동등한 권리를 갖는 네 그룹의 교회 관리자들을 세웠다. 목사는 중세의 교구 사제나 주교가 수행했던 평신도 관리 등 일반적인 사역을 담당하고, 교사는 성서에 관한 학문적 연구를 포함해 모든 수준의 가르치는 일을 맡았다. 장로는 교회의 권징을 담당했는데, 이 역시 부처가 그 기능을 특별히 강조해 참된 교회의 세 번째 표지로 선언한 직분이었다. 칼뱅은 교회가 맡아야 할 권징의 기능을 잘 수행하도록 일종의 종교 법원이라고 할 수 있는 콘시스토리consistory를 만들고, 12명의 목회자와 12명의 장로로 위원회를 구성했다. 이 콘시스토리는 교회에서 실질적인 권력을 행사했을 뿐 아니라 이 위원회를 통해 칼뱅은 시정 전반에 걸쳐 영향력을 행사할 수 있었다. 12명의 장로들은 소의회에서 2명, 60인 의회에서 4명, 200인 의회에서 6명이 선출되었으며, 12명의 목회자는 제네바 시의 목회자들이었다. 콘시스토리는 매주 목요일 정기적으로 모임을 갖고 제네바에서 일어난 범죄나 악행을 심리해 공적인 질책을 했으며,[4] 세속 법정과 달리 금이 간 이웃 관계의 조정이나 결혼 문제에 대한 충고를 담당했다. 다른 무엇보다 '권징'의 결과로 행해지는 출교권黜教權이 이 콘시스토리에 있었다. 끝으로 집사들은 교회회의의 권고에 따라 구제, 행정 실무 등을 실천했다.

이와 함께 칼뱅은 제네바라는 도시가 처한 상황에 능동적으로 대처해나갔다. 농업을 기반으로 하는 작센과 달리 제네바는 어디에서나 그곳을 거치는 교통의 요지였고, 상공업이 발전한 자유 도시였다. 칼뱅은 시민적·정치적 공동체와 교회 공동체의 통합을 추진했고, 둘 모두의 개혁을 이루고자 노력했다. 그는 하나님께 순종하는 '기독교 도시'의 이상형Idealtypus을 늘 마음에 품고 있었다. '국민교회'가 신앙을 고백한 자들의 교회로 조직되었고 양성되었다. 물론 교회를 개혁의 중심에 두었지만 그 개혁은 사회의 개혁을 제외하지 않는, 오히려 교회가 사회를 포섭하는 개혁이었다. 이러한 목표 달성에 방해가 되는 모든 것은 제거되어야만 했다. 교회사에서 가장 대단하지만 동시에 가장 문제가 많은 사회조직 중 하나가 제네바에서 태어났다.

제네바의 교회 권력은 묘하게도 이주자들에게로 넘어갔다. 평신도 수백 명이 이주자였다는 사실을 별개로 하더라도, 그 도시의 모든 사역자는 이주자들이었고 대부분 프랑스 출신이었다. 1540년대와 1594년 사이에 제네바 사역자들 중 제네바 출신은 놀랍게도 단 한 명도 없었다.[5] 도시 정부의 최고위층에 현지 귀족 계급 출신의 소수 엘리트가 있었던 반면, 교회 행정은 프랑스에서 이민해온 매우 경건한 망명 엘리트들이 주도했다. 칼뱅을 비롯한 이주민 엘리트들은 필요한 경우 세속 권력을 비판할 수 있는 권리를 하나님이 주셨다고 여기던 가톨릭 교회의 전투적인 엘리트 그룹과 별로 다르지 않았다.[6] 제네바 시 당국의 상류층 인사들은 포악한 주교와 외국인 군주를 축출하기 위해 혁명을 단행했고, 성공했다. 그러나 칼뱅에 반대하는 순간 그들은 '자유파'라는, 당시로서는 불명예스러운 이름을 얻었다.[7]

칼뱅은 조국 프랑스를 염두에 두고 위그노Huguenots(프랑스 개신교도들)의 신앙의 자유를 꿈꾸었다. 스위스 연방의 자유를 외친 츠빙글리와 마찬가지로, 칼뱅 역시 교회의 영역이 중심에 서는 공동체적 자유를 향한 이상을 심어주었다. 하나님의 말씀에 입각해 실현되는 공동체와 개인의 신앙의 자유라는 이상은 스코틀랜드와 네덜란드 사람들에게도 용기와 희망을 주었다. 네덜란드 개혁 신학의 파토스는 칼뱅의 신학적 유산이 불어넣었다고 할 수 있다.

그러나 칼뱅은 제네바의 독재자였다는 비난에서 자유롭지 않다. 최근에는 칼뱅 당시의 시의회, 법원, 콘시스토리 등의 일차 자료를 검토해 칼뱅이 독재자가 될 수 없는 구조였다는 주장도 나왔다.[8] 1538년 그가 제네바 시의회에서 쫓겨났고 1541년 제네바로 귀환한 후에도 여전히 반대자들의 견제와 제재를 받았다는 것, 예를 들면 1548년부터 1553년에 치러진 선거에서 의회를 장악한 다수파는 칼뱅의 반대자들이었다는 것 등이 그 증거로 제시되었다.

그러나 칼뱅이 1538년 의회에서 축출된 것은 그의 개혁이 지나치게 과격하고 급진적이어서 시의회의 반대를 부른 결과였고, 칼뱅의 반대자들이 시의회를 장악하기는 했지만 그들이 칼뱅의 지도력에 늘 반대했던 것은 아니다. 의회는 그와 함께 제네바의 개혁을 추진한 기구였다. 그리고 잘 알려진 대로 1555년 선거에서는 칼뱅 지지자 다수가 선출되었다. 그 후 칼뱅은 10년을 더 살면서 제네바 정치에 결정적이고 직접적인 영향을 미쳤다.

한편 1987년 이래로 계속 진행 중인 로버트 킹던Robert M. Kingdon과 그의 동료들의 콘시스토리에 관한 연구는 칼뱅이 제네바의 독재자라는 그동안의 오해를 벗겨주는 증거로 인용되고 있다. 킹던과 그의 동료들이 공문서 보관소의 기록을 면밀히 검토한 결과, 콘시스토리는 잔인한 재판소 역할만 한 것이 아니라 그와 동시에 교육과 목회 상담 기능을 담당하기도 한 기구였다는 것이 밝혀졌다.[9] 콘시스토리가 여러 기능을 담당했음을 밝힌 이 새로운 연구들은 칼뱅을 폭넓게 이해할 여지를 주었다. 새로운 연구에 의하면 콘시스토리는 다양한 기능을 담당했을 뿐 아니라 1555년 이후에야 누군가를 성사에서 제외할 권리를 얻었다고 한다.[10] 또 칼뱅의 불관용과 종교적 박해의 대표적 사례로 꼽히는 세르베투스 화형 사건은 칼뱅이 주도한 것이 아니라는 견해가 제기되고 있다.

우선 이 세르베투스 사건을 자세히 검토해보자.

스페인 출신으로 독자 노선을 걷던 사상가 세르베투스는 출판업자, 지질학자, 천문학자, 의사 등 다양한 직업을 거친 당대의 지식인이었다. 그는 칼뱅의 『기독교 강요』에 비판적인 주석을 달아 보냈을 뿐 아니라 1553년에 『기독교의 재건Christianismi Restitutio』이라는 책을 출간해 칼뱅의 주요 논지들을 부정하는 한편, 원기독교로의 회복이라는 인문주의와 재침례파의 이상을 지지했다. 세르베투스는 그해 8월 리옹Lyon의 가톨릭 재판정에 회부되었고, 재판이 진행되는 중에 가까스로 탈주에 성공했다. 그러나 1553년 10월 칼뱅의 개혁 도시 제네바 인근에 있는 샹펠Champel에서 화형에 처해졌다. 주요 죄목은 삼위일체론과 유아세례를 반대했다는 것이다.

세르베투스를 체포하도록 명령한 것은 칼뱅이 아니었고 칼뱅이 직접 사형을 판결하지도 않았으며, 화형보다 즉결 처형을 선호했다는 것을 인정한다고 치자. 그러나 세르베투스의 심문 과정에 칼뱅은 주요 증인이었다. 제네바에서 그의 증언은 결정적으로 영향력을 발휘했다. 칼뱅은 세르베투스의 화형에 반대하지 않았으며, 오히려 세르베투스에게 사형 선고가 내려지도록 유도했다고 볼 수 있다. 칼뱅이 개혁을 지도하는 도시에서 그것도 종교적 이유로 칼뱅의 적극적인 개입 없이 화형을 당했다는 것은 아무래도 억지에 가까운 주장이다. 칼뱅은 그 이듬해인 1554년 『미겔 세르베투스의 오류에 대항하는 정통 신학의 변호』를 출간해 이단을 억누르고 극단적인 경우 사형에 처하는 것이 그리스도인 공직자의 의무라고 선언함으로써, 세르베투스의 처형을 적극적으로 옹호했다.[11]

칼뱅의 동료이자 이주자 공동체의 일원인 세바스티앙 카스텔리오Sebastian Castellio(1515~1563)의 견해는 칼뱅과 달랐다. 그는 기독교의 생명력은 교리의 정확성에서 온 것이 아니라 도덕적 삶의 순수성에 근거한다고 주장하면서 세르베투스를 옹호했다.[12] 사실 기독교의 첫 번째 교리가 된 삼위일체론은 완벽한 것이 아니었다. 313년 기독교를 공인한 콘스탄티누스 황제는 "교회의 분열은 전쟁보다 더 나쁜 것이다"라고 선언하면서 기독교의 원칙을 통제하고 신학적 교리를 규정할 공의회를 325년에 소집했다. 그렇게 소집된 니케아 공의회에서 하나님과 그리스도의 본질이 동일하다는 주장이 제기된 이래 기독교 공동체 내부에서 오랜 논쟁과 타협을 거쳐 다른 주장을 물리치고 교리로서 승리를 거두었을 뿐이다. 교리로서 확인될 당시에도 아리우스Arius를 비롯한 일부 세력은 거기에 동의하지 않았다. 지금 여기에서 삼위일체론의 정당성에 의문을 제기할 생각은 없다. 그러나 세르베투스의 신학적 견해가 신학적으로 오류라고 해서 그 주장이 오로지 죽음으로 갚아야 할 만큼 엄청난 범죄였는가? 게다가 단신으로 제네바에 들어온 세르베투스를 기어코 죽여야만 했는가? 외국으로 추방하는 등 다른 조치를 취할 수는 없었는가?

칼뱅의 신학적 견해가 완벽하거나 모두 옳은 것은 물론 아니다. 프랑스 출신 망명 신학자 제롬 볼세크Jérôme Bolsec는 1551년 한 강연에서 대담하게도 칼뱅의 이중예정론을 정면으로 비판했다. 칼뱅의 구원과 유기에 대한 이중예정론이 하나님을 폭군이요, 죄의 조성자로 만든다고 선언했다. 루터와 마찬가지로 예정과 '의지노예론'을 열정적으로 반복했던 멜란히톤 역시 1520년대 후기부터 예정에 관한 부적절한 교훈이 하나님을 죄의 조성자로 제시할 뿐 아니라 기독교를 스토아 철학과 마니교와 마찬가지로 이방의 결정론적 철학과 인간의 무기력함에 가까이 가도록 이끌어버렸다고 보았다. 그래서 멜란히톤은 1527년경부터 1530년에 아우구스부르크의 신앙고백을 기안할 때까지 예정에 관한 모든 언급을 제외시켜버렸으며, 엄청난 영향력을 발휘하던 자신의 저서인 신학 교재 『신학총론Loci communes』의 1535년 이후 개정판에서 예정론 개념을 공개적으로 수정해갔다.[13]

당시 제네바에는 신학자 외에도 칼뱅의 개혁을 달가워하지 않는 사람들이 있었다. 예를 들면 카드 제조업자 피에르 아모Pierre Ameaux는 칼뱅의 카드놀이 금지로 피해를 입자 "제네바를 프랑스인이 지배하도록 만든 자"라고 칼뱅을 비난했다. 그는 그 대가로 속옷 차림으로 횃불을 들고 시내를 순회하면서 칼뱅에게 용서를 구하라는 처벌을 받았다.[14] 시민들은 존경하는 제네바의 동료 시민이 굴욕당하는 광경을 목격하고 불만을 터뜨렸다. 세르베투스의 처형은 이런 시민들에게 '일벌백계'의 표지였다. 세르베투스 처형 이후 칼뱅은 개신교의 중요한 대변자로 이름을 떨쳤다. 가톨릭과 개신교 사이에 실전이 벌어진 상황에서 그의 단호한 대처는 오히려 프로테스탄트 진영으로부터 엄청난 지지를 이끌어냈다. 반대로 칼뱅의 반대자들은 참수형을 면할 수 없었다.

칼뱅의 동료였던 카스텔리오와 프랑스 출신의 망명 신학자 볼세크는 결국 제네바를 떠나야 했다. 1541년 9월 다시 제네바로 복귀한 후 칼뱅의 신정 정치는 점차 엄격해졌고 가혹해졌다. 13명이 교수대에 매달렸고, 10명은 목이 잘렸으며, 35명이 화형당하고, 76명이 추방당했다. 감방마다 죄수로 가득 차서 간수장이 단 1명의 죄수도 받을 수 없다고 통보했을 정도였다고 하니 가히 그 상황을 짐작할 만하다.[15]

칼뱅은 정치 상황을 판단하는 능력이 뛰어났고, 때로는 제네바를 떠나겠다는 엄포를 마다하지 않음으로써 개혁 세력을 결집시켰다. 특히 설교가로서 그의 비범한 능력이 상황을 자신의 뜻대로 끌고 가는 데 큰 힘을 발휘했다. 그러나 그가 제정한 '억제적 법률'은 의무와 금지라는 그물로 사람들을 옭아매고 있었다. 슈테판 츠바이크Stefan Zweig는 "칼뱅의 수완은 새로운 것이 아니다. 모든 독재자들이 전부터 줄곧 사용해온 것이다. 그것은 테러다. 칼뱅이 한 일은 거룩한 테러였다"라고 비난했다.[16] 츠바이크의 비판이 다소 거칠다고 도리어 비판할 수도 있지만, 칼뱅이 인간의 생명을 존엄하게 여긴 지도자가 아니었다는 것도 사실이다. 그의 신학은 인류가 추구해온 인문학의 목표와 대척점에 서 있다. 인간의 존엄성을 발양하고 각 사람이 누려야 할 현재의 행복에 최대의 관심을 기울이려는 인문주의가 그에게는 사라지고 없었다. 이웃을 네 몸처럼 사랑하라는 그리스도의 가르침은 결국 인간의 행복에 이바지하려는 인문주의의 실천인데도 말이다. 제네바에서 거둔 칼뱅의 개혁은 인문주의와는 반대로 가고 있었다.

지금도 세르베투스의 화형에 칼뱅이 개입했다는 것을 부정하면서, 잘못된 신학적 견해에 대응해 세르베투스를 죽인 것은 정당했다는 주장이 공공연히 제기되고 있다. 지금의 기준으로 당시 칼뱅의 대응을 판단해서는 안 된다는 것이 칼뱅을 정당화하는 근거다. 여기저기에 개혁을 무산시킬 위험이 도사리고 있는 상황에서 옳은 신앙을 지키기 위해서는 이단 사상을 주장하는 사람은 어쩔 수 없이 죽일 수밖에 없었다는 주장이다.[17] 사실 기독교 역사에서 신앙인들이 신학 이론에 목숨을 거는 일이 종종 나타났다. 그러나 신학이란 무엇인가? 만약 자신들이 세운 신학 체계가 만고불변의 진리라면, 예수 그리스도인들 그 기준을 통과할 수 있겠는가? 그리스도는 당대 신학자들, 즉 율법사와 바리새인들이 보기에 법을 어긴 사람이었다. 안식일에 밀 이삭을 잘라먹는 그의 제자들을 비난하고 손 마른 병자를 고친 일로 그리스도를 힐난하자, 그리스도는 안식일에 인간의 고통을 덜어주는 것이 율법을 지키는 것보다 더 가치 있는 일이라고 주장하지 않았는가! 그리스도는 맹목적으로 인간을 사랑했고, 죽음 앞에서도 인간의 구원을 간절히 청했다. 그 맹목적 사랑으로 이단에 대처해야 한다는 것은 지나친 요구일 수 있다. 그러나 그리스도의 사랑은 "이에는 이, 눈에는 눈"이라고 가르치는 유대교의 율법을 넘어서야 하지 않겠는가?

결국 이 의문은 오늘 우리가 나 아닌 타자, 나와 견해가 다른 사람, 우리에게 속하지 못한 소수자를 어떻게 대하느냐는 문제와 연결된다. 과연 과거의 '불관용'은 정당화하면서, 지금 관용을 베풀자고 주장할 수 있을까? 다른 무엇보다 이 점에서 칼뱅의 가혹한 조치들에 대한 정당화에 자못 염려가 앞선다. 물론 그 이후 칼뱅주의자들이 루터주의자들의 수동성을 극복함으로써 유럽 사회의 근대화에 더 적극적으로 이바지했다는 사실까지 부정하려는 것이 아님을 분명히 밝힌다. 그러나 이와 동시에 신앙을 이유로 인명을 살상하는 끔찍한 일을 저지른다면 그 신앙은 결국 사람들로부터 외면당하고 말 것이라는 사실 또한 분명히 해두고 싶다.

자, 이제 '프로테스탄트 윤리가 자본주의 정신을 잉태했는가'라는 고전적인 질문을 다시 한 번 검토해보자.

이 논의는 이미 오래 지속돼왔기 때문에 많은 쟁점이 해결돼 있다. 그러나 오늘날에도 일부 학자들이 칼뱅의 '자유'를 끄집어내 자본주의 시장의 자유에 적용함으로써 자본주의 시장경제에 제한 없는 자유를 허락해야 한다는 논지를 펴고 있다는 점에서, 그리고 칼뱅주의자 가운데 많은 사람들이 그렇게 믿고 싶어 한다는 점에서 이 논쟁은 여전히 확인과 비판적 성찰이 필요한 주제 중 하나다.

종교개혁이 형성시킨 프로테스탄트 윤리 자체가 자본주의 사회에 필요한 정신적 태도를 낳았다고 보기는 어렵다. 프로테스탄트 신도가 많은 모든 지역들이 더 이른 시기에 자본주의 사회로 이행移行하지는 않았다. 에릭 홉스봄Eric Hobsbawm의 주장대로, 가톨릭으로 남아 있던 네덜란드 지역(벨기에)이 프로테스탄트가 된 지역(홀란드)보다 더 일찍 산업화를 이룩했다.[18] 이 점에서 토니R. H. Tawney의 베버에 대한 비판은 훌륭한 지적이다. 토니의 요지는, 베버가 '칼뱅주의'라고 부르는 것은 '혼성물'에 지나지 않는다는 것이다. 혼성물이라는 의미는 이중적이다. 하나는 칼뱅의 가르침 그 자체가 칼뱅주의가 아니라 다른 여러 신학자들과 기독교 지도자들, 특히 개혁교회 전통에 서 있는 사람들의 사상의 혼합이라는 측면을 지적하는 용어다. 다른 하나는 칼뱅주의의 사회적 영향력이란 칼뱅주의와 사회 중 어느 한쪽이 다른 한쪽에 일방적으로 영향을 주는 것이 아니라는 의미를 포함한다. 토니는 신학이 홀로 문화를 형성하지 않으며, 경제 조건 역시 종교와 사상, 행동에 영향력을 미친다는 의미에서 칼뱅주의를 혼성물로 본 것이다.[19]

청교도들이 천국에 들어갈 희망 때문에 세속적 욕망을 자제하고 더 열심히 일하는 등 자본주의에 적합한 윤리적 태도를 실천했을 수도 있지만, 그렇게 하는 것이 경제적으로 성공할 것이라는 전망이 가능했고 실제로 성공적이었기 때문에 그런 태도를 형성했다고 하는 편이 더 설득력을 갖지 않을까?

설사 신앙이 지배적인 힘을 발휘했다 하더라도, 인간이 처한 시공간, 즉 역사적 맥락과 무관하게 신앙이 엄청난 사회적 변화를 이끌어냈다고 주장하는 것은 너무나 관념적이고 단순한 논리의 전개다. 신학적 힘이든 사회적 힘이든 어떤 경우에 어떤 힘이 다른 힘을 지배하게 되는지는 늘 논쟁거리로 남아 있다. 바로 이 점에서, 인간 세상의 복잡한 작동들을 과도하게 단순화하고 싶은 유혹에 빠져서는 안 된다는 토니의 주장은 새겨들어야 할 지적이다.

이와 관련해 우리는 베버가 강조한 루터와 칼뱅 사이의 차이를 그들이 처했던 서로 다른 역사 상황과 연관시켜 생각해볼 필요가 있다. 우선 그 차이는 무엇이었는가?

먼저 베버가 지적한 차이는 이렇다. 루터의 지옥 불에 대한 개인적 두려움이 신의 은혜와 신에 대한 의존을 강조하도록 자극했다. 반면 자본주의적 행동의 등장에 신학적으로 두드러진 기여를 한 것은 칼뱅의 소명 교리와 예정 교리였다. 루터와 칼뱅 모두 세속 직업을 하나님이 주신 '소명'으로 설교해, 그들을 따르는 신자들이 세속 직업에 더 충실하도록 만들었다. 그러나 신자들이 프로테스탄트 윤리에 따라 자본주의적 태도를 갖게 하는 데 더 큰 영향을 미친 것은 칼뱅의 '예정 교리'였다. 신을 기쁘게 하는 것이 인간의 의무라는 논술은 한편으로는 신의 절대화를 의미하기도 하지만, 다른 한편으로는 지구를 인간에게 종속시킴으로써 세계의 탈주술화脫呪術化를 완성하는 힘이 되었다. 칼뱅주의자들 사이에 받아들여진 '예정 교리'는 탈주술화 과정의 완결이었다.[20] 신 이외의 어떤 권위도 인정하지 않는 이런 태도는 기존의 모든 주술을 무가치하게 만들어버린다. 이 점에서 칼뱅의 '절대 예정'은 근대의 합리주의적 심성과 이성적인 목적 및 수단에 대한 생각은 물론이고, 이 과제들의 해결을 지향하는 행동을 규정하고 유발하는 힘이 되었다.

그러나 루터 역시 예정론자라는 점에서 둘 사이의 차이가 아직 분명히 드러나지 않았다고 해야겠다. 두 사람의 차이를 드러내기 위해 블랜처드 Blanchard는 『프로테스탄트 윤리 혹은 자본주의 정신The Protestant Ethic or The Spirit of Capitalism』에서 칼뱅의 신학을 독해할 때, 그의 경제 사상을 추동한 힘으로 예정 교리보다 오히려 '자유'를 강조하고 싶다는 견해를 표명했다.[21] 칼뱅의 신학에 따르면 그리스도를 통해 구원을 받은 그리스도인은 율법의 정의에 묶이지 않고 자유로운 존재가 되었고, 그 자유로운 존재는 경제적 결정에서 대체로 개인의 양심에 따라 행동하는 자유를 얻었다는 것이 블랜처드가 드는 근거다.[22]

블랜처드는 예정론이 인간을 숙명에 종속시킨 것이 아니라 오히려 인간의 자유를 확장했다는 사실에 주목한다. 대단히 새로운 발상이다. 그는 또한 칼뱅이 성서문자주의자가 아니었다는 사실에도 주목했다. 실제로 칼뱅은 경제적 상황에 따라 성서 해석을 달리할 수 있다고 보았다. 칼뱅은 실제로 상업이 활기를 띠기 시작한 제네바의 경제 상황을 체험하며, 정치 질서란 잠정적이거나 표피적인 것이고 구체적인 상황에 따라 변할 수밖에 없기 때문에, 경제적 맥락이 성서 해석에 영향을 준다는 것을 시인하고 받아들였다. 칼뱅은 나아가 성서는 모든 사안에 대해 구체적으로 말하지 않은 부분도 있다고 하면서, 이자 수취를 절대적으로 금지하는 중세 기독교의 관행이 성서적인지 의문을 제기했을 뿐만 아니라 더 나아가 당시로서는 과감하게도 이자 수취를 허용했다.

> 원시 유대 농업 사회와 관련된 특정 금지 사항들을 16세기 제네바와 같은 진보적이고 근대적인 도시 사회에 적용하는 것을 [칼뱅은] 거부했다.[23]

성서의 가르침을 자본주의적 발전으로 이동하고 있던 제네바의 경제 상황에 맞춰 유연하게 해석한 칼뱅의 자세와 그에 따라 경제적 교리를 분명하게 표명한 그의 지도력은 자신이 종교개혁을 지도한 제네바에서 자본주의적 발전을 촉진하는 동력이 되었다. 이 점에서 칼뱅은 루터와 달랐다. 기본적으로 루터와 달리 칼뱅은 성서문자주의에 얽매이지 않았다. 물론 두 사람이 처한 상황이 이런 태도의 형성에 적지 않게 영향을 미쳤으리라고 본다.

루터는 신앙과 사회라는 양 측면 모두에서 다른 상황에 처해 있었다. 그는 '죄'에서 출발했다. 자신의 죄를 어떻게 하면 사함을 받을 수 있을지 고민하던 그는 내면의 소리를 듣는다. 즉 하나님의 의는 인간을 정죄하고 심판하는 수단이 아니라 그를 믿기만 하면 구원에 이르게 하는 '의인'의 과정이라는 깨달음을 얻었다. 그러나 루터는 이 '탑의 체험'을 통해 획득한 '믿음'에서 더는 앞으로 나가지 못했다. 성서 해석에서 칼뱅처럼 유연성을 발휘해야 할 긴급한 현실적 필요가 그에게는 강제되지 않았기 때문인지도 모른다. 경제적 변동이 활발하던 스위스의 제네바와 남부 독일과 달리 비텐베르크의 경제 시스템은 압도적으로 농업경제였고, 루터의 정치적 이해관게 역시 토지를 가진 영주들과의 결속을 강화시켰다. 어쨌든 그는 새로운 경제 관행에 적용할 성서 해석에서 '전통적'이었다. 그리고 후에 루터주의를 받아들인 대부분의 지역에서는 자본주의적 발전을 이룩하는 데 다른 요건들을 필요로 했다.[24]

여기에서 근대 산업사회에서 '자본주의 정신이란 무엇인가'라는 좀 더 근본적인 질문을 던져보자. 단순화해서 말하면 '이익(이윤)의 극대화'로 환원될 수 있지 않을까? 개인은 자신과 가족 이익의 극대화를 위해 부지런히 일하고 적은 생활비라도 아껴 집을 장만하고 자녀의 교육비에 보태려 노력하고, 기업은 '경영의 합리화'와 '기술 개발'을 통해 이윤의 극대화를 추구한다. 특히 기업의 이윤 추구는 무제한의 부를 목표로 한다. 이 점에서 프로테스탄트와 가톨릭 그리고 무신론자 사이에 아무런 차이가 없다는 것은 명백한 사실이다.

그러니까 우리는 프로테스탄트 지역이 가톨릭 지역에 비해 눈에 띄는 경제적 역동성을 보인 것을 설명하기 위해 자본주의 정신 이외의 다른 요소들을 고려하지 않을 수 없다. 한스 울리히 벨러Hans-Ulrich Wehler 교수의 '소수자 논제'는 설득력을 갖춘 설명의 하나라고 할 수 있다. 군사적으로 진행된 가톨릭의 대응 종교개혁Counter Reformation은 새로 관심을 끌게 된 사람들과 도전하는 사람들, 종교적으로는 프로테스탄트들을 가려내 추방했다. 프로테스탄트들은 강제가 심하지 않더라도 스스로 프로테스탄트 신앙을 관용하는 지역으로 이주하기도 했다. 탄압을 피해 프로테스탄트 지역으로 이주한 종교적·사회적·민족적 소수자들이 자본주의의 발전에 끼친 영향은 지나칠 수 없을 정도로 중요하다.

당시 유럽의 소수자는 1492년 기독교도들이 이베리아 반도에서 유대인과 무슬림을 쫓아낸 이른바 '레콩키스타Reconquista'의 희생자들이었고, 종교개혁과 대응종교개혁의 여파로 어쩔 수 없이 생활 근거지를 떠나야만 했던 사람들이었다. 특히 프랑스와 홀란드에서 쫓겨난 수십만 명의 위그노들, 유럽 대륙 내에 흩어져 살던 프로테스탄트들, 그리고 영국의 청교도들은 종교를 이유로 주류 사회에서 소외되거나 추방당한 사람들이었다. 그들은 사회적 변두리에 존재할 수밖에 없었고, 그 사실이 그들을 아주 낯설고 고립된 환경에서 스스로의 성과에 의존하도록 했다.[25] 기존 주민이 차지하고 있는 직업에서 배제된 그들은 위험을 무릅쓰거나 에너지를 쏟아야만 할 수 있는 직업을 택할 수밖에 없었는데, 당시에는 상공업이 바로 그런 분야였다. 이 분야에 종사하는 소수자들은 다른 집단에서는 찾아보기 어려울 정도로 신앙을 통한 결속력이 강했다. 이러한 결속력은 철저한 신용, 원거리 무역, 기업 성과 등의 바탕이 되는 기본적이고 중요한 신뢰의 끈으로 작용했다.[26]

이런 소수자들의 행보가 경제 엘리트가 중요해진 특정 도시 전체와 특정 지역에 활력을 불어넣었다고 할 수 있다. 물론 이러한 사실이 프로테스탄트 지역들에서 일어난 눈에 띄게 신속한 경제 발전의 원인을 모두 설명해 주지는 않는다. 아마도 프로테스탄티즘 내부에서 채택된 서로 다른 대응 방법들은, 근대로 넘어가던 그 시기에 각기 다른 사회적 조건들이 근대화라는 문명 과정에 복합적으로 작용해 만들어낸 것이라고 할 수 있다.

제네바에서 볼거리

베드로 대성당 Cathédrale Saint-Pierre: Place Bourg-Saint-Pierre

제네바의 가톨릭 주교좌 성당이었다. 1536년부터 제네바가 칼뱅의 개혁 활동의 중심지가 되면서 제네바 개혁교회의 주교회가 되었다. 약 1160년경 세 개의 기둥으로 된 로마네스크 양식의 바실리카로 출발해 약 100년 후 고딕 양식으로 완성되었고, 18세기에 고전 양식의 원주형 발코니를 확장했다.

대성당 옆에 칼뱅과 그의 제자이자 후계자인 베자가 강의실로 사용하던 부속 건물이 있다.

칼뱅의 묘지 Cimetiere des Rois: 공원묘지 내 Coulouvreniere Rois 1204

공원묘지는 15세기부터 존재했으나 19세기 말부터 '왕의 묘지'라는 이름대로 제네바시의 유명 인사들의 묘지로 사용되고 있다. 칼뱅은 자신의 묘지를 검소하게 해달라고 했기 때문에, 그의 묘지가 어디에 있는지 찾을 수 없었다. 그런데 1999년 이 공원묘지 내에 칼뱅의 묘지를 만든 것이다. 칼뱅이 제네바를 개혁 도시의 본보기로 만들고자 했고 엄격한 규율을 확립했다는 비문이 인상적이다.

종교개혁 기념비 Monument international de la Réformation: Promenade des Bastions 1

제네바 종교개혁의 확산을 기리는 기념비로, 1909년 칼뱅 탄생 400주년을 기념해 이 기념비의 초석이 놓였다. 공모를 통해 선발한 스위스 건축가 알퐁스 라베리에르 Alphonse Laverrière와 장 타이앙스Jean Taillens 등이 설계를 맡았고, 조각은 프랑스의 폴 란도브스키Paul Landowski와 앙리 부샤르Henri Bouchard가 담당해 1917년에 기념비를 완성했다. 제네바 대학 본관 옆 바스티옹 공원에 닿으면 곧바로 약 100미터에 이르는 석벽을 만날 수 있다. 석벽을 마주하는 화강암 계단에는 'Luther'와 'Zwingli'라는 이름을 새겨 그들이 개혁의 초석이었음을 나타냈다. 중앙에는 왼쪽부터 기욤 파렐, 장 칼뱅, 테오도뤼 베자, 스코틀랜드의 개혁가 존 녹스John Knox의 입상이 서 있다. 이는 종교개혁의

종교개혁 기념비
왼쪽부터 기욤 파렐, 장 칼뱅, 테오도뤼 베자, 스코틀랜드의 개혁가 존 녹스

주요 사건에 따라 순서대로 배치한 것이다. 그 아래 기단에는 그리스어로 '예수(ΙΗΣ)'라는 글씨를 박아 그들이 모두 예수 그리스도의 가르침에 토대를 두고 있다는 점을 강조했다.

한편 세속 정치인으로서 종교개혁에 영향을 미친 사람들도 종교개혁가들 양옆 자리에 입상으로 세워놓았다.

가스파르 드 콜리니Gaspard de Coligny(1517~1572)는 바돌로매 대학살 당시 살해당한 프랑스 귀족이다. 프랑스의 왕 앙리 4세는 1598년 4월 13일 비록 위그노에 한정된 것이지만, 신교관용령인 「낭트 칙령」을 발표했다.

나소의 빌헬름Wilhelm von Nassau(1533~1584)은 1581년 7월 26일 하흐Haag에서 네덜란드 연합 소속 지역들의 독립 선언을 발표했다.

보츠커이 이스트판Bocskai István(1556~1606)은 1606년 12월 13일 헝가리 의회에서 빈의 평화조약을 통과시켜 헝가리의 종교적 자유를 보장했다.

올리버 크롬웰Oliver Cromwell(1599~1658)은 잉글랜드의 상원과 하원에서 「권리선언」을 선

종교개혁 기념비

포하는 데 결정적으로 이바지했다.

로저 윌리엄스Roger Williams(1604~1685)는 식민지 프리마우스Plymouth에 영국 청교도들의 토대를 닦았다.

브란덴부르크의 프리드리히 빌헬름Friedrich Wilhelm von Brandenburg(1620~1688)은 프랑스가 「낭트 칙령」을 철폐하자 '포츠담 선언'을 통해 추방당한 위그노를 자신의 영지로 받아들였다.

한편 이 종교개혁 기념비는 2002년 페트루스 발데스Petrus Waldes와 위클리프, 후스를 추가했고, 여성으로 신학자이자 종교개혁 역사가인 마리 당티에르Marie Dentière(1495~1561)도 함께 기념해 종교개혁사 전체를 포괄하려고 노력했다.

세르베투스 추모비 A Champel Michel Servet: Champel 1206

1553년 10월 27일 화형에 처해진 세르베투스를 기억하는 사람들이 작은 기념비를 세웠다. 작고 보잘것없는 추모비 하나에 불과하지만, 이마저 없었다면 양심의 자유를 포기하지 않았던 한 인간의 영혼은 그만큼 더 위축되지 않았을까.

실은 이 기념비는, 1902년 제네바에서 모인 자유사상가들의 기념비 건립에 반대하는 개혁교회 지지자들이 그에 대한 대응책으로 세운 것이다. 그렇지만 칼뱅의 오류를 인정하고 용서를 구했다는 점에서 의의가 크다.

스트라스부르

도망자들의
개혁 도시

스트라스부르는 스위스의 흩어져 있는 개신교 개혁지도 아니었고, 저 멀리 동북부에 자리를 잡은 비텐베르크의 상아탑과도 달랐다. 그야말로 유럽에서 가장 큰 도시 중 하나였다. 라인 강의 양쪽과 동서를 잇는 유럽 육로의 주요 지점 중 하나였다. 또한 독일어와 불어권 문화의 접경지이기도 했다. 스트라스부르는 16세기에 20만 명가량의 인구가 거주하던 무역과 산업의 중심지로서 활력이 넘치는 도시였다. 지리적 위치로만 본다면 개신교의 수도가 될 만한 위치에 있었다.

이런 지리적 위치보다 더 중요했던 것은 스트라스부르 시의 지위였다. 스트라스부르 시는 주교의 지배에서 벗어나 자유를 누린 도시였다. 제국 도시로서 신성로마제국 황제의 직접적 통제에 놓여 있었으나 실제로는 오스트리아나 스페인의 왕을 겸하던 황제의 통제권이 미치지 않았다. 또한 영방 제후의 감독과 통제를 받지 않는 '제국도시'였기 때문에 그야말로 자유의 공간이 넓었다. 도시 시정은 대체로 상공업 길드가 대표했으며, 24개 길드가 있어 시민들은 이 중 하나에 참여함으로써 시민권을 행사하고 있었다.[1]

1520년대 종교개혁 운동이 격동하던 시기에 스트라스부르의 시정 업무를 관장하던 엘리트 저명인사들은 신중하면서도 점진적으로 스트라스부르를 복음주의 운동의 핵심 기지로 만들어갔다. 그들 중 대부분은 복음주의적 설교에 귀를 기울였고, 스스로 자신이 복음주의자라고 확신하기에 이르렀다. 1524년 시의회는 개혁 세력을 지지했다. 비록 단명으로 끝나기는 했지만, 스트라스부르는 1529년 프로테스탄트 시민연맹에 가입했고 그해에 가톨릭의 장엄 미사를 금지시켰다.

스트라스부르의 지도자들은 수십 년 동안 개혁교회를 어떤 형태로 정형화할 것인지를 두고 망설이고 있었으므로, 다른 분파 운동에 대해 다소 너

그러웠다. 해가 거듭될수록 종교개혁의 다양한 요소를 한데 모을 기회가 있었고, 서구 기독교 세계에서 새로운 로마가 될 수도 있었다. 그러나 비텐베르크의 종교개혁과 같은 부류의 종교개혁이라는 비난을 면하기 위해 비텐베르크로부터 거리를 유지하려고 했다. 스트라스부르는 프랑스 프로테스탄트들에게 처음에는 제네바보다 훨씬 더 크게 영향력을 끼치고 있었다. 칼뱅이 피난처를 구했고, 파렐이 부처를 만난 곳도 스트라스부르였다. 두 사람은 이곳에서 더 급진적인 츠빙글리 추종자들과 토론을 벌였다. 스트라스부르의 지도자들은 종교개혁을 체계적으로 이끌기 위해 당대의 가장 탁월한 인재를 등용했는데, 그가 바로 마르틴 부처였다.

1518년 4월 하이델베르크에서 루터를 만났던 부처는 1519년 인문학 학사 학위를 받은 후 목회를 시작했다. 이때부터 그는 개혁 사상을 전파하다가 강제로 목회지를 떠날 수밖에 없었고, 1523년에 교황청으로부터 파문당해 스트라스부르로 왔다. 스트라스부르 시의 관용 정책이 많은 이단아들을 끌어들이고 있었다. 예컨대 취리히의 츠빙글리로부터 박해를 받았던 많은 재침례파가 이 도시에 들어온 것도 시의 이런 관용 정책에 힘입은 것이었다.

부처는 루터와 츠빙글리가 성만찬 논쟁을 벌일 때, 근본적으로는 그들이 서로 일치한다고 보았다. 1540년대 중기까지 부처는 교회론과 성만찬을 두고 독일과 스위스 개혁가 사이에서 접점을 찾아보고자 노력했다. 그러나 양쪽 모두 그것을 달가워하지 않았다. 결국 그는 극단의 시대에 중립적인 견해가 져야 할 운명을 견뎌내야만 했다. 부처는 처음에는 루터의 개혁 사상에 공감했으나 점차 거리감을 느끼기 시작했고, 교회의 조직에 별 관심이 없는 루터와 달리 권징勸懲이 참된 교회의 표지라고 주장했다. 부처는 루터의 '이신칭의以信稱義' 교리에서 더 나아가 칼뱅과 마찬가지로 교회론과 목회신학에 지대한 관심을 기울였다. 그가 종교개혁가들 가운데 최초의 목회신학인 『올바른 목회학Von der wahren Seelsorge』(1538)을 저술한 것은 이런 관심의 반영이었다. 그는 또한 교회와 국가는 각각 고유한 기능과 영역을 유지하면서 하나님의 말씀에 따라 상호 협력 및 비판 관계에 있어야 한다고 보았다는 점에서도 칼뱅과 가까운 입장에 서 있었다.[2]

그는 외콜람파디우스가 1520년 바젤에서 종교개혁을 촉진시킬 때 표명했던 견해에 관심을 기울였다. 외콜람파디우스는, 교회는 공화국이 시민이나 공직자에게 집행하는 세속의 징계와 별도로 교인들에게 사랑의 징계를 해야 하고, 가톨릭처럼 개신교 역시 부정한 교인들을 성만찬에서 배제시키는 권한을 행사해야 하며, 이런 권한은 행정 책임자에게 이양하는 것이 아니라 교회가 직접 수행해야 할 거룩한 의무라고 주장했다. 그는 이러한 신념을 1529년 바젤 교회가 공식적으로 재조직되는 과정에서 실천했다. 그의 견해는 취리히에서 츠빙글리와 불링거가 주창하고 실현하고자 한 칸톤이나 교회의 강력한 통합 모델과 상충하는 것이었다. 오히려 교회가 주도적인 역할을 한다는 점에서 칼뱅이 제네바에서 실현한 모델에 더 가까운 것이었다.

부처는 외콜람파디우스의 견해를 스트라스부르에서 실현하고자 했다. 그러나 행정 담당자들이 늘 그를 지지한 것은 아니다. 부처는 의회의 반대에 부딪혔고 결국 개혁을 달성하지 못한 채 스트라스부르를 떠났다. 에드워드 왕의 잉글랜드 종교개혁에 크게 영향을 끼친 부처는 1551년 2월 영국에서 그의 생을 마감했다. 뒤이어 즉위한 메리 여왕 시기에는 존 위클리프가 그랬던 것처럼 무덤에서 꺼내져 화형당하는 수모를 겪었다. 그 후 엘리자베스 여왕 시대에 명예를 회복하기는 했지만 부처는 자신의 교단을 세우지 못했다는 점에서 비운의 개혁가였고 어디에도 속하지 못한 '경계에 선개혁가'였다.

한편 제네바에서 개혁을 지휘하던 칼뱅이 의회와 불화를 겪고 1538년 9월 스트라스부르에 도착했다. 칼뱅은 『기독교 강요Christianae Religionis Institutio』개정판을 준비해 1539년에 출판했고, 파렐과 함께 다시 제네바로 돌아간 1541년 9월까지 목회에 힘을 쏟았다. 프랑스 정부의 탄압을 피해 스트라스부르에 온 피난민 약 300여 명이 그의 회중이었다.[3] 이 시기에 스트라스부르를 대표해 종교 집회에 참석한 칼뱅은 멜란히톤을 만났다. 칼뱅은 대부분의 개혁가들이 사용했고 토론의 언어였던 독일어를 배운 바 없었고, 멜란히톤은 예정론을 이미 비판한 바 있었다. 서로 꺼리는 사이가 될 수도 있었지만, 멜란히톤은 루터와 칼뱅 사이에서 연합의 토대를 찾으려고 노력했다. 물론 성과는 없었고 멜란히톤은 자신의 시도를 후회했다.[4]

스트라스부르의 마르틴 부처는 칼뱅에게 언제나 합리적이고 건설적인 친구였다. 칼뱅은 이때 바울의 편지가 전체 성서를 열어줄 열쇠로 보았고, 그래서 로마서 연구에 주력해『로마서 주석Commentary on Romans』(1540)을 펴냈다. 그의 연구 성과는 성서와 고전 철학, 교부들의 저작들, 중세 연구자들의 연구를 섭렵한 결과였을 뿐 아니라 조국의 진리 탐구자들을 위한 그의 지대한 관심이 낳은 결실이기도 했다. 칼뱅은 제네바를 떠나왔지만, 제네바와 프랑스 지지자들과 서신을 통해 서로 소통하고 있었다. 그는 스트라스부르에서 제네바에 세우려고 했던 공동체로서의 교회를 실험하고 있었다. 칼뱅은 프랑스 운율의 시편에 기초해 회중이 찬송을 부르도록 했다.

남자든 여자든 모든 이들이 찬송을 부른다. 얼마나 멋진 광경인가.…… 모국어로 찬송가를 부르고 주님을 찬양하는 것은 상상할 수도 없이 즐거운 일이다.[5]

그러나 1541년 칼뱅이 제네바로 돌아가고 1549년 부처마저 스트라스부르를 떠나자 시는 점차 루터파로 기울었고, 다른 생각을 허용하지 않는 곳이 되었다. 이런 과정은 이미 오래전부터 시작되었다. 스트라스부르 시의회 의원들은 개혁 초기에는 세상 종말에 올 암울한 날들을 연상시키는 선동적인 말까지 자유롭게 하도록 버려두지는 않았지만, 시의 평화를 깨뜨리지 않는다면 종교적인 다양성을 관용할 자세를 갖추고 있었다. 특히 시의 행정관으로 일하던 마티아스 첼Matthias Zell의 아내 카타리나 쉬츠Katharina Schütz는 남자들의 편협한 마음에 불편한 심기를 드러냈고 "모든 사람에게 사랑과 섬김, 자비를 보이는 것이 우리의 의무이고, 또한 우리의 스승이신 그리스도께서도 그렇게 가르치셨습니다"라고 말하면서 급진주의자들에게조차 친절한 태도를 보인 것으로 유명했다. [6]

볼프강 카피토Wolfgang Fabricius Capito(1478~1541) 역시 스트라스부르의 종교개혁 운동에서 중요한 역할을 담당했다. 에라스뮈스의 친구이기도 했던 그는 인골슈타트와 하이델베르크, 프라이부르크에서 공부한 후 1515년부터 1520년까지 바젤 대성당 설교자로 일했다. 그는 루터와의 논쟁에 중재자로 나섰다가 실패한 후 1523년 스트라스부르 성 토마스 참사회의 책임을 맡았다. 그는 특히 인문주의의 유산과 종교개혁의 혁신 의지를 하나로 통합하려고 노력했으며, 부처의 개방된 마음과 평화에 대한 탐구를 행정적으로 뒷받침하고자 했다. 첼과 함께 카피토는 부처의 동료로서 긴밀한 관계를 맺고 있었다.

1520년대 후반부터 스트라스부르는 재침례파의 '희망의 도시'였고 '정의의 피난처'였다. 야코프 그로스Jakob Gross를 비롯해 한스 뎅크Hans Denck, 미하엘 자틀러Michael Sattler, 필그람 마르페크Pilgram Marpeck, 멜히오르 호프만 Melchior Hoffmann 등 재침례파 지도자들이 대거 이 도시로 찾아들었다.

발트 해 지역의 가죽 판매상이던 멜히오르 호프만은 순회 설교자로 이력을 바꾸면서 주목을 받았다. 특히 그는 1530년대에 일반적이던 '종말의 날'에 대한 열망을 고취시킨 것으로 유명하다. 그는 스트라스부르의 관용에 적잖이 고무되었던 것 같다. 그는 하나님께서 그 도시를 심판의 날에 예수님의 재림 장소, 즉 새 예루살렘으로 선택했다고 단언했다. 1533년은 그가 예언한 예수 그리스도의 천년왕국이 시작되는 해였다. 급진주의자들이 스트라스부르로 밀려들자 당국자들의 경계심도 따라서 고조되었다. 저지대 국가들과 동프리슬란트East Friesland로 종말의 메시지를 전하러 간 멜히오르 호프만이 1533년 예수의 재림을 기다리기 위해 스트라스부르로 돌아오자 시 당국은 그를 체포해 투옥시켰고, 그는 약 10년간 비참하게 옥고를 치르다가 예수의 재림을 보지 못하고 감옥에서 죽었다.

스트라스부르 시는 관용 정책을 거두어들였을 뿐 아니라 시의 개혁 노선을 따르지 않는 집단에 대해 탄압을 강화했다. 시의 관용 정책에 용기를 얻었고 또 마땅히 갈 곳이 없어 스트라스부르로 들어온 재침례파는 한때 2만 5000명에 이르기도 했으나, 시의 탄압이 절정에 달한 1533년에는 약 2000명으로 줄어들었다.[7]

급진적인 재침례파가 스트라스부르에서 살아남지 못했을 뿐만 아니라 이 도시의 개혁 자체가 서서히 흔들리고 있었다. 유럽 종교개혁의 중심지로 부상할 가능성이 매우 높았던 스트라스부르는 루터주의에 정착함으로써 그 역사적 의미를 마감했다.

그러나 그것으로 끝이 아니었다. 또 다른 시련이 기다리고 있었다. 스트라스부르는 1648년 베스트팔렌 평화조약으로 프랑스에서 제외되었다. 그러다가 1679년에 시작된 루이 14세Louis XIV(1638~1715)의 재통합 정책으로 스트라스부르가 다시 관심을 끌게 되었고, 1681년 9월 프랑스에 편입되었다. 이런 정치적 격동기에 가장 커다란 타격을 입은 것은 스트라스부르의 프로테스탄트들이었다. 1679년부터 프로테스탄트 신자들이 공직에서 쫓겨났고, 대성당은 다시 가톨릭이 차지했다. 1685년 「낭트 칙령」을 철회함으로써 프랑스 전역에서 프로테스탄티즘에 대한 탄압이 합법적으로 공공연히 이루어졌다. 그나마 불행 중 다행인 것은 스트라스부르가 속한 알자스에서는 종교의 자유가 허용되었고, 스트라스부르 대학 역시 자유를 누릴 수 있었다. 이때부터 이 도시는 프랑스 내에서 외국과 마찬가지의 지위를 누리면서 독일어를 사용하는 독일어 문화권에 들어갔다. 그 후 프랑스 혁명이 일어나자 스트라스부르 시는 공화주의자들을 지지했고 그 결과 다시 프랑스로 귀속했으나 보불전쟁(1870~1871)에서 프로이센이 승리하면서 알자스로렌Alsace-Lorraine 지방이 모두 비스마르크의 독일 제국에 복속되었다. 그러다가 제1차 세계대전에서 프랑스가 승리하면서 1919년에 다시 프랑스 령이 되었다. 지금은 수많은 유럽연합EU 기구들이 이 도시에 자리하고 있어 '유럽의 수도'로 불린다.

스트라스부르가 갖는 또 하나의 중요한 의미는 인쇄술의 발전이다. 15세기 인쇄술의 발전은 지식 기술의 혁명이었다. 서기 1000년부터 2000년 사이에 지식 기술 분야에서 일어난 가장 중요한 혁명이라고 할 이 혁명은 적어도 크게 세 가지 조건이 충족되어야만 성취될 수 있었다.

첫 번째 조건은 지식의 확산에 대한 수요다. 대학과 상업의 발전이 이런 수요를 크게 증대시켰다. 두 번째 조건은 수없이 많은 글자를 생산할 재료다. 다행히 활자를 주조하는 데 필요한 납은 이미 충분히 있었고, 종이 역시 활판인쇄기의 개발을 전후해 널리 쓰이기 시작했다. 이 재료들은 활판인쇄술의 발전과 상호작용을 하면서 발전했다. 그러나 이 두 가지 조건이 충족되었다고 해서 곧 혁명이 일어나는 것은 아니다. 혁신적인 아이디어를 가진 사람이 필요했다. 구텐베르크Gutenberg(본명은 Johannes Gensfleisch, 1400년 경~1468)가 바로 그런 사람이었고 그래서 후에 '천년의 인물Mann des Jahrtausends'이라는 명성을 얻었다.[8]

구텐베르크는 후일 독일 마인츠에서 주로 활동했고 이에 따라 그곳에 구텐베르크 박물관이 있지만, 그가 처음으로 인쇄술을 배우고 아이디어를 발전시킨 곳은 스트라스부르였다.

1434년 구텐베르크는 스트라스부르 근교의 성 아르보가스트St. Arbogast에 머물렀는데, 그는 곧 스트라스부르에서 주화 제조와 금세공을 돕는 도제로 일한 것 같다. 3년이 지난 1437년에 이미 구텐베르크는 주화와 금세공 작업에서 도제 수업을 지도했을 만큼 숙련공이 되었다. 그런데 구텐베르크가 스트라스부르에서 일하던 이 시기에 금속 세공 분야에 획기적인 발전이 일어났다. 당시 문헌에 '압축기', '거푸집', '도구' 등의 단어가 등장하는 것은 그러한 발전의 명백한 증거다.[9] 구텐베르크는 이 시기에 기술적으로 상당히 발전한 이 도시의 인쇄술에서 여러 가지를 배웠을 가능성이 높다. 한 예로 당대 스트라스부르에서는 서적 제본 시 철판凸板 인쇄의 낙인이 실험되고 있었다.[10]

종교개혁이 일어나기 전부터 민중적인 오락 문학이 스트라스부르에서 꾸준히 인쇄되고 있었다. 1477년 요한 멘텔린Johann Mentelin이 요한 에셴바흐Johann Eschenbach의 작품들을 출판한 이래 고트프리트 폰 슈트라스부르크Gottfried von Strassburg의 『트리스탄』 역시 이곳에서 출판되었다.[11] 스트라스부르는 인쇄술의 중심지로서 인쇄술을 다른 도시로 전파하는 역할도 맡고 있었다. 아우크스부르크의 귄터 차이너는 요한 멘텔린의 인쇄소에서 인쇄 기술을 익힌 후 아우크스부르크를 독일어권 산문 소설의 중심지로 만들었다. 차이너에 이어 요한 베플러, 안톤 조르크, 요한 쇤스페르거 시니어 등이 아우크스부르크에서 활동할 수 있었고 『빌헬름 폰 외스터라이히』, 『그리젤디스』, 『투른의 기사』, 『멜루지네』 등 이른바 '민속서Volksbücher'들이 속속 출판되었다.[12] 그 후 에라스뮈스와 루터의 성서와 저작이 스트라스부르크에서 출판된 것은 물론이다.

인쇄술의 발전은 여러 방면에서 실로 놀라운 변화를 가져왔다. 15세기 초에 정보와 지식의 전달에 획기적인 전기를 마련한 활판인쇄는 정보를 재생산하는 기술로서 필사본과 비교할 수 없는 여러 가지 장점을 가진 기술이었다. 사본은 저자의 작품을 저자가 원하는 형태로 더 직접적으로 표현하는 데 유리하다. 그러나 이 방법은 첫째, 필사하는 사람조차 그 내용을 진지하게 생각해볼 여지를 앗아간다. 필사와 그것의 보존이 다른 모든 가치에 우선한다. 따라서 생산자의 창조적 사고를 자극하는 데 한계가 있다. 둘째, 대량 생산이 어려워 소수의 사람들만 그 정보를 공유할 수 있다. 양피지처럼 동물 가죽으로 만든다면 희소가치는 높아지겠지만, 중세에 그랬던 것처럼 소수의 부유층이 아닌 다수의 접근을 비싼 가격이 차단해버린다. 한편 이 방법의 장점은 정보의 독점에 유리하다. 소수 사람이 정보를 독점함으로써 그 정보에 접근하지 못하는 다른 사람들을 지배할 수 있는 가능성을 키워준다. 중세 성직자들이 당대 기독교 세계 최고의 정보인 성서를 독점함으로써 평신도들의 신앙을 결정적으로 지배했던 것이 그 예다. 필사본은 정보와 지식의 확산보다는 보호에 더 무게를 둘 수밖에 없는 기술이었다.

종이가 널리 쓰이기 시작한 13세기 이후에 나타난 활판인쇄술의 가장 큰 장점은 정보의 대량 생산에 있다. 똑같은 서책을 단시간에 대량으로 생산하는 것을 가능하게 한 이 기술은 그동안 비용과 사회적 제한 때문에 정보에 접근할 수 없었던 사람들이 정보에 다가갈 수 있게 만들었다. 우선 비용을 줄인 것이 사회적 결과를 낳았다. 다른 누구보다 이 기술을 반긴 것은 인쇄업자였다. 활자를 하나씩 식자해 한쪽(한 판)을 모두 맞추는 수고를 하기만 하면, 그다음부터 대량으로 찍어내는 것은 손등을 뒤집는 것만큼 쉬웠다. 1540년대에 제네바에서는 숙련된 기술자가 하루에 1장짜리 문서를 약 1300장 정도 생산할 수 있었다고 한다. 반대로 중세에 유능한 수사가 성서 한 권을 필사하는 데는 3년 이상 시간이 걸렸다는 보고가 있다. 인쇄공의 노동생산성은 필사자에 비하면 월등히 높았다.

인쇄업자는 책의 가격을 대폭 낮추더라도 종이 값을 제하고 남는 이익이 상당했다. 1537년 잉글랜드에서 왕의 명령으로 교회들이 구입한 1500부의 큰 활판인쇄 성서의 출판 비용은 1파운드 스털링pound sterling의 3분의 1인 6실링 8페니 정도였는데, 비슷한 성서를 시중에서 고객에게 팔 때는 10실링(⅓파운드)에서 13실링 4페니(⅔파운드) 사이를 받았다.[13] 인쇄업은 사업으로서 수지맞는 일이었다. 갑자기 유럽 전역에 수많은 인쇄소가 생겨났다. 인쇄업자들은 이익을 가져다주는 책이면 교회의 눈치를 보기보다 독자들의 취향에 더 큰 관심을 기울였다. 마침 새로운 지적 풍토가 형성되는 시기여서 시장 공급을 위해 서둘러 책을 생산해야 했다.

인쇄술의 발전은 정보의 유통을 통해 사회변혁을 일으킬 가능성을 확장했다고 할 수 있다. 칼뱅의 전기 작가 베르나르 코트레Benard Cottret는, 종교개혁이 성서를 증가시킨 것이 아니라 성서의 증가가 종교개혁을 만들어냈다고 주장했으며, 그와 동시에 그런 성서들이 라틴어가 아니라 지역 언어로 번역된 역본들이었다는 사실을 중요한 변화로 꼽았다.[14]

한편 인쇄술의 발전은 더 많이 읽을 수 있는 힘을 주었다. 읽기는 수동적인 일이기는 했지만 쓰기보다 쉬운 일이었고, 본문에 집착하기보다 스스로 사고할 수 있는 여유를 주었다. 필사라는 노동에 지배당하는 대신 읽기에 집중하자 읽는 양이 많아졌고, 읽으면서 그 의미를 토대로 새로운 생각을 펼칠 수 있었다. 이렇게 되자 독자는 스스로 새로운 질문을 만들고 답을 찾기 위해 다른 책을 구해 읽으면서 독자적인 사상을 형성할 수 있었다. 독자와 공급자가 상호작용하면서 도서의 양과 종류가 모두 크게 증가했다.

스트라스부르에서 볼거리

부클리에 개혁교회 Église protestante réformée du Bouclier: 4 Rue du Bouclier

칼뱅이 스트라스부르에 머문 3년 동안 프랑스에서 도망한 피난민들을 위해 목회하던 교회다. 교회당 정문 오른편 표지판에 프랑스 난민교회에서 최초로 사역한 목회자들을 기념한다는 글이 있다.

노트르담 드 스트라스부르 Cathédrale Notre-Dame de Strasbourg: Place de la Cathédrale

가톨릭 교회이지만 유럽 건축사에 의미 있는 건물이니 한번 찬찬히 돌아보는 것이 좋겠다. 특히 프랑스와 독일 문화의 영향이 모두 남아 있어 이채롭다. 1176년부터 1439년 사이에 건설되었다. 북동에서 남서로 이어 지은 새 건물은 로마네스크 양식과 고딕 양식을 모두 보여준다. 142미터 높이에 이르는 북쪽 망루는 중세에 세운 가장 높은 건축물이다. 나선형 계단을 오르는 수고를 하면 시내 전경을 감상할 수 있다.

종교개혁 시대의 성상 파괴 운동, 1681년 가톨릭 복원, 프랑스 혁명 등으로 화상畵像과 장식품이 손상되었고, 1944년 폭격으로 건물 일부가 파괴되기도 했다. 천문 시계, 세례반洗禮盤, 파이프오르간, 채색 유리 등이 모두 좋은 볼거리다.

대성당의 루터주의 설교자로는 마티아스 첼, 카스파르 에디오Caspar Hedio(혹은 Kaspar Böckel, 1494~1552) 등이 있었다.

성 토마스 교회 Église Saint-Thomas: 11 Rue Martin Luther

마르틴 부처가 1531년부터 1540년까지 목회를 하던 교회다. 1681년 스트라스부르 대성당이 가톨릭으로 넘어간 이래 알자스로렌 지역 전체에서 가장 주요한 프로테스탄트 교회가 되었다. 약 6세기부터 지금의 장소에서 사도 도마(토마스)를 숭배한 것을 기려 교회를 건축하게 되었다. 현재 남아 있는 교회의 건축양식은 1521년에 마무리된 후기 고딕 양식이다.

구텐베르크 동상 Gutenberg Denkmal: Place Gutenberg

구텐베르크는 마인츠에서 태어나 그곳에서 죽었다. 그래서 마인츠에 구텐베르크 박물관이 있다. 그러나 그는 1434년부터 1444년까지 스트라스부르에 머물렀고, 이곳에서 활자인쇄기 기술을 발전시켰다. 구텐베르크 광장에 있는 그의 동상은 그가 인쇄한 성서를 들고 있고 "빛이 있으라"라는 구절을 새겨 그의 창의성을 하나님의 창조에 비견하는 예술가의 인식을 드러낸다.

구텐베르크 동상

위키피디아, ⓒ Craig Wyzik

에슬링겐

마녀사냥의 아픈 기억을
역사로 남긴 도시

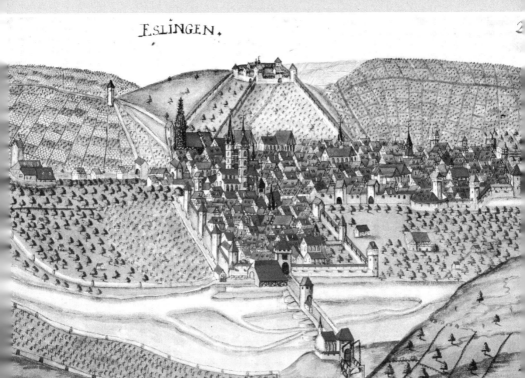

1630년경 어느 작은 도시에서 있었던 일이다. 두 딸이 마녀로 지목된 부부의 대화와 그 후 어떤 일이 일어났는지 들어보기로 하자.

이미 날이 저물었다. 남편 제바스티안은 기름 램프를 내려 돌렸고, 그의 아내 베로니카는 불을 붙여 덮개가 있는 부엌 창문에 걸었다. 그들은 숨을 죽이고 조용히 이야기했다. 그들의 두 딸들은 슬픈 소식을 아직은 모르는 것 같지만, 내일이면 소문이 날 것이고 고문실에서 딸 자비네의 이름을 부를 것이었다. …… 베로니카는 곧바로 주교를 찾아가 하소연했지만 소용이 없었다. …… 혹시 여행 중인 수녀들이나 하녀를 거느린 귀부인을 만난다면, 그럼 아이들을 안전하게 도망시킬 수 있을지 모를 일이다. 마녀로 지목되고 나서 체포에 이르기까지 때로는 한 달이 걸렸다.

그러나 제바스티안에게는 겨우 하루밤에 시간이 없었다.

"아이들을 도시 밖으로 내보내야 돼, 빨리. 그것도 바로 내일. 아이들이 일어나자마자 이른 아침에 밭에 나가는 것처럼 한 명씩 성문을 빠져나가는 거야, 그러면 정오쯤에는 시를 벗어날 수 있을 테고, 저녁이면 산비탈에 있는 우리 포도밭에 도착할 거야. 그곳 오두막이 그들에게 안전한 곳이야."

"그럼, 제바스티안 당신은요?"

"나는 아무 일도 없었다는 듯 행동해야겠지. 당신과 아이들을 위해 다른 핑계를 찾아봐야지."

그들 부부는 (아침 일찍) 발소리를 죽이며 딸들이 자는 이층 계단을 올랐다. 아이들은 조금이라도 더 자야만 했고, 더 재우고 싶었다. (실은) 그 딸들은 눈을 붙이지 못했다. 자비네는 시내에서 그녀의 검은 눈이 어떻다느니 하며 수군대는 소리를 들었고, 곧바로 알아차렸다. 도망가지 않고 세 번이나 심문을 견뎌내려 했던 자베린처럼 그럴 수는 없었다. ……

베로니카가 외마디소리를 질렀다. 아이들의 침대는 이미 텅 비어 있었다. 정오쯤 시의 직원이 문 앞에 와서 외쳤다.

"당신 아이들, 박사님, 미안하지만 그 아이들 차례야."

저녁에 어떤 사람이 그들을 찾아와, 마녀사냥꾼이 맹수가 지나다니는 숲에서 찾았다면서 신발 한 짝을 내밀었다. 제바스티안의 아내는 그 소식을 듣자마자 몸을 가누지 못했다. 그녀는 어깨를 들썩이며 흐느꼈다. 불안과 희망이 그들을 휩싸 안고 있었다.[1]

이 소설에 도시 이름은 빠져 있다. 나는 지금 슈투트가르트Stuttgart에서 기차를 타고 에슬링겐Esslingen이라는 작은 도시로 가고 있다. 30분도 채 걸리지 않는 길에 나는 이 이야기를 떠올렸다. 그러면서 이 소설의 저자가 에슬링겐에서 일어난 일을 소설로 옮겼을 것이라는 심증을 굳히고 있다. 아마도 저자는 다른 도시에서도 여성들을 마녀로 몰아간 사례가 많다는 것을 암시하기 위해 도시의 이름을 적지 않았을 것이라고 짐작해본다. 아무튼 에슬링겐은 후에 밝혀진 연구에 따르면 종교개혁 이후 마녀사냥이 가장 많이 일어난 곳이다. 그 슬픈 이야기를 찾아가려니 슈투트가르트를 떠나는 것이 더욱 아쉽다.

우리나라로 치면 지방 도시에 지나지 않는 슈투트가르트는 인구 80만 명이 채 안 되는 도시이지만 슈투트가르트 시민들뿐 아니라 독일인들이 자랑하는 출판사 레클람Reclam이 최근까지(지금은 본사를 베를린으로 옮겼다) 수많은 책을 출판한 곳이고, 우리가 사랑하는 세계적인 발레리나 강수진 씨가 수석 발레리나로 활동했던 슈투트가르트 발레단이 정기 공연으로 시민들을 즐겁게 하는 곳이다. 세계적으로 유명한 자동차 회사들이 많아 한때 대기오염이 심했지만, 건축물의 높이와 위치를 조정하는 등 도시 재정비 사업을 통해 대기의 흐름을 원활히 함으로써 다시 사랑받는 도시가 된 슈투트가르트를 떠나면서 다른 한편으로는 위안을 찾았다. 코페르니쿠스의 지동설에 확고한 기초를 제공하고 아이작 뉴턴Isaac Newton의 만유인력 발견에 토대를 제공한 위대한 천문학자 케플러Johannes Kepler(1571~1630)가 마녀로 몰린 그의 어머니를 적극적으로 변호해 그 혐의를 벗어나게 했다는 슬프고도 아름다운 이야기의 무대가 바로 슈투트가르트다.

에슬링겐 역시 슬픈 과거를 딛고 중세를 간직한 아름다운 도시로 다시 태어나지 않았는가?

에슬링겐은 슈투트가르트 남동쪽에 위치한 인구 9만 명이 조금 넘는 작고 아름다운 중세풍의 도시. 11월 말경부터 성탄절 직전까지 열리는 중세 시장과 성탄 시장은 주변에서 가장 크고 매력적인 볼거리를 제공한다. 중세 도시를 보고 싶은 여행자들에게는 안성맞춤인 그런 도시다.

에슬링겐이 역사에 처음으로 언급된 것은 8세기 문헌을 통해서다. 그러나 주목을 받은 것은 네카어Neckar 강 위로 다리가 놓여 교통의 요지로 발전하면서부터이고, 1229년 신성로마제국 황제에게 자치도시로 승인받은 후부터 활기를 띠기 시작했다. 1803년에 뷔르템베르크 주에 편입되기는 했지만, 일찍이 "도시의 공기는 자유롭다"라는 말처럼 그런 자유로운 분위기가 도시를 융성시킨 곳이다.

뷔르템베르크 주 가운데 이 아름다운 도시에서, 중세가 아니라 종교개혁 이후에 가장 많은 마녀사냥이 행해졌다. 그 슬픈 이야기를 찾아, 나는 에슬링겐으로 향하고 있다. 그러니 썩 유쾌하지만은 않다.

가톨릭을 개혁하자는 운동이 종교개혁 아니었는가? 그런데 종교개혁 이후에 오히려 마녀사냥이 늘어나다니, 그렇게 된 이유는 도대체 무엇일까? 한 가지 짐작되는 점이 있기는 하다. 아마도 종교개혁 시기가 그 이전 시대와 비해 오히려 위기감이 더 고조되었기 때문은 아닐까?

마녀사냥은 실제로 불안감을 먹고 자란 나무였다. 인간이 불안감의 포로가 되면 지성도 판단력도 무력해지는 것을 우리는 역사에서 쉽게 찾아볼 수 있다. 그것도 안정을 누리면서 살던 사회 집단이 그 지위가 흔들린다고 여길 때 더욱 극심한 불안에 휩싸이는 경우가 종종 있다. 예컨대 1920년대 말 세계가 대공황을 맞았을 때 많은 나라에서 사회계층 사이의 대립이 극심해졌고, 그 사이를 비집고 극단적인 정치 구호들이 특히 새로운 중간계층(사무직 노동자층) 안으로 파고들었다.

유럽 중세 사회에서도 사회가 안정적인 시대에는 마녀사냥 같은 극단적인 일이 그리 많지 않았다. 그러나 경제적 안정이 깨지고 기존의 도덕이 아무런 도움이 되지 않는 불안의 시기에는 누군가를 희생양으로 삼아왔다. 그럴 때마다 사회의 소수자들이 희생양이 되곤 했다. 유럽 도처에서 간헐적으로 희생자가 된 집단 중 하나는 유대인들이었다. 그들 외에 또 다른 희생자가 있었는데, 이른바 '마녀'로 지목된 사람들도 바로 그런 희생자들이었다.

유럽인들은 14세기에 극도의 공포를 경험했다. 페스트로 인구의 3분 1가량이 약 3년 만에 사라지는 대참극이 일어난 것이다. 14세기 말부터 15세기의 마녀사냥은 이런 불안을 배경으로 등장했다. 중세에 민간에서 '개발'된 마녀사냥은 종교개혁의 시대에 줄어들기는커녕 오히려 늘어났다. 1580년부터 16세기 말까지, 그리고 30년 전쟁이 계속되던 시기에 마녀재판이 급격히 증가했다. 이는 종교개혁 시대가 대단히 불안정한 시대였다는 반증이기도 하다.

잠시 중세로 돌아가 보자.

원래 이단이란 중세 가톨릭 교회가 잘못된 신앙이라고 정의한 신앙을 의미했다. 사실 다수로부터 종교적인 이유로 거부당한 소수자가 이단이 된 사례가 많았다. 그런데 하필이면 왜 마녀사냥의 희생자 대다수가 여성이었을까?

당시 여성은 보호받지 못하는 집단이었다. 가난, 외모가 특이한 사람, 미혼이거나 과부처럼 남다른 사람들은 그 사회의 외부인이었고 이 외부인들은 때로 십자가에 달리고 화형에 처해졌는데, 여성에 대한 비하와 차별이 이를 부추겼다. 특히 14세기부터 15세기 사이 경제적 극빈과 질병이 창궐하던 시기에 대중의 불안이 싹텄다. 이런 분위기 속에 마녀가 아닌 모든 주민과 공권력이 마녀를 추방하도록 부추기는 이른바 '전선투쟁Frontstreik'이 형성되었다. 불안에 대처하는 방편으로 마녀 추방이 일종의 대중운동이 되고 있었다.[2]

그러나 마녀사냥에 대한 이론적 근거는 희미했다. 마침내 1487년 도미니크 수도사 두 사람이 '마녀망치Malleus Maleficarum'라는 제목으로 마녀와 이교도를 구별하는 안내서를 편찬했다. 공동 저자 하인리히 인스티토리스Heinrich Institoris는 첼레스타Celesta 출신으로 도미니크 수도회의 수도사였다. 더 중요한 공동 저자는 야코프 슈프렝거Jakob Sprenger(1436~1495)였는데, 그는 라인펠덴Leinfelden에서 태어나 도미니크 수도회에서 수도사를 거친 후 쾰른 대학 신학부 교수를 지냈고, 쾰른 시 설교자형제단의 수도원장을 지낸 저명인사였다. 그의 지적·종교적 권위를 토대로 도덕적 권위를 등에 업은 그의 저작은 역사에 드문 악명으로 기록되었다. 이 책의 제목 '마녀망치'는 망치Mallus와 나쁜 일을 행하는 여자maleficarium의 조합이다. 그들은 이 책에서 여성은 머리가 나빠 마녀에게 잘 속아 넘어가고 정욕에 취약하기 때문에 마녀가 된다고 주장했다.

이 책의 저자들은 마녀가 존재한다는 민간신앙을 하나의 교리(!)로 체계화함으로써, 마녀사냥에 신학적 정당성을 부여하는 데 이바지했다. 이처럼 '지성'이란 그 향방이 누구의 유익에 이바지하느냐에 따라 얼마든지 사악한 도구가 될 수 있다는 사실을 새삼 확인하게 된다. 그럼에도 스트라스부르의 장 프뤼스Jean Prusse라는 출판사에서 나온 이 책은 당대로서는 놀랍게도 약 3만 부나 인쇄되었고,³ 그 후 20쇄를 거듭 찍어냈다.

마녀사냥은 또한 변동하는 시대에 교회가 그 변화를 억제하느라 채택한 수단이었다. 아직 자본주의 사회가 도래한 것은 아니지만, 화폐경제가 성장했고 도시들이 발전했다. 도시들은 토지 경제를 유지하려는 영주들의 직접적인 지배와 통제를 벗어나고 싶어 했는데, 그들의 소원은 신성로마제국 황제의 통제를 받는 '자유도시'가 됨으로써 성취할 수 있었다. 저 멀리 합스부르크 왕가에 앉아 있는 황제는 도시들을 실질적으로 통제하지 못했다. 도시들은 황제의 우산 아래 교회의 통제력을 약화시키고 있었다.

교회는 통제력을 되찾기 위한 수단으로 공포 정책을 꺼내 들었다. 마녀재판은 사회적 약자를 희생양으로 삼아 정치 질서를 안정화하거나 내부 비판자를 제거하는 방법으로 이용되기 시작했다. 마녀사냥이 증가했을 뿐 아니라 특히 여성을 마녀로 처형하는 사례가 늘어났다. 마녀재판의 희생자는 80퍼센트 이상이 여성이었다.

중세 교회는 여성적대주의를 기본 입장으로 삼아왔다. 물론 소수의 여성이 성자로서 존경과 칭송을 받은 사례가 있으니 예외가 없는 것은 아니었다. 예컨대 힐데가르트 폰 빙겐Hildegard von Bingen은 지혜롭고 경건한 여성의 본보기였고, 예수의 어머니 마리아는 여성의 부드러움과 어머니로서의 보호라는 이미지를 지닌 성녀였다. 그러나 교회는 여성 대부분에 대해 비판적이었고, 여성을 수다쟁이거나 타락, 탐욕, 교만의 상징으로 보았다. 중세 교회는 여성을 사악한 존재로 보고 남성들이 그들을 감독해야 한다고 가르쳤다. 결혼마저도 사랑의 결과가 아니라 남성이 여성의 감독자가 되는 것이었다. 미혼녀나 과부, 수녀원의 수녀, 여성 수도회인 베긴회Beguines 소속의 여성들은 남성들의 감독을 받지 않고 있어, 특히 방탕과 죄의 원천으로 지목되었다. 게다가 불안과 곤궁의 시대가 찾아오면 그런 불행의 원인을 여성에게 전가했다.

장 보댕Jean Bodin(1529~1596)은 산파를 마녀로 지목한 원인이 산파로 활동한 여성들이 동료 여성들의 보호자이기 때문이었다고 증언했다.

> 페스트로 주민 수가 감소하자 노동력의 수요가 높아졌다. 피임과 낙태에 관한 산파들의 지식은 주민 수를 늘리려는 권력층의 이해와 대립했다. 여성의 건강은 임신 횟수가 많을수록, 그리고 가족의 생계는 살아남은 어린이들의 수가 많을수록 위험에 빠졌다.[4]

해산이 여성 사망의 가장 높은 원인이던 시기에 산파들은 태아보다 산모를 우선 보호하려고 했다. 산파들은 약으로 쓰이는 허브나 독을 이용해 위험에 빠진 여성의 낙태를 도왔다. 다시 말해 주민 수를 늘리려는 지배층의 의도에 반하는 행위를 한 셈이다. 의료를 담당할 사람이 없던 시골에서 민중은 자연히 산파를 신뢰했고, 무조건 아기를 살려야 한다고 설교하는 성직자들을 달가워하지 않았다. 그 결과 민중의 신뢰를 받지 못한 성직자들은 산파들을 교회에 해악을 끼치는 인물로 몰아갔다. 마녀사냥은 성직 및 세속 지배층의 합작품이었다.

『마녀망치』가 출간되기는 했지만, 마녀를 구별해내는 객관적 방법은 없었다. 마녀로 지목된 사람을 도르래의 한쪽 끝에 달아 강물에 빠뜨려 살려고 헤엄을 치면 마녀이고 물속으로 가라앉으면 죄가 없는 것으로 여겼다.

물에 빠져 죽어야만 무죄를 입증할 수 있는 도무지 상식 밖의 기준이 적용되고 있었던 것이다. 또는 도르래의 양쪽 끝에 각각 마녀와 마녀보다 무거운 돌을 달아 물속에 내려 더 무거운 돌이 가라앉지 않아야 죄가 없다고 판단하기도 했다. 바늘로 찔러 통증을 느끼지 못하는 여성만이 마녀가 아니었다. 결국 고문에 의한 자백이 유력한 증거였다.

마녀재판이 횡행하자 사람들은 공포에 휩싸였고 자신이 마녀가 아니라는 사실을 미리 밝히기 위해 이웃 사람을 마녀로 고발하는 슬픈 일이 벌어지기까지 했다. 마녀로 지목된 사람은 평소 재판관에게 밉보인 특정인을 마녀로 지목하라고 강요받기도 했는데, 이런 일은 다반사였다.

마녀재판으로 희생된 사람은 얼마나 되었을까?

마녀사냥이 시작되어 사라질 때까지 스위스 칸톤에서 처형된 사람이 5417명이고, 스페인에서는 1481~1808년 사이에 산 채로 화형당한 사람만 3만 4656명, 참수형을 당한 사람이 1만 8112명, 감옥에 수감된 이가 28만 9106명에 이르렀다. 독일에서도 2만 2500명의 희생자를 냈다.[5]

종교개혁이 일어났으니 좀 나아지지 않았을까?

그런 기대는 여지없이 빗나갔다. 종교개혁 시대에 루터는 면벌부 판매를 반대했고 미신적인 신앙에도 반대한 사람이었다. 그러나 1545년 루터가 쓴 「로마교황청에 반대하여」의 표지에는 교황의 입에서 온갖 마귀와 사탄이 쏟아져 나오는 그림이 그려져 있다.[6] 루터 역시 마녀와 사탄의 존재를 믿었고, 자신의 적대자들을 마귀나 사탄으로 보았다는 증거다.

마녀사냥은 최소 5만에서 최대 20만 건에 이른 것으로 추정되는데, 다른 어느 시기보다 16, 17세기에 비교할 수 없을 만큼 집중적으로 일어났다.[7] 이 사실은 종교개혁의 '근대성'을 의심하게 만들고, 종교 분쟁이 마녀사냥을 더욱 부채질했다는 것을 의미한다.

1660년대와 1670년대 사이에 한자 동맹에 속한 독일 북부 도시 렘고Lemgo에서는 시장 헤르만 코트만이 마녀재판을 이용해 정적들을 모두 화형대에 매달아 죽이는 공포정치를 실시했다. 그는 '마녀시장'이라고 불렸다.[8] 이 지역들은 신앙심이 높은 지역들이지만, 고문을 통해 다수를 마녀로 처형해 신앙심이 마녀사냥을 막아주기는커녕 오히려 부추겼을 가능성이 높다. 이에 반해 잉글랜드에는 마녀로 조작하는 고문도 없었고, 또 처형을 피할 수 있는 방법도 있었다고 한다.[9]

에슬링겐은 1526년에 최초의 개신교 목회자가 이미 임명된 도시다. 1527년 이래 개혁적인 성향의 교회가 형성되었고, 1531년부터 설교의 자유가 주어졌으며, 1532년 교회의 성상이 파괴되는 등 개혁 진영에 가담한 대표적인 도시 중 하나로서 1531년 프로테스탄트들의 슈말칼덴Schmalkalden 연맹에 가입했다. 잠시 개신교 예배가 중단된 시기도 있었지만, 1579년 에슬링겐의 시장 마티아스 헤르바르트Matthias II Herwart von Bittenfeld(1510~1584)는 시의회의 주장에 따라 루터주의 신앙고백서에 서명했다.

에슬링겐에서 벌어진 마녀사냥의 규모는 어느 정도였는가?

루터가 죽은 후인 1546년 프라이부르크에서 마녀사냥이 1건 있었고, 1551년에 처음으로 에슬링겐에서도 마녀사냥이 나타났다. 1562년에 다시 3건의 마녀사냥이 있었고, 1599년에는 다시 프라이부르크에서 18건이 있었다. 그 후로도 마녀사냥은 그치지 않았는데, 특히 오펜부르크Offenburg에서 1603년과 1627년 각각 1건과 4건이 있었고, 1628년부터 1631년 사이에는 30건으로 증가했다. 그러나 오펜부르크의 수치를 완전히 무색케 하는 마녀사냥이 1662년부터 1665년 사이에 에슬링겐에서 일어났다. 만 3년 동안 188건의 마녀재판이 이 도시에서 이루어졌다.[10]

에슬링겐보다 큰 도시가 여럿 있었는데, 왜 이런 불행이 이 작은 도시에서 계속되었을까?

마녀사냥이 성행하게 된 데는 여러 요소가 작용했다. 민중과 당국 사이에 마녀 신앙이 어떤 원인에서든 크게 높아졌다든지, 1562년 에슬링겐에서 그랬던 것처럼 자연재해가 있었다든지, 1603년부터 1631년까지 오펜부르크에서처럼 의회 내에서 격렬한 논쟁이 있었을 때 마녀사냥이 크게 증가했다. 그러나 모든 처형에 공통적으로 나타나는 현상은 이미 여러 차례 마녀재판이 있었던 곳에서 마녀사냥이 기승을 부렸고, 무엇보다 작은 도시에서 처형이 대대적으로 일어났으며 남성과 어린이까지 마녀로 몰아가는 사태가 빈번히 일어났다.

그렇다면 재판과 처형 과정에 드는 비용은 누가 지불했으며, 혹은 누가 경제적 이득을 얻었을까?

한마디로 마녀재판은 마녀가 된 당사자의 재산이 몰수된 반면, 몇몇 사람들에게는 소득을 안겨주었다. 마인츠에서 그리 멀지 않은 아샤펜부르크Aschaffenburg의 관련 자료는 마녀재판의 경제적 측면을 보여준다. 1613년 비용 명세서를 보면 영주에게 324굴덴 11바첸Batzen 2크로이처Kreuzer가 지급되었고, 읍장과 서기, 면장에게 348굴덴 11바첸 2크로이처, 관리들에게 12$\frac{1}{2}$굴덴, 아홉 번의 심문을 실시한 시청 직원에게 14굴덴 13$\frac{1}{2}$바첸, 감옥에 불을 밝힌 사람에게 6굴덴 1바첸 2크로이처, 간수들에게 179굴덴 13바첸, 화형대에 쓸 나무를 제공한 산지기에게 4굴덴, 주와 시의 재판소 심부름꾼에게 42굴덴, 심문 집행관과 그 종복의 빵과 포도주 비용으로 38굴덴 4바첸 2크로이처, 마녀가 남긴 재산을 감정한 감정인에게 62굴덴 6바첸 1크로이처, 그 재산의 기록관과 관리인에게 106굴덴 10바첸이 지불되었다.[11]

제법 큰 몫을 챙긴 사람들은 영주나 시장 또는 읍장 등이었다. 간수들도 꽤 괜찮은 소득을 얻었다. 이렇듯 집행자들에게 마녀재판은 하나의 소득원이었다. 재판 비용은 마녀의 재산을 몰수해 충당했다. 재판 비용을 공제하고 남은 돈은 지역공동체가 차지했다. 재판을 받는 사람이 가난해 그 비용을 충당하지 못할 경우 당국이 비용을 부담해야 하기 때문에, 이럴 경우에는 재판 비용을 최소화했다. 지역 단위 공동체는 되도록 비용이 들어가지 않는 방안을 강구했다.

종교개혁 자체가 마녀재판을 더욱 부추겼다는 증거는 없다. 다만 종교적 갈등과 종교전쟁 시기에 가톨릭이든 프로테스탄트든 마녀재판이라는 극단의 방법을 각기 자기 분파 신앙의 정당성을 확보하는 수단으로 채택한 것으로 보인다. 결국 마녀재판의 종식은 종교전쟁의 여파가 잦아들고 새로운 정신적 기풍이 마련되는 18세기의 계몽주의를 기다려야만 했다. 그 사이에 재판 제도가 도입되었는데, 비밀 재판이 원칙이었고 성직자와 관료가 재판관으로 활동했으며, 반드시 마녀로부터 피해를 입은 증인의 증언이 객관적으로 입증된 후에 판결을 내리도록 규정했다.

마녀재판이 기승을 부리자 성직자들 사이에서 비판의 목소리가 터져 나왔다. 프리드리히 폰 슈페Friedrich von Spee(1591~1635)는 1631년에 『범죄의 담보Cautio criminalis』를 출판해 마녀사냥을 본격적으로 비판했다. 독일 예수회 회원이자 시인인 그는 고통을 가해 심문하는 고문이 왜 진실을 얻어내는 방법이 될 수 없는지를 논리적으로 반박한 최초의 인물이다. 그는 1610년 예수회에 들어가 공부한 후 1624년 파더보른Paderborn 대학에서 교수로 일했으며, 쾰른과 힐데스하임Hildesheim 등지에서 설교했다. 그는 평소에도 특별히 고통받는 이들을 보호하는 데 앞장섰다.

뷔르츠부르크에서 오랫동안 마녀 고해사로 일한 것으로 알려진 슈페는 교회의 허락을 받지 않고 '익명의 로마 신학자'라는 이름으로 『범죄의 담보

Cautio Criminalis』를 출판했다. 그는 당장 마녀재판을 중지하라고 주장하지는 않았지만, 자신의 경험을 바탕으로 특히 고문 등 재판 과정에서 자행되는 각종 남용을 풍자적으로 묘사했다. 이어 개혁 조치를 요구함으로써 마녀로 의심을 받은 이들을 처형하는 일이 사라지기를 소망했다.

슈페는 우선 52개의 의문을 제기하고 거기에 답하는 식으로 자신의 주장을 펼쳤다. 고발된 마녀는 변호인을 세우거나 법적 방어를 허락받고 있는가? 범죄가 중대한 만큼 이 권리는 더욱 중요하고, 그렇게 하는 것이 정상이다. 실질적으로 고통을 멈추게 하려고 죄가 없는 사람이 자백을 할 위험은 없는가? 고문을 하는 데도 자백하지 않으면 그 자체가 마법이라는 생각은 모든 사람을 유죄로 만들지 않겠는가? 고문을 하면 그것을 멈추기 위해 진실이든 거짓이든 가리지 않고 말을 하게 되는데 어찌 고문이 진실을 얻어내는 방법인가? 슈페는 특히 공범자를 대라고 고문함으로써 모든 사람이 의심을 받게 되는 상황에 많은 관심을 기울였다.

그렇지만 슈페 역시 마녀의 존재를 믿었다. 다만 아무 잘못이 없는 사람이 마녀로 몰려 죽어가는 것을 두고 볼 수 없었던 것이다. 그는 잡초를 뽑는 일은 주인의 일이라는 「마태복음」 13장 24절부터 30절은 죄인이더라도 자유를 주어야 하며 죄가 없는 사람이 형벌을 받아서는 안 된다는 의미라고 주장했다. 비록 마녀사냥의 철폐를 주장하지는 않았지만 그의 책이 출간됨으로써 마인츠를 비롯한 여러 곳에서 처형이 사라졌고, 다른 곳에서도 점차 줄어들기 시작했다.

크리스티안 토마지우스Christian Thomasius(1655~1728) 또한 마녀재판에 반대했고, 프로이센의 왕은 1714년 마녀 추방을 제한하는 법령을 공포했다.[12] 17, 18세기 계몽주의 저술가들은 개인의 인권을 존중해 '마녀들'을 추방하거나 박해하는 데 반대했다. 몽테스키외Charles Louis de Secondat Montesquieu(1689~

1755)는 기독교도들에게 로마제국에서 소수자로 박해를 받았던 과거의 기독교도들을 상기하라고 주문했다. 볼테르François-Marie Arouet Voltaire(1694~1778)는 교회의 비관용에 엄중한 경고를 보냈으며, 마법에 기초한 사고를 웃음거리로 만들었다.

근대적인 교육과 의학이 발전하면서, 이상한 행동을 유발하는 히스테리가 영적인(때로는 육체적인) 질병으로 받아들여진 것도 마녀사냥의 폐지에 이바지했다. 프랑스에서는 1745년, 독일에서는 1775년에 마녀사냥이 종말을 고했고, 스위스에서는 1782년 아나 굇디Anna Göldi가 독일어권 최후의 마녀로 기록된 이후 마녀에 대한 기록은 더는 발견되지 않았다.

마녀사냥은 사라졌지만, 그러나 오늘날에도 다른 사람을 마녀처럼 여기는 사람들이 있다.

잠시 1973년 독일의 알렌바흐Allensbach에서 이루어진 한 여론조사를 살펴보자.

"어떤 사람들은 다른 사람에게 불행과 질병을 갖다 준다는 말을 듣곤 한다. 당신은 그렇다고 믿는가?"라는 질문에 응답자의 9퍼센트가 '예'라고 답했고, 14퍼센트는 '아마도 그럴지 모른다'라고 했으며, 77퍼센트만이 '아니요'라고 답했다. '예'라고 답한 사람들 중 "누가 그런 사람이냐?"라는 질문에 25퍼센트가 마녀, 4퍼센트가 마귀와 사탄, 3퍼센트가 얼굴이 험상궂은 사람, 44퍼센트가 모르겠다고 답했다. 독일이 통일되기 전이라고는 하지만, 과학 문명이 발전한 선진 국가에서 다른 사람이 불행을 가져온다고 믿는 사람이 10명 중 1명꼴이나 되었다니 믿고 싶지 않은 수치다.

그러나 더욱 중요한 사실은 나와 다른 사람, 다른 생각을 가진 사람을 '관용'으로 대하지 않는다거나, '우리'에 들지 못한 '소수자'에게 때로 관습에 지나지 않는 도덕과 윤리를 절대적인 기준으로 적용해 그들의 평온한 일상을 완전히 깨버리는 일은 지금도 우리 주변을 서성이고 있다. 실은 중세의 어두운 역사일 뿐이라고 믿고 있는 마녀재판 '관행'은 여전히 우리 곁에서 서성이고 있다. 불행하게도 우리는 마녀재판의 역사를 여전히 되새겨야 하는 사회에 살고 있는 것이다.

에슬링겐에서 볼거리

성탄절 시장과 중세 시장 Esslinger Weihnachts- und Mittelaltermarkt

시 전역에서 행사가 펼쳐지는데, 중세 마녀사냥을 연상시키는 마녀 복장을 한 거인들이 등장한다. 물론 지금은 아이들의 호기심을 자극하고 즐거움을 주는 볼거리일 뿐 어두운 역사를 알려주지는 않는다. 1997년 새 시 청사 옆의 중세 시장터에서 시작된 이 행사는 성탄절 전후에 열리는데 해마다 계속 이어지고 있다. 네카 강을 끼고 있어, 항구도시와 시장 분위기가 결합된 독특한 볼거리들이 많이 마련되어 있다. 지금은 바덴 뷔르템베르크 주의 주요 축제로 자리 잡아 많은 관광객이 모여든다.

에슬링겐 시 박물관 Das Stadtmuseum: Das Gelbe Haus, Hafenmarkt 7

중세 초부터 현대까지 이 도시의 역사를 한눈에 볼 수 있는 장소다. 1908년 시민들이 에슬링겐의 역사를 수집하고 보존해야 한다는 데 인식을 같이함으로써 박물관 설립이 시작되었다. 1978년에는 박물관의 일부를 13세기에 지어진 가장 오래된 주택으로 이전했다.

프랑크푸르트

재등장한
반유대주의

이미 예루살렘 회복을 위한 십자군전쟁에서 유대인 살육을 자행했던 유럽 기독교는 무슬림이 정복한 이베리아 반도를 재정복한다는 레콩키스타 과정에서 다시 한 번 유대인을 대대적으로 추방했다. 1391년 스페인에서 유대인의 3분의 1가량이 죽임을 당한 대량 학살이 자행되었고, 나머지 3분의 1이 강제로 개종한 사건이 있었다. 개종 후에도 기독교도들은 콘베르소 converso(개종한 유대인)를 의심의 눈초리로 보았다.

스페인 카스티야 왕가의 이사벨 1세Isabel I는 왕이 되기는 했지만, 그녀의 왕권은 불안정했다. 1469년 아라곤의 페르난도와 결혼한 후에야 국력을 강화해 여전히 통일에 어려움을 겪던 안달루시아Andalusia 지역을 정복했다. 그리고 종교재판소를 운영하기로 했다. 이 기구는 카스티야 왕국에서 유대주의자들을 박해하는 기구로 사용되었다. 1481년부터 1488년 사이에 700명가량의 유대인이 산 채로 화형을 당했다. 1490년에도 불행한 사건이 일어났다. 크리스토발, 즉 '그리스도를 영접한 자'라는 별명을 가진 한 기독교 소년이 유대인들에게 죽임을 당했다는 소문이 톨레도Toledo의 기독교 열광주의자들 사이에 퍼졌다. 그저 소문일 뿐 사실이 아니었지만 반유대주의가 폭발했고, 결국 7만 명에서 10만 명에 이르는 유대인들이 유럽 전역으로 망명을 떠나야만 했다. 이들이 이른바 흩어진 유대인들, 즉 세파르딕 유대인Sephardic Judaism(히브리어 Sefarad를 스페인어로 바꾸어 사용했다)을 이루었다. 포르투갈에서도 이사벨을 모방해 유대인을 추방했다.[1] 이베리아 반도를 떠나 유럽 전역으로 흩어진 유대인들에 대한 박해는 끊이지 않았다. 불행한 시대에는 희생양을 필요로 하는데, 피해를 입는 쪽은 대부분 사회적 약자들이었고, 특히 많은 도시에서 일어난 반란이 반유대인주의 Anti-Semitism적 성격을 띠기 시작했다. 기독교도들의 눈에 유대인들은 도저히 받아들일 수 없는 특성을 지니고 있어, 영원히 사회질서의 외부에 존재하는 집단으로 보였다.

우리는 종교개혁 전야에 유럽에서 활동한 인문주의자들이 유대인 보호에 앞장섰을 것이라고 막연히 생각할 수도 있다. 그러나 그렇게 생각했다면 내가 그랬던 것처럼 그 기대가 무참히 짓밟히는 곤혹스러운 경험을 피할 수 없을 것이다.

결론부터 말하면 유대인은 르네상스 인문주의에서 아무런 혜택도 입지 못했다. 스페인의 프란시스코 히메네스 데 시스네로스Francisco Jiménez de Cisneros 추기경이 일찍이 그 전형을 보였다. 히메네스는 프란체스코 교단, 그중에서도 규칙이 엄격하기로 소문난 엄수회에 들어가 은둔자로 살 만큼 신앙심이 깊은 수도자였다. 그는 영적 활동을 인정받아 1492년 이사벨 여왕의 고해성사 신부로 권력에 발을 들여놓았다. 그 후 톨레도의 대주교직과 왕국의 섭정을 맡는 등 권력의 중심에서 활동하면서, 스페인 르네상스의 후원자 역할을 떠맡았다. 그는 학문 연구를 지원하는 데 아낌없이 돈을 썼고, 알칼라 대학Universidad de Alcalá을 설립하는 데 거금을 기부했다. 또한 많은 책을 출판하도록 재정을 지원했다.[2]

학문을 진작시킨 히메네스는 두 개의 얼굴을 가진 인물이었다. 스페인 인문주의의 후원자였던 그는 추기경이 된 1507년에 종교재판소의 총심문관을 맡았다. 이 종교재판소는 이베리아 반도에서 경쟁 관계에 있는 문명들을 제거할 계획을 세우고 실천하는 데 앞장선 핵심 기구였다. 1499년 코르도바Cordoba에서 천년왕국 논쟁이 벌어졌을 때 일련의 '신앙 조치'를 내려 약 400명가량을 화형에 처함으로써 스페인 가톨릭의 '피의 순결'을 지키기 위해 책무를 수행한다는 사실을 확인시킨 기구였다. 히메네스는 종교재판의 총심문관으로서 잔류 무슬림인 무데하르mudéjar와 유대인들이 기독교 국가인 스페인을 오염시키고 있다는 증거를 수집해 그들을 제거하거나 추방하는 일을 계획하고 지도했다.³ 이뿐만 아니라 16세기에 종교재판소는 북유럽에서 불어오는 종교개혁 전야를 차단하고, 주민들 가운데 급작스러운 회심이나 기적을 존중하지 않는 사람들을 가려내 억압했다.

히브리 신비 철학에 매료된 인문주의자들조차 유대 민족에게 따뜻한 감정을 보이지 않았다. 기독교 인문주의자들 중 단연 돋보이는 히브리 연구가 요하네스 로이흘린은 히브리 신비 철학을 유대인의 오염에서 구원해야 한다고 생각했다.⁴ 가장 의외의 인물은 에라스뮈스였다. 에라스뮈스는 히브리 신비 철학과 신비 문학을 아예 불신했을 뿐 아니라, 종교에서 의례를 지나치게 강조하는 전통이 유대인들로부터 기원했다는 편견에서 벗어나지 못했다. 그는 히브리어 연구에 열정을 보인 스트라스부르의 학자 볼프강 카피토Wolfgang Capito를 조롱했다. 에라스뮈스는 '유대 족속'을 '위조물로 가득한 민족'이라고 말했으며, 유대의『탈무드』를 비롯한 전통 철학과 문학, 신앙을 싸잡아 '쓰레기'로 치부해버렸다. 고결하고 위대한 이 인문주의자는 스페인이 그를 따뜻하게 초대했을 때도 그곳이 유대인들로 가득하다는 이유로 번번이 초대에 응하지 않았다.⁵

유럽 기독교의 반유대주의는 종교개혁가 루터에 의해 오히려 강화되었다. 루터는 1523년「예수 그리스도는 유대인으로 태어났다」라는 글을 쓸 때만 해도 유대인에게 적대적이지 않았다. 물론 이 글을 쓴 동기는 유대인에 대한 긍정적인 감정 때문이 아니라, 예수가 동정녀에게서 탄생했다는 것을 자신이 부정하지 않는다는 자기 방어와 가톨릭의 유대인 공격이 비이성적이고 잔인하다는 것을 드러냄으로써 가톨릭을 공격하기 위해서였다고는 하지만, 어찌 되었든 유대인에게 적대적이지는 않았다. 그러나 그의 노력에도 불구하고 유대인 선교는 성과를 얻지 못했다. 루터가 선교를 강조하기 시작한 것은 순수한 독일적 애국주의라는 그의 생각과 강하게 결합되어 있었다.[6] 따라서 루터의 실망은 컸던 것 같다.

처음에 루터는 "모든 이스라엘이 구원을 받을 것이라"라는 바울의 「로마서」 2장 25절부터 27절까지의 해석을 수용했다. 그러나 시간이 지날수록 루터는 이 해석에 대한 반대 입장으로 옮겨갔다. 그가 보기에 당시 유대인들이 기독교로의 개종을 거부하는 것은 단복음 수용이 지연된 것이 아니라 그들을 향한 하나님의 처벌이 시작되는 것이라고 점차 확신했기 때문이다.[7]

루터는 1542년 『유대인과 그들의 거짓말Von den Juden und ihren Lügen』을 출간했다. 이 책은 악평을 받았지만, 최후의 날이 다가오고 있는데도 유대인들은 기독교로 개종하지 않아 약속된 목표가 더는 성취되지 않으리라는 전망을 뚜렷이 했다. 루터는 세상이 종말을 맞더라도 유대인들이 기독교로 개종하지는 않을 것이라고 확신했다. 왜냐하면 그들이 개종하도록 하나님께서 예정하지 않았기 때문이다. 자신의 확신에 따라 대대적으로 반유대주의 캠페인을 펼치던 루터는 지친 나머지 한때 캠페인을 끝내겠다고 결심하기도 했지만, 죽는 날까지 반유대주의를 버리지 않았다.

루터의 반유대주의는 유대인들이 자본주의적 관행과 긴밀한 관계를 맺고 있다는 판단에 근거한 것이었다. 루터는 여러 나라에 확산되고 있는 고리대 관행의 배후에 유대인들이 있다고 보고 그들이 독일을 비롯한 여러 나라의 자유를 옥죄고 있다고 불만을 터뜨렸다.[8] 루터의 반유대인 논리는 돈의 생산성을 상징하는 자본주의적 관행에 대한 불만과 결합하고 있었다.

그 후 루터파에 속한 성직자 가운데 루터의 유대인 공격에 맞서 싸운 인물을 찾아보기 어려웠다. 거의 유일한 사람이 뉘른베르크의 안드레아스 오지안더Andreas Osiander로, 루터가 말년에 반유대인 감정을 폭발적으로 드러내자 그의 지나친 감상에 강력히 반대했다. 이것이 화근이 되어 그는 뉘른베르크에서 설 자리를 잃어버렸고 쾨니히스베르크Königsberg로 도피할 수

밖에 없었다.[9]

개혁파 전통에 선 사람들도 볼프강 카피토 같은 사람을 제외하면, 유대인 문제에서 루터와 크게 다르지 않았다. 스트라스부르를 비롯해 제네바와 잉글랜드의 개혁에 지대한 영향을 미친 부처는 유대인보다 재침례파에게 오히려 관대했다. 부처는 1538년 「유대인에 대한 보고서」를 작성해 후원자 헤센의 필리프가 자신의 영지에서 유대인들을 살게 한 조치에 항의했으며, "교황 나부랭이들과 유대인의 신앙 및 종교는 매한가지다"라고 딱 잘라 말했다.[10] 다행히 필리프는 그의 말을 무시해버렸다.

주요 종교개혁자들 가운데 칼뱅은 유대인 혐오를 별로 내비치지 않았다. 칼뱅은 교회 조직에 집중한 반면 종말의 때라는 주제에 관심을 기울이지 않았고, 유대인 개종 문제는 그의 입장에서 우선순위에 들지 못했다. 그는 오히려 유아세례를 정당화하기 위해 유대인의 전통인 유아 할례를 내세웠고, 교회의 권징을 확보하기 위해 『구약성서』의 율법에 비상한 관심을 보였다. 칼뱅이 직접적으로 영향을 끼쳤다고 보기는 어렵지만, 어찌 되었든 개혁파가 다스리는 영토에서 살아가는 것이 유대인들에게 한결 수월했다.

루터에 의해 오히려 강화된 반유대인 정서는 유대인들이 독일인들의 경제적 이익을 가로채고 있다는 의구심 때문에 더욱 증폭되었다. 프랑크푸르트는 그 불꽃을 보여준 도시였다. 이 도시의 장인들과 상인들은 네덜란드인들과 유대인들이 이주해온 것이 경제 불황의 원인이라고 생각했다. 도시민들의 불만은 1614년 8월 유대인들에 대한 대대적인 테러로 이어졌다. 시민들이 유대인들의 집을 약탈했고, 그들을 도시 밖으로 추방했다. 그러나 실제로 유대인들의 경제 활동은 도시 경제에 활력을 불어넣고 있었고 그들은 상업에서 능력을 입증했을 뿐 아니라, 좀바르트가 자본주의의 기본적인 준거라고 본 복식부기를 채택해 금융업에 뛰어드는 등 자본주의적 경제를 선도했다. 프랑크푸르트에는 그들을 대체할 인적 자원이 아직까지 없었다. 1616년 시의회는 이 반란의 주동자를 처형하고 유대인들의 안전을 보장했다. 유대인들은 다시 프랑크푸르트로 돌아왔고 반란의 와중에 파괴된 유대인 공동체도 서서히 복구되어 유대인들은 이전의 경제적 위상을 회복했다.

종교개혁은 독일에서 유대인의 사회적 안전을 보장하는 데 전혀 기여하지 못했을 뿐 아니라, 루터의 신학은 오히려 위기의 시기에는 언제든 유대인을 희생양으로 삼을 수 있는 논거를 제공하고 말았다. 유감스럽게도 루터의 반유대주의는 17세기에 일어난 30년 전쟁 기간에, 19세기와 20세기에 일어난 독일 역사의 끔찍한 현실을 이미 예견하고 있었다. 반유대주의는 걷히지 않은 구름처럼 독일뿐 아니라 유럽 전체를 뒤덮고 있었다.

프랑크프르트에서 볼거리

유대인 게토 박물관 Museum Judengasse: am Börneplatz

프랑크푸르트 유대인 게토는 1462년부터 1796년까지 존재했고, 근대 초 이곳에 독일 최대의 유대인 집단 주거지가 형성되었다. 그러나 나치 시대에 그 흔적을 완전히 지워버렸다. 게토는 안 데어 스타우펜마우어An der Staufenmauer 거리 북서쪽을 따라 이어져 있었던 것으로 추정되는데, 1987년 공공건물 건축 당시 유대인 게토의 잔해가 일부 발견되자 긴 토론 끝에 유대인 게토 박물관을 포함시키기로 결정해 박물관이 세워졌다.

유대인 묘지 Der Jüdische Friedhof: an der Battonnstraße

1만 1850제곱미터에 달하는 꽤 넓은 유대인 묘지다. 원래 유대인들의 시장이 서던 자리였다. 나치 시대 도미니칸Dominican 광장으로 옮긴 것을 전쟁 후에 다시 지금의 자리로 이전했다. 18세기 중엽 괴테는 유대인 시장을 "좁고 더럽고 북적대는가 하면 유쾌하지 않은 억양의 말들이 난무하는 곳"이라고 표현했다.

오른편으로 유대인 묘지가 보인다. 페터 베커, 1872년작

뮌스터

새장 안에
갇힌 왕

MONASTERIVM, vrbs in media Westphalia ce-
leberrimi nominis, metropolitica dignitate, & Episco-
patu clara; De quo Albertus Krantzius, in Sua
Saxonia lib. 2. Cap: 10.

베스트팔렌 주 뮌스터 시에 가면 사람들은 기이한 풍경을 마주하게 된다. 시장에서 가까운 람베르티Lamberti 교회 남쪽 망루에 달려 있는 직사각형 새장 세 개가 눈길을 잡아끌기 때문이다. 새장 하나는 길이 187센티미터에 폭 78센티미터, 다른 하나는 같은 길이에 폭 76센티미터이고, 나머지 하나는 길이 179센티미터에 폭 79센티미터란다. 이 철로 만든 새장은 1535년 뮌스터의 대장장이 베르톨트 폰 뤼딩하우젠Bertolt von Lüdinghausen이 만든 것으로 원래 죄수 운반용으로 사용하던 것이다. 그런데 종교개혁기에 재침례파 Wiedertäufer 지도자들을 이 새장에 가두어 교회 종루에 매달았다고 한다. 뮌스터의 종교개혁을 주도하다가 재침례파로 전향해 그들의 지도자가 된 베른트하르트 로트만Bernhard Rothmann(1495~1536), 부시장이었다가 시의 개혁에 앞장서면서 재침례파와 결합한 베른트하르트 크니퍼돌링Bernhard Knipperdolling, 네덜란드에서 이주한 얀 판 레이던Jan van Leiden 등이 그들이었다. 이들은 도대체 무슨 일을 했기에 새장에 갇혀, 지금의 상징물로 사람들의 주목을 받게 된 것일까?

그들을 새장에 가둔 이유는 당대의 신학자 게오르크 스팔라틴Georg Spalatin 이 말한 그대로였다.

모든 불평하는 영혼들에게 경고와 공포감을 주기 위해.

16세기 뮌스터는 약 1만 명의 주민이 살고 있는, 규모가 그리 크지 않은 도시였다. 그렇지만 상대적으로 상공업이 발전했고 교통의 요지이기도 해 도시민 사이에 교류가 잦고 빈번했다. 그만큼 새로운 개혁 사상을 받아들이고 전파하기 쉬운 곳이었다. 사실 독일 도시 중 주민 수가 4만 명을 넘는 도시는 전통적인 도시 쾰른과 상업도시로 발돋움한 아우크스부르크 그리고 뉘른베르크가 전부였다. 루터의 종교개혁에 이런 대도시가 동참하기도 했지만, 대부분은 규모가 작은 도시들이 개혁 운동에 적극 동참했다.

뮌스터Münster라는 단어가 대성당을 뜻하는 데서 알 수 있듯이, 뮌스터는 주변 지역을 관장하는 대주교가 주재하는 주교좌主教座 도시였다. 당시 주교 프란츠 폰 발데크Franz von Waldeck는 뮌스터뿐 아니라 오스나브뤼크Osnabrück에 대한 지배권도 행사하고 있었다. 뮌스터는 가톨릭 교회의 중심지 중 하나로, 다른 도시에 비해 많은 성직자들이 이 도시에 거주하고 있었다. 당시 다른 도시들에서는 인구의 약 2퍼센트 정도가 성직자였다. 그런데 뮌스터 시의 성직자 비중은 적어도 인구의 약 3~4퍼센트 정도에 달했다.[1] 최근의 연구에 따르면 주교 주변에 성당 사제단, 사제, 사제보, 수녀, 수도사, 평신도 형제자매단 등을 합해 교회 종사자만 약 750명에 이르는 것으로 파악된다.[2] 이는 인구의 약 7.5퍼센트에 이르는 수치인데, 이들은 세금을 한 푼도 내지 않는 사람들이었다. 그만큼 가톨릭 성직자들의 억압과 착취가 심각했다는 의미인데, 한 연대기 기자는 이들이 '방탕'했다고 기록했다. 종교개혁이 어디에서나 반反성직자 운동의 성격을 띠었다는 측면을 고려하면 뮌스터 시는 개혁의 불길을 피해갈 수 없는 도시였다.

게다가 1560년대에 중부 유럽에 경제 위기가 닥쳤다. 수확량이 줄어들었고, 빵과 곡물의 가격이 치솟았다. 이런 위기에도 대지주들만이 이득을 취하고 있었는데, 교회 역시 대지주에 속했다. 사회적 긴장이 높아진 것은 당연한 결과였다. 뮌스터 시는 1368년에 한자 동맹에 가입한 꽤 발전한 상업도시였지만, 한자 동맹의 지위가 하락하면서 뮌스터 시의 경제 상황은 날로 악화되고 있었다. 양털, 모피, 가죽, 면직물, 양초 등의 교역량이 줄어들면서 비록 완전히 가라앉지는 않았지만, 어려움에 봉착했다. 하층민들 사이에 실업이 늘어났고, 굶주림과 빈곤이 널리 퍼졌다. 게다가 1530년에 페스트가 다시 뮌스터 시를 덮쳤다.

뮌스터 시에서 개혁을 지도한 사람은 베른하르트 로트만이다. 1531년 로트만은 루터주의 개혁을 받아들여야 한다는 것을 뮌스터 시에 최초로 선포한 사람이다. 로트만은 뮌스터 시에서 가까운 네덜란드 데벤터Deventer에서 시작된 '새로운 신앙운동'에 영향을 받았고, 사제 서품을 받은 뒤 뮌스터 시의 작은 교회에 담임 사제로 부임했다. 그는 1529년부터 1530년 사이 쾰른에서 수학한 이후 루터파로 전향했다.

로트만은 뮌스터 시에 루터주의 개혁을 도입하려고 노력했다. 이때부터 가톨릭 성직자를 제외한 거의 모든 시민이 개혁을 위해 결집했다. 평신도들이 가톨릭 성직자들을 불신해 1532년에는 가톨릭 성직자들의 지위가 상실되고 만다. 1533년 2월 뮌스터의 주교가 시의 모든 사목 교회가 개혁주의임을 인정했을 정도로 루터의 개혁주의가 이 도시에서 승리를 거두었다. 그 후 시에 새로운 질서를 형성하는 것이 중심 과제로 떠올랐다.

1532년 2월 18일에 있었던 시의회에서 로트만이 람베르티 성당의 설교자로 임명되었다. 이는 시민 계층의 지지 없이는 불가능한 일이었다. 1532년 11월 6일 시민 계층이 시를 지키겠다고 결의하자, 이에 힘입어 적극적인 행동파들이 종교적·정치적 '공동체 개념'을 전면에 내걸었다. 1532년부터 시의회에서 개혁 조치들이 관철되도록 노력해온 '연합 길드'는 1533년 이후 시의 정책을 시의회와 공동으로 추진하고 있었다.

뮌스터 시가 루터의 복음주의를 채택하게 된 것은 이 도시에서 이미 오래전부터 성장해온 길드Gilde(상인 조합이나 수공업 조합)가 있었기 때문이다. 시의회 평의원이자 법관으로서 유력 가문의 명사인 비크Dr. Johann von der Wyck가 개혁 세력에 합류해 루터주의 개혁을 실현하는 데 주력했을 때부터 길드들의 연합체인 '연합 길드'는 시의회의 개혁 세력을 지지했다.[3]

뮌스터 시의 의회는 24명의 시의원으로 구성되어 있었다. 그중 12명은 뮌스터 시의 여섯 개 지역에서 각각 2명씩 시민Bürger 대표로 선출된 사람들이었다. 나머지 12명은 의원직을 세습한 사람들로서, 세습 귀족과 도시 귀족이었다. 이 24명의 의원들이 2명의 시장을 선출해 시의 행정을 맡겼다.

한편 여섯 개 지역의 시민들 중 수공업 장인들과 상인들은 각기 길드를 결성하고 있었다. 뮌스터 시의 상인 길드를 비롯한 길드의 발전은 이미 14세기 후반부터 점진적으로 이루어졌다. 1400년경에는 길드 수가 여섯 개로 늘어났고, 1430년에 시의회에서 공식 기구로 인정받았으며, 15세기 전반기에 다시 두 배로 증가해 이후 개혁적인 시의회에서 중대한 발언권을 가진 자문기구로 발전했다.[4] 뮌스터 '재산공동체' 당시에 상인 길드와 수공업 길드는 모두 합쳐 17개에 달했다. 각 길드는 매년 선거를 통해 2명의 길드 마이스터Gildemeister(조합장)를 선출했고, 34명의 길드 마이스터들은 연합 길드의 대표로 시의회의 결정을 거부하거나 수용해 시의 행정에 영향을 미치고 있었다. 길드의 발전은 뮌스터 시가 상공업 도시로 발전하고 있었다는 뚜렷한 증거였다.[5] 그러나 시의 주민 대다수는 시민권이 없었다.

이런 상황에 루터주의 개혁을 추진하던 로트만은 스트라스부르를 방문한 후 루터와 다른 생각을 하기 시작했다. 당시 스트라스부르는 시의 개혁 정책에 힘입어 재침례파 지도자 여러 명이 활동하고 있었다. 스트라스부르로 돌아온 로트만은 '침례'를 개인의 존엄성에 토대를 둔 주체적인 신앙의 상징으로 이해했고, 목회 현장에서 침례를 대담하게 실천해야 한다고 생각했다. 로트만은 자신이 재침례파로 전향했다는 사실을 분명히 알렸고, 1533년 여름 「두 가지 성례전에 관한 고백Bekenntnisse von der beyden Sacramenten」에서 공동체적이고 평등주의적인 신앙 노선을 뚜렷이 했다.

그럼 여기에서 재침례파란 어떤 신앙 집단인지 알아보자. 재침례파는 한곳에서 출발한 것이 아니라 여러 곳에서 '침례'를 주장한 사람들을 통칭하던 명칭으로 자세히 따지면 여러 부류가 있다. 콘라드 그레벨Conrad Grebel (1498~1526)이 활동한 스위스의 취리히, 발츠후트를 비롯한 남부 독일, 모라비아 지방, 그리고 메노 시몬스Menno Simons(1496~1561)가 이끈 네덜란드 등지에서 다양하게 전개되었다. 그런데 그들의 주장에 공통으로 나타나는 첫 번째 특징이 침례浸禮(baptism)를 베풀어야 한다는 것이었다. 1527년 2월 스위스의 샤프하우젠 북쪽의 슐라이트하임Schleitheim에 모여 최초의 연합 집회를 개최하고 자신들의 신앙고백을 『슐라이트하임 신앙고백서Schleitheim Konfession』로 정리한 이래, 재침례파 운동은 개인이 아닌 집단의 분파 운동이 되었다. 이때부터 유아세례에 반대하면서 다시 침례를 행해야 한다고 주장하는 사람들을 모두 재침례파Wiedertäufer(Anabaptist)라고 불렀다.

침례는 '신자信者의 의식'이라는 특징을 갖는다. 신자는 침례를 받기 전에 자신이 예수 그리스도를 믿는다는 사실을 고백하고, 그의 가르침에 따라 살 것을 스스로 약속한다. 이 점에서 침례는 부모의 의식이나 성직자의 의식이 아니라 신자 자신의 의식이다. 결정은 개인의 몫이고 개인이 이 신앙 행위의 주체다.

재침례파의 두 번째 특징은, 신앙의 문제에서 개인의 의사에 반한 외부 압력이나 영향력의 행사에 적극적으로 반대했다는 점이다. 19세기에 등장한 용어로 말하면 그들은 '자유교회Freikirche'를 주장한 사람들이었다. 이 자유교회 개념에는 당연히 개별 신자들의 '신앙의 자유'가 전제되어 있었다. 사람이면 누구나 스스로 자유롭게 종교를 선택할 수 있어야 하고, 어떤 종교든 남에게 강제해서는 안 된다고 보았다. 따라서 국가가 신앙 문제에 개입하는 것은 개인의 자유에 대한 침해였다.

스위스 취리히의 재침례파가 츠빙글리와 분리된 것도 이 문제와 연관된다. 취리히에서 개혁을 추진하던 츠빙글리는 1523년 1월 교회 개혁을 위해 의회의 권리와 결정을 존중한다는 입장을 분명히 했다. 츠빙글리는 주변의 지역공동체에 십일조를 내라는 취리히 의회의 결정을 존중하라고 요청했고, 이에 불응하라고 가르친 서적상 카스텔베르거가 이끄는 성서 연구 모임은 조사를 받았다. 츠빙글리는 신의 말씀이 최고의 권위를 갖지만 동시에 신이 정당성을 부여한 정부에도 낮은 단계의 명령권이 있다는 점을 분명히 함으로써, 의회를 통해 교회를 개혁하겠다는 의지를 밝혔다.[6] 츠빙글리의 개혁은 한마디로 의회를 통한 엘리트 중심의 교회 개혁이라는 특징이 있었다. 이에 반해 카스텔베르거 주변의 인물들과 여러 성서 모임 참석자들은 평신도 중심의 개혁을 추구했다. 한 증인은 카스텔베르거가 일종의 성직록을 받으면서 고리대를 통해 살아가는 사람 혹은 필요 이상의 재물을 모으는 사람은 누구든 자신의 배고픈 아이들을 먹이기 위해 빵을 훔치는 가난한 사람보다 하등 나을 게 없다고 가르쳤다고 말했다. 1523년 10월 취리히에서 벌어진 '취리히 대논쟁'을 거치면서 츠빙글리와 재침례파는 서로 갈라섰고, 재침례파는 츠빙글리의 박해에 직면했다.

재침례파가 1529년 슈파이어Speyer 제국의회에서 이단으로 정죄된 것도 따지고 보면 정치와 신앙의 혼합을 당연시하는 가톨릭이나 루터주의와 달리, 자유교회를 지향한 데서 비롯된 피할 수 없는 결과였다. 재침례파에 대한 박해와 탄압은 뮌스터 시에 이른바 '천년왕국'이 건설되기 전부터 이미 여러 지역에서 혹독하게 이루어졌다. 당시 재침례파를 따르는 무리들은 약 1만 2000명에 달했는데, 1527년부터 1533년 사이에 적어도 679명의 재침례파가 처형되었다. 티롤과 바이에른처럼 확고한 가톨릭 권력이 지배하는 지역 대부분에서는 물론이고, 쿠어작센Kursachsen처럼 개혁주의를 표방한 행정 당국이나 스위스의 도시 정부 역시 드물지 않게 재침례파를 이단으로 몰아 처형했다. 재침례파는 신앙을 지키기 위해 국가를 상대로 투쟁하거나 '전투'를 지지한 사람들은 아니었지만, 어디에서나 국가교회에 반대했고 그것이 탄압과 추방의 주요 이유가 되었다.

재침례파의 또 다른 중요한 특징은 신앙공동체를 지향했다는 사실이다. 재침례파 교회는 신앙공동체Glaubensgemeinschaft였다. 그들은 "예수 그리스도를 따르라Nachfolge Christi"라는 말씀을 삶의 원칙으로 삼았고, 그리스도의 뜻에 따라 살아가기 위해 마르틴 루터의 의인 대신 '삶의 개선Besserung des Lebens'에 목표를 두었다. 말하자면 '믿음'이 아니라 '실천'에 강조점을 두었으며, 그리스도의 가르침을 삶 속에 실천하는 방안으로 생활 공동체 Lebensgemeinschaft를 지향했다. 『슐라이트하임 신앙고백서』를 시작으로 그들은 어디에서나 신앙의 실천을 강조하고 있었다.

로트만이 재침례파로 전향하자 재침례파 내부에서는 멜히오르 호프만 Melchior Hofmann(1495~1543년경)의 천년왕국 사상에 심취한 종말론자들이 등장했다. 1533년 12월에 이미 얀 마티스Jan Matthijs와 스물다섯 살의 얀 판 레이던이 세력을 형성했다. 뮌스터에서 급진적인 신앙 운동이 강화되고 있었다. 상류 시민 계층이 급진적인 종교개혁을 방해하고 있었지만, 재침례파는 1534년 1월에 뮌스터 시에서 확실히 중요 세력으로 부상했다. 마침 1534년 2월에 치러진 시의회 선거에서 재침례파가 승리하는 '정치적 기적'이 일어났다. 이때부터 같은 해 4월 초 부활절까지 자칭 예언자인 마티스가 지배했다. 얀 마티스는 하나님의 뜻을 아무 조건 없이 즉각 실천할 것을 요청했다. 얀 마티스는 모든 시민에게 다시 침례를 받도록 명했고, 이에 불복하는 사람은 신의 뜻을 따르지 않는 자들로 간주해 재산을 남겨둔 채 지체 없이 뮌스터를 떠나라고 명령했다. 약 2000명의 시민이 재침례를 거부하며 모든 재산을 버리고 뮌스터 시를 떠났다. 이것은 일종의 시민 추방이었는데, 적대 세력을 제거하려는 목적과 뮌스터 시를 재침례파 도시로 재건하려는 의도가 결합된 조치였다. 1543년 3월 주교는 마침내 군대를 조직해 도시를 포위했다. 도시의 위기 상황은 절정으로 치닫고 있었다.

뮌스터 시를 재산공동체로 만들려는 조치가 뒤따랐다. 마티스는 사유재산의 철폐를 선언했고, 즉각 모든 특허장과 재산 목록을 담은 문서, 채무 관계 서류, 회계장부 등을 불태워버리라고 명령했다. 얀 마티스는 재산공동체의 제도화를 시도하지는 않았지만, 예언자라는 개인적인 권위를 동원해 재산공동체를 실현해갔다. 특히 이주자들에게 집과 생필품을 제공해야 한다는 절박한 현실이 이런 재산공동체로의 전환을 부추겼다. 시민 생활과 종교 생활이 더 이상 구별되지 않았다.

일부 시민들이 도시를 떠난 반면, 네덜란드로부터 재침례파 세력이 이주해왔기 때문에 그들을 위한 대책이 필요했다. 뮌스터 시로 이주해온 사람들은 약 2500명에 달했다.[7] 직업 분석이 가능한 인원 총 75명 중 귀족이 3명, 성직자가 11명, 상인이 1명, 학자가 2명, 대장장이가 1명, 재단사가 2명, 제빵사가 1명, 공복이 1명, 용병이 4명, 여성이 6명, 귀족 여성이 3명이었고, 나머지는 직업이 밝혀지지 않았다.[8] 그들의 직업 구성으로 미루어보건대, 이들은 빈곤을 이유로 뮌스터를 찾았다기보다 뮌스터 시가 네덜란드에서 가까우면서 상공업 활동에 유리하다고 판단했거나, 전 시민이 '침례'라는 신앙으로 하나가 된 평등 사회가 실현되리라는 기대에서 유토피아를 찾아왔거나 혹은 세상 종말에 뮌스터 시가 '새로운 예루살렘'이 될 것이라는 종말론적 환상을 좇아왔을 수도 있다.

재침례파가 도시를 장악하고 있던 1534/1535년 시기에 약 7000~8000명의 사람들이 뮌스터 시에 살고 있었다. 그중 1500명에서 2000명이 남성이었고, 5000명이 여성이었으며, 약 1200명이 어린이였다.[9] 공동체의 몰락 직전에는 기아와 도망 등으로 인구가 줄어들었다. 키르히호프Kirchhoff의 계산에 따르면 이들 중 약 5000명 내지 5500명(남자 800~1000명, 여자 3000~3300 명, 어린이 1200명)이 뮌스터 출신이었는데,[10] 이를 통해 주민의 약 3분의 2가 재침례파를 받아들인 것으로 볼 수 있다. 뮌스터 시에서 밖으로 나갔거나 추방당한 사람들보다 뮌스터 시 주변 지역과 네덜란드에서 이주해온 사람들이 훨씬 더 많았고, 이로써 뮌스터 시의 인구 구성은 단일 신앙을 가진 집단으로 바뀌었다. 이곳에서는 원래의 시민과 이주민 모두를 하나의 경제 공동체로 결속시키기 위해 자체적으로 은화를 주조해 사용했다.[11]

뮌스터 시의 왕국 운동에 가담한 뮌스터 토박이들 중 분석이 가능한 430명의 재산 정도를 분석한 결과, 빈곤층의 비율은 전체 분석 대상자의 31.6퍼센트였다. 특히 50굴덴 이하의 극빈층은 기껏해야 7.2퍼센트에 지나지 않았다. 한편 250굴덴 이상을 가진 사람은 약 24.2퍼센트에 달했고, 500굴덴 이상의 부를 소유한 사람도 8.8퍼센트에 이르렀다.[12] 이 연구에 따르면 뮌스터 시의 재산공동체는 빈곤층 운동이 아니었다.

예컨대 의류 상인 4명과 귀족 3명 등은 1100굴덴 이상의 재산을 가진 부유층인데도 이 운동에 참여했다. 참여자들의 직업 역시 이 사실을 뒷받침한다. 10명 이상인 직업군을 살펴보면 대장장이가 40명, 제빵사가 32명, 재단사가 24명, 제화공이 23명, 모피공이 26명, 소매상인이 16명, 공복이 14명, 목수가 13명, 금세공사가 12명, 베긴회 수도자가 10명 등이다. 머슴과 하녀는 각각 5명과 13명으로 소수에 지나지 않았다.[13] 이들은 대부분 경제적·사회적 지위가 상승하던 사람들이었고 길드에 속해 있었다.

중상류층이 개혁에 동력을 제공하고 있었으며, 연합 길드의 조합원들역시 개혁적이었다. 길드의 조합원들은 처음부터 급진적인 개혁을 실현하고자 한 것은 아니었지만, 조합의 이익을 지키기 위해 근대화에 저항한 다른 도시들의 길드 조합원들과 같은 행동 양식을 보이지는 않았다. 아마도 재침례파의 공동체주의가 이들에게 영향을 미쳤을 것으로 짐작할 수 있다.

어쨌든 뮌스터 시의 재침례파 공동체가 갖는 주요한 특징은 전 시민의 재산 공유였다. 시의회는 이렇게 고지했다.

> 우리는 한 백성이며 한 형제자매이므로 우리들의 돈, 금, 은을 함께 모아야 한다. 이것이 하나님의 뜻이다. 우리는 다른 사람이 가진 만큼만 가져야 한다.[14]

이 포고는 시민 계층이 재산공동체에 적극적으로 동참했다는 것을 의미한다. 물론 모든 시민이 자발적으로 이에 참여한 것은 아니었다. 돈이나 물건을 아예 전부 감추거나 일부만 내놓는 사람이 있었고, 그런 사람들은 처형을 면치 못했다.[15] 시간이 지나면서 공동체가 위기에 처하자 공동체를 유지하기 위해 강제력을 동원하는 국면으로 전환했다.

1534년 4월 지도부 사이의 의견 불일치를 이유로 마티스가 뮌스터를 떠난 후, 얀 판 레이던이 뮌스터의 공식 지도자가 되었다. 얀 판 레이던은 같은 해 9월에 뮌스터 시가 "새 예루살렘으로서 그리스도의 왕국"이라고 선포한 뒤 곧바로 왕권을 행사하기 시작했다. 그는 재산공동체의 '제도화'를 시도했고 자신과 함께 지도를 맡을 12명의 장로를 선임했는데, 그중 6명은 그전부터 뮌스터 시의회의 의원들이었다. 왕인 얀의 법정을 담당한 148명의 재판관 중 약 절반이 뮌스터 출신이었고, 그들 중 25명은 이전부터 재판관으로 일해 온 사람들로서 시의 고위층이었다.[16] 시장인 크니퍼돌링은 얀의 체제에서 2인자였다.

뮌스터에서 주목할 또 하나의 실험은 일부다처제였다. 얀은 일부다처제야말로 "생육하고 번성하라"라고 한 하나님의 말씀을 준행하는 일이라고 선전했다. 그러나 그의 실질적인 의도는 혈연관계를 통해 구성원들의 일체감을 강화하는 데 있었다.[17] 무엇보다 여성의 숫자가 압도적으로 많았던데다가 시 전체가 완전히 포위된 긴급 상황에서 남편이 없는 여성을 보호하는 것이 공동체를 유지하는 데 절대적으로 필요하다고 판단했다. 그러나 일부다처제는 쉽게 받아들여지지 않았고, 이런 강제에 저항하는 사람도 나타났다. 1534년 7월 한 대장장이는 반대 세력 200여 명을 모아 저항했는데, 그중 47명이 처형되었다.[18]

재침례파의 중혼은 남성들에게만 허용되었다. 여성이 여러 명의 남편을 둔 경우도 있었는데, 그들은 처벌을 면치 못했다. 1534년 9월 2명의 남성과 결혼했다는 이유로 카타리나 코켄베커스Katharina Kokenbeckers라는 여인이 처형되었다. 그러나 왕이 된 얀은 16명의 아내를 두었다. 일부 남성들은 일부다처제를 이용해 어린 소녀들을 강제로 아내로 맞았다. 11살, 12살, 13살의 소녀와 강제로 결혼한 사례도 있었다. 연대기에는 15명의 소녀가 폭력적으로 이루어진 성관계 때문에 의사의 치료를 받아야 했고, 심지어 사망에까지 이르렀다고 전한다.[19] 일부다처제는 뮌스터 시의 공동체적 성격을 오히려 해체하고 말았다.

마침내 그 시를 포위하고 있던 가톨릭 군대의 공격이 시작되었다. 완전히 포위된 상태에서 닥친 혹독한 굶주림에 시민들은 동요했다. 가톨릭 군인들의 진입을 돕는 이들이 재침례파 내부에서 생겨나기 시작했다. 가톨릭의 공격에 프로테스탄트 진영 역시 동참했다. 가톨릭과 프로테스탄트 양측은 분열의 시대에 신앙 노선의 차이를 넘어 처음으로 하나가 되었다. 프로테스탄트 진영 역시 원源기독교로 돌아가려는 근원적 개혁radical reformation에 반대해 오히려 보수적인 가톨릭과 통일전선을 구축한 첫 사례를 남겼다. 1535년 6월에 도시는 가톨릭 동맹군에 함락되었고, 1536년 1월에 재침례파의 지도자들이 모두 처형됨으로써 뮌스터 시는 다시 가톨릭 교구로 되돌아갔다.

뮌스터 시의 개혁 운동은 가톨릭의 강력한 대응을 불러왔을 뿐 아니라 루터파가 재침례파 운동이 성서에서 벗어났음을 증명하는 데 인용한 대표적인 사례로 꼽혀왔다. 루터는 「뮌스터의 시의회에 보내는 글」, 「뮌스터의 베른하르트 로트만에게 보내는 글」, 그리고 재침례파 운동이 한창 전개되고 있던 1535년에는 '뮌스터 재침례파의 새 신문에 보내는 편지' 등의 글을 통해 그들을 강력히 비판했다. 루터는 물론이고 루터의 개혁에 동의하는 신학자와 정치가는 '뮌스터 시에서 벌어지고 있는 재침례파의 득세가 종교개혁의 결과라는 적대자들의 비난'을 두려워했다.[20]

뮌스터의 재침례파에 대한 비판은 루터파뿐 아니라 재침례파 내부에서도 제기되어왔다. 이른바 평화적인 재침례파들 역시 뮌스터의 운동과 자신들의 재침례 운동을 분리하려고 애썼다. 재침례를 행한다는 단 한 가지를 제외하면 무력을 사용한다거나 천년왕국을 꿈꾸거나 일부다처제를 시행하는 것 등은 평화적인 재침례파와 거리가 멀었기 때문이다. 후에 영국에서 침례교회가 탄생했지만, 영국 침례교도들은 자신들과 유럽 대륙의 재침례파를 동일시하는 것에 극도로 거부감을 보였다. 최근까지 미국 침례교 역사가들 역시 침례교와 재침례파 사이에 일정한 거리를 유지해왔다.

뮌스터의 재산공동체는 아직도 밝혀지지 않은 측면이 많다. 우선 재침례파는 '침례'와 '재산공동체' 같은 생각을 어떻게 개발해냈을까? 다른 무엇보다 '침례'를 재발견하고 '재산공동체'로 나아간 그들의 사상사적 계보는 어디로부터 왔을까? 그들은 아마도 기독교 인문주의자 에라스뮈스에게서 영향을 받았을 것 같다. 실제로 에라스뮈스는 성서를 근거로, '침례'를 강조했다. 에라스뮈스는 『그리스도교 병사의 필독서』에서 이렇게 말했다.

침례를 받을 때, 당신은 고난을 당한 그리스도와 마찬가지로 살겠다고 서약한다. 내 사고방식으로는 이보다 더 종교적이고 성스러운 서약이나 약속은 없다.[21]

또한 에라스뮈스는 인간의 형제애와 기독교 내의 계급 없는 사회를 믿었다.

나의 견해로는, 형제라는 말은 모든 인간에게 적용된다.[22]

에라스뮈스의 생각은 재침례파가 '신자들의 재산공동체' 사상으로 나아가게 한 원천 중 하나였다. 로트만은 「두 가지 성례전에 관한 고백」에서 재산공동체를 주의 만찬의 기독교적 연대와 연결시켰다. 주의 만찬에서 공동체 구성원은 하나의 몸, 하나의 빵이었다.[23]

그러나 정작 에라스뮈스는 뮌스터 시의 재침례파 운동에 대해 가차 없이 비판을 퍼부었다. 그는 유럽의 여러 지인에게 보낸 서신에서 네덜란드에 퍼지기 시작한 재침례파를 '이집트를 덮친 개구리와 메뚜기 떼'에 비유했고, 1535년 8월 이탈리아에 있는 다미안 폰 괴스Damian von Goes에게 뮌스터의 재침례파 왕국에 관한 소식을 전하면서 "뮌스터가 [다행히] 정복되었네. 그 [뮌스터 재침례파 왕국의] 소문이 사실이라면, 뮌스터 시의 모든 주민들이 열두 해 안에 다 죽었을 거야"라고 썼다.[24]

이 밖에도 뮌스터 왕국 운동과 관련해 알려지지 않은 것은 여전히 많다. 예컨대 왕국 운동 이전의 재침례파 가담자들과 권력 획득 이후 재침례파의 사회적 구성이 같은지 다른지, 사회적 비난의 대상이 된 일부다처제가 채택된 이 운동에서 여성의 역할은 무엇이었는지에 대해서도 아직 자세히 밝혀지지 않았다.

뮌스터 사건의 발생 원인과 그 결과에 대해서는 견해가 다양하다. 물론 뮌스터의 재침례파는 당대 설교자들의 신학에서 많은 자극을 받았다. 그러나 이 사실이 뮌스터에서 일어난 모든 사건을 설명해주지는 않는다. 종교적 요소 외에도 다른 요인들이 강력한 힘을 발휘했다고 볼 수밖에 없는 증거가 여럿 있다. 이곳에서 실험된 재산공동체, 기존의 모든 화폐를 폐기하고 내부에서만 통용되는 새로운 화폐의 주조, 그리고 그들이 선택한 일부다처제 등은 외부인이 보기에는 분명히 사회 전체에 대한 도발이었다.

이와 동시에 뮌스터 시의 재산공동체 운동은 도시에서 정치적 공동 결정을 쟁취하고자 한 중세 말의 투쟁에서 출발해, 진압될지도 모른다는 압박 속에 하나님의 백성과 하나님의 지배에 관한 신령주의Spiritismus적이고 종말론적인 세계관이 결합해 등장하게 된 하나의 대안이었다. 다시 말하면 당대 교회가 승인하거나 지지하는 경제적·정치적·사회적 환경에 반대한 저항 운동으로, 카리스마적인 종교 지도자가 등장하면서 신학화한 이념을 획득한 사회운동으로 볼 수 있다. 뮌스터의 이 운동을 게르하르트 브렌들러Gerhard Brendler는 인간이 이룰 수 없는 불가능한 것을 추구함으로써 객관적 가능성에 이르는 길을 넓혀준 것으로 평가했다.[25]

시가 위기 상황에 처하자 시민의 자발성 대신 강제력이 동원되었다는 점 등은 문제로 지적된다.[26] 긍정적으로 평가하는 데 여러 한계가 있지만, 그럼에도 뮌스터의 재산공동체는 광신자 집단의 열광주의로 간단히 치부해버릴 만큼 단순하지 않다. 그것은 최소한 낡은 제국에 대한 반대 세계였고, 종교개혁의 대안 운동이었다고 할 수 있다.

뮌스터 시에서 볼거리

람베르티 성당: das nördliche Ende des Prinzipalmarkts

위키피디아, © Rüdiger Wölk

람베스티 교회에 달려 있는 새장

뮌스터의 람베르티 성당은 상인들이 재정을 지원해 성 바울 돔에 맞서는 시민의 교회로 건설되었다. 위치도 당시의 중앙시장에 자리 잡았다. 건축양식은 후기 고딕 양식이다. 이 교회의 특징은 그 무엇보다 세 개의 육각형 새장이 벽에 걸려 있다는 것이다.

저녁 시간이면(화요일은 제외) 유럽에 남아 있는 마지막 망루지기 한 사람이 21시부터 자정까지 30분마다 호른을 분다. 1379년부터 망루 담당관을 두어 화재와 같은 위험에서 주민을 보호하는 임무를 맡겼다. 2014년부터는 처음으로 한 여성이 이 직책을 담당하고 있다. 저녁 시간이 되면 재침례파 왕들을 가두었던 새장에 세 개의 혼란스러운 빛을 비추는데, 이는 1987년에 진행된 동상 프로젝트의 일환으로 시작된 것이다. 불빛은 안식을 취하지 못하는 영혼 혹은 내적 불길을 형상화하고 있다.

뮌스터 시립 박물관 Das Stadtmuseum Münster: im Salzhof an der Salzstraße 28

뮌스터 시립 박물관은 1979년 요한 콘라트 슈라운 김나지움 학생들의 동아리 활동을 계기로 설립이 계획되었다. 1982년 개관 기념으로 '재침례파' 전시회를 열었으며, 그 후 방문자들이 줄을 이어 지금의 장소로 이전했다. 나는 1982년 개관 기념전시회를 참관하는 기회를 얻기도 했다.

네덜란드의
도르트 교회회의

종교와 정치의 혼합

네덜란드의 도르드레흐트Dordrecht에는 이른바 '튤립 강령'이 없었다. 1618/1619년 도르드레흐트에서 열린 교회회의는 이른바 '5대 강령'을 채택했다고 알려져 있다. 그 '5대 강령'의 내용은 이렇다.

인간은 전적으로 타락했고Total Depravity, 구원과 관련해 인간이 할 수 있는 일은 아무것도 없다. 그 인간의 구원은 오로지 하나님의 무조건적인 선택에 따른 것이고 Unconditional Election, 그리스도는 그 선택된 자들만을 구원하기Limited Atonement 위해 죽었으며, 하나님의 은혜는 인간이 거부할 수 없는 것이고Irresistible Grace, 구원의 은혜는 변함이 없다Perseverance of Saints.

이 주장의 첫 글자들을 모아 TULIP이라는 이합단어離合單語를 만들어 '5대 강령'을 흔히 '튤립 강령'이라고 부른다. 그러나 네덜란드의 국화 튤립을 가리키는 네덜란드어語는 'tulip'이 아니라 'tulp튈프'다. 네덜란드어에는 튤립이라는 단어가 없다. 따라서 도르트 교회회의는 '튤립 강령'을 채택하지도 않았다.

'튤립 강령'이라는 이합단어와 도르트 교회회의의 규범 사이에 아무런 역사적 관련이 없다는 사실은 중요하다. '튤립 강령'이든 '5대 강령'이든 네덜란드가 아니라 영국과 미국에서 사용하기 시작한 것이며, 그 시기도 19세기 이전으로 거슬러 올라가지 않는다. 다시 말하지만 칼뱅이 TULIP이라는 5대 강령을 주장했다는 전제 아래 대중적인 인기를 얻은 '튤립'이라는 관용어는 오해에 지나지 않는다. 칼뱅이 인간의 '전적인 타락'을 언급한 것은 신의 은총에 대한 인간의 응답이 있어야만 신이 인간을 구원할 수 있다는 이른바 신인협력설synergism 혹은 반半펠라기우스주의Semi-Pelagianism에 반대하기 위해서였고, 칼뱅은 '제한 속죄'라는 말을 사용한 적도 없다. 도

도르트 교회회의

르트 교회회의 규범canon 역시 개혁교회의 신학을 단순화해 진술하려는 의도가 없었고, '전적인 타락'이나 '제한 속죄' 같은 단어를 사용하지도 않았다. 그것은 이른바 『벨기에 신앙고백서』와 『하이델베르크 교리 문답서』와 같이 네덜란드 개혁교회의 기본적인 신앙고백서의 부록 정도에 지나지 않았다. 그것은 또한 17세기 칼뱅주의 교리에도 없었다. TULIP과 같은 단어 자체가 영국과 미국에서 만들어진 최근의 관용어일 뿐이다.[1]

도르드레흐트 교회회의를 이해하기 위해 우선 네덜란드 역사를 조금 살펴보기로 하자. 어디에서나 인간은 먹고 살기 위해 고군분투해왔으니 경제 이야기부터 하는 것이 좋겠다. 16세기에 이르러 네덜란드 북부 지방이 저지 국가들의 해운과 어업을 지배하고 있었다. 네덜란드의 리넨 직조공과 제조업자들은 국제적인 수출업자였다. 금융 및 상업 그리고 새로운 산업이 북부로 이동하고 있었다. 한 예로 1512년 이전에는 안트베르펜에서 생산되던 주석으로 광을 낸 도기가 1584년부터 델프트Delft에서 생산되기 시작해 델프트산 도자기로 알려졌다. 이 푸른색 자기는 원래 중국의 도자기를 모방한 것이었는데, 1711년 독일 마이센Meißen에서 진짜 도자기가 생산되기 전까지 유럽에서 만든 도자기 중 중국산 도자기와 가장 흡사한 것이었다. 1670년경에 델프트에만 파이앙스Faïence(채색 도기) 공장이 28개 있었고, 하를럼Haarlem, 로테르담, 하우다Gouda, 도르드레흐트 등지에서도 도기를 만들었다.

17세기 중엽 하를럼이 리넨으로 유명한 만큼, 레이던Leiden은 직물 생산지로는 유럽에서 가장 큰 중심지였다. 레이던의 직조업자들은 상대적으로 가볍고 질긴 소모사梳毛絲(털과 비단의 교직) 옷을 만드는 낙타 모직물을 발명해냈다. 네덜란드의 소모사와 리넨은 식민지 무역의 중요 부분이 되었고, 이국적인 상품이나 노예와 바꾸기 위해 아메리카와 아프리카로 선적되었다.

네덜란드 산물 가운데 그 시대 문학에 자주 등장하는 다른 상품은 치즈와 버터였다. 그리고 대구와 청어는 북해의 고래잡이 어선의 도움을 받아 또 다른 지배 상품이 되었다. 17세기에 6톤짜리 배들의 청어 선단은 6월에 떠나 한여름을 바다에서 지내다가 9월이 되어서야 집으로 돌아왔다. 한편 소가 국제 시스템의 발전에 힘입어 네덜란드로 들어와 도살되기 전에 비육우로 키워졌다. 발트 해에서 서부와 남부 유럽에 이르는 해운을 네덜란드가 장악하고 있었던 덕에 국제 곡물 거래 역시 네덜란드가 지배하고 있었다. 네덜란드의 장인들과 노동자들은 유럽 도시민 중에서 영양 상태가 가장 좋았다.[2]

17세기 네덜란드, 특히 암스테르담의 부는 세계의 부러움을 살 정도였다. 1578년까지 반역을 견뎌낸 암스테르담은 압도적인 가톨릭 도시였으나 전쟁이 끝나자 칼뱅주의자와 메노나이트들(성서적 재침례파)이 물밀듯이 밀려들었고 가톨릭 도망자들 역시 더 안전한 피난처를 찾아 이곳으로 들어왔다. 그들은 안트베르펜과 여타 지역에서 자본과 거래망, 사업 기술을 함께 가지고 왔다. 안트베르펜이 갑자기 무너져 버린 것은 아니지만, 1585년 이후 수십 년이 지나자 암스테르담이 북유럽의 금융과 상업의 수도로 발전했다(1648년에 시작해 1655년에 완성한 암스테르담 시 청사는 시의 부와 자신감을 표현한 것이다). 암스테르담의 금융업과 보험업은 안트베르펜에서 작동하던 시스템에서 많은 것을 배웠지만, 암스테르담에서 만개해 네덜란드 무역을 뒷받침하는 합자 회사로 발전했다. 또한 편리한 회합 장소와 거대한 지역 시장을 제공하는 등 상인들의 특권을 인정함으로써 외국 상인들을 이 도시로 끌어들였다.

암스테르담을 중심으로 네덜란드 상인들은 상대적으로 단기 노선인 발트 해와 북해 노선에 새로운 형태의 화물선을 투입했고, 장거리 해운을 위해서는 선단을 구성해 해적의 노략질에 대응했다. 지브롤터 해협을 거쳐 이탈리아와 레반트Levant 지역으로 직거래를 텄고, 동부와 서부의 인도 항로, 북극 항로를 개척했다. 스페인과 스페인 식민지와의 밀거래도 성행했다. 네덜란드의 풍습, 언어, 도시와 박물관이 식민 세력인 그들의 기념물로 여러 지역에 흩어져 있었다.

네덜란드 사람들의 종교생활은 어떠했을까?

17세기 초 어느 여행자는 네덜란드 주민의 3분의 1은 가톨릭이었고 3분의 1은 프로테스탄트였으며, 나머지 3분의 1은 종교에 관심이 없는 사람들이라고 증언했다.[3] 종교 문제로 그들 사이에 갈등과 반목, 전쟁이 있었는데, 그것은 마치 그들이 종교세를 내는 것과 마찬가지로 감내해야 할 변화의 대가였다. 네덜란드에서 개혁교회에 성직자가 최초로 임명된 것은 1612년이었다. 그사이 두 세대는 교사들에게서 공식적으로 종교 교육을 받지 못한 채 성인이 되었다. 소수 기독교인들은 자신들을 거부하는 가톨릭 성례전에 갈증을 느끼고 있었다. 그러나 일반적인 현상은 무관심과 자조 그리고 민중 신앙의 성장으로 나타났다.

북부 지방에서는 특히 칼뱅주의 교리에 친화적인 성서 연구 그룹들이 형성되어 있었다. 그러나 그들 역시 개혁교회의 교리를 받아들이는 것을 주저하고 있었다. 프로테스탄트 국가교회나 가톨릭 정부하에서 강요된 것과 같은 협조 압력은 없었다. 네덜란드 개혁교회(칼뱅주의)가 네덜란드의 독립을 표방한 지역 연합의 유일한 공식 교회였지만 그것은 국가교회와 전혀 달랐으며, 그 회원들조차 미지근한 체제 순응론자들의 희석된 '선택'에 동참할 만한 열정을 품고 있지 않았다.

그러나 네덜란드 개혁교회의 영원한 역설은 사회를 재구성하려는 그들의 열망이었다. 반대자들을 박해할 생각은 없었지만 만약 필요하다면 신앙이 있는 행정관이 강제로라도 혹은 새로운 종교재판소 같은 것을 설치해서라도 그렇게 하기를 바라고 있었다. 봉기의 결정적인 시기에 가장 크게 목소리를 낸 교회 비판자 중 한 사람은 공증인을 지낸 디르크 코른헤르트Dirk Coornhert(원래 이름은 Theodore Cornhert, 1522~1590)였다.

그는 오렌지 공 윌리엄William I(Prince of Orange,1533~1584)의 독립 투쟁에 적극적으로 참여했다. 윌리엄은 스페인의 합스부르크가로부터 네덜란드 독립을 위해 투쟁했으며, 이 투쟁이 80년 전쟁을 촉발시켜 그 결과 1648년 네덜란드 지역연합이 결성됨으로써 네덜란드 공화국의 초석을 마련했다. 코른헤르트는 1566년 윌리엄의 독립선언문 작성을 맡아 독립 투쟁에 앞장섰다. 그는 한때 수감 생활을 했는데 이때의 체험을 바탕으로 더 인간적인 처벌과 교정 방법에 관한 책을 저술하기도 했다. 코른헤르트는 1572년에 네덜란드 공화국의 첫 국무장관을 지냈으며, 특히 호머, 세네카 등 고전 작가들과 에라스뮈스의 저작들을 네덜란드어로 번역해 네덜란드 르네상스의 아버지로 칭송받는 인물이다.

한편 코른헤르트는 신학자로도 유명한데, 가톨릭은 물론이고 개혁교회 역시 그의 비판에서 자유롭지 않았다. 그는 교회에 필요한 것은 사도들로부터 직접 가르침을 받는 것이라고 주장했고, 비교조적 성찬에 가톨릭과 개혁교회가 함께 참여해야 한다고 목소리를 높였다. 그는 이단의 처형에 반대하는 등 종교적 관용의 실현을 위해 노력하고 그와 관련된 글을 썼으며 어느 분파에도 속하지 않았다. 개혁교회는 그의 주장을 논박하도록 야코프 아르미니우스Jcobus Arminius(1560~1609)를 고용했으나, 아르미니우스마저 오히려 그의 주장에 설득되고 말았다. 플랑드르의 철학자이자 인문주의자로서 예나, 레이던, 루뱅Louvain에서 가르친 경력이 있는 탁월한 개혁교회 성직자인 유스튀스 립시위스Justus Lipsius(1547~1606)는 그와 치열한 논쟁을 벌인 후 그의 혀와 펜이 무척 날카롭다는 것을 깨달아야만 했다. 그러나 코른헤르트에 대한 평가는 19세기에 들어서야 제대로 이루어졌다. "네덜란드에서 가장 뛰어난 인도적 중용의 옹호자이자 양심의 자유를 지지한 불굴의 이론가"라는 정당한 평가를 받은 것이다.[4] 개혁교회가 누리는 특권들에 반대한 그의 주장이 완전히 성공한 것은 아니었으나, 몇몇 행정관에게 자신들이 칼뱅주의의 일익을 담당하고 있다는 인상을 주지 않도록 행동해야겠다는 확신을 심어주고, 그렇게 행동하도록 용기를 북돋아주었다.

1570년대와 1580년대에 저지대 국가들은 정치적으로 분열되었다. 네덜란드 남부는 로마 가톨릭 지역으로 남아 벨기에가 되었고, 북부는 개신교 국가가 되어 네덜란드라는 국명을 사용했다. 그러나 약 10년 전까지만 해도 전투적인 개신교의 중추 세력은 남쪽 특히 안트베르펜이라는 위대한 상업도시에 있었다. 1600년대까지 네덜란드 인구의 겨우 10퍼센트 정도만이 개혁파 교회의 온전한 교인이었고, 그들 스스로 개혁교회의 가르침에 순종했다는 통계가 있다.[5] 개혁파를 가장 광범위하게 잡는다고 해도 겨우 절반을 넘는 사람들만이 개혁파에 충성했다고 보면 틀리지 않을 것 같다.

그리고 네덜란드 시 당국자들은 교회 개혁 운동에 참여했더라도 칼뱅주의 규범을 엄격히 준수하겠다고 서명할 정도로 투철한 칼뱅주의자들은 아니었다. 암스테르담은 시민 지성들이 악명 높은 극단적 칼뱅주의 목회자들과 마주하며 함께 공존했던 대표적인 지역 중 하나다. 실제로 1579년 1월 23일 우트레히트Utrecht에서 발표한 「지역연합선언문Union of Utrecht」 제13조는 어떤 형식을 갖든 양심의 자유를 보장한다고 선언했으며, 이로써 대안의 종교 집단들은 공화국 안에서 최소한 생존할 수 있다는 희망을 품을 수 있었다. 이것은 가톨릭에도 적용되었고 베긴회에도 예외 없이 적용되고 있었다. 베긴회는 13세기부터 16세기에 북유럽 특히 저지 국가들에서 활발히 전개된 신앙운동으로, 여성들이 회원이었으며 반半수 도원 공동체를 이루어 그리스도의 모범에 따라 살려고 노력했다. 16세기 에는 그러한 생활 방식에 관심을 가진 여성이 소수에 지나지 않았지만, 그 렇다고 완전히 사라지지는 않았다. 한편 메노나이트들과 루터주의자들 그 리고 여타 기독교 분파가 공화국 변두리에서 사회적 존재로 살아가고 있 었다.

네덜란드 지역 어디에서나 유대인들이 함께 살아가고 있었는데, 특히 암스테르담에는 가장 규모가 크고 활동적인 유대인 공동체가 있었다. 그 들은 자신들의 가난을 스스로 해결하고 개종을 권유하지 않으며, 기독교도 와 결혼하지 않는다는 것을 조건으로 관용을 얻었다. 몇몇 도시에서는 유 대인들에게 시민권을 주지 않았고 심지어 정착을 금지했지만, 대부분의 도 시에서는 유대인의 거주를 제한하지 않았다. 그러나 유일하게 집시에게만 은 거주가 허용되지 않았다.

도르트 교회회의는 결정적인 분기점이 되었다. 중심인물은 이미 죽은 아르미니우스였다. 우트레히트의 우데바터Oudewater에서 태어난 그는 어린 나이에 고아가 되었다. 그의 아버지는 일찍 죽었고, 어머니는 스페인 대학 살 시기인 1575년에 우데바터에서 살해되었다. 그는 친척의 도움으로 마 르부르크와 1576년부터 1582년까지 레이던 대학에서 공부했다.

아르미니우스는 처음에는 인문학부에 적을 두었으나 곧 신학을 공부했 고, 칼뱅주의자인 람베르투스 다네우스Lambertus Danaeus와 히브리 학자 요하 네스 드루시우스Johannes Drusius, 기욤 페게레Guillaume Feuguereius, 요한 콜만 Johann Kolmann에게서 배웠다. 그중에서도 콜만은 신의 주권을 지나치게 강조한 신학자였다. 그러나 레이던 대학은 칼뱅주의 외에도 루터주의, 츠빙글리, 재침례파의 견해가 각기 제 목소리를 내는 곳이기도 했다. 레이던의 목사 카스파르 쿨헤스Caspar Coolhaes는 칼뱅과 반대로 행정 당국이 교회의 일에 재판권을 갖거나 이단을 처단하는 것은 바람직하지 못하며, 루터주의, 칼뱅주의, 재침례파는 하나로 연합할 수 있다고 주장했다. 천문학자이자 수학자인 빌레브로르트 스넬리우스Willebrord Snellius는 학생들이 아리스토텔레스에 지나치게 의존하지 않도록 위그노 라미의 철학Ramist philosophy을 가르치기도 했다. 이런 학자들의 영향으로 후일 아르미니우스는 지배적인 개혁교회 신학에 도전할 수 있었다.

아르미니우스는 1576년에 저지대 국가들의 민족적 열기가 더 높았던 레이던 대학에서 공부를 시작했다. 그리고 암스테르담에서 사역을 한 후 레이던 대학의 교수가 되어 그곳에서 죽을 때까지 신학을 가르쳤다. 그는 칼뱅의 후계자로 제네바 개혁을 이끌었고, 프랑스 개혁파를 위해 노력했던 베자의 이중예정의 강조에 만족할 수 없었다. 오히려 예정론이 하나님을 죄의 조성자로 만들어버린다는 제롬 볼세크의 가르침에 가까이 있었다. 하지만 그는 칼뱅주의 자격을 갖춘 성직자였다.

1582년에 아르미니우스는 제네바에서 칼뱅의 후계자 베자에게 배우기 시작했다. 그러나 라미 철학적 경향을 드러내면서 잠시 바젤에서 공부했고, 그 후 다시 제네바로 가서 베자의 지도 아래 공부를 마쳤다. 암스테르담으로 돌아간 후 그에게 맡겨진 첫 번째 임무는 베자가 주장하는 신의 절대주권과 선택 이론에 반대하는 코른헤르트의 가르침에 대해 논박하는 것이었다. 그렇게 하기로 동의했으나, 토론을 준비하면서 논박을 시작하기도 전에 갈등에 휩싸였다. 코른헤르트의 논리에 오히려 설득당한 그는 더 많은 공부를 해야겠다고 결심했다.

아르미니우스는 1603년 레이던 대학에서 신학을 가르치도록 초청을 받았다. 행정 당국의 권위를 인정하는 방향으로 선회한 그를 교수로 임용한 것 자체가 요한 판 올던바르너펠트Johan van Oldenbarnevelt(1547~1619)의 지원을 받은 정치적 배려의 결과였다. 1594년에 동료 교수가 된 프랑드르 출신의 프란시스쿠스 고마루스Franciscus Gomarus(1563~1641)는 칼뱅주의에 대한 이해에서 아르미니우스와 차이를 보였다.

당시 저지대 국가들에서 칼뱅주의 교리는 아직까지 공고한 기반을 형성하지 못하고 있었다. 정치적으로도 저지대 국가들은 스페인으로부터 온전한 독립을 이루지 못한 상태였다. 북쪽 개혁파 교회에는 신앙을 지키기 위해 남쪽에서 망명해온 성직자와 평신도가 많았다. 칼뱅주의는 그들의 잃어버린 고향을 갈망하는 염원과 밀접하게 결합되어 강화되고 있었다. 그들에게 교리에 대한 공격은 하나님의 계획에 대항하는 신성모독일 뿐만 아니라 정치적 반역이었다. 이런 정치 상황에서 칼뱅주의에 대한 아르미니우스의 회의는 적개심을 일으켰다. 특히 고마루스의 창조 이전 예정에 대한 아르미니우스의 반론이 있은 후 적대감이 최고조에 달했다.

아르미니우스가 제기한 신학적인 문제는 두 가지였다.

첫째, 모든 죄인을 위해 죽은 그리스도의 죽음이 충분한 효과를 갖는 것이라면, 그 효과를 특정인에게 제한하는 것을 어떻게 이해해야 하는가라는 질문이다. 아르미니우스의 견해에 따르면 그 효과는 그것을 믿거나 믿지 않는 특정인의 선택에 의해 제한되며, 예정은 그 선택에 관한 신의 예지에 근거를 둔 것일 뿐이다. 그와 다른 견해는, 그리스도의 죽음이 갖는 효과는 특정인의 선택에 의해서가 아니라 오로지 신의 은총에 의해, 즉 신의 선택에 따라 구원을 받는 사람에게 제한된다는 것이다. 아르미니우스는 인간의 믿음과 불신이 구원에 영향을 미친다는 점에서 구원이란 전적으로 신의 선택에 달려 있다고 보는 견해와 의견을 달리한 것이다. 이와 관련해 칼뱅은 그리스도의 죽음의 적용과 효과는 신의 선택에 따라 제한된다는 견해를 밝힌 바 있었다.

둘째, 그리스도의 죽음의 가치는 무한한 가치를 지닌 보편적인 것인가라는 문제였다. 바꾸어 말하면 그리스도의 죽음은 신의 의도에 따라 이루어졌고, 그래서 모든 죄인을 구원하기에 충분한 것인가? 달리 말하면 모든 사람이 그리스도를 믿기만 하면 그것만으로 구원에 이르기에 충분한지를 둘러싼 질문이었다. 칼뱅은 이에 대해 침묵하고 있었다. 도르드레흐트의 규범은 이에 대해 그리스도의 죽음은 '신이 선택한 특정한 사람들을 구원하려는 의도'가 담긴 것이라고 선언했다.

레이던 대학 외부에 있는 아르미니우스 반대자들이 점차 논쟁을 확산시켰고, 마침내 아르미니우스는 1608년 5월 대법원 법정에서 재판을 받게 되었다. 대법원장은 올던바르너펠트의 사위 레이나우트 판 브레데로더Reinout van Brederode였다. 그는 예정론의 미묘한 세부 사항과 관련된 두 교수의 차이는 그다지 중요한 것이 아니며, 충분히 공존할 수 있는 것이므로 서로를 관용해야 한다고 판결했다. 아르미니우스가 확고한 지지층을 많이 확보하고 있었다는 점도 판결에 영향을 미쳤다. 지성적 측면에서 종교는 가톨릭 고위 성직자뿐만 아니라 개혁파 성직자에 의해서도 이념적 압박을 통해 강요되어서는 안 된다고 확신하는 자유파가 존재했고, 또 정치적 측면에서 아르미니우스를 저지하려는 칼뱅주의 성직자들과 평신도들의 행위를 권력 남용으로 보는 시민 세력이 그것을 뒷받침하고 있었다.

그러나 고마루스는 자신의 견해를 책으로 출판했고, 1608년 10월 30일 의회에 나와 자신의 견해를 설명하라는 요구를 받은 아르미니우스 역시 고마루스에 맞서 인간의 타락 전 예정은 『벨기에 신앙고백』과 『하이델베르크 교리문답』에 어긋나며, 타락 전 예정이나 타락 후 예정이나 마찬가지라고 주장했다. 그러자 고마루스의 비판이 이어졌다. 다행히 아르미니우스를 정죄하려는 논쟁은 번번이 실패로 돌아갔고, 아르미니우스는 죽을 때까지 교수직에 있으면서 학생들의 존중을 받는 가운데 1609년 조용히 눈을 감았다.

아르미니우스가 죽은 후 그의 기념비가 레이던의 성 베드로 교회에 세워졌다. 네덜란드에서 성직자와 교수 임용에 불이익을 주던 제재가 풀린 후 그의 추종자들은 칼뱅주의 성직자들의 위협에 맞서 자구책 마련을 서둘렀다. 1610년 하우다에서 열린 주 연합 의회는 칼뱅주의의 주요 흐름에 반대하는 다섯 개 사항을 담은 성명서를 작성해 출판했다. 이렇게 되자 반대파들은 아르미니우스 추종자들을 하나님의 은혜에 저항할 수 있다고 믿는다는 의미로 '항론파Remonstrants'라고 불렀다.

당시 정치 상황은 요동치고 있었다. 올던바르너펠트는 칼뱅주의 성직자들을 의심하는 사람이었는데, 그는 스페인 사람들과의 협상을 주도하고 있었다. 그의 반대자인 마오리츠Maurits 왕자는 독립된 저지대 대부분의 지역에서 군주를 대행하는 인물인 데다 스페인에 대항한 오랜 싸움에서 명망을 얻은 군부의 지도자였다. 스페인과 협상을 통해 정전에 이른다는 것은 남쪽 지방이 독립된 북쪽으로부터 영구히 분리되는 것을 의미했다. 이렇게 되면 남부에서 온 칼뱅주의자들은 고향을 잃어버리는 결과를 맞게 된다. 상공업이 더 발전한 남부에서 온 칼뱅주의자들의 배신감은 칼뱅주의에 반대한 이들과 손을 잡게 했다. 마오리츠와 칼뱅주의자들은 연합했고, 신학적으로 항론파들을 파괴하려는 움직임이 거세졌다.

당시 레이던 대학은 홀란드 국가가 관할하고 있었다. 인사권이 국가에 있었고 국가에서 재정 지원을 받고 있었다. 따라서 국가는 교수들 가운데 이단을 처단할 책임과 권리를 갖고 있었다. 아르미니우스를 둘러싼 논쟁은 단순히 신학적 논쟁만이 아니라 스페인으로부터의 독립전쟁과 연관된 사안이라, 대학의 문제가 곧 정치적 사안이기도 했다. 그런데 아르미니우스의 후계자로 레이던 대학의 교수가 된 신학자 콘라드 보르스티우스Conrad Vorstius는 반항론파들의 눈에 아르미니우스를 넘어 소시언주의Socinianism와 반종교적인 것을 가르치는 것으로 보였다. 그는 올던바르너펠트가 추천한 사람이었다.

올던바르너펠트가 지도하는 홀란드 국가는 항론파와 반대파 모두에 대해 종교적 관용이라는 공식적 입장을 취했다. 이때 휘호 흐로티위스Hugo Grotius(1583~1645)는 포르스티위스Vorstius를 임명한 행정 당국의 조치를 옹호하면서 이 논쟁에 뛰어들었다. 흐로티위스에게 관용법의 초안을 작성하는 임무가 맡겨졌고, 그는 이 법령을 1613년 말이나 1614년 초에 완성했다. 이 일이 화근이 되어 흐로티위스는 수감자 신세가 되었다. 그러나 그는 아내와 여종의 도움으로 1621년 책 궤짝에 몸을 숨겨 탈주에 성공해 파리로 갔다. 그의 도주는 네덜란드에서 아주 유명한 일화로 남았고, 암스테르담 박물관the Rijksmuseum in Amsterdam과 델프트 박물관the museum Het Prinsenhof in Delft 모두 흐로티위스의 그 책 궤짝을 소유하고 있다고 주장하는 재미있는 상황이 벌어졌다.

이렇듯 존중은 엄혹한 현실을 딛고 열매를 맺은 흐로티위스의 학문적 성과가 만든 것이었다. 그는 다른 무엇보다 자연법사상을 토대로 국제법의 기초를 다진 법학자로 유명하다. 그는 국제사회의 독트린을 최초로 형성한 사람은 아니었다. 그러나 폭력이나 전쟁이 아니라 실정법과 상호 동의에 의해 서로 관계를 맺고, 비록 독자적인 법으로 통치되는 독립 국가들이지만 '하나의 사회라는 이상the idea of one society of states'으로 통합되는 국제관계를 최초로 분명히 규정한 사람이다.

도르트 교회회의에서 다루어진 신학적 주제가 무엇이었는지 우선 살펴보도록 하자.

도르트 교회회의는 네덜란드 개혁교회만의 교회회의가 아니라 실은 칼뱅주의자들의 국제적인 교회회의였다. 이 회의에는 존 대버넌트John Davenant (1572~1641)를 비롯한 잉글랜드 대표단과 위그노 출신의 피에르 뒤 물랭Pierre Du Moulin이 중심이 된 프랑스 대표자들 역시 참여해 신학적인 토론을 열정적으로 벌였다. 이미 앞에서 드러난 것처럼 도르트 회의의 신학적 논점은 그리스도의 속죄 교리였다.

잉글랜드 대표단을 이끌고 도르드레흐트에 온 대버넌트는 케임브리지에 있는 퀸스 칼리지Queens' College에서 교육을 받은 후 1597년 그곳의 교수가 되었고, 1614년부터 1621년까지 총장을 지냈다. 잉글랜드의 왕 제임스James I of England는 반항론파를 지지했는데, 대버넌트는 왕의 명령으로 새뮤얼 워드Samuel Ward, 조지프 홀Joseph Hall, 조지 찰턴George Carleton을 이끌고 1618년 도르트 회의에 참가했다. 잉글랜드 대표단은 「대표단 동의안Collegiate Suffrage」이라는 성명으로 자신들의 견해를 제출했다. 그 내용을 간단히 줄이면 이렇다.

아버지 하나님과 아들 예수 그리스도의 특수한 사랑과 의도 모두에 의해 그리스도는 선택받은 자들을 위해 죽었으며, 선택받은 자들의 죄의 용서와 구원은 반드시 실현된다. 마찬가지로 하나님의 사랑과 그리스도의 중재에 힘입어 선택받은 자들에게는 신앙이 주어지고 그 은혜는 사라지지 않는다. 다시 말하면 신은 신앙의 조건을 완성시킨다. 이 특별한 그리고 효력이 대단한 은총은 인간이 의도해서 얻는 것이 아니라 신의 의도에 의해 주어지는 것일 뿐이다.[6]

한편 프랑스 대표자들의 견해는 좀 더 복잡했다. 특히 물랭의 주장은 다소 격렬하기까지 했다. 프랑스 위그노들은 현존하는 대학들이 프로테스탄트 교육에 적절하지 않다는 판단 아래 독자적으로 성직자와 지도자를 양성하기 위해 아카데미를 세웠는데, 16세기 말과 17세기 초에는 잇따라 여덟 개의 아카데미를 건립했다. 여섯 개는 남부인 오르테즈Orthez, 몽토방Montauban, 몽펠리에Monpellier, 님Nîmes, 오랑주Orange, 디에Die에, 두 개는 북부인 스당Sedan과 소뮈르Saumur에 세웠다. 그러나 재정 문제를 해결하기 쉽지 않았고, 따라서 남부에 있는 아카데미들은 곧 어려움에 직면했다. 결국 스당과 소뮈르에 세운 아카데미가 프랑스 프로테스탄트 신학과 목회 훈련의 마지막 기지로 남게 되었다.[7] 물랭은 바로 이 스당 아카데미의 탁월한 지도자였다. 그는 레이던의 위대한 신학자 프랑시퀴 쥐니위Franciscus Junius의 친구였고 1592년부터 1596년까지 레이던에서 철학 교수를 지낸 인물이었다. 물랭은 네덜란드 정통 개혁교회 신학자들과 긴밀한 접촉을 유지했고, 아르미니우스에게 반대하는 논문을 쓰기 시작했다. 「아르미니우스 해부Anatome Arminianismi」라는 글에서 물랭은, 인간이 신의 선택을 파고들 수 있을 것처럼 신의 선언에 의문을 제기함으로써 아르미니우스가 신의 비밀스러운 방법을 침해했다고 주장했다. 그는 여기에서 한 걸음 더 나아가 아르미니우스가 신의 의지를 분리시킴으로써, 기본적인 교리의 진실을 모독했다고 주장하기까지 했다.

한편 소뮈르 아카데미의 책임자였고 학문적으로 인문주의자였던 모세 아미로Moïse Amyraut는 좀 더 유연하고 더 합리적인 가톨릭에 가까웠다. 그는 프랑스의 위그노가 분리된 국가를 세우고자 하는 것은 결코 아니라고 주장하면서, 이단들이 나라의 통합을 위협한다는 가톨릭의 인식을 완화시키려고 노력했다. 그러나 그의 노력은 절대주의자들의 주장을 강화했을 따름이다. 아미로는 구원의 보편주의를 지지했다. 아미로에 비해 좀 더 완고한 칼뱅주의자였던 뮬랭이 보기에 아미로의 견해는 교회에 해로운 것이었으며, 아미로는 '이탈자'였다.[8]

프랑스 위그노 지성인들 가운데 가장 탁월한 인물은 이사크 뒤소Isaac D'Huisseau였다. 그는 소뮈르에서 40년이나 행정을 담당한 다음 소뮈르 아카데미의 학장으로 세 번 선임되었고, 교의학 관련 저서를 낸 사람이었다. 그는 온갖 선입견을 버리고 신의 영광과 영혼의 구원에 집중할 것을 요청했으며, 합리적으로 보이는 것을 받아들이는 등 누구나 동의할 수 있는 토대로 돌아갈 것을 촉구했다. 성서, 십계명에서 끌어낸 윤리적 인식, 그리스도와 사도들이 보여준 모범과 가르침에서 그것을 발견할 수 있다는 것이 그의 주장이었다. 여기까지는 프로테스탄트의 견해에서 벗어나지 않는 것이었다. 그러나 그는 여기에서 더 나아가 기본 진리의 선택에 새로운 기준을 제시하고, 성서의 서사적·예언적 부분들을 제거하고자 했다.

뒤소는 단순한 신의 말씀과 신학자들의 정교한 이론을 구별하려고 했으며, 그 정신이라는 면에서 에라스뮈스를 따르고 있었다. 좀 더 직접적으로는 아르미니우스주의자인 흐로티위스를 따르고 있었다. 데카르트의 철학적 방법론에 영향을 받은 뒤소는 예정론, 성령의 배타적 작동 주장, 삼위일체에 관한 정의 등을 잇달아 부정하기에 이르렀다. 남은 것은 신의 유일성과 그리스도의 구원, 그의 죽음과 부활, 재림 정도였다. 그는 또한 교회 일치 전략을 지지하고 있었다. 여러 가지 점에서 계몽주의의 분석적 정신을 미리 보여준 그의 대담함은, 결국 칼뱅주의 콘시스토리에서 그를 파문하게 만들었고 다른 나라의 콘시스토리에서도 그를 정죄하게 하는 결과를 낳았다.[9]

외국 대표단의 견해를 종합하면 그리스도의 죽음은 전 세계 죄인들을 위해 대가를 치른 것이며, 그래서 만약 믿기만 한다면 누구나 구원에 이르기에 충분하다는 것이었다. 이 점에서 보면 그들은 보편주의자들과 견해가 같다고 할 수 있다. 하지만 외국 대표단은 누구나 하나님을 신앙할 수 있는 것은 아니라고 했다. 이를 두고 뒤소는 이렇게 말했다.

"거룩한 종교는 수많은 텍스트에 의해 해체되고 말았다."

완고한 칼뱅주의자들은 올던바르너펠트에게 사형을 선고함으로써 '항론파'에 대한 승리를 확인했을 뿐 아니라 패배한 항론파 성직자와 평신도 지지자들을 극렬히 탄압했다. 이로써 다른 분파 구성원들보다 공교회, 즉 개혁교회 내부자들에 대한 관용의 폭이 더 좁아졌다. '정확한' 신자들과 '유연한' 신자들 사이에 구별이 생긴 것이다. 안트베르펜의 관보 통신원은 17세기 초에 "신은 갓난아기를 어머니의 품에서 빼앗아 깊은 지옥에 던져버릴 수 있다"라고 가르치는 사람들에 반대해 거칠게 항의했다.[10] 1625년 모리츠가 죽고 나서야 '유연한' 신자들에 대한 탄압이 종료되었고 1631년에 공적으로 자유를 인정받았지만, 그 후에도 항론파들은 네덜란드의 공교회인 개혁교회로부터 오랫동안 소외되고 말았다.

또한 도르드레흐트에서 극단적인 칼뱅주의를 방어하는 데 성공한 네덜란드 개혁교회는 상당한 기간 동안 전 세계 개혁교회의 기준점, 그리고 아르미니우스주의와 소시니안주의 운동에 대항하는 주요 투쟁자로 자리 잡았다. 여기에는 외부 요인도 작용했는데, 팔츠에서의 패배와 1622년 하이델베르크 대학의 붕괴로 독일 개혁파 운동이 재앙을 맞았고, 1600년 이후에는 잉글랜드에 세운 개혁파 교회들이 후퇴해 네덜란드 개혁교회의 경쟁 상대가 사라져버렸기 때문이다. 네덜란드라는 국가의 위상 역시 그만큼 막강한 시기였다.

그러나 아르미니우스주의가 완전히 사라진 것은 아니다. 네덜란드의 인문주의 혹은 합리주의적 배경을 가진 사람들은 지속적으로 아르미니우스의 기본 논지에 동의했고 그것을 수용했다. 항론파의 후예들은 아르미니우스의 책을 라틴어로 출간하는 등 결코 굽히지 않았다. 점차 관용의 정신이 다시 네덜란드를 지배했다. 헤이그에 파견된 잉글랜드의 대사 윌리엄 템플William Temple 공은 1673년에 쓴 「네덜란드 지역연합 시찰Observations upon the United Provinces」에 이렇게 기록했다.

> 평범한 사람의 신앙과 종교적 행동 원칙을 조사하거나 심문하지 않으려는 이 나라의 신중한 배려는 언제나 유효해 그들이 이 법의 보호를 받으면서 살아가고 있다.

한편 아르미니우스의 이해는 외국까지 영향을 미쳤다. 잘 알려진 대로 영국 감리교의 건설자인 존 웨슬리John Wesley(1703~1791)는 후에 아르미니우스의 탁월한 지지자가 되었다. 또한 18세기 이후 자유주의자들뿐만 아니라 웨슬리를 비롯한 복음주의자들도 그 사상을 받아들였다. 미국에서도 그의 견해는 지배적인 신학 체계를 형성했다.[11] 네덜란드 항론파는 일시적으로 패배했다. 그러나 그들의 생각은 장기적으로 보면 인간이 선과 악에 대해 선택할 의지와 자유가 있음을 확신하는 낙관적 전망을 열어줌으로써 교회와 인류 사회의 발전에 지속적으로 커다란 영향을 미쳤다. 극단적인 칼뱅주의가 계속 사람들을 짓누르거나 잡아둘 수 없었다는 것은 그 사고 체계가 틀렸다는 반증이다.

17세기의 사고에 사로잡혀 21세기에 엄청난 '비동시성'을 보여주고 있는 사람들이 없지 않다. 우리나라에서는 칼뱅주의도 아르미니우스주의도 아닌 '아르뱅주의'라는 신조어로 표현되는 기이한 구원론이 아직까지도 횡행하고 있으니, 도대체 무엇이 이런 시대착오적 교설㤼說을 작동시키는 메커니즘인지 궁금하다.

한편 프랑스에서는 위그노들에게 무슨 일이 일어났을까?

신학적 견해를 놓고 위그노들 사이에 다툼이 진행되는 동안 정부는 그들을 철저히 탄압했다. 위그노들이 도르트 교회회의에 참가하는 것조차 공식적으로 허락하지 않았으며, 해외여행 자체를 금지했다. 물론 외국의 목사 고용에 응하는 것도 금했다.

1644년에는 학생들에게도 제재를 가하기 시작했다. 제네바와 스위스, 네덜란드와 잉글랜드 대학에 입학하는 것이 금지되었다. 공화주의는 젊은이들을 오도할 위험이 큰 이단으로 여겨졌다. 그래서 지적 발효와 과학적 진보를 이루어야 할 시기에 있는 젊은이들이 사상의 상호 교류에서 제외되었다. 1664년 님과 몽펠리에 아카데미가 문을 닫았고, 1681년 스당 아카데미 역시 폐쇄되었다. 몽토방과 소뮈르는 「낭트 칙령」이 철회될 때까지 위태롭게 살아남았다. 1685년경 교육받은 엘리트, 칼뱅주의라는 나무의 국제적 확산, 훈련받은 목회자의 국내 봉사 등 위그노의 꿈은 거의 남아 있지 않았다. 마지막 가지들이 잘려 나갔으며, 절단된 줄기들은 토막이 나고 아예 뿌리 자체가 뽑혀버렸다. 떠나지 못한 목사들은 국경 지대로 모험의 길을 떠나거나 몇 사람은 몰래 목회를 하면서 흩어진 과일을 줍듯 사람들을 추슬렀다. 사라진 '황금시대'를 향한 향수가 일반적인 정서가 된 것은 이상한 일이 아니었다.

1685년 루이 14세는 신교의 자유를 약속한 「낭트 칙령」마저 철폐했다. 이 조치는 내외 여론의 격렬한 비판을 받아 국제적으로 고립되었을 뿐만 아니라 국내에서도 반발이 끊이지 않아 마침내 남프랑스의 위그노 농민들이 '카미자르Camisards의 대반란(1702~1710)'을 일으키는 계기가 되었다. 또한

'낭트칙령'의 철회로 약 20만 명의 신교도 상공인과 기술자가 해외로 이주했다. 여기에서 비롯된 공장제 수공업과 무역 회사의 실패, 1693~1694년, 1709~1710년의 불황으로 타격을 받은 프랑스 경제와 산업이 다시 한 번 치명타를 입었다. 인기 없는 태양왕의 54년에 걸친 장기 친정이 끝날 무렵 프랑스의 재정은 다시 궁핍해졌다. 부채는 태양왕 취임 시보다 무려 10배나 늘어났고, 연간 적자는 4500만 리브르livre에 달했다. 그의 치세 말기에는 기근과 군사적 패배가 프랑스에 비운을 드리우고 있었다.

도르드레흐트의 역사

도르드레흐트(Dordrecht)는 네덜란드의 남부 홀란드에 속한 도시로 로테르담에서 남쪽으로 20킬로미터 거리에 있으며, 2014년 현재 약 11만여 명의 주민이 살고 있다.

1220년 도시권을 얻었고, 1299년부터 포도주, 목재, 곡물 등을 거래하는 상업의 중심지가 되었다.

1572년 네덜란드 도시들의 대부분의 대표가 이곳에 모여 신분회의를 열었는데, 이 회의가 네덜란드 독립 투쟁의 출발점이 되었다. 1618/1619년에 도르드레흐트에서 열린 개혁교회 총회에서는 최초의 네덜란드어 성서를 번역하기로 결의했다. 1632년에는 이곳에서 재침례파 메노 시몬스 추종자들이 신앙고백서를 채택했다.

레이던 박물관 das Rijksmuseum van Oudheden: Rapenburg 28

전국에서 가장 소장품이 많은 고대 박물관이다. 1960년에 이집트 가말 압델 나세르 Gamal Abdel Nasser 대통령이 기증한 템펠이 전시되어 있다.

레이던의 성 베드로 교회 Pieterskerk: Pieterskerkhof 1a

1121년에 건축이 시작되었으나 대부분 16세기에 지어졌다. 수많은 분묘 회화로 유명하다.

레이던 대학 Universität Leiden: Rapenburg 70

1575년에 설립된 대학으로 네덜란드에서 가장 오래된 대학이다. 현재 여섯 개 학부를 두고 있으며, 1만 8000명의 학생이 공부하고 있다.

스웨덴

피로 물든
유럽 최초의 루터주의 왕국

바자 교회 돔

이제 마지막 여행지 스톡홀름으로 먼 길을 떠나보자.

스웨덴은 단일 왕국으로서는 유럽 최초로 루터주의가 확고히 뿌리를 내린 개신교 국가였다. 그리고 잘 아는 대로 복지 제도가 발전한 나라다. 이 둘 사이에는 아무런 관련이 없을까? 종교개혁 이야기를 하기 전에 스웨덴의 복지 제도가 탄생하는 데 루터주의가 어떤 영향을 미쳤는지 간단히 이해하고 넘어가도록 하자.

스웨덴 복지 제도의 가장 중요한 특징은 다른 무엇보다 국가가 중심적인 역할을 한다는 점이다. 민간의 복지 활동이 전혀 없는 것은 아니지만, 의미가 없다고 할 만큼 미미하다. 예컨대 국립 병원 제도가 널리 확산되어 다수의 의사들이 국가에 고용되어 있다. 사회보험 재정은 실질적으로 국가의 소유이고, 일을 하는 모든 사람에게 법적으로 예외 없이 보험금이 지급된다. 국민들이 내는 세금과 사업가들의 기여금으로 높은 수준의 연금을 지급하는 주체도 국가다. 이 덕분에 영국과 미국은 물론이고 프랑스, 독일, 오스트리아, 이탈리아와 비교하더라도 노동자들의 시장의존도를 현저히 낮춰, 개인적으로 위기가 닥쳤을 때 잠시 노동시장에서 일하지 않고도 건강이나 실업의 위기를 극복할 수 있도록 도와준다.

스웨덴이 이런 복지 제도를 실현한 것은 1930년대 초 노동계급(적색)과 농민들(녹색)이 이른바 '적록동맹red-green alliance'을 맺고 하나로 연합했기 때문이다. 노동자와 농민은 사회민주주의자들을 지지했고, 그들은 정치적 책임을 다했다. 이것이 결정적인 계기를 마련한 것은 사실이지만, 국가가 복지제도의 중심에 서게 된 것은 하루아침에 이루어진 것이 아니다.

그 역사는 종교개혁 시대까지 거슬러 올라간다. 16세기 종교개혁이 그 분수령이 되었다. 종교개혁과 함께 교회와 기독교의 '카리타스Caritas(기독교 사회사업)'가 국가로 넘어갔다. 종교개혁을 거치면서 사회제도로서 교회가 갖고 있던 정치적·사회적 중요성이 거의 사라졌고, 교회의 복지 활동 역시 그 의미를 상실했다. 예를 들면 종교 병원들이 국가의 지배를 받기 시작했다.[1] 이에 따라 처음에는 지원 금액이 오히려 줄어드는 등 새로운 문제가 발생했지만, 국가가 '사회적 의무'를 진다는 점만은 아주 분명해졌다. 역설적으로 군주가 계몽주의를 실현하는 계몽군주 시기에 국가의 역할을 재정립했을 뿐 아니라, 18세기 말과 19세기 초의 입헌주의 역시 사회 문제에서 국가의 우위를 강화했다. 물론 그 과정이 단순하지는 않았다. 국민의 의식이 시대 변화를 따르지 못한 경우도 있었고 때로 일시적인 후퇴를 경험하기는 했지만, 스웨덴에서 국가 우선 원칙은 사라지지 않고 면면히 이어졌다.

그런데 스웨덴이 복지 제도의 모델로 삼은 것은 다름 아닌 독일의 복지 제도였다. 루터가 주도한 독일의 종교개혁에 고무되어 유럽 최초로 루터주의 국가로 전환한 스웨덴의 종교개혁 역사가 크게 영향을 미쳤을 것이다. 루터의 종교개혁이 결국 영방국가 권력의 강화로 이어졌듯이 스웨덴에서도 종교개혁은 교회에 대한 국가의 우위를 확인하는 과정이 되었다. 또 다른 이유로는 스웨덴이 사회 복지 제도를 도입할 무렵인 19세기에 독일은 강력하고 부강한 나라였고 사회보험에서도 선구적인 나라였다. 통일 독일을 이룬 수상 비스마르크가 도입한 복지 제도의 근간은 국가가 사회적 약자에게 은전을 베풀어주겠다는 국가온정주의state paternalism였다. 스웨덴이 독일을 모델로 삼아 국가 주도의 사회보험 제도를 채택하는 것을 가로막을 걸림돌은 없었다.

스웨덴과 독일 사이의 인적 교류 또한 스웨덴이 독일의 국가 주도 복지 제도를 도입하는 데 커다란 영향을 끼쳤다. 1888년 스웨덴 최초로 노동자 보험의 제정을 '명령'한 오스카 2세Oskar II(1829~1907, 재위 1872~1907)의 왕비는 독일 나사우Nassau의 백작 빌헬름 1세Wilhelm I의 딸이었다. 오스카 2세 시대의 수상은 길리스 빌트Gillis Bildt(1820~1894)였다.[2] 빌트는 1874년부터 1886년까지 베를린에서 스웨덴 대사로 근무하면서 비스마르크의 농업 보호 정책에 깊은 인상을 받았으며, 독일의 사회보험제도를 배운 인물이었다. 스웨덴으로 돌아간 그는 평생 스웨덴의 정치 지도자로 중요한 역할을 했으며, 1888년부터 1889년 사이에는 수상을 지냈다. 그는 특히 곡물 가격의 하락을 막고 농업을 보호하기 위해 보호무역주의를 주창했다. 그가 내각의 책임자가 되었을 때 그의 정책은 보호주의와 자유무역을 혼합하기는 했으나, 자국에서 생산한 곡물과 공산품 가격을 인상했고 보호관세를 취해 얻은 수익으로 철로를 놓고 군비를 증강했다. 한편 오스카 2세 시대에 처음으로 사회민주주의자들이 스웨덴 의회에 발을 들여놓기 시작했고, 오스카 2세와 스웨덴의 정치가들은 독일의 정치와 문화를 높이 평가했다. 특히 스웨덴 사회 정책의 발전에 지대한 영향을 미친 아돌프 헤딘Adolf Hedin(1834~1905)은 독일이 가는 길이 최선의 길이라고 확신했다.

19세기 말 스웨덴에서 빈민 보호가 사회적 의제로 떠올랐을 때 인도적 박애정신, 재사회화와 사회 복귀를 돕기 위해 스스로 노력하는 사람을 돕는다는 '자조 지원 원칙'이 강조되기도 했고 연대 관념 등이 중요한 위치를 차지했지만, 헤딘과 그의 정치적 동지들 그리고 구스타브 카셀Gustav Cassel (1866~1945)을 비롯한 학자들의 심중에는 독일식 사회보험의 도입이 핵심 과제였다.[3]

스웨덴의 국가 중심주의는 루터주의 종교개혁과 독일의 비스마르크 제국에서 지대한 영향을 받았다. 그러나 스웨덴 사람들은 단지 거기에 머물지 않았고 그들의 선택은 독일과 달랐다. 전체주의 국가로 나아간 독일과 달리 스웨덴의 노동자와 농민은 공존의 길을 모색했고, 국가온정주의를 넘어 사회복지를 시민의 권리로 전환시켰다. 국가주의 전통의 '전복全福'이라고 할 사회민주주의를 현실에 적용했다. 새로운 역사를 만드는 것은 과거가 아니라 역사 속에서 새로운 시대에 대응하는 동시대 사람들의 몫이다.

다시 종교개혁 시대의 스웨덴으로 돌아가 보자.

스웨덴에서 종교개혁이 일어나기 전까지 스웨덴의 통치자는 덴마크 왕이 지정하는 경우가 잦았다. 그러나 스웨덴에 새로운 지배자가 등극하면서 상황이 달라졌다. 새로운 왕이 국가 독립을 위해 가톨릭의 지배를 벗어나려고 시도하면서 스칸디나비아 종교개혁의 시대가 열렸다.

14세기 말 덴마크의 왕은 노르웨이의 왕이기도 했고, 스웨덴에 대한 통치권을 주장하는 북유럽의 맹주였다. 이에 대해 스웨덴의 귀족들은 순응파와 저항파로 나뉘었다. 1513년 크리스티안 2세Christian II가 덴마크와 노르웨이의 왕위에 올랐다. 그는 관례대로 스웨덴에 대한 통치권을 주장하려고 했다. 스웨덴 사람들은 오래전부터 덴마크 왕이 스웨덴에 영향력을 행사하는 데 격렬히 저항했다. 이때부터 스웨덴을 지배하기 위해서는 일종의 계약이 필요했고, 다른 한편으로는 신성로마제국 황제와 교황의 지원이 있어야 했다. 당시 스웨덴의 교회 지도자들은 크리스티안의 주요 적대자들이어서, 그를 통치자로 인정하기는커녕 오히려 이단으로 몰아 파문해버렸다.

그렇지만 크리스티안은 자신의 목적을 달성했다. 스웨덴에서 제국의회를 연 신성로마제국 황제가 크리스티안이 적법하게 선출된 왕이며 스웨덴 세습 왕국의 건설자라는 사실을 추인한 것이다. 1520년 11월 4일부터 며칠 동안 스톡홀름에서 거행된 크리스티안의 취임식은 성대하고 떠들썩하게 치러졌다. 크리스티안은 취임 기념으로 그의 적대자들에게도 '사면'을 약속했다. 그러나 그것은 진정한 화해가 아니라 속임수에 지나지 않았다. 귀족들은 물론이고 주교들과 고위 시민 계층이 스웨덴 전역에서 몰려들었다. 그의 적대자들까지 그에게 사면을 약속했다. 그러나 여기서 끝난 것이 아니었다.

취임식 사흘 뒤인 11월 7일 정오경 크리스티안은 연회가 벌어지는 사이에 성문의 빗장을 걸어 잠그고 자신은 세속 군주일 뿐 교회에 대한 통치권을 갖고 있지 않기 때문에 '사면'은 아무런 의미가 없다고 선언했다. 이른바 피의 숙청이 시작되었다. 역사에 '스톡홀름의 피바다'로 기록된 처참한 살육이 감행된 것이다. 이 나라 최고위 교회 지도자로서 덴마크 편에 섰던 웁살라Uppsala의 추기경이 검찰이 되어 대대적인 '이단 재판'을 열었다. 단 하루가 지나지 않아 스톡홀름 시장에서 여러 사람이 처형대에 올랐다. 주교 2명이 처음으로 목숨을 잃은 데 이어 80명 이상의 사람들이 죽었고 그들의 시체가 불태워졌다.[4] 적지 않은 성직자들과 귀족들이 처참한 '청소'에 가담했지만, 크리스티안이 너무 멀리 나가 버렸다는 사실이 곧바로 드러났다.

덴마크에 반대하는 새로운 저항 운동에 불씨를 당긴 지도자는 젊은 구스타브 에릭손 바사Gustav Eriksson Vasa(1496~1560)였다. 바사Wasa(스웨덴어로는 Vasa) 왕조의 구스타브 1세로 더 잘 알려진 그는 '피의 숙청'에서 아버지와 친척 여러 명을 잃었다. 그는 반드시 크리스티안을 꺾고 스웨덴의 독립을 쟁취하리라는 굳은 의지를 가슴에 새겼다. 후미지고 교통이 불편한 지형 덕분에 그는 달라르나Dalarna 지역에서 1521년 초 비밀리에 민중의 지지를 모으는 데 성공했다. 이를 위해 그는 심부름꾼 2명과 함께 스키를 타고 이동했는데, 이른바 '바사의 길'(스웨덴어로 Vasaloppet)이라 부르는 이동로는 약 90킬로미터에 이른다. 지금도 이를 기념해 매년 3월 첫 번째 주말에 달라르나의 샐렌Sälen과 모라Mora 사이를 달리는 스키대회가 열린다.

바사와 독립투사들은 다행히 남부로부터 지원을 받을 수 있었다. 한자동맹 도시 뤼베크는 경쟁 상대인 덴마크 상인들을 약화하기 위해 바사군을 도왔다. 뤼베크는 1519년 정치적인 이유로 피난처로 삼은 곳이기도 했다.

뤼베크의 도움으로 바사가 1523년 6월 6일 주교가 상주(常住)하는 도시 슈트렝네스Strängnäs에서 바사가 스웨덴의 왕위에 올랐지만, 스톡홀름은 여전히 덴마크가 지배하고 있었다. 그러나 바사는 다시 한 번 뤼베크의 지원을 받을 수 있었다. 뤼베크의 함대가 스톡홀름으로 치고 들어갔고, 그 틈에 바사의 군대가 수도를 차지할 수 있었다. 그 이전부터 스톡홀름의 농민들이 나라의 독립을 위해 바사군과 연통해온 것도 큰 힘이 되었다. 마침내 스웨덴은 독립을 쟁취했고 자유를 얻었다. 스웨덴 사람들은 바사가 왕위에 오른 6월 6일을 덴마크로부터 독립을 쟁취한 날로 기념해 국경일로 삼고 있다.

새로운 국가를 건설하는 데 결정적으로 이바지한 사람은 일찍이 루터의 가르침을 따르던 신학자 라르스 안드래Lars Andreæ(1470~1552)였다. 그는 루터가 「95개 논제」를 발표한 다음 해인 1518년 비텐베르크에서 공부하면서부터 루터의 개혁에 깊이 공감했다. 그는 바사가 왕이 되자마자 곧 그의 궁정에서 비서로 활약했고, 후에 루터의 성서를 모델로 『신약성서』의 스웨덴어 번역에도 커다란 도움을 주었다. 특히 그는 가톨릭으로부터 스웨덴 교회의 자유를 확보하기 위해 끈질기게 싸운 투사였다.

안드래는 바사 왕조의 수상으로서 왕에게 새 신앙이 현실적으로 어떤 점에서 국가에 유익한지를 성공적으로 설명했다. "교회의 주인은 성직자가 아니라 민중이다"라는 말을 내세워, 그는 왜 교회의 재산이 왕으로 대표되는 민중의 이익에 봉사해야 하는지를 실질적으로 이해시키려고 노력했다. 당시 국토의 5분의 1이 교회의 소유였는데, 새로 통치권을 장악한 왕에게 그것이 얼마나 유용한 것이고 또 뤼베크의 상인들에게 진 빚을 갚는 데도 커다란 도움이 된다는 이유를 들어 가톨릭을 떠나 프로테스탄트로 전향하도록 국왕을 설득했다. 바사에게 종교적인 문제는 그다지 관심거리가 아니었다. 그는 신학적이고 교회법적인 문제보다 권력의 관점에서 사안을 판단

했다. 마침 그가 왕위에 올랐을 때 일곱 석의 주교 자리 중 다섯 석이 비어
있었다. 자기 사람을 선택할 수 있는 절호의 기회였다. 그는 안드래가 초안
한 편지를 교황에게 보냈다. 이 편지에서 안드래는 용감하게 "로마는 인사
조치에 개입하지 말고 가장 높은 주교이신 그리스도에게 맡기라"라고 강력
히 요구했다.[5] 이로써 왕은 자신이 실질적인 스웨덴 교회의 수장임을 천명
한 것이다. 이는 마치 잉글랜드 헨리 8세의 '수장령'과 다를 바 없었다. 한편
바사가 강력한 왕국을 건설해 스톡홀름에 주재하면서, 스톡홀름은 명실공
히 수도로서의 위용을 갖춰갔다. 이때부터 시민 계층의 주택들과 함께 왕궁
이 들어섰고, 인구가 증가해 1529년에는 도시 경계를 넓힐 수밖에 없었으
며, 그에 따라 1600년경 스톡홀름 인구는 약 1만 명에 이르렀다.

　　그러나 스웨덴의 종교개혁은 매우 느리게 전개되었다. 미사는 그 후 수
년 동안 라틴어로 집전되었고, 사람들은 전통적인 신앙을 그대로 답습했
다. 『신약성서』가 스웨덴어로 번역된 것은 1526년으로, 수상 안드래와 같
이 1516년부터 1518년까지 비텐베르크에서 신학을 공부한 올라프 페테르
손Olaf Petersson이 이 일을 주도했다. 1531년 스웨덴 교회는 로마와 확실히
갈라섰다. 왕은 올라프의 동생 라르스 페테르손Lars Petersson을 웁살라의 초
대 프로테스탄트 추기경으로 임명했다. 웁살라는 스웨덴에서 최초로 대학
이 세워진 대학 도시다. 1477년 추기경 야코프 울프손Jakob Ulfsson과 총독 스
텐 스투레Sten Sture dem Älteren의 노력으로 세워진 웁살라 대학은 처음에는 덴
마크에서 기초 공부를 마친 학생들이 공부하는 제2의 대학이었으나, 곧 스
웨덴 최고의 대학이 되었다. 또한 웁살라는 스웨덴 웁살라 교구의 주교좌
도시였다.

　　그러나 스웨덴 교회는 이른바 '사도전승설使徒傳承說'을 그대로 수용했다.
중간에 여러 사람을 거치기는 했지만 베드로에게서 전해진 그리스도의 복

음을 계승했다고 스웨덴 교회는 믿었고, 그래서 로마에서 보낸 주교의 축성을 받아 페테르손이 추기경의 자리에 올랐다.

한편 덴마크에서도 정치적 변화가 있었다. 폭군인 크리스티안 2세가 1523년 모든 권력을 잃어버리고 망명길에 올랐다. 그가 한때 루터에게 열광한 덕에 비텐베르크에서 피난처를 구할 수 있었던 것은 그나마 행운이었다. 크리스티안의 후계자로 왕위에 오른 크리스티안 3세Christian III(1534~1559)는 개혁 신앙을 가진 인물로 1536년 루터주의를 국가종교로 선포해 지원했고, 독일에서 루터주의를 계승·발전시키는 데 크게 이바지한 요하네스 부겐하겐이 기초한 '교회법'을 그대로 채택했다.

스웨덴은 신앙 문제에서 수년 동안 변덕스러운 모습을 보였다. 바사는 덴마크의 영향 아래 개혁의 깃발을 들어 보이기는 했다. 예컨대 탁발 수도단 소속 수도원을 해체했고, 여러 차례 번복하기는 했지만 성직자의 독신을 중단시켰다. 또한 페테르손이 스웨덴어로 예배를 드리겠다고 했을 때 그것을 허락했다. 그러나 바사의 의도는 성직자의 독립성과 독점을 중단시키기 위해 스웨덴어 예배를 도입했을 뿐이다. 어쨌든 그 후에도 라틴어 미사는 여러 지역에서 그대로 존속되었다. 한편 바사 왕은 주교들의 세력이 커지자 1540년경 종교개혁 세력과 다툼을 벌였고, 이 과정에서 안드래와 페테르손에게 사형을 선고했다가 곧 철회하기도 했다. 1541년에는 처음으로 『신약성서』와 『구약성서』가 스웨덴어로 완역되어 스웨덴어 발전의 길을 열었다. 페테르손 형제는 오늘날 이 완역본의 번역자로 알려져 있다. 루터의 독일어 성서를 토대로 한 이 『구스타브 바사 성서Gustav-Wasa-Bibel』(혹은 Vasa-Bibel)는 웁살라에서 처음 인쇄된 이래 16세기 내내 스웨덴 전역에서 인쇄되었을 만큼 표준 번역이 되었다. 17세기와 18세기 초에 새로 나온 번역본 역시 이를 토대로 하고 있다.

1560년 바사 왕이 죽자 새로 왕위에 오른 에리크 14세Erik XIV(1533~1577, 재위 1560~1568)는 칼뱅주의자들을 대거 받아들였다. 개혁파 개신교도로 에리크의 가정교사였던 디오니시우스 베우레우스Dionysius Beurreus의 가르침에 영향을 받은 에리크 14세는 고백주의 루터교의 스웨덴 교회 지도자들에 대항해 균형을 유지하는 데 이 개혁교도들을 활용하고자 했다.[6] 이것이 화근이 되어 격렬한 갈등이 일어났다.

1531년부터 웁살라의 개신교 총대주교였던 라르스 페테르손은 새 국왕이 모스크바 대공국의 이반 4세Ivan IV와 대치하고 있는 국면을 활용해 루터교를 장려하는 데 성공했다. 그다음 후계자는 핀란드 공작 출신인 요한 3세 Johann III(1537~1592, 재위 1568~1592)였다. 그는 능력 있는 신학자이자 학자로서 트리엔트 공의회(1545~1563, 가톨릭의 성례전을 비롯한 교리의 정당성을 확인하는 한편, 가톨릭 교회의 개혁을 받아들였다)가 확인한 가톨릭에 우호적이었고, 결국 예수회의 가톨릭을 수용했다. 폴란드 출신 가톨릭교도와 결혼한 그는 그럼에도 개신교 귀족과 성직자 역시 자신의 위치를 방어하는 데 활용하고자 했다. 1571년 요한 3세는 결국 페테르손 총대주교가 제출한 '교회령'에 동의하지 않을 수 없었다.

그러나 더 결정적인 대전환이 일어난 것은 1594년이었다. 요한 3세의 뒤를 이어 지기스문트 3세 바사Sigismund III Wasa(1566~1632)가 2월 웁살라에서 왕위에 올랐다. 이때 그는 스웨덴이 지속적으로 프로테스탄트 신앙을 유지하도록 보호하겠다고 약속했다. 이에 따라 기독교 자유총회가 웁살라에서 열렸는데, 이때 츠빙글리주의와 칼뱅주의의 오류를 버리고 1530년에 발간된『아우크스부르크 신앙고백서』로 돌아가자는 데 합의했다. 이로써 스웨덴은 루터주의의 기지로 남게 되었다.[7]

주

열흘간의 다크 투어리즘 1

보름스: '시대정신'을 심문하다

1   Eva-Maria Schnurr, "Vor Kaiser und Reich," *Spiegel, Geschichte 6/2015 Reformation*, pp.40~47에서 일정과 상황 전개를 인용했다. 그러나 내용 대부분은 필자가 재구성했다.

2   Eva-Maria Schnurr, 같은 글, p.44

3   Ernest George Schwiebert, *Luther and His Times: The Reformation From A New Perspective*(Saint Louis: Concordia Publishing, 1950), p.280.

4   페르디난트 자이프트(Ferdinand Seibt), 『중세, 천년의 빛과 그림자: 근대 유럽을 만든 중세의 모든 순간들』, 차용구 옮김(현실문화, 2014), 209쪽에서 재인용.

5   자크 르 고프(Jacques Le Goff), 『연옥의 탄생』, 최애리 옮김(문학과 지성사, 1995), 26쪽.

6   M. Gravier, *Luther et l'opinion publique*(Paris: Febvre, 1942); 뤼시앵 페브르(Lucien Febvre)·앙리 장 마르탱(Henri-Jean Martin), 『책의 탄생』, 강주헌·배영란 옮김(돌베개, 2014), 496쪽에서 재인용.

7   뤼시앵 페브르·앙리 장 마르탱, 같은 책, 496쪽.

8   뤼시앵 페브르·앙리 장 마르탱, 같은 책.

9   페트릭 콜린스(Patrick Collinson), 『종교개혁』, 이종인 옮김(을유문화사, 2013), 93쪽.

10 Luther, *An den Christlichen Adel deutscher Nation und Andere Schriften*(Stuttgart: Philipp Reclam, 1960), pp.17~22.

11 Bernd Moeller, *Geschichte des Christentums in Grundzügen*, 7th ed.(Göttingen: Vandenhoeck & Ruprecht, 2000), p.229.

12 Orest Ranum(ed.), *Searching for Modern Times*, vol.I: 1500~1650(New York: Dodd, Mead & Company, 1969), p.80.

13 디아메이드 맥클로흐(Diarmaid MacCulloch), 『종교개혁의 역사』, 이은재·조상원 옮김(기독교문서선교회, 2011), 106쪽.

아이제나흐: 독일어 성서의 산실

1 크리스토퍼 B. 크레브스(Christopher B. Krebs), 『가장 위험한 책』, 이시은 옮김(민음인, 2012), 16쪽.

2 페르디난트 자입트, 『중세, 천년의 빛과 그림자: 근대 유럽을 만든 중세의 모든 순간들』, 70~74쪽.

3 Manfred Lemmer(Text) and Sebastian Kaps(Fotos), *Auf den Strassen der Reformation. Orte lebendiger Vergangenheit*(Halle: Mitteldeutscher Verlag, 1994), p.71.

4 Roland Bainton, *Here I Stand. A Life of Martin Luther*(New York & Nashville: Abingdon Press, 출판년 불명), p.328.

5 뤼시앵 페브르·앙리 장 마르탱, 『책의 탄생』, 500쪽.

6 파이트 야코부스 디터리히(Veit-Jakobus Dieterich), 『누구나 아는 루터 아무도 모르는 루터』, 이미선 옮김(홍성사, 2012), 83쪽.

7 뤼시앵 페브르·앙리 장 마르탱, 『책의 탄생』, 501쪽.

8 마틴 키친(Martin Kitchen), 『사진과 그림으로 보는 케임브리지 독일사』(시공사, 2001), 106쪽.

9 뤼시앵 페브르·앙리 장 마르탱, 『책의 탄생』.

뮐하우젠과 바트 프랑켄하우젠: 자유를 향한 열망

1 Peter Blickle, *Die Revolution von 1525*(München und Wien: R. Oldenbourg, 1983), pp.289~295.

2 Thomas Müntzer, *Ausgedrückte Entblößung des falschen Glaubens*: 클라우스 에버트,

『토마스 뮌처: 독일농민혁명가의 삶과 사상』, 오희천 옮김(한국신학연구소, 1994), 168쪽에서 재인용.

3 Friedemann Stengel, "Omnia sunt communia. Gütergemeinschaft bei Thomas Mützer," *Archiv für Reformationsgeschichte* 102(2011), pp.133~174 참고; https://de. wikipedia.org/wiki/ThomasMüntzer(검색일: 2016.2.5).

4 Bernd Moeller, *Deutschland im Zeitalter der Reformation*(Göttingen: Vandenhoeck & Ruprecht, 1981), p.29.

5 Rudolf Endres, "Zur sozialökonomischen Lage und sozialpsychischen Einstellung des 'Gemeinen Mannes'," in Hans-Ullrich Wehler(ed.), *Der Deutsche Bauernkrieg 1524~1526*(Göttingen: Vandenhoeck & Ruprecht, 1975), p.65.

6 Moeller, *Deutschland im Zeitalter der Reformation*, p.30.

7 Moeller, 같은 책, p.96.

8 뤼시앵 페브르·앙리 장 마르탱, 『책의 탄생』, 498쪽.

9 마틴 키친, 『사진과 그림으로 보는 케임브리지 독일사』, 110쪽.

10 Veit-Jakobus Dieterich, "Ermahnung zum Frieden auf die zwölf Artikel der Bauernschaft in Schwaben". 파이트 야코부스 디터리히, 『누구나 아는 루터 아무도 모르는 루터』, 이미선 옮김(홍성사, 2012), 93쪽 재인용.

11 Martin Luther, "Wider die räuberischen mörderischen Rotten der Bauern," in Reiner Wohlfeil(ed.), *Der Bauernkrieg 1524~26*, pp.274~275.

12 Martin Luther, 같은 책, pp.277~278.

13 파이트 야코부스 디터리히, 『누구나 아는 루터 아무도 모르는 루터』, 97쪽.

14 장수한, 『독일 프로테스탄트 교회의 역사』, 100쪽.

15 파이트 야코부스 디터리히, 같은 책, 251쪽.

16 Luther, *An den Christlichen Adel deutscher Nation und Andere Schriften*(Stuttgart: Philipp Reclam, 1960), p.16.

17 Luther, 같은 책, p.16.

18 중세의 '두 검 이론'에 비견되는 루터의 '두 왕국론'은 끊임없는 논의 대상 중 하나다. 개설서로 Johannes Haun, Harald Diem & Gerhart Sauter(ed.), *Zur Zwei-Reiche-Lehre Luthers*(München: Chr. Verlag, 1973)가 유용하다. 루터의 두 왕국론의 중세적 기원에 대해서는 Volker Mantey, Zwei Schwerter-Zwei Reiche — Martin Luthers Zwei-Reiche-Lehre vor ihrem spätmittelalterlichen Hintergrund (Tübingen: Mohr Siebeck, 2005) 참고.

19 A. J. Holman Co.(ed.), *Works of Martin Luther*, vol.III(Philadelphia: A. J.

Holman Co., 1951). p.240.

20 W. D. J. 카질톰슨(W. D. J. Cargill Thompson), 『마르틴 루터의 정치사상』, 김주한 옮김(민들레책방, 2003), 94쪽.

21 Martin Luther, *Works of Martin Luther*, vol.III. p.231.

22 William M. McGovern, *From Luther to Hitler*(London: Houghton Mifflin, 1941), p.34.

23 장수한, 「독일 프로테스탄트 교회의 역사」(한울, 2016), 245~249, 288~289쪽 참고.

24 Martin Luther, *Works of Martin Luther*, vol.III. pp.149~150.

25 William M. McGovern, *From Luther to Hitler*, p.34.

26 장수한, 『독일 프로테스탄트 교회의 역사』, 106쪽.

27 Peter Blickle, *Die Revolution von 1525*(Oldenbourg, 1975), p.282.

28 Friedrich Engels, *Der deutsche Bauernkrieg*(Berlin: Dietz, 1972, 10 Auf.), p.45. 이 책은 1850년 엥겔스가 《신라인신문(Neue Rheinische Zeitung)》에 쓴 글을 기초로 하여 1870년에 재판이 나왔고, 그 후 약간 수정·보완되었다.

29 Hannah Arendt, *Über die Revolution*(München: Piper, 1963), p.41.

30 블리클레(Blickle)는 1983년에 출판한 그의 책 *Die Revolution von 1525*에서 참가자들을 'Der Gemeine Mann'으로 개념화했다. 그는 2011년에 새로 출판한 책의 서명을 '농민 전쟁: 평민혁명(Der Bauernkrieg: Die Revolution des Gemeinen Mannes)'으로 하여 자신의 주장을 더욱 뚜렷이 했다.

31 https://de.wikipedia.org/wiki/Bauernkriegspanorama(검색일: 2016.2.3)

32 Werner Tübke, *Monumentalbild Frankenhausen*, text von Karl Max Kober (Dresden: VEB Verlag der Kunst Dresden, 1989), p.97, 도판 60.

나움부르크: 〈슬픔의 예수〉로 문화 개혁의 길을 열다

1 필립 드 몬테벨로(Philippe de Montebello)·마틴 게이포드(Martin Gayford), 『예술이 되는 순간』, 주정은 옮김(디자인하우스, 2015).

2 조각의 예술적 이해를 위해서는 Ingrid Schulze, *Der Westlettner des Naumburger Doms: Das Portal als Gleichnis*(Fischer, 1995), pp.13~31 참고.

3 Ingrid Schulze, 같은 책, pp.26, 30.

4 Manfred Lemmer, *Auf der Strassen der Reformation, Fotos von Sebastian Kaps*, p.111.

라이프치히: 토론과 계몽 그리고 음악의 도시

1   Götz Freiherr von Pölnitz, *Die Fugger*(Tübingen: J. C. B. Mohr, 1970), p.114.

2   Ernest George Schwiebert, *Luther and His Times*, p.443에서 재인용.

3   Ernest George Schwiebert, 같은 책, p.385.

4   Hans-Ulrich Wehler, *Deutsche Gesellschaftsgeschichte 5. 1949~1990*, p.409.

그리마의 님브셴 수녀원: 중세 여성들의 슬픈 흔적

1   야로슬라프 펠리칸(Jaroslav Pelikan), 『예수의 역사 2000년: 문화사 속의 그리스도의 위치』, 김승철 옮김(동연, 1999), 197쪽.

2   키르시 스티에르나(Kirsi Stjerna), 『여성과 종교개혁』, 박경수·김영란 옮김(대한기독교서회, 2013), 63쪽.

3   Manfred Lemmer, *Auf der Strassen der Reformation*(Oxford and New York: Oxford Univ. Press), p.108.

4   키르시 스티에르나, 『여성과 종교개혁』, 113쪽.

5   아벨라르(Abelard)·엘로이즈(Heloise), 『아벨라르와 엘로이즈: 전설로 남은 중세 수도사와 수녀의 사랑』, 정봉구 옮김(을유문화사, 2015) 참고.

6   베르너 좀바르트(Werner Sombart), 『사랑과 자본주의』, 이상률 옮김(문예출판사, 1997) 참고.

7   파이트 야코부스 디터리히, 『누구나 아는 루터 아무도 모르는 루터』, 97쪽.

8   키르시 스티에르나, 『여성과 종교개혁』, 125쪽.

9   Sebastian Kaps, Manfred Lemmer, *Auf der Strassen der Reformation*, p.109.

10 디아메이드 맥클로흐, 『종교개혁의 역사』, 827~828쪽에서 재인용.

11 디아메이드 맥클로흐, 같은 책, 830쪽.

12 Der Spiegel, *Reformation*, p.90.

13 Der Spiegel, 같은 책, p.91.

루터의 도시 비텐베르크: 이름만 남은 대학

1   마르틴 융(Martin Jung), 『멜란히톤과 그의 시대』, 이미선 옮김(홍성사, 2013), 166쪽.

2   마르틴 융, 같은 책, 52쪽.

3   마르틴 융, 같은 책, 166~167쪽.

4   Hermann Schäfer, *Deutsche Geschichte in 100 Objekten*(München, Berlin and Zürich: Piper, 2015), p.132.

5   배국원, 『현대종교철학의 프리즘』(대장간, 2013), 341~342쪽.

6   배국원, 같은 책, 343쪽.

7   O. Vogt, *Dr. Johannes Bugenhagen's Briefwechsel...*(Stettin, 1888). 배국원, 『현대종교철학의 프리즘』에서 재인용.

8   Erika Rummel, *The Confessionalization of Humanism in Reformation Germany*(Oxford University Press, 2000), p.6.

열흘간의 다크 투어리즘 2

프라하: 지도자 없는 혁명의 도시

1   Arnd Brummer, 같은 책, p.147.

2   Arnd Brummer, 같은 책, pp.149~150.

3   Arnd Brummer, 같은 책, p.148.

4   Arnd Brummer, 같은 책, p.149.

5   Arnd Brummer, 같은 책, p.25.

6   Arnd Brummer, 같은 책, p.21.

7   토마시 부타(Tomáš Butta), 『체코 종교개혁자 얀 후스를 만나다』, 이종실 옮김(동연, 2015), 129쪽.

8   토마시 부타, 같은 책, 158쪽.

9   프라하 종교개혁지 안내서로 『체코 종교개혁자 얀 후스를 만나다』와 이지 오떼르(Jiri Otter)의 『걸어서 가보는 프라하 종교개혁 이야기』(김진아 옮김, 대한장로교출판사, 2015)를 참고.

뉘른베르크: 프로테스탄트로 전향의 최초의 제국도시

1   Der Spiegel, *Reformation*, p.62.

2   Hermann Schäfer, *Deutsche Geschichte in 100 Objejekten*, p.144.

3   Der Spiegel, *Reformation*, p.62.

4   Feuerstein, Ulrich/Schwarz, *Patrik: Hans Sachs als Chronist seiner Zeit — Der Meisterliedjahrgang 1546*, in Stephan Füssel(Hg.), Hans Sachs im Schnittpunkt von Antike und Neuzeit(Nürnberg, 1995), pp.83~107. 위키피디아 '뉘른베르크의 마이스터징거'에서 재인용.

5   Der Spiegel, *Reformation*, p.67.

6   Hermann Schäfer, *Deutsche Geschichte in 100 Objejekten*, p.157.

7   Der Spiegel, *Reformation*, p.69.

아우크스부르크의 푸거라이: 거상이 남긴 최초의 사회주택

1   리오 휴버먼(Leo huberman), 『자본주의 역사 바로 알기』, 장상환 옮김(책벌레, 2012), 122쪽.

2   Richard Ehrenberg, *Das Zeitalter der Fugger*, p.98.

3   Ernest George Schwiebert, *Luther and His Times*, p.311.

4   마틴 키친, 『사진과 그림으로 보는 케임브리지 독일사』, 98쪽.

5   장수한, 『독일 프로테스탄트 교회의 역사』, 56쪽.

6   Pölnitz, *Die Fugger*, p.132. 황제 선거와 상인 가계들과의 거래에 대해서는 같은 책, pp.125~132. 참고.

7   장수한, 『독일 프로테스탄트 교회의 역사』, 56~57쪽.

8   Haus der Bayerischen Geschichte, "... wider Laster und Sünde," *Augsburgs Weg in der Reformation*(Köln: Dumont, 1997), p.105(이하 *Augsburgs Weg*).

9   에르빈 파노프스키(Erwin Panofsky), 『인문주의 예술가 뒤러』 2, 임산 옮김(한길사, 2006), 320~321쪽.

10 뒤러, 〈부자 야코프 푸거(Jakob Fugger der Reich)〉, 1518/1520년경, 69.4× 53cm.

11 G. R. Elton(ed.), *The New Cambridge Modern History, v. II. Reformation*(London, Cambridge University Press, 1958), p.16.

12 Pölnitz, *Die Fugger*, p.298.

13 Ehrenberg, *Das Zeitalter der Fugger*, p.112.

14 Pölnitz, *Die Fugger*, p.318.

15 Pölnitz, 같은 책, p.256.

16 리오 후버만, 『자본주의 역사 바로알기』, 101쪽.

〈곁길 산책〉 수도원 가도: 나치의 도망을 도운 성직자들

1 장수한, 『독일 프로테스탄트교회의 역사』, 295~304, 329~338쪽 참고.

2 Gerald Steinacher, *Nazis auf der Flucht. Wie Kriegsverbrecher über Italien nach Übersee entkamen*, 2. ed.(Frankfurt am Mein: Fischer Taschenbuch, 2014), p.9.

3 Gerald Steinacher, 같은 책, p.12.

4 Gerald Steinacher, 같은 책, p.19.

5 Gerald Steinacher, 같은 책.

6 Gerald Steinacher, 같은 책, p.18.

7 Gerald Steinacher, 같은 책, p.17.

8 Gerald Steinacher, 같은 책, p.38.

9 후달의 활동에 대해서는 Steinacher, *Nazis auf der Flucht*, pp.140~147, 152~165 을, 교황청의 망명 지원 기구에 대해서는 Gerald Steinacher, 같은 책, pp.120~127 참조.

10 Johannes W. Betz & Beate Veldtrup, *Nichts als die Wahrheit*(Innsbruck: Fischer, 2001).

11 그의 생애와 그에 관한 문헌은 https://de.wikipedia.org/wiki/Josef_Mengele를 참고.

12 Benoît Massin, "Mengele, die Zwillingsforschung und die 'Auschwitz-Dahlem Connection'," in Carola Sachse(Hrsg.), *Die Verbindung nach Auschwitz. Biowissenschaften und Menschenversuche an Kaiser-Wilhelm-Instituten. Dokumentation eines Symposiums*(Göttingen: Wallstein, 2004), pp.224~233.

13 Steinacher, *Nazis auf der Flucht*. p.39.

취리히: 개혁교회 전통의 시원이 되다

1 Haus der Bayerischen Geschichte, *Augsburgs Weg in der Reformation*, p.130.

2 C. Arnold Snyder, "The Birth and Evolution of Swiss Anabaptist, 1520~1530," *The Mennonite Quarterly Review*, vol.LXXX, 4(2006), p.505.

3 T. Jones and A. Ereira, *Medieval Lives*(London: BBC Books, 2004), p.114.

4 레이철 로던(Rachel Laudan), 『탐식의 시대』, 조윤정 옮김(다른세상, 2015), 183쪽.

5 홀트라이히 츠빙글리(Huldreich Zwingli), 『츠빙글리 저작 선집 1』, 임걸 옮김(연세대학교 대학출판문화원, 2014), 50~69쪽 참고.

6   Richard A. Muller, *Calvin and the Reformed Tradition*(Michigan: Baker Academic, 2012), pp.14~15.

7   Clive H. Church and Randolph C. Head, *A Concise History of Switzerland* (Cambridge & New York, Cambridge University Press, 2013), p.3.

8   Huldreich Zwingli, *Sämtliche Werke*, vol.1(Berlin, Leipzich & Zürich, 1905), p.60. 이동희, 『꺼지지 않는 불: 종교개혁가들』(넥서스, 2015), 9쪽에서 재인용.

9   Johan Huizinga, *Erasmus*(Hamburg: Rowohlt Taschenbuch, 1958), p.123.

10   츠빙글리가 에라스뮈스에게 받은 인문주의 영향에 대해서는 G. R. Potter, *Zwingli* (Cambridge & New York: Cambridge University Press, 1984), pp.25~27, 64~65 참고.

11   Clive H. Church·Randolph C. Head, *A Concise History of Switzerland*(Cambridge University Press, 2013), 102쪽.

12   조용석, 『츠빙글리: 개혁을 위해 말씀의 검을 들다』(익투스, 2014), 97쪽.

13   조용석, 같은 책, 98쪽.

14   조용석, 같은 책, 36~37쪽.

15   1522년 획기적인 개혁 조치가 취해졌다. 츠빙글리는 스위스의 칸톤 가운데 처음으로 취리히 의회에 정치적 영향력을 행사해 용병 제도의 철폐 선언을 이끌어냈다.

16   파트릭 뮐러(Patrick Müller), 『하인리히 불링거』, 박상봉 옮김(합신대학원 출판부, 2015), 69~80쪽.

17   Church and Head, *A Concise History of Switzerland*, p.102.

18   Church and Head, 같은 책, p.103.

19   〈츠빙글리의 문〉과 그 부조에 대한 설명은 로버트 하인리히 와닝거(Robert Heinrich Oehninger), 『츠빙글리의 종교개혁 이야기』, 정미현 옮김(한국장로교출판사, 2002) 참조.

바젤: 에라스뮈스와 유럽 인문주의자들의 고향

1   슈테판 츠바이크(Stefan Zweig), 『다른 의견을 가질 권리』, 안인희 옮김(바오출판사, 2009), 190쪽.

2   Clive H. Church & Randolph C. Head, *A Concise History of Switzerland*(Cambridge: Cambridge University Press, 2013), p.70.

3   디아메이드 맥클로흐, 『종교개혁의 역사』, 159쪽.

4   디아메이드 맥클로흐, 같은 책, 167쪽.

5   Huizinga, *Erasmus and the Age of Reformation*(New York: Harper, 1957), p.53.

6   에라스무스(Desiderius Erasmus), 『우신예찬』, 김남우 옮김(열린책들, 2011), 33.

7   Klaus Herbers, "übersetzt und kommentiert," *Der Jakobsweg. Ein Pilgerführer aus dem 12. Jahrhundert*(Stuttgart: Philipp Reclam jun, 2008), pp.183~184.

8   James D. Tracy, *Erasmus. The Growth of a Mind*(Geng, 1972). Otto Brunner et. al.(ed.), *Geschichtliche Grundbegriffe Historisches Lexikon zur politisch-sozialen Sprache in Deutschland*, Bd.3(Stuttgart: Klett-Cotta, 1982), p.1071에서 재인용.

9   Otto Brunner et. al.(ed.), 같은 책.

10 장수한, 『독일 프로테스탄트 교회의 역사』(한울, 2016), 31쪽.

11 Williamson, "The 'Doctor of Anabaptism' and the Prince of Humanists: Balthansar Hubmaiers Contact with Erasmus," *Erasmus Studies*, vol.27, no.1 (2007), p.45.

12 Darren Williamson, 같은 글, 53.

13 G. R. Potter, "Anabáptist Extraordinary. Balthasar Hubmaier, 1480~1528," *History Today*, vol.26, no.6(1976), p.381.

14 Darren Williamson, "The 'Doctor of Anabaptism' and the Prince of Humanists," p.41. 후브마이어(balthasar Hubmaier)는 '취리히 10월 대논쟁' 시 까지 그레벨(Grebel) 그룹과 츠빙글리 사이의 '중간 인물'이었으며, 논쟁의 주변 인 물이었다고 요더(John H. Yoder)는 평가했다. C. Arnold Snyder, "The Birth and Evolution of Swiss Anabaptist, 1520~1530," *Mennonite Quarterly Review* (2006), p.557에서 재인용.

열흘간의 다크 투어리즘 3

제네바: 칼뱅의 이주민 교회가 주도한 종교개혁

1   Geoffrey Treasure, *The Huguenots*(New Haven and London: Yale University Press, 2013), p.86.

2   Bernd Moeller, *Geschichte des Christentum in Grundzüge*, p.257.

3   Bernd Moeller, 같은 책, p.257.

4   박경수, 『교회의 신학자: 칼뱅』(대한기독교서회, 2009), 35쪽.

5   디아메이드 맥클로흐, 『종교개혁의 역사』, 335쪽.

6   디아메이드 맥클로흐, 같은 책, 336쪽.

7   디아메이드 맥클로흐, 같은 책, 337쪽.

8   박경수,『교회의 신학자: 칼뱅』, 33~36쪽.

9   박경수, 같은 책, 35쪽.

10   패트릭 콜린스,『종교개혁』, 135쪽.

11   박경수,『교회의 신학자: 칼뱅』, 201쪽에서 재인용.

12   슈테판 츠바이크,『다른 의견을 가질 권리』참고.

13   디아메이드 맥클로흐,『종교개혁의 역사』, 339쪽.

14   이동희,『꺼지지 않는 불: 종교개혁가들』, 119쪽.

15   이동희, 같은 책, 118쪽.

16   Basil Hall, "Calvin and the Biblical Humanism," in Richard C. Gamble(ed.), *Influences upon Calvin*(New York & London: Garland Science, 1992), p.55.

17   박경수,『교회의 신학자: 칼뱅』, 205~212쪽.

18   에릭 홉스봄(E. J. Hobsbawm),『산업과 제국』, 전철환·장수한 공역(한벗, 1984), 35쪽.

19   R. H. 토니(R. H. Tawney), 「종교와 자본주의의 발흥」, 이동하 옮김,『프로테스탄티즘과 자본주의』(종로서적, 1975), 83~112쪽. 경제와 종교의 관계에 관한 계속되는 논의에 대해서는 Robert Wuthnow & Tracy L. Scott, "Protestants and Economic Behavior," S. Stout & D. G. Hart(ed.), *New Directions in American Religious History*(New York: Oxford Uni. 1997), pp.260~295 참고.

20   막스 베버(Max Weber),『프로테스탄티즘의 윤리와 자본주의 정신』, 김덕영 옮김(길, 2010), 173~185쪽.

21   Kathryn Blanchard, *The Protestant Ethic or The Spirit of Capitalism: Christians, Freedom, and Free Markets(Eugene and Oregon: Cascade Books, 2010)*, p.10.

22   Kathryn Blanchard, 같은 책.

23   Alister MacGrath, *A Life of John Calvin*(Cambridge, MA: Blackwell, 1990), p.231. Blanchard, *The Protestant Ethic or The Spirit of Capitalism*, p.38에서 재인용.

24   장수한,『독일 프로테스탄트 교회의 역사』, 70쪽.

25   Hans-Ulrich Wehler, *Deutsche Gesellschaftsgeschichte 1: Vom Feudalismus desAlten Reichs Bis Zur Defensiven Modernisierung der Reformära 1700~1815*, 2nd ed.(München: Verlag C. H. Beck, 1989), p.63.

26   Hans-Ulrich Wehler, 같은 책, pp.63~64.

스트라스부르: 도망자들의 개혁 도시

1 Robert Kreider, "The Anabaptist and Civil Authorities of Strasbourg 1525~ 1555," *Church History*, vol.24(Jun 1, 1955), p.108.

2 최윤배, 『잊혀진 종교개혁자 마르틴 부처』(대한기독교서회, 2012), 36~39쪽.

3 Geoffrey Treasure, *The Huguenots*, p.86.

4 Geoffrey Treasure, 같은 책, p.87.

5 Geoffrey Treasure, 같은 책, p.87에서 재인용.

6 디아메이드 맥클로흐, 『종교개혁의 역사』, 263쪽.

7 Kreider, "The Anabaptist and Civil Authorities of Strasbourg 1525~1555," p.109.

8 Hermann Schäfer, *Deutsche Geschichte in 100 Objejekten*, p.143.

9 슈테판 퓌셀(Stephan Füssel), 『구텐베르크와 그의 영향』, 최경은 옮김(연세대학교 대학출판문화원, 2014), 20쪽.

10 슈테판 퓌셀, 같은 책, 20쪽.

11 슈테판 퓌셀, 같은 책, 101쪽.

12 슈테판 퓌셀, 같은 책, 101쪽.

13 디아메이드 맥클로흐, 『종교개혁의 역사』, 125쪽.

14 디아메이드 맥클로흐, 같은 책, 126쪽.

에슬링겐: 마녀사냥의 아픈 기억을 역사로 남긴 도시

1 Ingeborg Engelhard, *Hexen in der Stadt*(München: Deutscher Taschenbuch Verlag, 1985), pp.104~121. 이 책은 소설이지만 당대 도시에서 일어난 마녀재판을 사실적으로 그렸다.

2 장수한, 『독일 프로테스탄트 교회의 역사』, 149쪽.

3 Harm Mögenburg and Uta Schwarz, *Hexen und Ketzer der Umgang mit Minderheiten vom Mittelalter bis heute*(Frankfurt/Main: Duesterweg, 1991), p.29.

4 Harm Mögenburg and Uta Schwarz, 같은 책, p.29.

5 양태자, 『중세의 잔혹사 마녀사냥』(이랑, 2015), 83~90쪽.

6 Harm Mögenburg and Uta Schwarz, *Hexen und Ketzer der Umgang mit Minderheiten vom Mittelalter bis heute*.

7 조셉 폰타나(Josep Fontana), 「거울에 비친 유럽」, 김원중 옮김(새물결, 1999),

135쪽.

8 마틴 키친, 『사진과 그림으로 보는 케임브리지 독일사』, 127쪽.

9 장수한, 『독일 프로테스탄트 교회의 역사』, 151쪽.

10 Harm Mögenburg & Uta Schwarz, *Hexen und Ketzer*, p.86.

11 Gabriele Becker u. a., Aus der Zeit der Verzweiflung(Frankfurt/M: Suhrkamp, 1977), pp.397~400; Mögenburg & Schwarz, 같은 책, p.84에서 재인용.

12 Mögenburg & Schwarz, 같은 책, p.33.

〈곁길 산책〉 프랑크푸르트: 재등장한 반유대주의

1 디아메이드 맥클로흐, 『종교개혁의 역사』, 108쪽.

2 디아메이드 맥클로흐, 같은 책, 111~112쪽.

3 디아메이드 맥클로흐, 같은 책, 111~115, 879쪽.

4 디아메이드 맥클로흐, 같은 책, 111~115, 879~880쪽.

5 H. M. Babel, "Erasmus of Rotterdam and Judaism: a revaluation in the light of new evidence," *ARG*, 87(1996), pp.9~37. 디아메이드 맥클로흐, 『종교개혁의 역사』, 111~115, 880~881쪽에서 재인용.

6 Eric W. Gritsch, *Martin Luther's Anti-Semitism*(Michigan & Cambridge: William B. Eerdmans, 2012), p.111.

7 Eric W. Gritsch, 같은 책, p.40.

8 Eric W. Gritsch, 같은 책, p.85.

9 디아메이드 맥클로흐, 『종교개혁의 역사』, 111~115, 882쪽.

10 디아메이드 맥클로흐, 같은 책, 111~115, 882쪽.

뮌스터: 새장 안에 갇힌 왕

1 Gerald Strass, *Nuremberg in the Sixteenth Century: City Politics and Life Between Middle Ages and Modern Times*(Bloominton: Indiana University Press, 1977), p.155.

2 Der Spiegel, *Reformation*, p.94.

3 Gerd Dethlefs, "Das Wiedertäuferreich in Münster 1534/35," in Stadt Museum Münster(ed.), *Die Wiedertäufer in Münster*(Münster: Aschendorff, 1986), pp. 19~21.

4   Karl-Heinz Kirchhoff, "Die Unruhen in Münster/ Westfalia, 1450~1457. Ein Beitrag zur Zopographie und Prosopographie einer stadtischen Protestwebegung mit einem Exkurs: Rat, Gilde und Gemeinheit in Münster, 1354~1458," in Wilfred Ehbrecht(ed.), *Städtische Führungsgruppen und Gemeinde in der werdenden Neuzeit*(Köln und Wien: Böhlau, 1980), pp.159~162.

5   장수한, 『독일 프로테스탄트 교회의 역사』, 118쪽.

6   C. Arnold Snyder, "The Birth and Evolution of Swiss Anabaptist, 1520~1530," p.511.

7   Kirchhoff, D*ie Täufer in Münster 1534/35*, p.24.

8   Otthein Rammstedt, *Sekte und Soziale Bewegung : Soziologiche Analyse der Täufer in Münster 1534/35*(Wiesbaden: Vs Verlag für Sozialwissenschaften, 1966), p.121.

9   학자들마다 뮌스터 시의 인구 추산에 약간의 차이가 있어 게르트 데틀레프스(Gerd Dethlefs)의 견해를 따랐다. Gerd Dethlefs, "Das Wiedertäuferreich in Münster 1534/35," in Stadt Museum Münster(ed.), *Die Wiedertäufer in Münster*(1986), p.25.

10   Karl-Heinz Kirchhoff, *Die Täufer in Münster 1534/35*, p.26.

11   Stadt Museum Münster(ed.), *Die Wiedertäufer in Münster*, p.159.

12   Karl-Heinz Kirchhoff, *Die Täufer in Münster 1534/35*, pp.36~37.

13   Karl-Heinz Kirchhoff, 같은 책, pp.46~47.

14   C. A. Cornelius ed., *Berichte der Augenzeugen über das Münsterische Wiedertäuferreich, Die Geschichtsquellen des Bisthums Münster*, II(Münster, 1853), pp.32~33. Stadt Museum Münster(ed.), *Die Wiedertäufer in Münster*, p.59에서 재인용.

15   James M. Stayer, *The German Peasants' War and Anabaptist Community of Goods*, p.134.

16   James M. Stayer, 같은 책, p.136.

17   R. Po-chia Hsia ed., *The German People and the Reformation*(Ithaca & London: Cornell Uni. Press, 1988), p.60.

18   Der Spiegel, *Reformation*, p.97.

19   Der Spiegel, 같은 책, p.97.

20   Robert Stupperich(ed.), *Schriften von evangelischer Seite gegen die Wiedertäufer* (Münster, 1983). 홍지훈, 『마르틴 루터와 아나뱁티즘』, 131쪽에서 재인용.

21   Erasmus, *Enchiridion militis Christiani*, p.55; Abraham Friesen, *Erasmus, the Anabaptists, and the Great Commission*(Michigan & Cambridge: William B. Eerdmans, 1998), p.33에서 재인용.

22 Erika Rummel, *Erasmus' Annotation on the New Testament*(Toronto, 1986), p.172. Abraham Friesen, *Erasmus, the Anabaptists, and the Great Commission*에서 재인용.

23 James M. Stayer, *The German Peasants' War and Anabaptist Community of Goods*, p.132.

24 Wilhelm Ribhegge, *Erasmus von Rotterdam*(Darmstadt: WBG, 2010), p.201 에서 재인용.

25 Gerhard Brendler, *Das Täuferreich zu Münster 1534/1535*(Berlin: Deutscher Verl. d. Wissenschaften VEB, 1966), p.167.

26 장수한, 『독일 프로테스탄트 교회의 역사』, p.128.

네덜란드의 도르트 교회회의: 종교와 정치의 혼합

1 Richard A. Muller, *Calvin and the Reformed Tradition*(Grand Rapids: Baker Academic, 2012), pp.58~59.

2 Paul Arblaster, *A History of the Law Countries*, 2ed.(New York: Palgrave, 2012), p.132.

3 Paul Arblaster, 같은 책, p.136.

4 Paul Arblaster, 같은 책, p.137.

5 디아메이드 맥클로흐, 『종교개혁의 역사』, 495쪽.

6 Richard A. Muller, *Calvin and the Reformed Tradition*, pp.134~135.

7 Geoffrey Treasure, *The Huguenots*, pp.311~314.

8 Richard A. Muller, *Calvin and the Reformed Tradition*, pp.146~150.

9 Geoffrey Treasure, *The Huguenots*, pp.308~389.

10 Arblaster, *A History of the Law Countries*, p.138.

11 Carl Bangs, *Arminius: A Study in the Dutch Reformation*(Grand Rapids: Asbury Press, 1985); F. Leroy Forlines, *Classical Arminianism: The Theology of Salvation*(Nashville: Randall House, 2011); Theodoor Marius van Leeuwen, *Arminius, Arminianism, and Europe: Jacobus Arminius(1559/60~1609)*(Boston: Brill, 2009); Keith D. Stanglin & Thomas H. McCall, *Jacob Arminius: Theologian of Grace*.(Oxford: Oxford University Press, 2012).

스웨덴: 피로 물든 유럽 최초의 루터주의 왕국

1   Bernd Henningsen, *Der Wohlfahrtsstaat Schweden*(Baden-Baden: Nomos Verlagsgesellschaft, 1986), p.89.

2   Bernd Henningsen, 같은 책, p.91.

3   Bernd Henningsen, 같은 책, p.129.

4   Der Spiegel, *Reformation*, p.126.

5   Der Spiegel, 같은 책, pp.126~127.

6   디아메이드 맥클로흐, 『종교개혁의 역사』, 452쪽.

7   스웨덴 종교개혁에 대해서는 Von Dietmar Pieper, "Nach dem Blutbad," *Spiegel, Geschichte 6/2015 Reformation*, pp.126~127의 내용을 토대로 작성했음을 밝힌다.

지은이

장수한

충남대학교에서 역사학 공부를 시작해 서양사 전공으로 서강대학교 박사 과정을 마쳤다.

독일 빌레펠트 대학에서 수학하는 동안 독일 사회사에 많은 관심을 기울였다.

현재는 침례신학대학교 교회사 교수로, 독일 교회사와 한국 교회사를 주로 연구하고 있다.

저서로는 『유럽 커피문화 기행』(2008), 『그래도 희망의 역사』(2009), 『(사회의 역사로 다시 읽는) 독일 프로테스탄트 교회의 역사』(2016) 등이 있고, 역서로는 『산업과 제국』(1984) 등이 있다.

종교개혁, 길 위에서 길을 묻다
열흘간의 다크 투어리즘

ⓒ 장수한, 2016

지은이 ┃ 장수한
펴낸이 ┃ 김종수
펴낸곳 ┃ 한울엠플러스(주)
편 집 ┃ 최진희

초판 1쇄 인쇄 ┃ 2016년 9월 28일
초판 1쇄 발행 ┃ 2016년 10월 10일

주소 ┃ 10881 경기도 파주시 광인사길 153 한울시소빌딩 3층
전화 ┃ 031-955-0655
팩스 ┃ 031-955-0656
홈페이지 ┃ www.hanulmplus.kr
등록번호 ┃ 제406-2015-000143호

Printed in Korea.
ISBN 978-89-460-6231-3 03920

※ 책값은 겉표지에 표시되어 있습니다.

(사회의 역사로 다시 읽는) 독일 프로테스탄트 교회의 역사

장수한 지음/ 448면/ 2016.3 발행

사회사의 관점으로 낯설게 보는 독일 프로테스탄트 교회의 역사
독일 개신교회의 탄생과 발전은 단순히 '종교적 사건'이 아닌 '사회적 사건'일 만큼 독일 사회
에 미친 영향력이 크기 때문에 독일 개신교 역사는 교회사인 동시에 사회사이기도 하다. 저
자는 이 점에 착안해 독일 개신교회가 사회에 미친 영향을 중점으로 역사를 다시 기술했다.

세계의 도시를 가다 1: 유럽과 아프리카의 도시들

국토연구원 엮음/ 강현수 · 경신원 · 고용석 외 지음/
280면/ 2015.2 발행

세계의 도시를 가다 2: 아시아, 아메리카, 오세아니아의 도시들

국토연구원 엮음/ 강미나 · 강현수 · 권대한 외 지음/
280면/ 2015.2 발행

경험과 애정을 바탕으로 한, 삶으로서의 도시 읽기
이 책은 대륙별로 분류된 총 54개 도시를 두 권으로 나누어 소개한다. 각 도시가 지닌 다양한 속성을 쉽게 이해할 수
있도록 인위적인 분류를 피했고 해당 도시의 개성이 드러나는 키워드를 제목으로 한 것이 특징이다. 여행자의 시각이
아닌 도시계획가의 시각으로 도시를 바라봄으로써 도시의 또 다른 매력과 생명력을 느낄 수 있을 것이다.

가족과 함께 떠나는 유럽 배낭여행

이범구 · 예은영 · 이채은 외 지음/ 200면/ 2012.8 발행

뉴욕 사람들

미국학자가 쓴 뉴욕 여행
이현송 지음/ 376면/ 2012.7 발행

아시아 시골 여행

남경우 지음/ 440면/ 2011.6 발행

유럽 커피문화 기행

장수한 지음/ 348면/ 2008.11 발행